utb 4725

Eine Arbeitsgemeinschaft der Verlage

Brill | Schöningh – Fink · Paderborn
Brill | Vandenhoeck & Ruprecht · Göttingen – Böhlau · Wien · Köln
Verlag Barbara Budrich · Opladen · Toronto
facultas · Wien
Haupt Verlag · Bern
Verlag Julius Klinkhardt · Bad Heilbrunn
Mohr Siebeck · Tübingen
Narr Francke Attempto Verlag – expert verlag · Tübingen
Psychiatrie Verlag · Köln
Ernst Reinhardt Verlag · München
transcript Verlag · Bielefeld
Verlag Eugen Ulmer · Stuttgart
UVK Verlag · München
Waxmann · Münster · New York
wbv Publikation · Bielefeld
Wochenschau Verlag · Frankfurt am Main

Anna Babka | Gerald Posselt

Gender und Dekonstruktion

Begriffe und kommentierte Grundlagentexte
der Gender- und Queer-Theorie

Unter Mitarbeit von
Sergej Seitz und Matthias Schmidt

2., überarbeitete und erweiterte Auflage

facultas

Anna Babka ist Assoziierte Professorin am Institut für Germanistik der Universität Wien.
Gerald Posselt ist Senior Lecturer am Institut für Philosophie der Universität Wien.
Sergej Seitz ist PostDoc am Institut für Politikwissenschaft der Universität Wien.

Bibliographische Informationen der Deutschen Nationalbibliothek

Die Deutsche Nationalbibliothek verzeichnet diese Publikation in der Deutschen Nationalbibliographie; detaillierte bibliographische Daten sind im Internet unter http://d-nb.de abrufbar.

2., überarbeitete und erweiterte Auflage 2024

facultas, Stolberggasse 26, 1050 Wien, Österreich

Umschlag: siegel konzeption | gestaltung
Umschlagbild: © MARIANNE MADERNA, Humanimals, 2013, Skulptureninstallation, Aluminiumdraht fluoreszierend, 10-100 cm, Domenikanerkirche Krems, Zeitkunst NÖ. Courtesy die Künstlerin
Gestaltung und Satz: Matthias Schmidt, Wien
Druck und Bindung: Friedrich Pustet, Regensburg
Printed in Germany

utb-Band-Nr.: 4725

ISBN 9783825260620 (Print-Ausgabe)
ISBN 9783838560625 (Online-Leserecht, erhältlich unter utb.de)

INHALTSVERZEICHNIS

3. Theorien der sexuellen Differenz

4. Dekonstruktive feministische Ansätze in der Literaturwissenschaft

5. Gendertheorie, Dekonstruktion und Queer Theorie

5.1 Judith Butler

6. Einführungen, Handbücher, Sammelbände

VORWORT

Zum Verhältnis von Gender und Dekonstruktion

Gendertheoretische Ansätze spielen mittlerweile eine zentrale Rolle in fast allen wissenschaftlichen Disziplinen und Forschungsbereichen. Von den Geistes-, Sozial-, Kunst-, Erziehungs- und Kulturwissenschaften über die Rechts- und Wirtschaftswissenschaften, die Theologie bis hin zur Medizin und den Naturwissenschaften hat sich die Einsicht durchgesetzt, dass *Geschlecht* – verbunden mit anderen sozialen Kategorien wie etwa Ethnizität, Klasse oder Alter – einen wesentlichen Faktor dafür darstellt, wie Gesellschaften das Zusammenleben von Menschen organisieren, wie wir unsere soziale Welt erfahren, beschreiben und bewerten sowie für die Art und Weise, wie Individuen sich selbst in ihrem Verhältnis zu anderen wahrnehmen und als Subjekte konstituieren. Dabei stimmen die verschiedenen Ansätze – trotz ihrer Diversität, ihrer unterschiedlichen Methoden und Erkenntnisinteressen – weitgehend darin überein, dass die Kategorie »Geschlecht« nicht einfach gegeben ist, sondern vielmehr eine komplexe Konstruktion darstellt, die unser Selbstverständnis und unsere Vorstellungen von Männlichkeit und Weiblichkeit ebenso beeinflusst wie unsere Sexualität und unsere psychischen Begehrensstrukturen.

Ins Zentrum der Überlegungen rücken damit die *Konstruktion* sowie die *Kontingenz* von Geschlecht. Denn wenn Geschlecht und Geschlechterverhältnisse nicht einfach gegeben sondern immer auch »gemacht« sind, dann sind sie prinzipiell veränderbar und können auf andere Weise formuliert und konzeptualisiert werden – eine Einsicht, die bereits 1948 von Simone de Beauvoir auf den Punkt gebracht wird, wenn sie schreibt: »Man wird nicht als Frau geboren, man wird es«.[1] Dissens besteht allerdings darüber, wie der Konstruktionscharakter von Geschlecht genau zu verstehen ist, auf welche Bereiche er sich erstreckt, welcher ontologische und epistemologische Status ihm zukommt sowie durch welche historischen, politischen, sozialen, ökonomischen und kulturellen Faktoren er beeinflusst wird. Im Zentrum der Auseinandersetzung steht dabei nicht zuletzt die Frage, ob von einem biologischen Geschlecht ausgegangen werden kann, das als natürliche Basis den sozialen und kulturellen Einschreibungsprozessen vorausgeht, oder ob bereits das »natürliche« Geschlecht und das damit einhergehende heterosexuelle Geschlechtermodell normative Setzungen darstellen, die historisch, kulturell und sozial variabel sind.

---

1 📖3. Beauvoir, *Das andere Geschlecht*, 1949.

Gendertheoretische Ansätze – wie sie sich seit den 1970er Jahren im Umfeld von Soziologie und Ethnomethodologie formieren – konzentrieren sich vor allem auf die Frage, durch welche sozialen Praktiken, Mechanismen und Institutionen *Gender* – verstanden als soziale Geschlechtsidentität – hervorgebracht wird und auf welche Weise Geschlechterverhältnisse stabilisiert, naturalisiert und gesellschaftlich festgeschrieben werden. Dabei gehen sie davon aus, dass *Sex* – verstanden als biologisches oder anatomisches Geschlecht – ein natürliches Faktum darstellt, während Gender im Laufe des psychischen, sozialen und kulturellen Entwicklungsprozesses erworben wird und daher sowohl vom biologischen Geschlecht (wie z. B. im Falle der Transsexualität) als auch von den vorherrschenden Normen sexueller Begehrensstrukturen (wie z. B. im Falle der Homosexualität) abweichen kann.

Es war nicht zuletzt die amerikanische Philosoph*in und Queer-Theoretiker*in Judith Butler, die Anfang der 1990er Jahre mit ihrer These, dass das biologische Geschlecht (*sex*) ebenso konstruiert ist wie das soziale Geschlecht (*gender*), einen Paradigmenwechsel in der feministischen Forschung vollzogen und eine bis heute anhaltende Kontroverse angestoßen hat.[2] Ausgehend von dieser These und im Anschluss an die Arbeiten von Michel Foucault, Eve Kosofsky Sedgwick, David Halperin, Teresa de Lauretis u. a.[3] problematisieren queertheoretische Ansätze nicht nur die Trennung zwischen einem biologischen und einem sozialen Geschlecht, sondern die gesamte normative Ordnung, die wesentlich auf den binären Oppositionen *Mann/Frau* und *Heterosexualität/Homosexualität* beruht. In den Fokus rückt damit – neben der Konstruktion – die *Dekonstruktion* von Geschlecht, die Dekonstruktion der binären Geschlechterdifferenz und der heterosexuellen Geschlechteridentitäten.

Dekonstruktion bedeutet dabei – im Anschluss an die Arbeiten des französischen Philosophen Jacques Derrida – gerade nicht die Auflösung oder Aufhebung dieser Gegensätze. Vielmehr zielen dekonstruktive Ansätze darauf ab, das traditionelle System binärer Gegensätze (wie Geist/Körper, Anwesenheit/Abwesenheit, Stimme/Schrift, Vernunft/Wahnsinn, Normal/Anormal, Mann/Frau, Hetero-/Homosexualität, Okzident/Orient etc.), auf dem das

---

2 Vgl. 🕮5.1 Butler, *Das Unbehagen der Geschlechter,* 1990.

3 1991 gibt Teresa de Lauretis unter dem Titel »Queer Theory: Lesbian and Gay Sexualities« eine Ausgabe der Zeitschrift *differences* heraus und prägt damit erstmals den Begriff *Queer Theory.* 1993 erscheint die erste Ausgabe der Zeitschrift *GLQ: A Journal of Lesbian and Gay Studies* (hg. von Carolyn Dinshaw und David M. Halperin) u. a. mit Beiträgen von Eve K. Sedgwick (»Queer Performativity: Henry James's *The Art of the Novel*«) und Judith Butler (»Critically Queer«) zu *queer performativity.* Vgl. zur Geschichte der Queer-Theorie 🕮5.2 Kraß, *Queer Denken. Gegen die Ordnung der Sexualität,* 2004, 15ff. sowie die Darstellungen in 🕮6. Jagose, *Queer Theory,* 1996; 🕮6. Degele, *Gender/Queer Studies,* 2008; 🕮6. Schößler, *Einführung in die Gender Studies,* 2008, 105–118.

Denken der Metaphysik basiert, zu destabilisieren und zu verschieben. Gender- und Queer-Theorie und Dekonstruktion konvergieren dort, wo diese Oppositionen selbst, ihre vermeintlich universale Gültigkeit und Neutralität in Frage gestellt und auf ihre verborgenen normativen Wertungen und Machtinteressen hin befragt werden.

Indem die Queer-Theorie diesen dekonstruktiven Impetus aufgreift, verfolgt sie – wie vor ihr bereits der Feminismus und die Gender-Theorie – einen grundlegend politischen und emanzipatorischen Anspruch. Ziel ist es, sexuelle Identität, Geschlechtsidentität und Heterosexualität als von Macht- und Herrschaftsverhältnissen durchdrungene kulturelle Produktionen sichtbar und kritisierbar zu machen. Kann gezeigt werden, dass Geschlecht, Sexualität und sexuelles Begehren weder einfach gegeben noch schlechthin natürlich sind, sondern vielmehr im Rahmen komplexer sozialer und diskursiver Prozesse permanent reproduziert werden müssen, um wirksam zu sein, dann ergibt sich die Möglichkeit, hegemoniale Geschlechterarrangements sowie die damit verbundenen Macht- und Herrschaftsverhältnisse zu beeinspruchen und anders zu gestalten – im Sinne einer Pluralisierung geschlechtlicher Identitäten und Begehrensstrukturen, die sich nicht mehr auf ein binäres Modell der Zweigeschlechtlichkeit reduzieren lassen, sondern vielfältige Lebens- und Begehrensformen denkbar machen.

Ziel und Aufbau des Bandes

Das Anliegen des vorliegenden Bandes ist daher ein doppeltes: Einerseits sollen die philosophischen und theoretischen Grundlagen und Begriffe geklärt werden, die im Spannungsfeld von Gender und Dekonstruktion eine Schlüsselrolle spielen. Andererseits gilt es, die damit verbundenen ethischen Orientierungen und politischen Emanzipationsmöglichkeiten herauszuarbeiten, die durch einen dekonstruktiv informierten Blick auf Gender in den Fokus rücken. Diese Aufgabe leistet der Band auf dreifache Weise: 1. über eine Einführung, 2. über ein Glossar sowie 3. über eine kommentierte Bibliographie.

Die *Einführung* liefert einen knappen Überblick über die philosophischen Voraussetzungen, die Geschichte und die Entwicklung des Forschungsfeldes Gender und Dekonstruktion. Die Gliederung der Einführung entspricht der Kapiteleinteilung der kommentierten Bibliographie.

Das *Glossar* umfasst zentrale Schlüsselbegriffe im Kontext von (Post-)Strukturalismus, Diskursanalyse und Dekonstruktion mit besonderem Fokus auf die Genderforschung. Von vergleichbaren Nachschlagewerken unterscheidet sich das Glossar dadurch, dass es sich an den Erfordernissen gendertheoretischer Fragestellungen orientiert und jeweils nach einer allgemeinen Bestimmung einen eigenen Abschnitt zur gendertheoretischen Relevanz des Begriffs folgen lässt. Wenn wir von zentralen Begriffen sprechen, die die Forschungsfelder *Gender* und *Dekonstruktion* strukturieren, so ist damit kein fixiertes Vokabular gemeint, das darauf abzielt, einen bestimmten Gegenstandsbereich vollständig zu erfassen und terminologisch abzudecken. Als Schlüsselkonzepte werden hier vielmehr Begriffe verstanden, die sowohl im Fokus der Themenbereiche Gender und Dekonstruktion stehen als auch an andere Disziplinen anschlussfähig sind. Gerade diese Anschlussfähigkeit begrifflicher Prägungen und Ausformungen war für uns ein wichtiges Auswahlkriterium. Denn Begriffe wie »Subjekt«, »Sprache«, »Identität« oder »Repräsentation« gehören per se keiner einzelnen Disziplin an; vielmehr gehören diese Begriffe zum Grundvokabular fast aller geistes-, sozial- und kulturwissenschaftlichen Disziplinen, auch wenn sie jeweils unterschiedliche theorieimmanente Ausprägungen erfahren.

Die *kommentierte Bibliographie* gibt einen systematischen Überblick über das Forschungsfeld der Gender- und Queer-Theorie, das durch unterschiedliche theoretische Ansätze und Denkweisen informiert wird. Dabei verfolgt die Bibliographie keinen Anspruch auf Vollständigkeit. Das wäre in diesem sich ständig verändernden dynamischen Forschungsfeld auch gar nicht möglich. Das Ziel ist vielmehr, anhand ausgewählter paradigmatischer Texte einen Überblick zu einem Wissensgebiet zu geben, das an der Schnittstelle von dekonstruktiven, poststrukturalistischen, feministischen und gendertheoretischen Ansätzen zu verorten ist, wobei auch die philosophischen, sprachtheoretischen und psychoanalytischen Grundlagen in exemplarischer Weise Berücksichtigung finden.

Alle Textsorten sind über ein ausführliches Verweissystem miteinander verknüpft: Die Einführung verweist an entsprechenden Stellen auf zentrale Begriffe, die im Glossar erläutert werden, sowie auf Literatur, die in der Bibliographie kommentiert wird. Jeder Glossareintrag enthält wiederum Verweise auf andere Begriffe und auf weiterführende kommentierte Literatur. Die kommentierte Bibliographie schließlich umfasst Verweise auf Begriffe und weitere Literaturhinweise. In allen Textteilen wird auf kommentierte Literatur, die sich in der Bibliographie findet, mit dem Symbol 🕮 gefolgt von der – hochgestellten – Angabe des Kapitels verwiesen. »🕮[5.1] Butler, *Das Unbehagen der Geschlechter*, 1990« zeigt beispielsweise an, dass dieser Text von Judith Butler im Kapitel 5.1 der Bibliographie kommentiert wird. Durch die enge Vernetzung der unterschiedlichen Textsorten wird gewährleistet, dass die Frage nach der Konstruktion und Dekonstruktion von Geschlecht aus verschiedenen Blickwinkeln – sowohl in historischer, theorie- und rezeptionsgeschichtlicher als auch in systematischer, terminologischer Weise – erschlossen wird. Abgerundet wird der Band durch ein Literaturverzeichnis, das neben den kommentierten Einträgen weitere Literaturverweise umfasst.

Danksagung

Der Band geht auf das von Anna Babka und Sybille Moser geleitete und unter der Mitarbeit von Gerald Posselt, Natascha Gruber und Lutz Ohlendiek durchgeführte Forschungsprojekt »Produktive Differenzen. Geschlechterforschung als transdisziplinäre Beobachtung und Performanz von Differenz« zurück – gefördert durch das österreichische Bundesministerium für Bildung, Wissenschaft und Kultur. Ziel des Projekts war die transdisziplinäre Verknüpfung und Kontrastierung zentraler zeitgenössischer Theorieansätze – *Dekonstruktion* einerseits sowie *Systemtheorie* und *Radikaler Konstruktivismus* andererseits – im Hinblick auf die Konstruktion, Dekonstruktion und Rekonstruktion von Geschlecht. Der Bereich *Dekonstruktion* wurde in diesem Projekt von Anna Babka und Gerald Posselt konzipiert und bearbeitet. Für den vorliegenden Band wurden die Projektergebnisse – unter Mitarbeit von Sergej Seitz und Matthias Schmidt – kontinuierlich erweitert, überarbeitet und aktualisiert. Die Autor*innenkürzel am Ende jedes Beitrags machen dabei deutlich, wer für die jeweiligen Begriffs- und Literatureinträge verantwortlich zeichnet.

Wir bedanken uns bei Marianne Maderna für die Cover-Abbildung, eine Photographie ihrer Rauminstallation *Humanimals*. Unser besonderer Dank gilt Sabine Kruse vom facultas-Verlag, die unser Vorhaben, trotz mancher Verzögerungen und Rückschläge, stets in einer außerordentlich produktiven Weise unterstützt und betreut hat.

EINFÜHRUNG

1. Philosophische und theoretische Grundlagen

Feministische Theorie und Forschung sowie in jüngerer Zeit die Gender- und Queer Studies sind von ihrem Ansatz her grundlegend inter- bzw. transdisziplinär orientiert. Entsprechend vielfältig sind die Theorien und Strömungen, auf die sie sich beziehen und die sie im Laufe der Zeit adaptiert, kritisiert und weiterentwickelt haben. Zentrale Thesen und Begriffe entwickeln gender- und queertheoretische Ansätze in Auseinandersetzung mit der Sprach- und Erkenntniskritik Friedrich Nietzsches, dem sprachwissenschaftlichen Strukturalismus Ferdinand de Saussures und seiner Übertragung auf andere Phänomenbereiche durch Claude Lévi-Strauss, Roman Jakobson, Roland Barthes u.a., der Psychoanalyse Sigmund Freuds und ihrer (post-)strukturalistischen Reformulierung durch Jacques Lacan, der Sprechakttheorie John L. Austins, der Ideologietheorie Louis Althussers, der historischen Diskursanalyse Michel Foucaults sowie nicht zuletzt der Dekonstruktion Jacques Derridas und ihrer literaturwissenschaftlichen Ausprägung bei Paul de Man. Dabei gehen avancierte gender- und queertheoretische Ansätze nicht einfach eklektizistisch vor; vielmehr nehmen sie die unterschiedlichen Ansätze kritisch auf, bringen sie miteinander in Dialog und entwickeln sie produktiv weiter. Besonders deutlich wird dies u.a. an den Arbeiten der amerikanischen Philosoph*in Judith Butler, die sich neben Foucault vor allem auf Derridas ↗Dekonstruktion bezieht und damit zwei Autoren und Positionen füreinander produktiv macht, die lange Zeit eher als Gegensätze denn als mögliche Ergänzungen betrachtet wurden.

1.1 Friedrich Nietzsche

Friedrich Nietzsche (1844–1900) ist einer breiteren Öffentlichkeit nicht zuletzt für seine misogynen Äußerungen und sein problematisches Verhältnis zu Frauen bekannt und schien daher zunächst für die feministische Theorie und Forschung nur von geringem Interesse zu sein. Dies ändert sich erst mit der »Wiederentdeckung« von Nietzsches sprach- und rhetoriktheoretischen Schriften ab den 1970er Jahren – vor allem vermittelt über die Nietzsche-Rezeption in Frankreich –, die auch eine Neubewertung seiner späteren Schriften, vor allem der *Genealogie der Moral,* eingeleitet hat.[1] Bedeutsam sind hier seine frühen Basler Vorlesungen zur antiken Rhetorik sowie seine programmatische Schrift »Ueber Wahrheit und Lüge im aussermoralischen Sinne« (1873). Nietzsche entwickelt hier die theoretischen und begrifflichen Grundlagen einer radikalen Sprach- und Erkenntniskritik, die es ihm erlaubt,

[1] Vgl. hierzu ausführlich 📖[6] Posselt/Flatscher, *Sprachphilosophie*, 2016, 82–103.

die zentralen Begriffe der Metaphysik wie *Substanz*, ↗*Subjekt*, ↗*Identität* oder Bewusstsein als sprachlich-rhetorische Effekte zu entlarven.

In seiner *Genealogie der Moral* interessiert sich Nietzsche darüber hinaus für die Prozesse und Praktiken, durch die das moderne Individuum geformt und hervorgebracht wird. Das souveräne Subjekt, auf dessen Wort Verlass ist und das für sein Handeln Verantwortung trägt, ist nach Nietzsche das Produkt eines langen, gewaltsamen Prozesses der Strafen und Martern, der direkt an den Körpern ansetzt, diese diszipliniert und berechenbar macht – ein Gedanke, der von Michel Foucault in *Überwachen und Strafen* anhand der Entstehung des modernen Strafsystems weiterentwickelt wird (↗Genealogie).[2]

Von Interesse für feministische, gender- und queertheoretische Ansätze ist dabei nicht nur Nietzsches These, dass gesellschaftliche Verhältnisse Ausdruck von Macht- und Herrschaftsverhältnissen sind, sondern auch die Einsicht, dass diese durch diskursive Prozesse legitimiert, naturalisiert und festgeschrieben werden. In gesellschaftlichen Auseinandersetzungen und politischen Kämpfen geht es folglich immer auch darum, wem es gelingt, die Interpretations- und Deutungshoheit über zentrale Begriffe zu erlangen.

1.2 Strukturalismus

In den 1950er und 1960er Jahren etabliert sich ausgehend von Arbeiten des Genfer Sprachwissenschaftlers Ferdinand de Saussure (1857–1913) der Strukturalismus als zentrale Methode der Geistes- und Sozialwissenschaften.[3] Als das wichtigstes Werk Saussures und als Gründungstext des Strukturalismus gilt bis heute der *Cours de linguistique générale*, der 1931 unter dem Titel *Grundfragen der allgemeinen Sprachwissenschaft* erstmals ins Deutsche übersetzt wurde. Saussures zentrale These ist, dass es in der ↗Sprache nur Differenzen gibt, ohne positive Einzelglieder.[4] Sprache ist ein differentielles System, in dem jedes Element allein negativ durch seine Beziehungen zu anderen Elementen des Systems bestimmt ist. Mit dieser These bricht Saussure nicht nur mit klassischen Sprachkonzeptionen, sondern auch mit substantialistischen und essentialistischen Denkansätzen, wie sie für die westliche Philosophie kennzeichnend sind (↗Essentialismus). Denn während traditionellerweise ↗Differenz als eine Beziehung aufgefasst wird, die zwischen zwei positiv gegebenen Elementen besteht, denkt Saussure Differenz rein negativ. ↗Identität geht der Differenz nicht voraus; vielmehr ist es erst der – prinzipiell unabschließbare – Prozess der Differenzierung, der Identität

---

2 📖1.4 Foucault, *Überwachen und Strafen*, 1975.

3 Vgl. hierzu ausführlich 📖6. Posselt/Flatscher, *Sprachphilosophie*, 2016, 196–214.

4 Vgl. 📖1.2 Saussure, *Grundfragen der allgemeinen Sprachwissenschaft*, 1916, 143f.

hervorbringt und konstituiert. Es ist dieser Gedanke, der von gender- und queertheoretischen Ansätzen aufgenommen und weiterentwickelt wird, um Fragen der Konstitution von Geschlechteridentitäten wie auch von politischen Identitäten neu zu durchdenken.

Als ein so verstandenes rein differentielles System avanciert die Sprache zum primären Zeichensystem und zum paradigmatischen Modell für die Beschreibung der sozialen Wirklichkeit (↗Zeichen). Dahinter steht die Annahme, dass soziale Phänomene als ↗Strukturen verstanden werden können, die wie eine Sprache gegliedert sind und sich entsprechend analysieren und beschreiben lassen. So wird von Roman Jakobson (1896–1982) der Strukturalismus gleichermaßen zur Analyse von literarischen Texten wie zur Beschreibung aphatischer Störungen und zur Erklärung des kindlichen Spracherwerbs verwendet (↗Metapher/Metonymie). Der Ethnologe Claude Lévi-Strauss (1908–2009) bedient sich der strukturalistischen Methode zur Analyse von Mythen, Verwandtschafts- und Geschlechterverhältnissen. Der Literaturtheoretiker Roland Barthes (1915–1980) verwendet strukturalistische Verfahren zur Analyse kultureller Alltagspraktiken wie Mode und Werbung. Jacques Lacan (1901–1981) verbindet strukturalistische Grundprinzipien mit der Freud'schen Psychoanalyse und der marxistische Philosoph Louis Althusser (1915–1990) greift in seiner Analyse der kapitalistischen Produktionsverhältnisse und der ideologischen Subjektkonstitution auf strukturalistische Einsichten zurück (↗Interpellation).[5]

Die dem Strukturalismus innewohnende Tendenz, sich zu einer universalen Methode zu entwickeln und die von ihm analysierten Strukturen und Differenzen absolut zu setzen, ist bereits früh problematisiert worden.[6] Kritisiert wird vor allem die Konzentration des Strukturalismus auf ein System binärer Oppositionen und die Vernachlässigung der in diesen Oppositionen immanenten Asymmetrien und Machtverhältnisse (↗Binarität). Hier setzen feministische, gender- und queertheoretische Ansätze – unter Rückgriff auf Psychoanalyse, Diskursanalyse und ↗Dekonstruktion – explizit an, indem sie die patriarchalen und heteronormativen Voraussetzungen strukturalistischer Konzeptionen thematisieren und radikal in Frage stellen.

---

5 Vgl. 🕮[1.2] Jakobson, *Zwei Seiten der Sprache*, 1956; 🕮[1.2] Lévi-Strauss, *Die elementaren Strukturen der Verwandtschaft*, 1949; 🕮[1.5] Lacan, *Das Drängen des Buchstaben im Unbewußten*, 1957; 🕮[1.5] Lacan, *Die Bedeutung des Phallus*, 1958; 🕮[1.3] Althusser, *Ideologie und ideologische Staatsapparate*, 1970.

6 Vgl. 🕮[6.] Posselt/Flatscher, *Sprachphilosophie*, 2016, 211–213.

1.3 Sprachphilosophie und Sprechakttheorie

Mit dem *linguistic turn* der Philosophie im 20. Jahrhundert vollziehen ab den 1960er Jahren auch die Geistes- und Kulturwissenschaften eine Wende zur ↗Sprache, die sich ebenso im Bereich der feministischen Theorie und Forschung beobachten lässt.[7] Ausgehend von der Einsicht, dass Sprache das Denken und die Wirklichkeit nicht einfach nur repräsentiert, sondern wesentlich mit daran beteiligt ist, was für uns als soziale Wirklichkeit überhaupt erst wahrnehmbar und erkennbar wird, werden sprach- und zeichentheoretische Fragen für alle geistes- und sozialwissenschaftlichen Disziplinen relevant. Sprache wird nicht länger als ein neutrales Mittel zum Ausdruck und zur Mitteilung unserer Gedanken aufgefasst, sondern als ein komplexer Prozess der Strukturierung und Sinnproduktion, durch den wir uns die Welt erschließen und uns als Subjekte konstituieren. Sprache besitzt folglich neben ihrer referentiellen und repräsentativen Funktion (↗Referenz, ↗Repräsentation) immer auch einen sozialen, welterschließenden und subjektkonstitutiven Charakter.

Besonders deutlich wird dies am Begriff des Performativen, den der britische Philosoph John L. Austin in seinen Vorlesungen *How to Do Things with Words* entwickelt und mit dem er den Grundstein für die performative Wende der Geistes-, Sozial- und Kulturwissenschaften legt.[8] Während konstative Äußerungen Sachverhalte beschreiben und Tatsachen behaupten und folglich wahr oder falsch sein können, werden mit performativen Äußerungen, wie z.B. Versprechen, Taufen, Wetten, Ernennen etc., Handlungen vollzogen und Tatsachen geschaffen (↗Performativität). Damit einher geht eine Verschiebung von der Sprache als System zur konkret individuellen Rede. Im Fokus steht nicht länger die Ausdrucks-, Darstellungs- und Kommunikationsfunktion der Sprache (↗Kommunikation), sondern vielmehr ihr Handlungs-, Vollzugs- und Ereignischarakter.

Im Anschluss und in kritischer Auseinandersetzung mit Austin unterstreichen Autor*innen wie Émile Benveniste (1902–1976), Pierre Bourdieu (1930–2002), François Lyotard (1924–1998), Louis Althusser (1918–1990) oder Shoshana Felman (*1942), wenn auch in jeweils unterschiedlicher Gewichtung, zudem den sowohl autoritativen als auch subjektivierenden

---

[7] Vgl. Kimmich u.a., *Texte zur Literaturtheorie der Gegenwart*, 1996, 396. Zu den unterschiedlichen Ausformungen des *linguistic turn* in der analytischen Philosophie, der Hermeneutik und Phänomenologie und dem Strukturalismus vgl. 🕮[6.] Posselt/Flatscher, *Sprachphilosophie*, 2016, 260–268.

[8] Vgl. 🕮[1.3] Austin, *Zur Theorie der Sprechakte*, 1955. Zum *performative turn* der Kulturwissenschaften vgl. Bachmann-Medick, *Cultural Turns*, 2006, 104–143.

Charakter performativer Äußerungen (↗Interpellation).[9] Nicht nur muss die Sprecher*in autorisiert sein, damit eine performative Äußerung gelingen kann; darüber hinaus haben performative Äußerungen immer auch subjektivierende und subjektkonstitutive Effekte – und zwar sowohl für die Sprecher*innen als auch für die Adressat*innen. In diesem Sinne geht das ↗Subjekt der Sprache und dem Sprechen nicht einfach voraus; vielmehr wird es, wie Judith Butler in ihren Überlegungen zur ↗Performativität von Geschlecht und zur Verletzungskraft von Sprache betont, durch Akte des Sprechens und des Angesprochen-Werdens erst als ein anerkennbares Subjekt konstituiert.

1.4 Diskursanalyse

Das Verhältnis von ↗Macht, Wissen und Subjektivität steht im Zentrum der Arbeiten des französischen Philosophen und Historikers Michel Foucault (1926–1984). Während Foucault in seiner Antrittsvorlesung am Collège de France, *Die Ordnung des Diskurses* (1971), Macht noch tendenziell als repressive Instanz versteht, die darauf abzielt, den Diskurs und die sprechenden Subjekte zu beschränken und zu begrenzen, entwickelt er nur wenige Jahre später in *Überwachen und Strafen* (1975) und dem ersten Band seiner Geschichte der Sexualität, *Sexualität und Wahrheit I: Der Wille zum Wissen* (1976), die Konzeption einer produktiven, hervorbringenden Macht.[10] Macht wird von Foucault nicht länger als eine Instanz oder Institution verstanden, die von oben nach unten wirkt; vielmehr ist Macht wesentlich relational verfasst. Macht wirkt nicht von außen auf gesellschaftliche Verhältnisse ein; vielmehr ist sie allen »Verhältnissen (ökonomischen Prozessen, Erkenntnisrelationen, sexuellen Beziehungen)« inhärent.[11] Als Disziplinarmacht, wie sie Foucault etwa in *Überwachen und Strafen* untersucht, zielt sie auf den individuellen ↗Körper; als Biopolitik und Biomacht, die von Foucault in *Sexualität und Wahrheit I* thematisiert wird, auf die Regulierung der Bevölkerung. Das Scharnier zwischen diesen beiden Machttechnologien – »der Disziplinierung des Körpers und der Regulierung der Bevölkerung« – bildet die Sexualität.[12]

Das besondere Verdienst Foucaults für die Gender- und Queer-Theorie besteht in dem Aufweis, dass in dem modernen Sexualitätsdispositiv, wie es

---

9 Vgl. 🕮 1.3 Benveniste, *Die analytische Philosophie*, 1963; 🕮 1.3 Benveniste, *Über die Subjektivität in der Sprache*, 1958; 🕮 1.3 Althusser, *Ideologie und ideologische Staatsapparate*, 1970; 🕮 4 Felman, *The Scandal of the Speaking Body*, 1980.

10 Vgl. 🕮 1.4 Foucault, *Die Ordnung des Diskurses*, 1971a; 🕮 1.4 Foucault, *Überwachen und Strafen*, 1975; 🕮 1.4 Foucault, *Sexualität und Wahrheit I*, 1976.

11 🕮 1.4 Foucault, *Sexualität und Wahrheit I*, 1976, 113.

12 Vgl. Foucault, *Die Maschen der Macht*, 1981, 236.

sich im Verlauf des 19. Jahrhunderts herausgebildet hat, Wissen, Macht und Subjektivierungspraktiken aufs Engste miteinander verwoben sind. Oder in den Worten von Andreas Kraß: »Indem Foucault Sexualität nicht als biologisches Phänomen, sondern als kulturelles Konstrukt, nicht als Objekt, sondern als Effekt eines Dispositivs aus Institutionen, Diskursen und Praktiken beschrieb, legte er ein tragfähiges theoretisches Konzept und methodisches Fundament für das Projekt der Queer-Theorie, Sexualität zu historisieren und denaturalisieren.«[13] (↗Konstruktion, ↗Queer) Indem Foucault darüber hinaus die Formen der Wissensproduktion, die Macht- und Regierungstechniken sowie die Selbstpraktiken untersucht, durch die Individuen sich selbst im Verhältnis zu anderen als ↗Subjekte konstituieren, liefert er den theoretisch-methodischen Schlüssel zur Analyse jener Praktiken und Technologien, durch die geschlechtliche ↗Körper und sexuelle Begehrensstrukturen normiert und normalisiert oder als »anormal« stigmatisiert und aus dem Raum des Wahrnehmbaren und Lebbaren ausgeschlossen werden.

1.5 Psychoanalyse

Das Verhältnis von Psychoanalyse und Feminismus ist von Anfang an ambivalent und spannungsgeladen.[14] Einerseits liefert die Psychoanalyse Sigmund Freuds (1856–1939) eine Theorie der psychosexuellen Sozialisation, die es erlaubt, die Entstehung und Entwicklung von Subjektivität, sexuellem Begehren und Geschlechtsidentität zu analysieren. Andererseits tendiert sie – zumindest in ihrem klassischen (Selbst-)Verständnis – dazu, die normativen Konzeptionen von Männlichkeit und Weiblichkeit, Heterosexualität und Homosexualität, das gesellschaftliche Arrangement der Geschlechter sowie patriarchal geprägte Macht- und Herrschaftsstrukturen als gegeben hinzunehmen oder gar affirmativ zu bestätigen.[15] Zwar stellt Freuds Theorie – insbesondere seine Theorie des Unbewussten – das methodische und begriffliche Instrumentarium bereit, um herrschende Formen von Subjektivität, Geschlechtsidentität und Sexualität zu hinterfragen; er selbst vollzieht diesen Schritt in seinen Schriften jedoch nicht.[16]

Dies leisten in der Nachfolge von Freud feministische Theoretiker*innen und Psychoanalytiker*innen, die sich dabei auch auf die Arbeiten des französischen Psychiaters und Psychoanalytikers Jacques Lacan (1901–1981) beziehen. Indem Lacan das strukturalistische Paradigma auf die Psychoanalyse überträgt (↗Struktur), vollzieht er gewissermaßen den *linguistic turn*

---

[13] 📖5.2 Kraß, *Queer Denken*, 2004, 21.

[14] Vgl. 📖6. Lindhoff, *Einführung in die feministische Literaturtheorie*, 1995, 61.

[15] Vgl. 📖1.5 Freud, *Das Ich und das Es*, 1923; 📖1.5 Freud, *Die Weiblichkeit*, 1932.

[16] Vgl. 📖6. Lindhoff, *Einführung in die feministische Literaturtheorie*, 1995, 64.

der psychoanalytischen Theorie. Damit schafft er die theoretischen Voraussetzungen, um Männlichkeit und Weiblichkeit nicht länger als biologische Kategorien, sondern als symbolische Positionen zu verstehen, die für die Herausbildung der Geschlechtsidentität und der Begehrensstrukturen konstitutiv sind (↗Identität).[17] Dies lässt sich am Beispiel des Ödipuskomplexes illustrieren: Während nach Freud der Kastrationserfahrung und der Identifikation mit dem männlichen bzw. weiblichen Geschlecht eine Schlüsselfunktion in der psychosexuellen Entwicklung des Subjekts zukommt, ist es nach Lacan nicht die Identifikation, sondern die symbolische Relation des Subjekts mit dem Phallus, »ohne Rücksicht auf den anatomischen Geschlechtsunterschied«,[18] die für diesen Prozess entscheidend ist.

Für die Gender- und Queer-Theorie erweist sich die strukturalistische Reformulierung der Psychoanalyse durch Lacan als produktiv, insofern sie erlaubt, die binäre Geschlechterdifferenz und die naturalistischen Grundannahmen des Freud'schen Ansatzes zu problematisieren. Zugleich wird kritisch gegen Lacan geltend gemacht, dass mit dem ahistorischen und universalen Charakter der nun symbolisch verstandenen Instanzen (wie dem Phallus, dem Gesetz des Vaters etc.) die patriarchalen Herrschaftsstrukturen keineswegs aufgebrochen, sondern stattdessen auf einer sprachlich-symbolischen Ebene bekräftigt und festgeschrieben werden (↗Phallogozentrismus). Die feministische Aneignung und Reformulierung der Psychoanalyse erfolgt u.a. durch Theoretiker*innen wie Luce Irigaray in Frankreich, Shoshana Felman in Yale und später durch Judith Butler, deren produktiv-kritische Auseinandersetzung mit der Psychoanalyse einen bedeutenden Zug ihres Denkens ausmacht.[19]

G.P./S.S.

---

17 Vgl. 🕮[1.5] Lacan, *Das Spiegelstadium*, 1949; 🕮[1.5] Lacan, *Das Drängen des Buchstaben im Unbewußten*, 1957.

18 🕮[1.5] Lacan, *Die Bedeutung des Phallus*, 1958, 121.

19 Vgl. Felman, *Literature and Psychoanalysis*, 1982; Butler, *Psyche der Macht*, 1997b.

2. Dekonstruktion

2.1 Jacques Derrida

Der französische Philosoph Jacques Derrida (1930–2004) gilt als Begründer und Hauptvertreter der ↗Dekonstruktion, einer Denkbewegung, die kritisch an verschiedene philosophische, sprach- und kulturtheoretische Strömungen des 20. Jahrhunderts anknüpft, wie Husserls Phänomenologie und Heideggers Ontologie, den Saussure'schen Strukturalismus oder die Freud'sche und Lacan'sche Psychoanalyse.[20] Das erste Mal einer größeren Öffentlichkeit bekannt wird Derrida 1967 mit der Publikation von gleich drei Büchern: *Grammatologie*, in der er den impliziten Phono- und ↗Logozentrismus der westlichen Philosophie herausarbeitet, *Die Stimme und das Phänomen*, einer kritischen Auseinandersetzung mit Husserls Phänomenologie, sowie *Die Schrift und die Differenz*, einer Sammlung von Aufsätzen zu Foucault, Levinas, Lévi-Strauss u.a.[21] Eine zweite bemerkenswerte Veröffentlichungsserie erfolgt fünf Jahre später 1972 mit *Dissemination, Randgänge der Philosophie* und dem Interview-Band *Positionen*.[22]

Für Derridas Arbeits- und Schreibweise ist charakteristisch, dass er in intensiven Lektüren die Schlüsseltexte der westlichen Philosophie auf ihre begrifflichen Voraussetzungen und impliziten Ausschlüsse befragt und seine eigenen Thesen stets in Auseinandersetzung mit diesen Texten entwickelt. Derridas Arbeiten zeichnen sich dabei durch einen hohen Komplexitätsgrad und einen performativen, zuweilen experimentellen Schreibstil aus. Seine Texte sind nicht nur vielschichtig, anspielungs- und voraussetzungsreich; sie entziehen sich auch häufig bewusst gängigen Denk- und Lesegewohnheiten, etwa indem sie die kanonischen Grenzen von Philosophie und Literatur in Frage stellen.[23]

Vereinfacht gesagt lässt sich Dekonstruktion als eine Art Lektürestrategie verstehen (↗Lesen/Lektüre), die darauf abzielt, das begriffliche System der westlichen Philosophie, das auf einem Denken in Dualismen oder binären Oppositionen basiert – wie Präsenz/Absenz, Stimme/Schrift, Geist/Körper, Mann/Frau, Vernunft/Wahnsinn, Heterosexualität/Homosexualität, Okzident/Orient etc. – zu hinterfragen und zu destabilisieren. Dies geschieht in einem ersten Schritt durch den Aufweis, dass derartige Grundunterscheidungen niemals neutral sind; vielmehr sind sie so strukturiert, dass der eine Teil der Op-

---

20 Vgl. 🕮2.1 Derrida, *Die Struktur, das Zeichen und das Spiel,* 1967d.

21 Vgl. 🕮2.1 Derrida, *Grammatologie,* 1967a; Derrida, *Die Schrift und die Differenz,* 1967b; Derrida, *Die Stimme und das Phänomen,* 1967c.

22 Vgl. Derrida, *Randgänge der Philosophie,* 1972c; 🕮2.1 Derrida, *Dissemination,* 1972a; 🕮2.1 Derrida, *Positionen,* 1972b.

23 Vgl. 🕮2.1 Derrida, *Das Gesetz der Gattung,* 1980a.

position als der abgeleitete, defizitäre Teil des anderen erscheint: ↗Schrift wird als eine fixierte und erstarrte Form der lebendigen Stimme dargestellt, Weiblichkeit als eine mangelhafte Form der Männlichkeit, der es an Vernunft und Rationalität fehlt, Homosexualität als eine perverse, invertierte Form der Sexualität, der Orient als eine rückständige, infantile Form des Okzidents etc. In einem zweiten Schritt wird gezeigt, dass der erste, »ursprüngliche« Term für sein Bestehen notwendig auf seinen abgeleiteten Gegenpart angewiesen ist. So benötigt Männlichkeit die Frau als das »andere Geschlecht«, um sich als universales Geschlecht zu behaupten, die Heterosexualität verlangt die Homosexualität, um sich als Normalfall und ↗Norm zu setzen, der Okzident den Orient, um sich als Stätte des rationalen, vernünftigen Diskurses zu konstituieren etc. Ziel der Dekonstruktion ist es dabei nicht, die fraglichen Begriffe einfach zu verwerfen oder die Wertungen umzukehren (die Frau als der bessere Mann, die Schrift als die bessere Stimme, der Orient als der bessere Okzident etc.), sondern vielmehr – durch das Aufzeigen ihrer inhärenten Instabilität und Unentscheidbarkeit (↗Aporie) – das gesamte begriffliche System zu verschieben und zu verändern, in dem solche Hierarchien, Ausschlüsse und Machtverhältnisse naturalisiert und festgeschrieben werden (↗Kritik).[24] Derrida leistet dies unter anderem über Begriffsprägungen wie ↗*différance*, ↗Dissemination oder ↗Iterabilität,[25] die sowohl von Vertreter*innen des dekonstruktiven Feminismus als auch von gender- und queertheoretischen Ansätzen produktiv aufgegriffen und weiterentwickelt werden.

Während Derrida Fragen der Geschlechterdifferenz in den 1960er Jahren noch eher reserviert gegenübersteht,[26] thematisiert er diese verstärkt ab den 1970er Jahren, etwa über die Figur des *Hymens*, die in der feministischen Rezeption besondere Aufmerksamkeit erfahren hat. Dabei steht das Hymen für die Unentscheidbarkeit der Geschlechterdifferenz und verweist auf die Unbestimmbarkeit des Weiblichen sowohl als einer biologischen als auch als einer symbolischen Kategorie. Weitere Begrifflichkeiten, mit denen Derrida darauf abzielt, die phallogozentrischen Verengungen der Philosophie zu unterminieren, sind etwa die Figuren der *Dissemination* und der *Invagination* (↗Phallogozentrismus).[27]

---

24 Dennoch ist Dekonstruktion Derrida zufolge keine Theorie und Methode im herkömmlichen Sinne, d.h. ein einheitliches Ensemble von Begriffen und Verfahren, das auf unterschiedliche Gegenstände angewendet werden kann, insofern diese Vorstellung bereits auf der problematischen Unterscheidung von Theorie und Praxis basiert, die selbst dekonstruierbar ist (vgl. Derrida, *Derrida im Gespräch*, 1986).

25 Vgl. 🕮2.1 Derrida, *Die différance*, 1968a; 🕮2.1 Derrida, *Dissemination*, 1972a; 🕮2.1 Derrida, *Signatur Ereignis Kontext*, 1971b.

26 Vgl. Derrida, *The Original Discussion of ›Différance‹*, 1968b.

27 Vgl. 🕮2.1 Derrida, *Dissemination*, 1972a; 🕮2.1 Derrida, *Das Gesetz der Gattung*, 1980a; 🕮2.1 Derrida/Kamuf, *A Derrida Reader: Between the Blinds*, 1991.

2.2 Paul de Man

In den USA wird die Dekonstruktion bereits ab den 1970er Jahren als Lektüre- und Analyseverfahren von den sogenannten Yale Critics, deren prominentester Vertreter – neben Harold Bloom, Geoffrey Hartman und J. Hillis Miller – Paul de Man (1919–1983) ist, rezipiert und weiterentwickelt. De Mans Arbeiten zeichnen sich u.a. dadurch aus, dass er in seinen dekonstruktiven Lektüren auf Begriffe der klassischen ↗Rhetorik zurückgreift, um literarische und philosophische Texte auf ihre impliziten Widersprüche und ↗Aporien zu befragen.[28] Seiner Auffassung zufolge trägt jeder ↗Text einen produktiven Widerstreit zwischen seinen wörtlichen und seinen rhetorisch-figurativen Bedeutungsaspekten aus, der sich niemals eindeutig entscheiden lässt, sondern immer einen Bedeutungsüberschuss produziert (↗Figur).[29] Zugleich geht de Man im Anschluss an Nietzsche davon aus, dass die rhetorische Kraft der Sprache an der Konstitution von Realität, Subjektivität, Autor*innenschaft und Innerlichkeit mitbeteiligt ist. Er verdeutlicht dies u.a. am Beispiel der rhetorischen Figur der Prosopopöie, deren spezifische Wirkung gerade darin besteht, unbelebten oder scheinbar »seelenlosen« Objekten ein Gesicht und eine Stimme zu verleihen. Auf diese Weise versucht de Man in seinen Lektüren des literarischen und philosophischen Kanons, die rhetorischen Strategien und Bezeichnungspraktiken lesbar zu machen, die die Fiktion des Subjekts, der ↗Referenz oder der Autor*innenschaft (↗Autobiographie) allererst erzeugen.[30]

Die Herausarbeitung und Analyse der figurativen Prozesse und Mechanismen, durch die die Fiktion eines souveränen sprechenden Subjekts hervorgebracht wird, bildet somit ein Hauptanliegen der literaturtheoretisch gewendeten Dekonstruktion de Mans. Obwohl de Man selbst zu Fragen der Geschlechterdifferenz kaum Stellung genommen hat, vermag die feministische und genderorientierte Literaturwissenschaft hier produktiv anzuknüpfen, indem sie zeigt, dass Geschlechtsidentitäten durch rhetorisch-figurative Prozesse gesetzt und naturalisiert werden.

G.P./S.S.

---

28 📖2.2 de Man, *Rhetorik der Tropen*, 1974; 📖2.2 de Man, *Rhetorik der Persuasion*, 1975.

29 📖2.2 de Man, *Semiologie und Rhetorik*, 1973.

30 📖2.2 de Man, *Autobiographie als Maskenspiel*, 1979.

3. Theorien der sexuellen Differenz

Simone de Beauvoirs (1908–1986) berühmtes Diktum »Man kommt nicht als Frau zur Welt, man wird es«[31] kann nicht nur als das Credo jedes politischen Feminismus gelten, sondern bildet zugleich die Grundlage für die Theoretisierung der Geschlechterdifferenz – von den eher essentialistisch orientierten Ansätzen der 1970er und 1980er Jahre (↗Essentialismus) bis hin zu den dekonstruktiv-gendertheoretischen Positionen der 1990er Jahre. Dabei muss betont werden, dass der Feminismus weder eine homogene politische Strömung noch eine einheitliche Theorie darstellt. Vielmehr hat die politische Frauenbewegung einschließlich ihrer akademischen Formierung divergierende und oftmals miteinander konkurrierende Feminismen hervorgebracht, die sich oft nicht einfach voneinander abgrenzen lassen. Dennoch unterscheidet man häufig zwischen zwei grundlegenden Positionen, nämlich dem *Egalitätsfeminismus* und dem *Differenzfeminismus,* auch wenn sich beide Ansätze nicht notwendig ausschließen müssen. Während egalitätsfeministische Positionen für eine grundlegende Gleichheit der Geschlechter argumentieren, rücken differenzfeministische Ansätze die Frage nach dem Unterschied der Geschlechter stärker ins Zentrum der theoretischen Auseinandersetzung.[32] Wird im Weiteren die Geschlechterdifferenz als natürlich vorgegebene begriffen, so spricht man von ↗*Essentialismus*; geht man dagegen davon aus, dass die Geschlechterdifferenz sozial und kulturell konstruiert ist, spricht man von *Konstruktivismus* (↗Konstruktion).

Die Theorie der sexuellen Differenz formiert sich in Frankreich in der kritischen Auseinandersetzung mit der Psychoanalyse von Freud und Lacan, wobei ihre Vertreter*innen sich vor allem auf dekonstruktive und poststrukturalistische Ansätze beziehen. Dabei konzentrieren sich Autorinnen wie Hélène Cixous, Luce Irigaray und Julia Kristeva insbesondere auf die Frage, wie es möglich ist, als Frauen zu sprechen oder zu schreiben, wenn Frauen »keinen Zugang zur Sprache [haben], außer durch Rekurs auf ›männliche‹ Repräsentationssysteme«[33] (↗Repräsentation). Ausgehend von dieser Frage werden mit den Begriffen der *écriture féminine* (Cixous), des *parler femme* (Irigaray) oder des *Semiotischen* (Kristeva) Möglichkeiten eines Sprechens und Schreibens ausgelotet, die die gesellschaftlich vorgegebenen, hegemonial maskulinen Regimes der Bedeutungsproduktion subversiv unterlaufen (↗Schrift).

Die Hauptvertreterin der *écriture feminine,* die aus Algerien stammende Französin Hélène Cixous (*1937), untersucht und erprobt die Entwicklung genuin weiblicher Artikulationsmöglichkeiten sowohl im theoretisch-phi-

---

31 📖3. Beauvoir, *Das andere Geschlecht,* 1949, 265.

32 Vgl. 📖6. Kroll, *Metzler Lexikon Gender Studies,* 2002, 103.

33 Irigaray, *Waren, Körper, Sprache,* 1976, 25.

losophischen als auch im literarischen Schreiben. Im Anschluss an Derrida, dem sie auch freundschaftlich verbunden war, zielt sie darauf ab, die herrschenden Sprechweisen und Begriffe eines »männlichen«, »phallozentrisch« geprägten Diskurses zu usurpieren und zu transformieren (↗Subversion). Dabei ist das Konzept der *écriture feminine* nicht an das biologisch verstandene weibliche Geschlecht gebunden oder auf bestimmte Geschlechtsidentitäten festgelegt. So stammen die literarischen Texte, in denen Cixous eine spezifisch »weibliche« Schreibweise erkennt, etwa von James Joyce oder Stephane Mallarmé. Aus heutiger Sicht könnte Cixous' Ansatz, wie sie selbst in der 2010 erschienenen französischen Neuauflage von *Le Rire de la Méduse* vorschlägt, als queerer Ansatz verstanden werden, die lachende *Medusa* als »la queen de queers«.[34]

Die Arbeiten der belgischen Theoretikerin Luce Irigaray (*1930), insbesondere ihr Hauptwerk *Speculum* (1980) und ihre Aufsatzsammlung *Das Geschlecht, das nicht eins ist* (1979),[35] stehen ähnlich wie die Überlegungen Cixous' an der Schwelle dekonstruktiv-feministischer Theoriebildung. Einerseits verweigert sich Irigaray einem Denken von Weiblichkeit als gleichsam natürlicher Unmittelbarkeit. Andererseits hält sie an der Vorstellung fest, dass es notwendig ist, einen Begriff nicht festschreibbarer Weiblichkeit auszuarbeiten.[36] Die ↗Identität des Weiblichen wird dabei auf paradoxe Weise als Unmöglichkeit der Identifizierung gedacht. Das Weibliche tritt bei Irigaray damit als das »Nicht-Identische« *par excellence* auf – eben als dasjenige Geschlecht, das »nicht eins« ist.[37]

Im Unterschied zu den Arbeiten von Cixous und Irigaray können die Beiträge der in Bulgarien geborenen Literaturtheoretikerin und Psychoanalytikerin Julia Kristeva (*1941) zur Theorie der sexuellen Differenz nicht als genuin »feministisch« verstanden werden. Kristeva steht Konzepten wie der *écriture féminine* oder des *parler femme* kritisch gegenüber und verweist darauf, dass sich das Weibliche nicht als gemeinsame politische Identitätskategorie konzipieren lässt.[38] Dieser Stoßrichtung zufolge kann es auch nicht das Ziel sein, »die Frau« zum Sprechen zu bringen. Vielmehr gilt es, wie sie in ihrem Schlüsselwerk *Die Revolution der poe-*

---

34 Cixous, *Le Rire de la Méduse*, 2010, 32; vgl. hierzu Hutfless u.a., *Hélène Cixous: Das Lachen der Medusa*, 2013. Vgl. auch 📖3. Cixous, *Sorties*, 1975; 📖3. Cixous, *Weiblichkeit in der Schrift*, 1980.

35 Vgl. 📖3. Irigaray, *Speculum*, 1974; 📖3. Irigaray, *Das Geschlecht, das nicht eins ist*, 1977.

36 Vgl. 📖4. Menke, *Verstellt – Der Ort der ›Frau‹*, 1992, 436.

37 Vgl. hierzu ausführlich 📖5.2 Prager/Seitz, *Feministische Philosophie und Gendertheorie*, 2017.

38 Vgl. Kristeva, *Kein weibliches Schreiben?*, 1979, 79.

tischen Sprache (1974) geltend macht,[39] jene ursprüngliche, *semiotische* Dimension in der Sprache, die mit dem Eintritt in die symbolische Ordnung verdrängt wird, freizulegen und deren subversive Kräfte freizusetzen – ein Aspekt, den Kristeva in der poetischen Sprache der Avantgarde verwirklicht findet.

Das Denken von Cixous, Irigaray und Kristeva konvergiert damit in einigen grundlegenden Aspekten, wie etwa in der Frage nach den Artikulationsmöglichkeiten derer, die aus der hegemonialen symbolischen Ordnung systematisch ausgeschlossen sind, sowie in dem Insistieren auf der Notwendigkeit, ein anderes Sprechen in Differenz zur männlich codierten Ordnung des Symbolischen zu denken. Es zeigen sich jedoch wesentliche Unterschiede in der Frage, wie dieses Sprechen/Schreiben jeweils genau zu verstehen ist und inwiefern es als eine emanzipatorische Strategie politisch mobilisiert werden kann.

A.B./S.S.

4. Dekonstruktive feministische Ansätze in der Literaturwissenschaft

Die Entstehung eines dekonstruktiv informierten Feminismus in der Literaturwissenschaft vollzieht sich in den 1980er Jahren wesentlich über die Rezeption der französischen Theorien der sexuellen Differenz in den USA. In Anknüpfung an Jacques Derridas und Paul de Mans ↗ Dekonstruktion sowie in differenzierter Bezugnahme auf die Psychoanalyse erarbeiten vor allem Mary Jacobus, Shoshana Felman, Barbara Johnson, Gayatri Chakravorty Spivak und Cynthia Chase ihr Programm einer *Gender Theory and Yale School*.[40] Sie reagieren damit zugleich in produktiver und kritischer Weise auf die in Yale etablierte *Genre Theory and Yale School*, die wesentlich von de Man mitgeprägt wurde. Zugleich haben sie sich bereits früh als Übersetzerinnen der Werke Derridas im angloamerikanischen Raum hervorgetan. 1976 erscheint Derridas *Grammatologie* übersetzt und eingeleitet von Spivak; 1981 wird Derridas *Dissemination* von Johnson übersetzt, eingeleitet und kommentiert.

Während die französischen Theoretikerinnen der sexuellen Differenz von der Frage ausgingen, was es heißt, als Frau zu schreiben (Cixous) oder als Frau zu sprechen (Irigaray), steht in Zentrum der US-amerikanischen Ansät-

39 📖3. Kristeva, *Die Revolution der poetischen Sprache*, 1974.

40 Vgl. 📖4. Johnson, *Gender Theory and the Yale School*, 1985; 📖4. Johnson, *Mein Monster – Mein Selbst*, 1982; 📖4. Chase, *Giving a Face to a Name*, 1986; Jacobus, *Reading Woman*, 1986.

ze die Frage, was es heißt, als Frau zu lesen (↗Schrift, ↗Lesen/Lektüre). Damit konzentriert sich der dekonstruktive Feminismus angloamerikanischer Provenienz, der strenggenommen eine feministisch informierte dekonstruktive Literaturtheorie darstellt, auf die Lektüre literarischer Texte, mit dem Ziel, die in diesen Texten wirksamen rhetorischen Mechanismen zu exponieren. Felman und Spivak rücken darüber hinaus Fragen nach den körperlichen Bedingungen des Sprechens bzw. nach dem Sprechen in postkolonialen Kontexten in den Fokus ihrer Überlegungen.

Shoshana Felman (*1942) bewegt sich innerhalb des theoretischen Spektrums von John L. Austins Sprechakttheorie, Lacans Psychoanalyse und der Dekonstruktion. In ihren Arbeiten verbindet sie nicht nur Sprechakttheorie und Psychoanalyse, Literatur und Philosophie auf kongeniale Weise, sondern unterstreicht in ihrer richtungsweisenden Studie *The Scandal of the Speaking Body* (1980) auch, dass Sprechen immer als ein körperlicher Akt verstanden werden muss (↗Körper), der vom ↗Subjekt niemals vollständig kontrolliert werden kann – ein Gedanke, der von Judith Butler in *Haß spricht* (1997) aufgegriffen wird.[41]

Die indische postkoloniale Theoretikerin Gayatri Chakravorty Spivak (*1942), die sowohl auf dekonstruktive und diskursanalytische als auch auf marxistische Überlegungen zurückgreift, fasst Lektüre und Textinterpretation im Sinne feministischer Wissenschaftskritik nicht als wertfreie und objektive Entzifferung verborgener Bedeutungen auf, sondern als einen Prozess der aktiven Aneignung und Umwertung, der nicht außerhalb von Machtverhältnissen zu denken ist. Dekonstruktiver Feminismus bedeutet für Spivak, den Begriff der Frau neu zu denken und vor allem die Differenzen innerhalb von Identitäten in den Blick zu rücken.[42] In ihrem programmatischen Text *Can the Subaltern Speak?* versucht sie die Frage nach den Artikulationsmöglichkeiten postkolonialer Subjekte, die gleich auf mehrfache Weise – aufgrund von Gender, Race, Klasse und Kaste – unterdrückt und aus der hegemonialen Ordnung ausgeschlossen sind, neu zu stellen (↗Alterität, ↗Kritik).[43]

Im deutschsprachigen Raum wurden die theoretisch anspruchsvollen Texte der *écriture féminine* erst im Laufe der 1980er Jahre breiter rezipiert. Dekonstruktive Theorieangebote standen dabei für eine Art und Weise der theoretischen Reflexion, der die deutschsprachige feministische Literaturwissenschaft – nicht zuletzt aufgrund ihrer Orientierung an der soziologischen Ausrichtung der Frankfurter Schule – mit Skepsis und einer gewissen »Rezeptionshemmung« begegnete. Tendenziell betrifft dies den französischen Poststrukturalismus insgesamt, der erst über den Umweg über die USA rezi-

---

[41] 📖4. Felman, *The Scandal of the Speaking Body,* 1980.

[42] Vgl. 📖4. Spivak, *Outside in the Teaching Machine,* 1993b, 136f.; 📖4. Spivak, *Verschiebung und der Diskurs der Frau,* 1983.

[43] Vgl. 📖4. Spivak, *Can the Subaltern Speak?,* 1985.

piert wurde. Dies gilt umgekehrt für die Rezeption der Kritischen Theorie in Frankreich, weshalb, wie Sigrid Weigel noch 1995 betont, »die gegenwärtige deutsch-französische Beziehung in Sachen Philosophie und Theorie vielfach als Dreiecksverhältnis [ge]kennzeichnet« ist.[44]

Die deutschsprachige feministische Literaturwissenschaft der 1970er Jahre war zunächst, ähnlich wie die amerikanischen Women's Studies, weniger an Literaturtheorie interessiert als an literarischen Texten, die von spezifisch weiblichen Erfahrungen ausgingen. Sie widmete sich demnach vor allem »weiblicher Literatur« oder der kritischen Relektüre kanonisierter Werke von männlichen Autoren und den Weiblichkeitsbildern in deren Texten. Im Laufe der 1980er Jahre vollzog sich demgegenüber ein Paradigmenwechsel, der an den Arbeiten von Wissenschaftler*innen festgemacht werden kann, die in produktiv-kritischer Bezugnahme auf den über die USA importierten französischen Poststrukturalismus für dekonstruktive Verfahrensweisen plädieren. Damit öffnen sie ihr Arbeitsgebiet von der Frauenforschung, die von einem gesicherten Subjekt wie Objekt »Frau« ausgeht, hin zur Geschlechterforschung, die die Geschlechterverhältnisse theoretisierend in den Blick nimmt und sich der Dekonstruktion ihrer hierarchisierenden Grundlagen in allen Bereichen der Literatur- und Kulturwissenschaft widmet. Damit gewinnt auch die Frage nach dem Konstruktionscharakter von ↗Körper und Geschlecht innerhalb der feministischen Forschung weiter an Kontur, die dann in der kontroversen Rezeption Judith Butlers eine Zuspitzung erfährt.

Im Zentrum dieser Neuorientierung stehen hier unter anderem die Arbeiten von Sigrid Weigel, Ingeborg Weber, Gisela Ecker, Marianne Schuller, Inge Stephan und, etwas später, von Bettine Menke und Barbara Vinken.[45] Vinkens Band *Dekonstruktiver Feminismus. Literaturwissenschaft in Amerika*,[46] der Schlüsseltexte amerikanischer Literaturwissenschaftler*innen versammelt, liefert einen wichtigen Beitrag für die breitere Rezeption des dekonstruktiven Feminismus im deutschsprachigen Raum. Menke entwickelt in ihren Arbeiten ein feministisch-dekonstruktives Theorieangebot als »Anleitung zum Lesen«, wobei sich ihr Ansatz der »rhetorischen Verfasstheit« von Identität sowohl durch die Bezugnahme auf de Mans tropenkritisches Lektüreverfahren als auch auf die Denkoperationen Derridas auszeichnet (↗Rhetorik).[47]

A.B.

---

44 Weigel, *Flaschenpost und Postkarte*, 1995, 4.

45 Vgl. 📖4. Weigel, *Das Weibliche als Metapher des Metonymischen*, 1986; 📖4. Weber, *Weiblichkeit und weibliches Schreiben*, 1994a; 📖4. Ecker, *Spiel und Zorn*, 1988; 📖4. Ecker, *Der Kritiker, die Autorin und das ›allgemeine Subjekt‹*, 1991; 📖4. Menke, *Dekonstruktion der Geschlechteropposition*, 1995a.

46 Vgl. 📖4. Vinken, *Dekonstruktiver Feminismus*, 1992.

47 Vgl. 📖4. Menke, *Verstellt – Der Ort der ›Frau‹*, 1992.

5. Gender und Dekonstruktion: transdisziplinäre Perspektiven

5.1 Judith Butler und Queer-Theorie

Eine der wohl wirkmächtigsten und theoriegeschichtlich bedeutsamsten Verbindungen von Dekonstruktion und Gender-Theorie stellt das vielschichtige Werk der amerikanischen Philosoph*in Judith Butler (*1956) dar. Der akademische Durchbruch gelingt ihr mit *Gender Trouble* (1990), das bereits ein Jahr später unter dem Titel *Das Unbehagen der Geschlechter* ins Deutsche übersetzt wird.[48] In *Bodies that Matter* (1993, dt. *Körper von Gewicht*) präzisiert und erweitert Butler ihre Überlegungen, unter anderem zum subversiven Potentials des Begriffs *queer*, was sie zu einer wichtigen Wegbereiterin der Queer-Theorie macht.[49] In diesen beiden programmatischen Bänden knüpft Butler u.a. an Derridas Dekonstruktion, Foucaults diskurs- und machtanalytische Arbeiten, die Freud'sche und die Lacan'sche Psychoanalyse sowie ihre Weiterentwicklung durch Kristeva, Austins Sprechakttheorie und Althussers Begriff der ↗Interpellation an. Weitere bedeutende Referenzpunkte liefern differenztheoretische Positionen des französischen Feminismus (Irigaray, Cixous, Wittig) und der poststrukturalistischen Literaturtheorie (Felman, Spivak).

Butler geht es dabei um eine rückhaltlose Problematisierung der Grundannahmen feministischer und gendertheoretischer Positionen, die ihren Niederschlag in einer radikalen ↗Dekonstruktion der Sex-Gender-Unterscheidung findet. Butler zielt auf den Nachweis ab, dass nicht nur die soziale Geschlechtsidentität (*gender*), sondern auch das (vermeintlich) natürliche Geschlecht (*sex*) durch wiederholte performative Akte, die sich stets innerhalb normativer diskursiver Regimes vollziehen, erst hervorgebracht wird. Dies bedeutet zugleich, dass es keine wahre, natürliche, richtige oder eindeutige Geschlechtsidentität »hinter« den Äußerungen und Ausdrucksformen von Geschlecht gibt, sondern dass diese Identität durch eben diese Äußerungen performativ hervorgebracht wird. Die scheinbare »Ursache« der Geschlechtsidentität, das biologische Geschlecht und der Körper, verstanden als Oberfläche kultureller Einschreibungen, sind nach Butler selbst bereits performative Effekte, die sich im Rahmen vielschichtiger diskursiver Praktiken einstellen und stabilisieren (↗Performativität). Folglich ist das biologische Geschlecht – ebenso wie das soziale Geschlecht – »nicht einfach etwas, was man hat«, sondern vielmehr je schon normativ durchwirkt: »Es wird eine derjenigen ↗Normen sein, durch

48 Vgl. 🕮5.1 Butler, *Das Unbehagen der Geschlechter*, 1990.

49 Vgl. Hark, *Queer Studies*, 2005; Raab, *queer revisited*, 2005, 241; Kilian, *Ein erfolgreicher Paradigmenwechsel*, 2010, 97.

die ›man‹ überhaupt erst lebensfähig wird, dasjenige, was einen Körper für ein Leben im Bereich kultureller Intelligibilität qualifiziert.«[50]

Mit Butlers ↗Dekonstruktion der Sex-Gender-Unterscheidung und ihren Überlegungen zur performativen Geschlechterkonstitution geht auch eine neuartige Weise einher, politische Subjektivität und Artikulation zu denken. Wenn ↗Gender je schon konstruiert und in gesellschaftliche Normengefüge verwoben ist, so wird es problematisch, ein vermeintlich stabiles ↗Subjekt der Frau(en) als politische Akteur*in feministischer Forderungen vorauszusetzen (↗Handlungsfähigkeit). Das Subjekt zu dekonstruieren, heißt jedoch nicht, wie Butler argumentiert, »es zu verneinen oder zu verwerfen. [...] Dekonstruieren meint nicht verneinen oder abtun, sondern in Frage stellen und [...] einen Begriff wie ›das Subjekt‹ für eine Wieder-Verwendung oder einen Wieder-Einsatz öffnen, die bislang noch nicht autorisiert waren.«[51] Zugleich müssen die Machtwirkungen und Subjektivierungspraktiken selbst kritisch in den Blick gerückt werden, die bestimmte Subjektformationen lebbar machen und andere ausschließen.[52]

Sowohl die Infragestellung eines stabilen Subjekts feministischer Politik als auch Butlers Grundthese von der diskursiven Konstruktion nicht nur des sozialen, sondern auch des biologischen Geschlechts wurden kontrovers diskutiert und zuweilen scharf kritisiert. Vor allem in *Körper von Gewicht* setzt sich Butler mit diesen Vorwürfen auseinander, wobei sie zu zeigen versucht, dass die Dekonstruktion der binären Geschlechteroppositionen keineswegs einer Reduktion des ↗ Körpers auf die ↗ Sprache oder den ↗ Diskurs gleichkommt.[53]

Spätestens ab den 2000er Jahren – vor dem Hintergrund der Terroranschläge vom 11. September 2001 und des daraufhin ausgerufenen »War against Terror« – wendet sich Butler verstärkt ethisch-politischen Themen zu, in deren Zentrum Fragen von Krieg, Gewaltlosigkeit, Prekarität und Vulnerabilität stehen sowie die Frage, welche Leben überhaupt als Leben anerkennbar und betrauerbar sind. Butlers ethisch-politischer Zugang basiert auf der konstitutiven Rolle von Geschlecht für die Konzeptualisierung des Menschseins. Das Werden von Geschlecht vollzieht sich nach Butler in Diskurs- und Machtfeldern, die zugleich bestimmen, was als »menschlich« gelten kann und was nicht. Dabei geht es nicht nur um die Frage, was mit dem »Menschlichen« gemeint ist, sondern auch darum, von seinen vielfältigen kulturellen Bestimmungsweisen zu lernen, »da es geschichtliche und kul-

---

50 📖5.1 Butler, *Körper von Gewicht*, 1993a, 22.

51 📖5.1 Butler, *Kontingente Grundlagen*, 1992, 48. Vgl. auch 📖5.1 Butler, *Haß spricht*, 1997a; 📖5.1 Butler, *Anmerkungen zu einer performativen Theorie der Versammlung*, 2015.

52 Vgl. 📖5.1 Butler, *Die Macht der Geschlechternormen*, 2004a.

53 Für eine differenzierte Inblicknahme dieser Debatte vgl. 📖5.2 Vasterling, *Butler's Sophisticated Constructivism*, 1999.

turelle Umstände gibt, unter denen das ›Menschliche‹ anders definiert oder neu gedeutet wird und dessen Grundbedürfnisse und folglich Grundrechte ebenfalls anders definiert werden.«[54]

5.2 Gender und Dekonstruktion im Querschnitt der Disziplinen

Wichtige Impulse für die Frage nach der ↗Konstruktion und ↗Dekonstruktion von Geschlecht gehen u.a. von der Literatur- und Kulturwissenschaft, der Sprachwissenschaft, der Philosophie, der Politikwissenschaft, der Soziologie, den Film- und Medienwissenschaften, den Naturwissenschaften und den Geschichtswissenschaften aus. Umgekehrt wird das theoretische und reflexive Potential der Gender und Queer Studies von unterschiedlichen Disziplinen aufgegriffen und weiterentwickelt. Soziologie und Ethnomethodologie greifen zur Beschreibung gesellschaftlicher Geschlechterrollen auf die Gender- und Queer-Theorie zurück. Psychoanalytische Ansätze reflektieren Verbindungslinien von Freud'scher und Lacan'scher Psychoanalyse mit den Gender Studies und Queer Studies. Film- und Medienwissenschaften adaptieren dekonstruktive Ansätze und entwickeln neue Analysen medialer Konfigurationen und symbolischer Formen. Neomaterialistisch und dekonstruktiv grundierte posthumanistische Zugangsweisen theoretisieren naturwissenschaftliche Phänomene mit Blick auf deren queere Verfasstheit, und biopolitische Ansätze widmen sich Dynamiken queerer affektiver Ökonomien. Im Folgenden werden exemplarisch zwei richtungsweisende Ansätze skizziert, die an gendertheoretische und dekonstruktive Ansätze anknüpfen: Trans* Studies und Kritischer Posthumanismus (Critical Posthumanism).

Trans* Studies

Butlers Überlegungen zur ↗Performativität von Gender, Gender-Parodien, Drag und Trans[55] haben die Transgender Studies maßgeblich beeinflusst.[56] Die transdisziplinären Transgender Studies (auch *Trans* Studies* genannt) thematisieren ausgehend von queertheoretischen Überlegungen und in Opposition zum heteronormativen Geschlechtermodell etwa Fragen der Verkörperung von Geschlecht und der multiplen Überschneidungen von Identitäten sowie der besonderen Gefährdung und vielfältigen Diskriminierung von Transgender-Personen und queeren POC. Als maßgebend gilt Sandy Stones »The

---

54 📖5.1 Butler, *Die Macht der Geschlechternormen*, 2004a, 352.

55 Vgl. u.a. 📖5.1 Butler, *Das Unbehagen der Geschlechter*, 1990; 📖5.1 *Die Macht der Geschlechternormen*, 2004a.

56 Vgl. Stryker/Whittle: *The Transgender Studies Reader*, 2006, 10.

Empire Strikes Back. A Posttranssexual Manifesto« (1991), in dem Stone im Rahmen einer fundamentalen Institutionen- und Diskurskritik gegen die Pathologisierung von Trans*Personen Stellung bezieht und sich für deren Sichtbarkeit, Teilhabe am Diskurs und uneingeschränkte Selbstrepräsentation ausspricht. Leslie Feinbergs *Transgender Liberation* popularisierte den Begriff *transgender* und liefert so einen umfassenderen Rahmen für die diversen Formen und Bedürfnisse von Trans*Personen. Besonders die Forderung, Trans*Stimmen in den Mittelpunkt zu stellen, wie von Stone postuliert, oder Trans*Geschichten zu erzählen, erweist sich als bedeutende transpolitische Strategie.

Das wissenschaftliche Feld der Trans* Studies umfasst ein breites Spektrum an Themen und Zugangsweisen. Ein* einflussreicher Theoretiker* der Trans* Studies, der, neben vielen anderen wie etwa Bernice L. Hausman, Leslie Feinberg oder Kate Bornstein, das Feld mitkonturiert hat, ist Jack Halberstam (ehemals Judith Halberstam oder auch J. Jack Halberstam).[57] »Entlang von Begriffen wie *queer* oder *trans** durchmisst er* in seinen Texten beispielreich nichtnormative Logiken und Repräsentationen von Körpern aus Kunst, Literatur, Film und Musik oder Architektur«, wobei er* »die binär codierten Grenzen zwischen der sogenannten Hochkultur und der Populärkultur« durch Rückgriff auf Beispiele aus TV-Serien, Comedys, Disney-Filmen oder Lyrics, wie etwa jene von Lady Gaga, unterläuft. Sein* Zugang ist vielfach spielerisch; oft lässt Halberstam seine* Untersuchungsgegenstände selbst sprechen, »als alternative Erzählungen der Welt, als widerständige Blickrichtungen im Hinblick darauf, was das ›wahre‹ Geschlecht, was das ›richtige‹, ›erfolgreiche‹, ›gelungene‹ Leben sein könnte.«[58] Bedeutsam für einen stärker aktivistisch-sexualpolitischen Zugang sind insbesondere die Arbeiten von Paul B. Preciado, dessen 2000 auf Französisch und 2003 ins Deutsche übersetzte *Kontrasexuelles Manifest* und sein »auto-theoretisches«[59] Essay *Testo Junkie* (2008) den Trans* Studies maßgebliche Impulse lieferten.

Kritischer Posthumanismus

Unter Rückgriff auf poststrukturalistische, neomaterialistische, technikphilosophische sowie feministische und queertheoretische Theoriebestände thematisiert der Kritische Posthumanismus die Verschränkung vielfältiger Strukturen von Differenz und Ungleichheit und hinterfragt die anthropozentrisch-huma-

57 Halberstam, *Trans**, 2018b; Halberstam, *In a Queer Time and Place*, 2005.

58 Babka/Brucher, *Einleitung*, 7–8.

59 Hansen, *Review of* Testo Junkie, 2016.

nistischen Kategorien westlicher Gesellschaften.[60] Die »humanistische« Konzeption des Menschen als einem Subjekt, das sich im Prozess der Zivilisation von seiner Körperlichkeit und Natur zu emanzipieren versucht und sich die Tier-, Pflanzen- und Dingwelt als ein abgetrenntes »Anderes« gegenüberstellt, wird durch die Konzeption einer rhizomatisch gedachten Subjektivität ersetzt, die nicht nur Menschen, sondern auch nicht-menschliche Agenten wie Tiere, Pflanzen und technische Apparate umfasst.[61] Zwar halten Vertreter*innen des Kritischen Posthumanismus diskursanalytische und dekonstruktive Ansätze für unzureichend, der konstitutiven Verschränkung von symbolischen Prozessen und materiellen Ordnungen Rechnung zu tragen;[62] sie teilen aber mit diesen die Kritik an dem für das westliche Denken maßgebliche System binärer Gegensätze, das sie im Sinne eines grundlegend politisch-emanzipatorischen Anspruchs zu destabilisieren und verschieben versuchen.

Diese Überlegungen liegen auch Donna Haraways *Cyborg Manifesto*, das als wegweisend für die neomaterialistischen Gender Studies gilt, und ihrer Denkfigur der *companion species* zugrunde.[63] Damit zielt Haraway auf die Entwicklung einer »Ontologie der Verwobenheit und des Verbundenseins, des Miteinander-Werdens auf der Basis von Mensch-Maschine als auch Tier-Mensch-Relationen«.[64] In den Fokus rücken so Formen des speziesübergreifenden Zusammenseins, der Hybridisierung von Mensch und Maschine, des Gemeinsam-Werdens (*becoming-with*) und des Sich-verwandt-Machens.

Bereits Mitte der 1990er Jahre erkunden Jack Halberstam und Ira Livingston u.a. in Rekurs auf Haraway neue Schnittstellen zwischen Mensch und Technologie, indem sie den Körper als »a technology, a screen, a projected image« verstehen. Damit lokalisieren Halberstam und Livingston den menschlichen Körper nicht länger als Teil einer »›family of man‹ but of a zoo of posthumanities«.[65] Ein solcher posthumaner Körper durchkreuzt vorherrschende Vorstellungen hierarchisch-dichotomer Denkordnungen und Mechanismen des Othering, des Ausschlusses, der Diskriminierung oder gar der Auslöschung. Halberstams und Livingstons Figurationen suggerieren die grundsätzliche Unbestimmtheit eines »posthumanen Seins«, das das westli-

---

60 Vgl. Loh, *Trans- und Posthumanismus zur Einführung*, 2018, 2; Herbrechter, *Posthumanismus*, 2009, 7.

61 Vgl. Braidotti, *Posthumanismus*, 2014, 54–55; 172–176.

62 Vgl. Barad, *Meeting the Universe Halfway*, 2007, 132.

63 Vgl. 📖5.2 Haraway, *Ein Manifest für Cyborgs*, 1985; Haraway, *Das Manifest für Gefährten*, 2016.

64 Babka, *Ethico-Onto-Epistemologie*, 2022.

65 Halberstam/Livingston, *Introduction: Posthuman Bodies*, 1995, 3.

che Denken insofern in Frage stellt, als es die Möglichkeit untergräbt, auf eine eindeutige Bedeutung festgelegt zu werden.[66]

Im Anschluss an Haraways Konzept der *companion species* entwirft Rosi Braidotti mit ihrem Begriff des »vitalistischen Materialismus« eine egalitäre Vorstellung von Subjektivität und Handlungsmacht, die ebenso nicht-menschliche Akteur*innen (Tiere, Ökosysteme, Maschinen etc.) miteinschließt. Diese Inklusion bedeutet mit Karen Barad die Überwindung der »Auszeichnung, die den Menschen absondert«.[67] Barads Arbeiten, in denen sie Quantenphysik mit queer-feministischer Theorie verbindet,[68] zeugen von der Konfrontation von New Materialism und Critical Posthumanism. Bei Barad wird auch noch die »Differenz« zwischen dem Menschlichen und dem Nicht-Menschlichen »dekonstruiert«, wenn Diskurspraktiken gemäß Barads *agentiellem Realismus* nicht mehr als »menschlich basierte Aktivitäten, sondern [als] spezifische materielle (Re-)Konfigurationen der Welt gelesen werden, durch die Grenzen, Eigenschaften und Bedeutungen differenziert inszeniert werden«.[69]

A.B.

66 Vgl. 📖5.2 Babka, *Unterbrochen*, 2002, 104–105.

67 Barad, *Agentieller Realismus*, 2012, 13.

68 Vgl. 📖5.2 Barad, *Die queere Performativität der Natur*, 2011.

69 Barad, *Meeting the Universe Halfway*, 183 (meine Übers., A.B.).

BEGRIFFE

Alterität

Das Motiv der *Alterität* (lat. *alter*: der andere) oder Andersheit lässt sich bis zu Hegel zurückverfolgen und verweist u. a. bei Levinas und Ricœur auf das komplexe Bestimmungsverhältnis zwischen dem Selbst und dem Anderen. Dabei wird der*die / das Andere nicht als akzidentiell oder sekundär gegenüber einem bereits für sich gegebenen Selbst verstanden, sondern vielmehr als konstitutiv für dessen Selbstheit und Identität angesehen. Alterität geht in dieser Perspektive jeder Subjektwerdung und Identitätsbildung notwendig voraus. Poststrukturalistische Theorien erweitern diese Perspektive, indem sie geltend machen, dass Identitäten sich stets durch spezifische Differenzierungsprozesse konstituieren. Das vermeintlich mit sich selbst Identische verfügt demnach stets nur über eine prekäre Kohärenz, insofern jede Identität strukturell auf ein »konstitutives Außen« (Derrida, Butler) verwiesen bleibt. Alterität erweist sich so als konstitutiver Bestandteil jeder Identität.

Saids Studie *Orientalism* (1978) betont die prozessuale Konstruiertheit von kultureller Andersheit im Kontext kolonialer und postkolonialer Prozesse: Der Orient als das Andere fungiert hier als das Gegenstück, das die rationale, europäische Identität konstituiert und konturiert. Erst durch den Prozess des *othering* wird, so Saids Analyse und Kritik, die europäische Identität ausgehend von der Vorstellung eines »weißen, männlichen, heterosexuellen« Subjekts erzeugt und bestätigt. Bhabha entwickelt dieses Konzept weiter, indem er die Frage des Anderen nicht nur in binären Machtverhältnissen lokalisiert, sondern als einen in sich widersprüchlichen Umgang mit instabilen Stereotypen beschreibt.

❖ Ausgehend von Beauvoirs Studie *Das andere Geschlecht (Le deuxième sexe)* wendet der französische Feminismus die phallogozentrische Bestimmung der Frau als das Andere des Mannes zunächst positiv. Durch Konzepte wie *écriture féminine* (Cixous) oder *parler femme* (Irigaray) werden die subversiven Potentiale des vermeintlich »anderen Geschlechts« herausgestellt und erprobt. Aus der Sicht des dekonstruktiven Feminismus bleibt daran jedoch problematisch, dass eine solche strategische Bezugnahme auf geschlechtliche Andersheit Gefahr läuft, binäre Geschlechterstereotypen und essentialistische Geschlechterkonzeptionen zu reproduzieren. Ausgehend von der Annahme, dass Differenzen nicht nur *zwischen* den Geschlechtern bestehen, sondern immer schon *innerhalb* jeder identitären Kategorie wirksam sind, versteht u. a. Spivak Geschlecht als grundlegend alteritär verfasst, insofern geschlechtliche Identitäten immer schon in sich gespalten und von unterschiedlichen inkommensurablen Identitätsansprüchen durchwirkt sind. Butler nimmt auf das Motiv der Alterität im Umfeld ihrer Kritik heteronormativer Geschlechterkonzeptionen und Begehrensstrukturen Bezug. An die

Stelle einer binären Relation tritt so eine Vielheit von instabilen Identitäten, die sich differentiell wie performativ konstituieren.

↗ Essentialismus, Hybridität, Identität, Performativität, Phallogozentrismus, Subjekt, Subversion

🕮[3.] Beauvoir, *Das andere Geschlecht,* 1949 — Bhabha, *Die Verortung der Kultur,* 1994 — 🕮[5.1] Butler, *Das Unbehagen der Geschlechter,* 1990 — 🕮[5.1] Butler, *Kontingente Grundlagen,* 1992 — 🕮[5.1] Butler, *Körper von Gewicht,* 1993a — 🕮[3.] Cixous, *Weiblichkeit in der Schrift,* 1980 — Hall, *Spektakel des ›Anderen‹,* 1997 — 🕮[3.] Irigaray, *Speculum,* 1974— 🕮[4.] Menke, *Dekonstruktion der Geschlechteropposition,* 1995a — Said, *Orientalism,* 1978 — Spivak, *In Other Worlds,* 1988 — Spivak, *Feminism and Deconstruction,* 1993a — 🕮[4.] Spivak, *Can the Subaltern Speak?,* 1985 — 🕮[5.2] Trinh, *Woman, Native, Other,* 1989.

A.B./M.S.

Aporie

Aporie (gr. *aporia*: Mangel an Wegen, Ratlosigkeit, Ausweglosigkeit) bezeichnet allgemein die Unmöglichkeit, ein Problem abschließend zu lösen bzw. eine eindeutige Wahl zwischen gleich starken argumentativen Positionen oder Begründungsweisen zu treffen. Insofern kann Aporie auch als »Unentscheidbarkeit« bezeichnet werden. Bereits Platon und Aristoteles gehen davon aus, dass die Konfrontation mit Aporien sowie deren rationale Aufhebung wesentlich für den Fortgang der philosophischen Reflexion sind. Skeptische Positionen zielen dagegen darauf ab, das »Gleichgewicht der Gründe« herauszustellen, um auf die Undurchführbarkeit eindeutig entscheidbarer philosophischer Argumentationen hinzuweisen und im Anschluss daran konsequente Urteilsenthaltung zu betreiben.

Das Motiv der Aporie oder Unentscheidbarkeit spielt eine zentrale Rolle in poststrukturalistischen und dekonstruktiven Ansätzen. Im Gegensatz zu skeptizistischen Positionen geht es dabei nicht darum, Aporien einfach zu konstatieren und sich in weiterer Folge des Urteils zu enthalten, sondern vielmehr darum, deutlich zu machen, dass jede Entscheidung notwendigerweise ein Moment des Unentscheidbaren voraussetzt und dass jeder Akt des Urteilens sich stets in von Aporien durchwirkten Situationen vollzieht.

In dieser Stoßrichtung machen Derrida und de Man geltend, dass jede Interpretation oder Lektüre einen irreduziblen Überschuss an Bedeutungen produziert, der sich logisch nicht auflösen lässt. Dabei wird dieses aporetische Moment nicht negativ bewertet, sondern produktiv hervorgehoben. Aporien verlangen, so Derrida, ein Aushalten, eine Erfahrung, die nicht in Ablehnung oder Widerstand besteht. Ohne das Auftreten von Aporien gäbe es keine Entscheidung und ebenfalls keine Verantwortung. Dahinter steht der Gedanke, dass ohne ein Moment der Aporie oder des Unentscheidbaren weder das Treffen einer verantwortungsvollen ethischen Entscheidung noch ein genuin politischer Akt möglich wären, da ansonsten jede Handlung auf eine mechanische Anwendung von Regeln reduzierbar wäre. Folglich ist das Unentscheidbare nach Derrida nicht einfach das Schwanken zwischen zwei bereits vorgegebenen Möglichkeiten, sondern vielmehr die Erfahrung dessen, was sich jeder Regel, jeder Berechnung und jeder rationalen Kalkulation entzieht.

Für de Man bedeutet Aporie in erster Linie die Unentscheidbarkeit einander ausschließender Interpretationen und Bedeutungen. Er stellt die Aporie gegen die Polysemie und versucht zu zeigen, dass im Gegensatz zu einer bloß numerischen, auflösbaren Mehrdeutigkeit das Aporetische gerade darin besteht, dass in allen Texten Bedeutungsoptionen angelegt sind, die sowohl füreinander konstitutiv als auch einander strukturell entgegengesetzt sind. De Man spricht daher auch von einer wesentlichen »Unlesbarkeit« von Texten.

❖ In der poststrukturalistischen feministischen Theorie wird die sexuelle Differenz im Sinne einer eindeutigen Zuschreibbarkeit von Geschlechtsidentitäten grundlegend in Frage gestellt und als aporetisch ausgewiesen. Damit ist gemeint, dass sich letztlich niemals abschließend festschreiben lässt, was »weiblich« und »männlich« im »eigentlichen« Sinne bedeuten. Vielmehr müssen diese Kategorien im Sinne eines unentscheidbaren Oszillierens gedacht werden, das einen Raum eröffnet, der erlaubt, Geschlechtsidentitäten jenseits binärer und heteronormativer Modelle zu denken.

↗ Binarität, Dekonstruktion, Differenz, Dissemination, Gender, Identität, Lesen / Lektüre, Schrift, Text

🕮[5.1] Butler, *Körper von Gewicht*, 1993a — 🕮[2.2] de Man, *Semiologie und Rhetorik*, 1973 — 🕮[2.2] de Man, *Rhetorik der Tropen*, 1974 — 🕮[2.2] de Man, *Rhetorik der Persuasion*, 1975 — Derrida, *Gesetzeskraft*, 1990 — 🕮[4.] Menke, *Verstellt – Der Ort der ›Frau‹*, 1992.

S.S. / A.B.

Autobiographie

Die *Autobiographie* (gr. *autos*: selbst, *bios*: Leben, *graphein*: schreiben) als literarische Gattung ist eng mit dem androzentrischen Subjektbegriff der Aufklärung des 18. Jahrhunderts verbunden sowie mit dem androzentrisch konnotierten Begriff des Autors, der als Urheber eines Textes und als einzige legitime Instanz zur Bestimmung seiner Bedeutung aufgefasst wird. Dem klassischen Verständnis zufolge sind autobiographische Texte darauf ausgerichtet, die Erfahrungen und Anschauungen des Subjekts aus einer nur ihm zugänglichen Innenperspektive zu repräsentieren. Die Autobiographie verknüpft damit in enger Weise traditionelle Konzeptionen von Subjektivität, Identität und männlich konnotierter Autorschaft und bildet daher ein bevorzugtes Ziel für poststrukturalistische Ansätze, die diese Kategorien kritisieren und in Frage stellen.

Im Fokus der Kritik steht dabei das traditionelle Paradigma der Autorschaft, das mit der Vorstellung eines »starken« selbstpräsenten Subjekts verbunden ist. Popularisiert durch Barthes' Diktum vom »Tod des Autors« und Foucaults Analyse historischer Subjektivierungspraktiken kulminieren im Rahmen der Autobiographieforschung ab den 1960er Jahren die Spannungen zwischen subjektzentrierten und subjektkritischen Positionen. Insbesondere dekonstruktive Ansätze stellen die Grenze zwischen autobiographischen und nicht-autobiographischen Texten in Frage. Dabei wird einerseits aufgezeigt, dass selbst jeder vermeintlich neutrale, apersonale Text einen untilgbaren »autobiographischen« Überschuss enthält, und andererseits darauf hingewiesen, dass sich auch in dezidiert autobiographischen Texten das Ich der Autor*in im Spiel der Signifikanten verliert.

De Man postuliert in diesem Sinne eine radikale Diskontinuität zwischen dem Ich der Autor*in und ihrer Autobiographie, indem er zeigt, dass das (eigene) Selbst dem Schreiben nicht im strengen Sinne vorausgeht, sondern erst über textuelle und rhetorische Praktiken konstruiert und hervorgebracht wird. Die Autobiographie ist somit nach de Man »keine Gattung oder Textsorte, sondern eine Lese- oder Verstehensfigur, die in gewissem Maße in allen Texten auftritt« (de Man 1979, 134). Folglich ist sie nicht länger eine literarische Gattung unter anderen, vielmehr fungiert sie als ein strukturierendes Prinzip, das allen Texten zugrunde liegt.

❖ Die Begriffe der Autorschaft und der Autobiographie bilden in feministischen und dekonstruktiven Kontexten ein begriffliches Feld, in dem Fragen der Identität, der Subjektkonstitution, des Geschlechts (Gender) und der Gattung (Genre) ineinandergreifen. Feministische Positionen kritisieren dabei vor allem die Gleichsetzung von Autorschaft mit männlicher Urheberschaft und setzen dagegen Praktiken »weiblichen Schreibens«. Aus dieser Perspektive werden autobiographische Texte als paradigmatisch für die Emanzipation und Subjektwerdung der schreibenden Frau gewertet. »Weibliche« Autobiographie wird folglich – mit Blick auf die Überwindung der Autobiographie als männlicher Selbstinszenierung – auch als politisches Programm verstanden.

Dagegen problematisieren dekonstruktive Positionen diesen Anspruch geschlechtlich markierter Textproduktion und den damit verknüpften emphatischen Begriff eines »weiblichen« Subjekts, indem sie den Subjektbegriff und die Möglichkeit der Unterscheidung zwischen weiblich-feministischen und männlich-patriarchalen Texten in Frage stellen. In dieser Stoßrichtung liefern dekonstruktive feministische Positionen Neuorientierungen bezüglich der Frage, was es heißt, als »Frau« zu sprechen oder zu schreiben (vgl. Menke 1992).

Die Kategorie der Frau wird dabei nicht als gegeben vorausgesetzt, sondern »Frau« wird zugleich als Subjekt und Objekt der literarischen und theoretischen Rede thematisiert und hinterfragt. Damit gerät auch die Performativität von Geschlecht in den Blick, d.h. die reiterative Hervorbringung von Geschlechtsidentitäten als Effekt sprachlich-diskursiver Signifikationsprozesse.

↗ Figur, Identität, Lesen/Lektüre, Performativität, Repräsentation, Rhetorik, Subjekt, Text, Zeichen

📖[5.2] Babka, *Unterbrochen*, 2002 — Barthes, *Der Tod des Autors*, 1968 — 📖[3.] Cixous, *Weiblichkeit in der Schrift*, 1980 — 📖[2.2] de Man, *Autobiographie als Maskenspiel*, 1979 — 📖[2.1] Derrida, *Das Gesetz der Gattung*, 1980a — 📖[4.] Elam, *Feminism and Deconstruction*, 1994 — 📖[4.] Felman, *Weiblichkeit wiederlesen*, 1981 — Foucault, *Was ist ein Autor?*, 1969 — 📖[4.] Johnson, *Mein Monster – Mein Selbst*, 1982 — 📖[4.] Menke, *Verstellt – Der Ort der ›Frau‹*, 1992.

A.B./S.S.

Binarität

Binarität (lat. *binarius*: zweiteilig) verweist auf die Annahme, komplexe sprachliche Systeme auf eine begrenzte Anzahl binärer Oppositionen zurückführen zu können. Ausgehend von der strukturalistischen Begründung der Sprachwissenschaft durch Saussure wird die strukturalistische Methode auf andere soziale Phänomene und Felder (Anthropologie, Literatur, Psychoanalyse etc.) übertragen. Sprachliche, symbolische und kulturelle Bedeutungen, so die Annahme, sind dabei nicht von vornherein gegeben, sondern werden erst durch differentielle Abgrenzungen von anderen Elementen generiert. Dabei neigt der klassische Strukturalismus trotz seines dezidiert antiessentialistischen Ansatzes dazu, die von ihm analysierten Strukturen und binären Oppositionen zu universalisieren und zu naturalisieren.

An diesem Punkt setzt die poststrukturalistische Kritik am Strukturalismus an. Sie zeigt auf, dass eine binäre Opposition niemals neutral, sondern immer schon hierarchisiert ist, insofern stets ein Term des Oppositionspaares gegenüber dem anderen privilegiert wird, sodass die eine Seite als das Negative der anderen erscheint (Mann/Frau, Geist/Körper, Kultur/Natur, Stimme/Schrift etc.). Dabei zielt die Dekonstruktion der binär hierarchisierten Oppositionen nicht darauf ab, die Gegensätze einfach umzukehren oder alle Unterscheidungen aufzulösen; vielmehr geht es ihr darum, die prinzipielle Instabilität dieser Oppositionen aufzuzeigen und ihre interne Hierarchisierung kritisch in Frage zu stellen. Insbesondere Derrida problematisiert in seinen dekonstruktiven Lektüren die in philosophischen Theorien und Systemen wirksamen hierarchischen Strukturen, wobei er zugleich mit Begriffsprägung arbeitet, die sich der binären Logik entziehen oder diese unterlaufen. Zu diesen Begriffen gehört u.a. das *Pharmakon*, dessen Bedeutung unentscheidbar zwischen »Heilmittel« und »Gift« oszilliert, oder das *Hymen*, das zugleich »Vereinigung«, »Trennung«, »Vollzug« und »Unberührtheit« bedeuten kann.

❖ Das Problem der Binarität – von Mann/Frau, männlich/weiblich, Heterosexualität/Homosexualität – spielt eine entscheidende Rolle in feministischen Diskursen. Gendertheoretische Ansätze zielen darauf ab, die binär organisierten und asymmetrischen Machtstrukturen, die die Subjektivierungsprozesse und das Denken der sexuellen Differenz dominieren, aufzudecken und als diskursive Konstruktionen analysierbar zu machen. Besonders der französische Feminismus hat sich mit dem Ziel, die Nicht-Identität des Weiblichen herauszuarbeiten, in verschiedenen Strategien der Subversion geschlechterspezifischer Binarismen versucht (vgl. Cixous' *écriture féminine*, Irigarays *parler femme*).

In unterschiedlicher Radikalität positioniert sich diesbezüglich die englischsprachige Dekonstruktion (Johnson, Spivak, Felman, Butler u. a.). Gemeinsam ist diesen Ansätzen, dass die Vervielfältigung der Geschlechterdifferenz jenseits binärer Oppositionspaare angestrebt wird. So argumentiert Butler, dass es »weder um die Figur des Androgynen, noch um eine mutmaßliche ›dritte Geschlechtsidentität‹, noch um die *Transzendierung* der Binarität« geht: »Statt dessen handelt es sich um eine interne Subversion, die die Binarität sowohl voraussetzt als auch bis zu dem Punkt vervielfältigt, dass sie letztlich sinnlos wird.« (Butler 1990, 188) Damit verweist Butler auf die Notwendigkeit, die Geschlechterbinarität von innen zu unterminieren, indem auf deren inhärente Instabilität und Unentscheidbarkeit Bezug genommen wird. In jüngerer Zeit zielen besonders transtheoretische Ansätze auf radikale Dekonstruktionen binärer Konzeptionen von Geschlecht im Rahmen unterschiedlicher Wissensgebiete und Anwendungsbereiche.

↗ APORIE, DEKONSTRUKTION, DIFFERENZ, DIFFÉRANCE, HYBRIDITÄT, STRUKTUR, SUBVERSION, ZEICHEN

📖[5.1] Butler, *Das Unbehagen der Geschlechter*, 1990 — 📖[3.] Cixous, *Weiblichkeit in der Schrift*, 1980 — 📖[2.1] Derrida, *Die Struktur, das Zeichen und das Spiel*, 1967d — 📖[2.1] Derrida, *Grammatologie*, 1967a — Halberstam, *In a Queer Time and Place*, 2005 — 📖[3.] Irigaray, *Speculum*, 1974 — 📖[3.] Irigaray, *Das Geschlecht, das nicht eins ist*, 1977 — 📖[1.2] Jakobson, *Zwei Seiten der Sprache*, 1956 — 📖[3.] Kristeva, *Die Revolution der poetischen Sprache*, 1974 — 📖[1.2] Lévi-Strauss, *Die elementaren Strukturen der Verwandtschaft*, 1949 — Preciado, *Kontrasexuelles Manifest*, 2000 — 📖[1.2] Saussure, *Grundfragen der allgemeinen Sprachwissenschaft*, 1916 — 📖[3.] Wittig, *The Straight Mind and Other Essays*, 1992.

A.B./M.S.

Dekonstruktion

Dekonstruktion ist ein von Derrida in den 1960er Jahren geprägter Terminus, den er erstmals in seinem Werk *Grammatologie* einführt. Der Begriff umfasst sowohl ein kritisch-destruktives als auch ein affirmativ-konstruktives Moment. Derrida zielt mit dem Begriff der Dekonstruktion – im Anschluss an Heideggers »Destruktion« der Metaphysik – auf die kritische Infragestellung des Systems binär hierarchisierter Oppositionen, das für die westliche Philosophie grundlegend ist (Anwesenheit/Abwesenheit, Geist/Körper, Kultur/Natur, Stimme/Schrift etc.). Ziel der Dekonstruktion ist nicht die einfache Umkehrung oder Auflösung dieser Oppositionen, sondern vielmehr der Aufweis ihrer inhärenten Instabilität und Machtförmigkeit. Zwar ist es nach Derrida nicht möglich, den Begriffen der Metaphysik zu entkommen, aber es ist möglich, diese auf andere Weise in das begriffliche System der Philosophie wieder einzuschreiben. Damit umfasst die Dekonstruktion sowohl ein kritisch-analytisches als auch ein produktiv-konstruktives Moment: einerseits die kritische Analyse und Zerlegung der metaphysischen Denkweisen, Begriffe und Schemata; andererseits ihre produktive Verschiebung, Resignifikation und Neueinschreibung.

Als eine solche strategische Intervention in einem historisch konstituierten Feld, das nach Derrida neben diskursiven immer auch nicht-diskursive Kräfte umfasst, kann Dekonstruktion nicht abschließend bestimmt oder methodisch festgeschrieben werden. Versteht man unter »Methode« ein verallgemeinerbares regelgeleitetes Vorgehen, das auf unterschiedliche Gegenstände in der gleichen Weisen anwendbar ist, dann ist die Dekonstruktion keine Methode oder Theorie im klassischen Sinne: zum einen, da die Begriffe »Theorie« und »Methode« selbst noch auf der Vorstellung einer klaren Trennung zwischen Theorie und Praxis beruhen, die es nach Derrida zu hinterfragen gilt; zum anderen, weil Dekonstruktion stets ein irreduzibles ereignishaftes und nicht antizipierbares Moment enthält. Folglich kann man nach Derrida nicht von »einer oder *der* Dekonstruktion [...] sprechen, als wenn es nur eine gäbe, und vor allem, als wenn das Wort nur eine (einzige) Bedeutung hätte außerhalb der Sätze, die es einschreiben und in sich weitertragen« (Derrida 1986, 35).

In den USA wurde die Dekonstruktion zuerst von den Vertretern der so genannten Yale School (de Man, Bloom, Hartmann, Miller) als innovatives Paradigma poststrukturalistischer Literaturkritik rezipiert. Neben Derrida wird heute insbesondere de Man als zentraler Vertreter der Dekonstruktion angeführt. Bei de Man zielt die Dekonstruktion auf die Herausarbeitung derjenigen literarischen und rhetorischen Prozesse ab, mittels derer Texte sich selbst dekonstruieren und ihre eigenen ästhetischen, epistemologischen oder ontologischen Voraussetzungen untergraben.

❖ Dekonstruktive feministische Ansätze, wie sie etwa von Barbara Johnson, Gayatri Spivak oder Shoshana Felman vertreten werden, knüpfen an die Arbeiten von Derrida und de Man an und nehmen Bezug auf den französischen Feminismus und die Strategien der *écriture féminine*. Sie verbinden diese Ansätze mit marxistischen, psychoanalytischen, diskursanalytischen und rhetoriktheoretischen Überlegungen. Spivak, die auch Derridas *Grammatologie* ins Englische übersetzt hat, legt ihren Lektüren vor allem marxistische und postkoloniale Ansätze zugrunde. Exemplarisch für Spivaks Verfahren ist ihr Essay »Three Women's Texts and a Critique of Imperialism«, in dem sie anhand literarischer »Kulttexte« des europäischen Feminismus, wie etwas Charlotte Brontës *Jane Eyre*, zu zeigen versucht, wie diese selbst in eurozentristischer Manier an der Hervorbringung der so genannten »Dritten Welt« bzw. des kolonisierten Raums teilhaben. Auch im deutschsprachigen Raum wurde die Dekonstruktion vor allem im Feld der feministischen Literaturwissenschaften rezipiert. Nach Bettine Menke heißt »Dekonstruktion [...] für die Ordnung der Geschlechter, das Modell ihrer Konstruktion zu exponieren« (Menke 1995a, 38) und in subversiver Weise gegen sich selbst zu wenden. In dieser Lesart ist die Geschlechterdifferenz nicht ontologisch, sondern rhetorisch verfasst, d. h., sie verweist auf keine ihr zugrunde liegende Essenz, sondern erweist sich als ein Effekt differentieller Prozesse im Sinne von Derridas *différance*.

↗ BINARITÄT, DIFFÉRANCE, DISKURS, KRITIK, SCHRIFT, SPRACHE, STRUKTUR, TEXT, ZEICHEN

📖[6.] Culler, *Dekonstruktion*, 1982 — 📖[2.2] de Man, *Semiologie und Rhetorik*, 1973 — 📖[2.2] de Man, *Rhetorik der Persuasion*, 1975 — 📖[2.1] Derrida, *Die Struktur, das Zeichen und das Spiel*, 1967d — 📖[2.1] Derrida, *Grammatologie*, 1967a — 📖[2.1] Derrida, *Signatur Ereignis Kontext*, 1971b — 📖[2.1] Derrida, *Choreographien*, 1982 — Derrida, *Mémoires*, 1986 — 📖[4.] Elam, *Feminism and Deconstruction*, 1994 — Gondek, *Dekonstruktion*, 1999 — Kamuf, *Deconstruction and Feminism*, 1997 — Spivak, *Three Women's Texts and a Critique of Imperialism*, 1985 — Menke, *Dekonstruktion – Lektüre*, 1990 — 📖[4.] Menke, *Dekonstruktion der Geschlechteropposition*, 1995a — 📖[5.2] Perko, *Queer-Theorien*, 2005 — Vasterling, *Dekonstruktion der Identität*, 1997 — 📖[4.] Vinken, *Dekonstruktiver Feminismus*, 1992.

A.B./G.P.

Dichotomie ↗ Binarität

Différance

Différance ist ein von Derrida geprägter Neologismus, der die paradoxe Grundstruktur jeglicher Bedeutungsgenese im Spannungsfeld zwischen (zeitlichem) Aufschub und (räumlicher) Verschiebung bezeichnet. Das »a« in *différance*, das im Französischen nur lesbar, aber nicht hörbar ist, verschränkt die beiden Ebenen von Stimme und Schrift, die entgegen der logozentrischen Privilegierung der Stimme gegenüber der Schrift auf die strukturell texthaften Voraussetzungen jeder Bedeutungskonstitution hinweist. Damit radikalisiert Derrida Saussures Diktum, dass es in der Sprache nur Differenzen ohne positive Einzelglieder gibt. Sprache wird nicht mehr als ein in sich geschlossenes System von Elementen betrachtet, sondern als Prozess des ständigen Sich-Unterscheidens und Aufeinander-Verweisens von Signifikanten gefasst, als ein unhintergehbares Spiel der Differenzen ohne Zentrum und festen Grund. Entgegen der strukturalistischen Annahme eines stabilen Bedeutungssystems verweist die *différance* somit darauf, dass Bedeutungen konstitutiv instabil und veränderlich sind, insofern sie sich im Zuge komplexer Differenzierungs- und Wiederholungsprozesse konstituieren.

❖ Für die feministische Theorie hat die *différance* entscheidende Konsequenzen, da sie eine grundlegende Kritik identitätslogischer Kategorien ermöglicht. Den Zusammenhang zwischen sexueller Differenz und *différance* unterstreicht etwa Spivak, wenn sie argumentiert, dass sexuelle Identität immer schon als sexuelle *différance* verstanden werden muss und dass die *différance* sexuelle Differenz allererst erzeugt (Spivak 1993a, 132). In ähnlicher Weise betont Barad (2015) in jüngerer Zeit – unter Rückgriff auf die *différance* und in Verbindung mit eigenen Begriffsprägungen –, dass Identität in sich *multipel* und durch sich selbst *diffraktiert* ist. Damit wird über die Argumentationsfigur der *différance* die traditionelle Basis feministischer Politik, nämlich die Annahme einer gemeinsamen weiblichen Identität oder einer fixierbaren weiblichen Essenz, grundlegend in Frage gestellt und sexuelle Identität als stets offener, unabschließbarer Differenzierungsprozess reformuliert.

↗ Aporie, Binarität, Dekonstruktion, Differenz, Gender, Kontext, Queer, Schrift, Zeichen

Barad, *Verschränkungen*, 2015 — 📖5.2 Butler/Cornell, *The Future of Sexual Difference*, 1998 — 📖2.1 Derrida, *Die différance*, 1968a — 📖4. Elam, *Feminism and Deconstruction*, 1994 — Johnson, *The Critical Difference*, 1980b — 📖4. Menke, *Dekonstruktion der Geschlechteropposition*, 1995a — Menke, *Dekonstruktion*, 1995b — Spivak, *Feminism and Deconstruction*, 1993a — 📖4. Spivak, *Outside in the Teaching Machine*, 1993b — Vasterling, *Dekonstruktion der Identität*, 1997.

A.B./M.S.

Differenz

Differenz ist im Laufe des 20. Jahrhunderts zu einem philosophischen und kulturtheoretischen Schlüsselbegriff avanciert. Während in der antiken und mittelalterlichen Philosophie vor allem der Begriff der *differentia specifica* und damit die Frage nach den Differenzen zwischen den verschiedenen Gattungen und Arten im Zentrum stand, wird Differenz in der Moderne zunehmend in der Bedeutung von »Nicht-Identität« verwendet.

Eine zentrale Rolle spielt der Differenzbegriff in der Sprachtheorie des Strukturalismus. Sprache ist in strukturalistischer Perspektive ein »System von Differenzen ohne positive Einzelglieder« (Saussure), in dem die sprachlichen Elemente nicht positiv durch ihren Inhalt, sondern allein negativ durch ihre Differenzen zueinander bestimmt sind. Mit dieser These bricht Saussure mit essentialistischen Denkansätzen. Denn während traditionellerweise Differenz als eine Beziehung aufgefasst wird, die zwischen zwei positiv gegebenen Entitäten besteht, denkt Saussure Identität als den nachträglichen Effekt eines Differenzierungsprozesses.

In weiterer Folge wird das strukturalistische Differenzdenken von der Sprachwissenschaft auch auf andere Disziplinen wie die Kulturanalyse, die Anthropologie, die Literaturwissenschaft oder die Psychoanalyse übertragen. Mit seinem Begriff der *différance* temporalisiert und radikalisiert Derrida das strukturalistische Differenzdenken, indem er zeigt, dass der Differenzierungsprozess, durch den sich positive Einheiten herausbilden, weder zeitlich noch räumlich abschließbar ist und dass jede Differenz unweigerlich von impliziten Hierarchien und Machtbeziehungen durchzogen ist.

❖ Innerhalb feministischer Kontexte findet man den Begriff der Differenz in Komposita wie »Differenzfeminismus«, »sexuelle Differenz«, »Theorien der sexuellen Differenz«, »differenztheoretische Ansätze« etc. Seine jeweilige Bedeutung erlangt der Begriff »Differenz« dabei erst in Korrelationen zu jenen Termini, denen er implizit oder explizit gegenübergestellt wird.

(1) Spricht man vom Differenzfeminismus im Unterschied zum Egalitätsfeminismus, so versteht man unter Differenzfeminismus all jene Ansätze, die die Differenz(en) zwischen den Geschlechtern zur Grundlage ihrer theoretischen Analyse und politischen Praxis machen, während egalitätstheoretische Positionen die prinzipielle Gleichheit von Mann und Frau unterstreichen und die vermeintlichen Unterschiede zwischen den Geschlechtern als Produkte historischer, kultureller, sozialer, ökonomischer oder symbolischer Prozesse zu analysieren versuchen. (2) Spricht man dagegen von differenztheoretischen Positionen im Unterschied zu identitätstheoretischen Positionen, so versteht man darunter Theorien (der sexuellen Differenz), die im Anschluss an poststrukturalistische Überlegungen nicht mehr von stabilen oder gegebenen Identitäten

ausgehen, sondern allein das Spiel der Differenzen zum Ausgangspunkt ihrer theoretischen Anstrengungen machen. Damit leugnen poststrukturalistische Ansätze nicht die Möglichkeit und Existenz positiver (mit sich selbst identischer) Entitäten, doch diese Entitäten sind niemals einfach gegeben, sondern müssen als (vorläufige und prekäre) Produkte eines prinzipiell unabschließbaren, machtförmigen Differenzierungsprozesses gedacht werden.

Während identitätspolitische Positionen die Identität einer bestimmten sozialen oder ethnischen Gruppe (»Frauen«, »Afro-Amerikaner*innen« etc.) zum Ausgangspunkt ihrer emanzipatorischen Projekte machen, betonen differenztheoretische Positionen gerade die Differenzen und Brüche innerhalb derartiger Gruppierungen und verweisen auf die Ausschluss- und Verwerfungsmechanismen, durch die soziale und politische Gruppen sich allererst als homogene (und mit sich selbst identische) Entitäten instituieren. In diesem Sinne unterstreicht etwa Butler, »daß die Kategorie ›Frau‹ ein unbezeichenbares Feld von Differenzen bezeichnet, das keine Identitätskategorie totalisieren oder zusammenfassen kann«, was feministische Praxis und Politik keineswegs unterminiert, sondern die Kategorie »Frau« »gerade in einen Schauplatz ständiger Offenheit und Umdeutbarkeit (*resignifiability*) [verwandelt]« (Butler 1992, 50).

↗ Binarität, Différance, Identität, Iteration, Kontext, Sprache, Struktur

📖[6.] Becker-Schmidt/Knapp, *Feministische Theorien*, 2000 — 📖[5.1] Butler, *Kontingente Grundlagen*, 1992 — 📖[3.] Cixous, *Weiblichkeit in der Schrift*, 1980 — 📖[3.] Cixous, *Sorties*, 1975 — 📖[5.2] Butler/Cornell, *The Future of Sexual Difference*, 1998 — 📖[2.1] Derrida, *Die différance*, 1968a — 📖[3.] Irigaray, *Speculum*, 1974 — 📖[3.] Irigaray, *Das Geschlecht, das nicht eins ist*, 1977 — Irigaray, *Ethik der sexuellen Differenz*, 1991 — Johnson, *A World of Difference*, 1987 — 📖[1.2] Saussure, *Grundfragen der allgemeinen Sprachwissenschaft*, 1916 — Susemichel/Kastner, *Identitätspolitiken*, 2018.

G.P./S.S

Diskurs

Diskurs (lat. *discurrere*: hin- und herlaufen) ist ein Schlüsselbegriff zeitgenössischer Theoriebildung, dessen Definition stark von der jeweiligen methodologischen Perspektive und dem Verwendungskontext abhängig ist. So versteht Habermas unter Diskurs eine ideale, von Handlungs- und Entscheidungszwängen befreite Form der Argumentation, in der allein Kraft des »zwanglosen Zwangs des besseren Arguments« (1981) ein Konsens erreicht werden soll. Dagegen betont Foucault, dass Diskurse nie außerhalb und unabhängig von Macht- und Herrschaftsverhältnisse existieren. In einem allgemeinen Sinne sind Diskurse eine »Menge von Aussagen, die einem gleichen

Formationssystem zugehören« (1969, 156), z.B. einer wissenschaftlichen Disziplin wie der Psychiatrie, der Sexualwissenschaft oder der Ökonomie. Dabei beschreiben Diskurse nicht einfach ihre Gegenstände; vielmehr müssen sie als Praktiken verstanden werden, »die systematisch die Gegenstände bilden, von denen sie sprechen« (1969, 74). Solche diskursiven Praktiken artikulieren sich im Rahmen geregelter, institutionalisierter Redeweisen in verschiedenen gesellschaftlichen Bereichen, wie etwa in der Jurisprudenz, der Medizin oder der Wissenschaft. Dort werden spezifische Wissensbestände etabliert und gefestigt, aber auch modifiziert oder wieder aufgegeben. Was sich im »Wahren« einer bestimmten Wissensformation befindet, ist demnach historisch wandelbar (Foucault 1971a). Gegendiskurse können innerhalb bestehender Machtverhältnisse diese beeinspruchen und verändern. Darüber hinaus produzieren Diskurse nicht nur Wissen und Bedeutung; sie haben zugleich Macht- und Subjektivierungseffekte. Da Diskurse stets mit gesellschaftlichen Institutionen verzahnt sind, strukturieren sie zentrale Aspekte der Subjektkonstitution (die Psychoanalyse »entdeckt« das Unbewusste, die Sexualwissenschaften die Anormalen, die Kriminologie die Delinquent*innen) und regulieren, was zu einem bestimmten historischen Zeitpunkt sagbar ist und was nicht.

❖ Innerhalb der feministischen Theoriebildung erweist sich Foucaults Diskursverständnis in vielerlei Hinsicht als produktiver Ausgangspunkt: Der Fokus auf die diskursive Etablierung zentraler Konzepte und Kategorien (Wahnsinn, Geschlecht, Begehren, Körper) ermöglicht deren Analyse als historisch-politisch bedingte Konstrukte. Darüber hinaus bietet Foucaults Begriff des *Dispositivs* – als machtstrategische Verknüpfung von Praktiken, Diskursen, Institutionen, Gesetzen, Maßnahmen, wissenschaftlichen Aussagen etc. (Foucault, 1978, 119–125) – Anschlussmöglichkeiten für die Untersuchung der spezifischen Wirkungsweise von Diskursen. Das Sexualitätsdispositiv des 19. und 20. Jahrhunderts wird damit beschreibbar als Ensemble von pädagogischen, medizinischen, juristischen und ökonomischen Praktiken und Verfahren, die die spezifische moderne Vorstellung von »Sexualität« allererst hervorgebracht haben (z.B. die Hysterisierung des weiblichen Körpers, die Sozialisierung des Fortpflanzungsverhaltens oder die Psychiatrisierung der perversen Lust). Butler weitet diese Überlegungen auch auf scheinbar »natürliche« Gegebenheiten wie den Körper aus, der somit als spezifischer Effekt diskursiver Praktiken und Machtkonstellationen betrachtet wird. Ausgehend von Foucaults Einsicht, dass Diskurse immer auch regeln, was sagbar ist und was nicht, sowie wer überhaupt die Autorität hat zu sprechen, stellt zudem Spivak die Frage nach den Artikulationsmöglichkeiten »Subalterner«; dabei wird analysiert, wie diejenigen, die aus den normativen Rastern der Subjektivität ausgeschlossen sind und innerhalb diskursiver Ordnungen keine Stimme haben, das Wort ergreifen und sich Gehör zu verschaffen vermögen – ein Aspekt, den auch Butler in ihren Arbeiten aufgreift.

↗ Konstruktion, Körper, Macht, Norm, Sprache, Subjekt

Bublitz, *Diskurs,* 2003 — 🕮5.1 Butler, *Das Unbehagen der Geschlechter,* 1990 — 🕮5.1 Butler, *Anmerkungen zu einer performativen Theorie der Versammlung,* 2015 — Butler/Spivak, *Sprache, Politik, Zugehörigkeit,* 2007 — Foucault, *Die Archäologie des Wissens,* 1969 — 🕮1.4 Foucault, *Die Ordnung des Diskurses,* 1971a — Foucault, *Dispositive der Macht,* 1978 — 🕮1.4 Foucault, *Sexualität und Wahrheit I,* 1976 — Habermas, *Theorie des kommunikativen Handelns,* 1981 — Karpenstein-Eßbach, *Zum Unterschied von Diskursanalysen und Dekonstruktion,* 1995 — Lorey, *Der Körper als Text und das aktuelle Selbst,* 1993 — Nonhoff, *Diskurs,* 2004 — 🕮4. Spivak, *Can the Subaltern Speak?,* 1985.

A.B./G.P.

Dissemination

Dissemination (franz. *dissémination*: Ausbreitung, Verbreitung, Streuung) ist ein von Derrida geprägter Neologismus, der in Fortführung seines Konzepts der *différance* und, in Abgrenzung von einer begrenzten Polysemie, die irreduzible Mannigfaltigkeit generativer Bedeutungsprozesse unterstreicht. Derridas Zeichenbegriff entsprechend sind den sprachlichen Signifikanten keine festen Signifikate zugeordnet, vielmehr befinden sich diese in einem unabschließbaren Prozess der Differenzierung und gegenseitigen Ersetzung. Der Metaphorik des »Aussäens« bleibt dabei, ähnlich wie bei der Begriffsprägung *différance*, der Aspekt einer beständigen Bedeutungstransformation eingeschrieben. Im freien Spiel der Differenzierung wird Bedeutung demnach immer weiter produziert, verschoben und ausgelöscht. Verstanden als ein textuelles Prinzip, unterminiert und verschiebt die Dissemination binäre Oppositionsmuster und verweist auf die Unabschließbarkeit aller Signifikationsprozesse.

❖ In seiner Mallarmé-Lektüre »Die zweifache Séance« führt Derrida den Begriff des *Hymens* (gr. »Haut, Häutchen«) als einen »anderen Namen« für die Dissemination ein. Das Hymen steht paradigmatisch für die aporetischen Grundstrukturen der Sprache und ist auf Grund seines etymologischen Verweisspektrums von besonderer Relevanz für die Frage der Geschlechterdifferenz. Indem es selbst unablässig zwischen scheinbar unvereinbaren Aspekten changiert (zwischen Innen und Außen, Identität und Differenz, Verbindung und Trennung, Oberfläche und Prinzip), verweist es auf die Vielschichtigkeit und Unabschließbarkeit der geschlechtlichen Differenz, auf deren permanentes, prozesshaftes Differieren von sich selbst. Obwohl das Hymen als Figur der Dissemination auf die Reflexion von

Bedeutungsprozessen und die Verunsicherung essentialistischer Identitätskonzeptionen abzielt, bleibt es wegen seiner biologischen Konnotationen innerhalb der feministischen Kritik ein umstrittener Begriff.

↗ APORIE, BINARITÄT, DIFFÉRANCE, DIFFERENZ, ITERABILITÄT, LOGOZENTRISMUS, SCHRIFT, TEXT, ZEICHEN

📖5.2 Babka, *Unterbrochen,* 2002 — Derrida, *Die zweifache Séance,* 1970 — 📖2.1 Derrida, *Dissemination,* 1972a — 📖2.1 Derrida, *Sporen,* 1973 — 📖2.1 Derrida, *Choreographien,* 1982 — Johnson, *Translator's Introduction,* 1981 — 📖4. Menke, *Verstellt – Der Ort der ›Frau‹,* 1992 — 📖4. Menke, *Dekonstruktion der Geschlechteropposition,* 1995a — 📖4. Spivak, *Verschiebung und der Diskurs der Frau,* 1983 — 📖4. Weigel, *Das Weibliche als Metapher des Metonymischen,* 1986.

A.B. / M.S.

Essentialismus

Essentialismus (lat. *essentia*: Wesen) bezeichnet in seiner allgemeinsten Form eine philosophische Auffassung, die den Primat der Essenz vor der Existenz behauptet. Damit einher geht die – zumeist implizit vorausgesetzte – Annahme, dass sowohl konkrete Gegenstände als auch abstrakte Begriffe eine ihnen zugrunde liegende, alle Veränderungen überdauernde Essenz oder Wesenheit aufweisen. Nicht die je eigene konkrete Existenz, sondern die vermeintlich vorgängige Essenz bestimmt in diesem Sinne die »wahre Natur« eines Gegenstandes, macht ihn notwendig zu dem, was er ist, und erlaubt so seine Einordnung in eine bestimmte Kategorie. Allgemeinbegriffe wie »Mensch«, »Frau«, »Mann«, »Freiheit« oder »Gerechtigkeit« verweisen dieser Auffassung zufolge auf eine zugrunde liegende Essenz, die all jenen Entitäten – trotz ihrer jeweiligen akzidentellen Unterschiede – gemeinsam ist, die sich unter diese Begriffe subsumieren lassen.

Dagegen unterstreichen konstruktivistische und dekonstruktive Ansätze aus unterschiedlichen Perspektiven die Historizität, Kontingenz und Normativität von Begriffen sowie die variablen – sozio-historischen, diskursiven und epistemologischen – Bedingungen von Signifikationsprozessen. Problematisch an essentialistischen Vorgehensweisen ist demnach die Grundannahme, dass sich Gesetzmäßigkeiten, Regeln und Wesenheiten rein »deskriptiv« erfassen und als historisch-kulturell invariant und folglich universal ausweisen lassen. Im Gegensatz zu *existenzialistischen* Ansätzen, die das hierarchische Verhältnis von Essenz und Existenz lediglich umkehren, reflektieren anti-essentialistische Ansätze auf die Erkenntnisprozesse, überlieferten Wissensbestände sowie sozialen und diskursiven Praktiken, durch die »Wesenheiten« als universal und normativ verbindlich hervorgebracht und stabilisiert werden.

❖ Die Frage, ob es ein den Frauen oder dem Weiblichen gemeinsames Wesen gibt, das es erlauben würde, von *der* Frau zu sprechen, oder ob essentialistische und identitätspolitische Konzeptionen zurückzuweisen sind, stellt eine der kontroversesten Debatten feministischer Theorie und Praxis dar. Spätestens seit Beauvoirs Diktum »Man ist nicht als Frau geboren, man wird es« und der Zurückweisung essentialistischer Auffassungen im Hinblick auf Race, Klasse und Geschlecht, versucht die feministische Theoriebildung, Weiblichkeit jenseits logozentrischer und patriarchaler Zuschreibungen zu denken. Während insbesondere Vertreterinnen der *écriture féminine* spezifisch weibliche Ausdrucksmöglichkeiten unabhängig von phallogozentrischen Formationen zu erproben und zu erweitern versuchen, erkennen andere Ansätze darin essentialistische Tendenzen und plädieren dafür, Männlichkeit und Weiblichkeit als miteinander verwobene Kategorien zu reflektieren und als diskursiv etablierte, hierarchisierende Attribute zu dechiffrieren. Zentral ist dabei die Frage nach dem ontologischen Status des »natürlichen« oder biologischen Geschlechts (*sex*) im Unterschied zum sozialen Geschlecht (*gender*). Butler etwa argumentiert, dass nicht nur das sozial erworbene, sondern auch noch das biologische Geschlecht als Effekt diskursiver Praktiken zu verstehen ist und erst als solches intelligibel wird.

Mit Blick auf die politischen Handlungsmöglichkeiten unterdrückter Gruppen vertritt Spivak im Kontext der postkolonialen Theorie zeitweise einen »strategischen Essentialismus«, um der unbefriedigenden Alternative zwischen der mimetischen *Nachahmung* des kolonialen Modells einerseits und dem *Essentialismus* einer Dritten-Welt-Politik andererseits zu entkommen (vgl. Posselt 2005, 229). »Strategischer Essentialismus« verweist dabei einerseits auf die bewusste, subversive Aneignung klassischer westlicher Begriffe wie »Gleichheit«, »Identität«, »Ethnizität« oder »Weiblichkeit« im Rahmen einer verändernden Praxis, um bestehende Stereotype und hegemoniale Herrschaftsstrukturen schrittweise, durch Hinweis auf ihre Konstitutionsbedingungen und immanenten Widersprüchlichkeiten, zu dekonstruieren. Andererseits versucht Spivak dadurch die Handlungsfähigkeit ethnischer Gruppenidentitäten oder politischer Minoritäten zu stärken.

↗ GENDER, HANDLUNGSFÄHIGKEIT, IDENTITÄT, KÖRPER, KRITIK, SUBVERSION

📖5.2 Butler/Cornell, *The Future of Sexual Difference*, 1998 — 📖5.2 de Lauretis, *Der Feminismus und seine Differenzen*, 1993 — 📖2.1 Derrida, *Grammatologie*, 1967a — Nagl-Docekal, *Untiefen der Essentialismuskritik*, 1997 — 📖6. Posselt, *Katachrese*, 2005 — Schor, *Dieser Essentialismus, der keiner ist*, 1989 — Spivak, *In Other Worlds*, 1988 — 📖4. Spivak, *Outside in the Teaching Machine*, 1993b — 📖4. Weber, *Weiblichkeit und weibliches Schreiben*, 1994a.

A.B./G.P./M.S.

Figur

Figur (lat. *figura*: Gestalt) ist im klassischen System der Rhetorik ein Element des Redeschmucks (*ornatus*) und damit ein Teil der sprachlichen Gestaltung der Rede (*lexis*). Nach Quintilian ist eine rhetorische Figur »eine Gestaltung der Rede, die abweicht von der allgemeinen und sich zunächst anbietenden Art und Weise« (IX 1, 4). Sagt man z.B. »Diesen Rat gebe ich dir« statt »Ich gebe dir diesen Rat«, so verwendet man eine Positionsfigur; sagt man »Ende gut, alles gut« (statt »Wenn das Ende gut ist, dann ist alles gut.«), so handelt es sich um eine Ellipse. Dabei erweist es sich oftmals als schwierig, eine »Normalform« zu finden. Dies führt bereits Quintilian zu dem Schluss, dass es in einem weiteren Sinne nichts innerhalb der Sprache gibt, »das nicht als Figur gestaltet ist« (IX 1, 12).

Rhetorische *Tropen* werden – je nach Klassifikation – entweder als eine Unterart der Figuren (Einwortfiguren) oder als eine eigene rhetorische Gattung definiert. Charakteristisches Kennzeichen des Tropus ist das Moment der Substitution und der Übertragung: Beim Tropus wird ein Ausdruck oder eine Redeweise durch eine andere ersetzt. Dabei werden – im Unterschied zur Figur – die Wörter nicht in ihrer lexikalischen, sondern in einer übertragenen, figurativen Bedeutung gebraucht (z.B. »Lebensabend« statt »Alter«, »Wüstenschiff« statt »Kamel«). Ab dem 18. Jahrhundert setzt sich immer mehr die Überzeugung durch, dass es sich bei rhetorischen Tropen und Figuren nicht um bloße Abweichungen von der »natürlichen« oder »gewöhnlichen« Redeweise handelt, sondern um die grundlegende Form der menschlichen Rede. Ihre Zuspitzung findet diese Auffassung in Nietzsches Diktum: »Sprache ist Rhetorik«. Die Unterscheidung zwischen einer eigentlichen, wörtlichen und einer uneigentlichen, übertragenen Bedeutung ist letztlich kontingent: »In summa: die Tropen treten nicht dann [und] wann an die Wörter heran, sondern sind deren eigenste Natur. Von einer ›eigentlichen Bedeutung‹, die nur in speziellen Fällen übertragen würde, kann gar nicht die Rede sein.« (Nietzsche 1874, 427)

Im Zuge der Wiederkehr der Rhetorik im 20. Jahrhundert kommt es zu einer »Wiederentdeckung« der klassischen Tropen- und Figurenlehre, wobei sich das Interesse vor allem auf die Tropen und hier insbesondere auf die Dichotomie von Metapher und Metonymie konzentriert. Dekonstruktive Lektüren im Anschluss an de Man thematisieren neben der performativen Funktion figurativer Redeweisen vor allem die Prozesse der De- und Refiguration. In Anlehnung an den Begriff der »Dekonstruktion« unterstreicht der Begriff der Defiguration, dass es nicht möglich ist, die Tropen und Figuren auf eine wörtliche und eindeutige Bedeutung zurückzuführen, sondern dass jede Redeweise auf die letztlich unabschließbaren rhetorischen Prozesse der Figuration verweist.

❖ Ansätze innerhalb des dekonstruktiven Feminismus zielen darauf ab, scheinbare Identitäten und Essenzen, insbesondere die Vorstellung einer wie auch immer gearteten eigentlichen »Weiblichkeit« als rhetorische Effekte einer phallozentrischen Herrschaftslogik zu defigurieren und lesbar zu machen. Hier spielt de Mans Begriff der Defiguration eine maßgebliche Rolle, der darauf verweist, dass jede Figuration stets ihren eigenen rhetorischen Charakter verstellt. In gendertheoretischen Kontexten bedeutet Defiguration somit die kritische Analyse und das Lesbar-Machen des figurativen Charakters von Geschlechtsidentitäten und Körperkonstruktionen. Die sich daraus ergebenden Möglichkeiten der Refiguration, d. h. des Entwerfens und Ausübens alternativer, nicht hegemonial normierter Körperpraktiken und -figurationen, wie etwa Haraways Cyborg, stehen dabei im Zentrum.

↗ Autobiographie, Dichotomie, Kritik, Lesen / Lektüre, Metalepse, Metapher / Metonymie, Phallogozentrismus, Rhetorik

📖5.2 Babka, *Unterbrochen*, 2002 — Halberstam / Livingston, *Introduction: Posthuman Bodies*, 1995 — 📖5.2 Haraway, *Ein Manifest für Cyborgs*, 1985 — Haraway, *Unruhig bleiben*, 2016 — 📖1.2 Jakobson, *Zwei Seiten der Sprache*, 1956 — 📖4. Johnson, *Mein Monster – Mein Selbst*, 1982 — 📖1.5 Lacan, *Das Drängen des Buchstaben im Unbewußten*, 1957 — 📖4. Menke, *Verstellt – Der Ort der ›Frau‹*, 1992 — Menke, *Dekonstruktion*, 1995b — Nietzsche, *Darstellung der antiken Rhetorik*, 1874 — Posselt, *Katachrese*, 2005 — 📖5.2 Prager / Seitz, *Feministische Philosophie und Gendertheorie*, 2017 — Quintilianus, *Ausbildung des Redners*, 1972 — 📖4. Vinken, *Dekonstruktiver Feminismus*, 1992 — 📖4. Weigel, *Das Weibliche als Metapher des Metonymischen*, 1986.

G.P. / S.S.

Gender

Gender ist eine zentrale sozial- und kulturwissenschaftliche Analysekategorie, die eng mit den Kategorien Klasse und Race verbunden ist. Der Begriff stammt ursprünglich aus dem Englischen und bezeichnet dort auch das grammatikalische Geschlecht. Der Begriff »Gender« wurde 1955 von dem US-amerikanischen Psychologen John Money in die Sexualwissenschaften eingeführt, um die Diskrepanz zwischen physiologischen Geschlechtsmerkmalen und den soziokulturellen Bedeutungen von Weiblichkeit und Männlichkeit beschreiben zu können. Während der Terminus Sex im Englischen auf das biologische Geschlecht verweist, bezeichnet Gender die soziokulturellen Merkmale der Geschlechter sowie die entsprechenden sozialen Geschlechterrollen in ihrer kulturellen, historischen und diskursiven Bestimmtheit – ein Gedanke, der auch schon in Beauvoirs Diktum »Man kommt nicht als Frau zur Welt, man wird es« angelegt ist.

❖ Feministische Theorien rekurrieren auf die Unterscheidung von Sex und Gender nicht nur, um zwischen dem biologischen und dem sozialen Geschlecht zu differenzieren, sondern auch, um den vermeintlich naturgegebenen Kausalzusammenhang zwischen dem biologisch fundierten Geschlecht und den jeweils kulturell konstruierten, variablen Geschlechtszuschreibungen zu problematisieren und in Frage zu stellen. Damit einher geht die Vorstellung, dass Gender im Sinne einer sozialen und kulturellen Konstruktion stets der sozialen Inszenierung und Aushandlung bedarf. In den 1980er Jahren haben in diesem Zusammenhang die amerikanischen Soziolog*innen Candace West und Don Zimmerman den Begriff des »doing gender« geprägt. »Doing gender« verweist in diesem Zusammenhang darauf, dass Gender als soziale Geschlechtsidentität nicht einfach gegeben ist, sondern im Zuge sozialer Interaktionsprozesse zugeschrieben und ausgehandelt wird. Scheinbar naturgegebene Differenzen werden somit als Effekte routinemäßiger und ritualisierter Selbstdarstellungs-, Interpretations- und Zuschreibungsprozesse sichtbar. Gender ist in dieser Perspektive – im Unterschied zu Sex – keine natürliche und starre Kategorie, sondern eine konstruierte und dynamische, die von historischen, sozialen und kulturellen Umständen abhängig und folglich veränderbar ist.

Butler wendet sich zudem gegen die eindeutige Trennung von Sex und Gender und zeigt auf, dass das biologische Geschlecht ebenso konstruiert ist wie das soziale Geschlecht, insofern auch Sex nicht außerhalb seiner soziokulturellen und diskursiven Verfasstheit intelligibel ist. Damit wird fraglich, dass es zuerst ein biologisches Geschlecht und einen »natürlichen« Körper gibt, von denen ausgehend sich in einem zweiten Schritt durch kulturelle Prozesse der Einschreibung und sozialer Praktiken eine soziale Geschlechtsidentität herausbildet. Vielmehr werden vergeschlechtlichte Subjekte kontinuierlich durch die Wiederholung ritualisierter Akte innerhalb regulativer Diskurse und normierender Praktiken hervorgebracht – Akte, die erst rückwirkend den Anschein eines natürlich-biologischen Kerns von Gender erzeugen.

↗ Diskurs, Identität, Iterabilität, Konstruktion, Körper, Metalepse, Performativität, Queer

📖5.2 Babka, *Unterbrochen*, 2002 — 📖3. Beauvoir, *Das andere Geschlecht*, 1949 — 📖6. Braun/Stephan, *Gender@Wissen*, 2005 — 📖5.1 Butler, *Das Unbehagen der Geschlechter*, 1990 — 📖6. Degele, *Gender/Queer Studies*, 2008 — 📖5.2 Fausto-Sterling, *Sich mit Dualismen duellieren*, 2002 — 📖5.2 Gildemeister/Wetterer, *Wie Geschlechter gemacht werden*, 1992 — 📖5.2 Lorber, *Gender-Paradoxien*, 1994 — 📖5.2 Rubin, *The Traffic in Women*, 1975 — Scott, *Gender*, 1986 — West/Zimmerman, *Doing Gender*, 1987 – 📖3. Wittig, *The Straight Mind and Other Essays*, 1992.

A.B./G.P.

Genealogie

Genealogie (gr. *genea*: Geburt, Abstammung, Sippschaft, Familie) bezeichnet typischerweise die wissenschaftliche Erforschung der Familiengeschichte und der Verwandtschaftsverhältnisse. Ausgehend von Nietzsche etabliert Foucault in den 1970er Jahren die Genealogie als eine historisch-philosophische Analysemethode im Zusammenhang mit seiner Arbeit zur Geschichte der Gefängnis- und Bestrafungssysteme und seinem Projekt einer Geschichte der Sexualität. In seiner Schrift *Zur Genealogie der Moral* bestimmt Nietzsche den Begriff der Genealogie als eine historische Methodik, deren Ziel es ist, die falschen Universalbegriffe des westlichen Denkens zurückzuweisen, indem sie in ihrer historisch-kontingenten Gewordenheit aufgezeigt werden. Die wesentlichen Attribute des humanistischen Subjektbegriffs wie »Bewusstsein«, »Gewissen«, »Nächstenliebe«, »Willensfreiheit« etc. sind, wie Nietzsche aufzuzeigen versucht, nicht a priori gegeben, sondern das Produkt gewaltsamer Techniken, Prozeduren und Mechanismen der Bestrafung und der Unterwerfung, die unmittelbar an den Körpern ansetzen, sich in diese einschreiben und von den Individuen selbst schließlich internalisiert werden.

Während Foucault in seinen früheren archäologischen Arbeiten wie *Die Ordnung der Dinge* (1966) aus der Position eines quasi-neutralen Beobachters versucht, die »unbewussten« Codes bzw. das epistemologische Feld aufzudecken, das in einer bestimmten historischen Epoche als Bedingung der Möglichkeit von Wissen fungiert, betont er in »Nietzsche, die Genealogie, die Historie« (1971), dass es für die Historiker*in oder Genealog*in weder einen neutralen Standpunkt noch eine objektive Beschreibungssprache geben kann. Es gilt vielmehr anzuerkennen, dass die Genealog*in selbst in jene Prozesse und Praktiken involviert ist, die sie zu analysieren versucht. Dabei handelt es sich jedoch nicht um ein methodisches Dilemma; vielmehr erlaubt diese Einsicht überhaupt erst das Reflexivwerden einer erkenntniskritischen Bewegung. Damit einher geht eine grundlegende Reformulierung des Interpretationsbegriffs. Die Tätigkeit des Interpretierens kann nicht länger als ein hermeneutischer Prozess, als die Entbergung einer verborgenen Bedeutung oder eines tieferen Sinns aufgefasst werden; vielmehr ist Interpretation eine aktive, gewaltsame Tätigkeit, die Aneignung und Umarbeitung eines »Systems von Regeln, das in sich keine wesenhafte Bedeutung besitzt«, zu anderen Zwecken (Foucault 1971, 78). Spätestens ab *Überwachen und Strafen* (1975) fragt Foucault darüber hinaus nach der intrinsischen Verbindung von Macht und Wissen sowie nach der Herkunft und Konstitution des modernen Subjekts. In diesem Sinne schreibt die Genealogie nicht die Geschichte der Vergangenheit, sondern versucht gerade die Kontingenz und die Gewordenheit gegenwärtiger diskursiver Formationen, Institutionen und Praktiken (des Gefängnissystems, der Sexualwissenschaften, der Psychiatrie etc.) aufzuzeigen.

Auch Derrida favorisiert in späteren Texten genealogische Analyseansätze, warnt jedoch zugleich davor, dass die einfache Genealogie immer in Gefahr schwebt, »das archäo-genetische Motiv oder gar das zumindest symbolische Schema der Filiation, der familiären oder nationalen Herkunft zu bevorzugen« (Derrida 1996, 163f.).

❖ Butler rekurriert im Anschluss an Nietzsche und Foucault auf die Genealogie als kritische Untersuchungsmethode, um die fundamentalen Kategorien von Sex, Gender und Begehren sowie die Materialität des Körpers als Effekte spezifischer Macht- und Wissensformationen beschreibbar zu machen. Ihr Ziel ist es, die scheinbaren Ursachen als naturalisierte Effekte diskursiver Praktiken auszuweisen und sie damit zum Gegenstand politischer Kämpfe und Aushandlungsprozesse zu machen. Im Unterschied zu Foucault zielt Butlers »kritische Genealogie« jedoch nicht auf die historische Analyse spezifischer diskursiver Formationen ab; vielmehr hinterfragt sie verschiedene Theorien (wie etwa die Psychoanalyse, den Feminismus und nicht zuletzt Foucaults Diskursanalyse selbst) im Hinblick auf ihre impliziten Annahmen und Identitätskategorien. Dabei hat Butler vor allem den Phallogozentrismus und die heterosexuellen Normierungen sowie die Vorstellung des Körpers als eine der Kultur vorgängige passive Einschreibungsfläche kritisch im Blick.

Theoretiker*innen der sexuellen Differenz wie Luce Irigaray stellen kritisch heraus, dass die Genealogie eng mit einer patronymischen Logik assoziiert ist, in der Abstammung und Verwandtschaft allein über den Namen des Vaters definiert und weitergegeben werden. In einer solchen Genealogie haben Frauen weder einen Platz noch eine eigene Stimme; vielmehr werden sie kraft eines Namens repräsentiert, der nicht ihr eigener ist. Butler lotet u.a. in *Antigones Verlangen* Formen der Verwandtschaft und Zugehörigkeit jenseits patriarchaler Ordnungen aus. Darüber hinaus werden alternative Verwandtschaftsformen entwickelt, die heteronormative Logiken unterlaufen (Halberstam) oder sogar speziesübergreifend gedacht werden (Haraway).

↗ DISKURS, KÖRPER, KRITIK, MACHT, MATERIALITÄT, NORM, SUBJEKT

🕮[5.1] Butler, *Das Unbehagen der Geschlechter*, 1990 — 🕮[5.1] Butler, *Antigones Verlangen*, 2000 — Derrida, *Vergessen wir nicht – die Psychoanalyse!*, 1996 — Foucault, *Die Ordnung der Dinge*, 1966 — 🕮[1.4] Foucault, *Die Ordnung des Diskurses*, 1970 1a — Foucault, *Nietzsche, die Genealogie, die Historie*, 1971b — 🕮[1.4] Foucault, *Überwachen und Strafen*, 1975 — 🕮[1.4] Foucault, *Sexualität und Wahrheit I*, 1976 — Grosz, *Sexual Subversions*, 1989 — Halberstam, *In a Queer Time and Place*, 2005 — Haraway, *Unruhig bleiben*, 2016 — Irigaray, *Genealogie der Geschlechter*, 1987 — 🕮[1.1] Nietzsche, *Zur Genealogie der Moral*, 1887 — 🕮[6.] Posselt, *Katachrese*, 2005 — Saar, *Genealogische Kritik*, 2009 — Schrift, *Genealogy and/as Deconstruction*, 1988.

G.P.

Handlungsfähigkeit

Handlungsfähigkeit (engl. *agency*, auch: Handlungsvermögen, Handlungsmacht) verweist auf die Fähigkeit oder das Vermögen eines Individuums oder einer Gruppe, wirksam in die gesellschaftlichen Verhältnisse einzugreifen. Dabei handelt es sich auch um einen zentralen Begriff der politischen Theorie, der eng korreliert ist mit dem Begriff des Subjekts als handlungsfähige Akteur*in. Während sowohl liberale als auch klassische marxistische Positionen davon ausgehen, dass Handlungsfähigkeit nur ausgehend von einem autonomen und selbstbestimmten Subjekt denkbar ist, das in der Lage ist, seine Lebensumstände selbst zu formen, stellen neuere marxistische (Althusser), psychoanalytische (Freud, Lacan) und poststrukturalistische Theorien (Foucault, Lyotard, Deleuze) die Vorstellung eines souveränen Subjekts in Frage. Subjekte sind diesen Ansätzen zufolge nicht von vornherein gegeben, vielmehr werden sie in komplexen ökonomischen, ideologischen und diskursiven Prozessen allererst als handlungsfähige Akteur*innen hervorgebracht.

❖ Die Frage nach der (politischen) Handlungsfähigkeit ist für den Feminismus von entscheidender Bedeutung. Während traditionelle Positionen darauf beharren, dass die Identität und die Einheit des feministischen Subjekts »Frau« unabdingbare Voraussetzungen für jedes emanzipatorische politische Projekt sind, argumentieren poststrukturalistische Theoretiker*innen im Anschluss an Foucault, dass Handlungsfähigkeit nicht außerhalb eines histo- risch-kulturellen Macht-Wissen-Regimes gedacht werden kann. Insbesondere Butler plädiert dafür, Handlungsfähigkeit jenseits eines identitätslogischen und subjektzentrierten Modells zu reformulieren. Der konstruierte und stets prekäre Charakter von Identität und Subjektivität steht dabei nicht im Gegensatz zur Handlungsfähigkeit. Vielmehr besteht Handlungsfähigkeit gerade in der Teilhabe, Aneignung und Destabilisierung identitätskonstitutiver Verfahren und Mechanismen durch subversive Praktiken der Resignifikation und Reartikulation. Verstanden als eine reiterative Praxis ist Handlungsfähigkeit nach Butler den Macht- und Herrschaftsverhältnissen immanent und nicht im Sinne einer äußerlichen Relation entgegengesetzt. Handlungsvermögen ist folglich nicht länger an eine ursprüngliche Souveränität, Autonomie oder Autor*innenschaft gebunden; vielmehr besteht sie in der Möglichkeit der Intervention und Reartikulation und im kreativ-kritischen Umgang mit den eigenen Konstitutionsbedingungen. In dieser Offenheit und Zukünftigkeit lokalisiert Butler die notwendige Voraussetzung für jedes emanzipatorische politische Projekt.

↗ Identität, Iterabilität, Konstruktion, Macht, Queer, Resignifikation, Subjekt, Subversion

🕮[1.3] Althusser, *Ideologie und ideologische Staatsapparate,* 1970 — 🕮[5.1] Butler, *Das*

Unbehagen der Geschlechter, 1990 — 🕮[5.1] Butler, *Kontingente Grundlagen*, 1992 — 🕮[5.1] Butler, *Körper von Gewicht*, 1993a — 🕮[1.4] Foucault, *Überwachen und Strafen*, 1975 — 🕮[1.4] Foucault, *Sexualität und Wahrheit I*, 1976 — 🕮[6.] Posselt/Schönwälder-Kuntze/Seitz, *Judith Butlers Philosophie des Politischen*, 2018 — 🕮[5.2] Prager, *Frames of Critique*, 2013 — 🕮[6.] Villa, *Sexy Bodies*, 2011.

G.P.

Hybridität

Hybridität (lat. *hybrida*: Mischling, Bastard) verweist ursprünglich im biologischen Kontext auf genetische Mischformen. Seit Ende des 19. Jahrhunderts wurde der Ausdruck zudem in biologistisch-rassistischen Diskursen verwendet. Ausgehend vom Begriff der Ambivalenz entwickelt der russische Literaturwissenschaftler Michail Bachtin Hybridität als semantische Kategorie, die zur Beschreibung mehrschichtiger, auch in sich widersprüchlicher Bedeutungen innerhalb eines Textes dient. Dabei betont er die politische Dimension des Konzepts, das als subversive Vielstimmigkeit im Rahmen postkolonialer Theorien weiterentwickelt wird. Ab den 1980er Jahren reformuliert Bhabha Hybridität als kulturtheoretische Denkfigur zur Beschreibung kultureller und epistemischer Überkreuzungsverhältnisse im Spannungsfeld von Identität und Alterität. Im Anschluss an dekonstruktive und psychoanalytische Theorien entwirft Bhabha ein semiotisch grundiertes Verständnis von Hybridität, das zur Artikulation und Interpretation von interkulturellen und (post-)kolonialen Resignifikationsprozessen dient. Der so verstandene Hybriditätsbegriff erlaubt somit, interkulturelle Austauschprozesse nicht als Aufeinandertreffen diskreter Identitäten, sondern als deren folgenreiche Durchdringung und Verschiebung zu denken, im Zuge derer alle beteiligten Akteur*innen und Gruppen grundlegend transformiert werden. Innerhalb eines »dritten Raums« werden die jeweiligen Codes und Bedeutungssysteme, die im Falle einer transkulturellen Konfrontation aufeinandertreffen, verhandelt und wechselseitig transformiert.

❖ Metaphern des Dritten, wie sie im Begriffsfeld der Hybridität formulierbar werden, spielen im Bereich der Gender- und Queer-Theorie eine wichtige Rolle. Als »dritter Raum«, drittes Geschlecht oder Hermaphrodit entziehen sie sich einer Logik binärer Oppositionen, die sie aufzudecken und zu unterlaufen versuchen. So macht Haraway die/den Cyborg – verstanden als ein Mischwesen aus Mensch und Maschine – zur Leitfigur ihrer feministischen Politik. Als strategisch angeeigneter Terminus der Biologie reflektiert der Begriff der Hybridität selbst die Problematik, die er inhaltlich zu adressieren sucht. Über Bhabhas Konzeption hinaus eröffnet die feministische Aneignung des Begriffs eine zusätzliche Perspektive, insofern Hybridität als

Figur der offenen Aushandlung von Identitäten erscheint, die zugleich auf die wirksamen Machtverhältnisse und diskursiven Voraussetzungen solcher Aushandlungsprozesse reflektiert.

↗ Alterität, Gender, Körper, Queer, Subversion

Babka, *Ethico-Onto-Epistemologie*, 2022 — Bhabha, *DissemiNation*, 1990 — Bronfen u. a., *Hybride Kulturen*, 1997 — 📖5.1 Butler, *Das Unbehagen der Geschlechter*, 1990 — 📖5.1 Butler, *Körper von Gewicht*, 1993a — Epstein, *Either/or – neither/both*, 1990 — Foucault/Barbin, *Über Hermaphrodismus*, 1998 — 📖5.2 Haraway, *Ein Manifest für Cyborgs*, 1985 — 📖4. Johnson, *Mein Monster – Mein Selbst*, 1982 — Spivak, *In Other Worlds*, 1988 — Spivak, *Poststructuralism, Marginality, and Value*, 1990 — 📖5.2 Trinh, *Woman, Native, Other*, 1989 — Weil, *Androgyny and the Denial of Difference*, 1992.

M.S.

Identität

Identität (gr. *tautotes*, lat. *identitas*) bezeichnet zum einen die logische Relation der Gleichheit zweier Gegenstände, wird zum anderen aber auch als psychoanalytischer oder kulturtheoretischer Begriff auf die Einheit einer Person oder Gruppe bezogen. Als Sich-selbst-Gleichheit setzt Identität ein Subjekt voraus, dessen mitunter heterogene, geschichtliche Existenz in Abgrenzung von anderen als Kontinuität erfahren wird. Während Freud die kindliche Entwicklung als prozesshafte Identitätsbildung konzipiert, betont Lacan den unweigerlich unvollständigen Entwurfscharakter des Identifikationsprozesses: Bereits im frühkindlichen Spiegelstadium ist das Kind mit einer als äußerlich erfahrenen Ganzheits-Vision seiner selbst (*moi*) konfrontiert, von der das stets partial erlebte Ich (*je*) unterschieden werden muss.

❖ Aus gendertheoretischer Perspektive ist die Frage der Identität zentral, was sich auch in der Vielzahl an (teils widersprüchlichen) Identitätstheorien spiegelt. Ausgehend von verschränkten, identitätskonstituierenden Achsen (Race, Klasse, Geschlecht, Nation, Kultur, Alter etc.) wird Identität zum Ort einer prozesshaften, oftmals prekären Verhandlung von Identitätsansprüchen. Individuelle und kollektive Identitäten erweisen sich in dieser Perspektive als abhängig von sozialer Anerkennung und Bestätigung. Diese relationalen Bedingungen eröffnen wiederum Handlungs- und Entwicklungsspielräume, da Identitäten – verstanden als soziale Konstruktionen – offen sind für Strategien der Vervielfältigung und Desidentifikation.

Verankert in verschiedenen wissenschaftlichen Disziplinen und zumeist intersektional angelegt entwerfen Theoretiker*innen wie Barad, Butler, de Lauretis, Halberstam, Haraway, Preciado u.a. in kritischer Abgrenzung von normativen Identitätsmodellen und unter Rückgriff auf poststrukturalistische Theoriebestände dezentrierte, prozesshafte und performative Konzeptionen von Identität. Ziel ist es, solidarische, inklusive Gesellschaftsmodelle zu entwickeln, die auf gelebter, nicht hierarchisierender Vielfalt beruhen und sich gegen essentialistische Vorannahmen wenden, die bestimmte Gruppen ausschließen.

Historisch gesehen handelt es sich bei Identitätspolitik um politisches Engagement, das von einer gemeinsamen Unterdrückungserfahrung ausgeht und sich in verschiedenen Bewegungen, wie etwa der der schwarzen Bürgerrechtsbewegung, der Gay Liberation, verschiedenen Wellen der Frauenbewegung oder auch jüngst in #BlackLivesMatter realisiert hat. Gegenwärtige identitätspolitische Diskussionen sind oftmals geprägt von polemischen Debatten über *political correctness, wokeness, cancel culture* etc. Es zeigt sich, dass der Politisierung von Identität immer auch die Gefahr innenwohnt, neue Essentialismen und Ausschlüsse zu produzieren, was im Rahmen des poststrukturalistischen Paradigmas, in dem der prozessuale Konstruktionscharakter von Identitäten im Vordergrund steht, Anlass permanenter Selbstreflexion und Kritik ist.

↗ Alterität, Essentialismus, Gender, Handlungsfähigkeit, Iterabilität, Konstruktion, Körper, Macht, Performativität

Angerer, *The Body of Gender*, 1995 — 🕮[5.1] Butler, *Das Unbehagen der Geschlechter*, 1990 — 🕮[5.1] Butler, *Imitation und die Aufsässigkeit der Geschlechtsidentität*, 1991 — 🕮[5.1] Butler, *Kontingente Grundlagen*, 1992 — 🕮[5.1] Butler, *Körper von Gewicht*, 1993a — de Lauretis, *Queer Theory*, 1991 — Halberstam, Trans*, 2018b — 🕮[5.2] Hark, *Deviante Subjekte*, 1999 — 🕮[6.] Jagose, *Queer Theory*, 1996 — 🕮[1.5] Lacan, *Das Spiegelstadium*, 1949 — Martin, *Sexuelle Praxis und der Wandel lesbischer Identitäten*, 1996 — Preciado, *Kontrasexuelles Manifest*, 2000 — 🕮[4.] Spivak, *Can the Subaltern Speak?*, 1985 — Susemichel/Kastner, *Identitätspolitiken*, 2018 — 🕮[6.] Villa, *Sexy Bodies*, 2011.

A.B./M.S.

Interpellation

Interpellation (lat. *interpellatio*: Unterbrechung im Reden) bezeichnet im Französischen sowohl die parlamentarische Anfrage als auch die vorübergehende polizeiliche Festnahme. Als ideologiekritischer Begriff wird er vom französischen marxistischen Philosophen Louis Althusser eingeführt, um den Prozess zu bezeichnen, durch den staatliche, soziale, pädagogische und religiöse Institutionen (Militär, Polizei, Schule, Kirche etc.) Individuen als Subjekte konstituieren. Althusser illustriert diesen Prozess mit dem Ruf der Polizist*in »He, Sie da!« auf der Straße. Indem das Individuum sich umwendet, erkennt es an, dass der Anruf genau ihm gilt, und nimmt die ihm von der Ideologie zugewiesene Subjektposition an. Das Individuum, das sich so in seine Unterwerfung fügt, wird nach Althusser zum Subjekt, indem es die ihm zugewiesene gesellschaftliche Position (in den Parametern von Klasse, Gender, Race etc.) als seine eigene gleichermaßen anerkennt wie verkennt.

❖ Butler nimmt den Begriff der Interpellation bzw. der Anrufung auf, um jene Akte der Benennung zu beschreiben, im Zuge derer einem Individuum eine Geschlechtsidentität zugeschrieben wird, wie z.B. durch den zugleich konstativen und performativen Ausruf der Hebamme »Es ist ein Mädchen«. Während bei Althusser die Anrufung die Form eines quasi-göttlichen Performativs annimmt, das in einem einmaligen Akt das vollständig konstituiert, was es benennt, und folglich keine Möglichkeiten des Widerstands und der Reartikulation offenlässt, argumentiert Butler im Anschluss an Derridas Begriff der Iterabilität, dass jeder performativen Anrufung die Möglichkeit ihres Scheiterns und damit ihrer Resignifikation und subversiven Aneignung inhärent ist, da sie wiederholt werden muss, um wirksam zu sein. Damit lokalisiert Butler die Handlungsfähigkeit des Subjekts, das durch ideologische Anrufungen konstituiert wird, nicht außerhalb der ideologischen Macht- und Herrschaftsverhältnisse; vielmehr resultiert seine Handlungsfähigkeit gerade daraus, dass es konstitutiv in die Machtbeziehungen verstrickt ist, denen es sich zu widersetzen versucht.

↗ Handlungsfähigkeit, Iterabilität, Macht, Performativität, Sprache, Subjekt, Subversion

📖[1.3] Althusser, *Ideologie und ideologische Staatsapparate*, 1970 — 📖[5.1] Butler, *Körper von Gewicht*, 1993a — Bronfen, *Weiblichkeit und Repräsentation*, 1995 — 📖[5.1] Butler, *Körper von Gewicht*, 1993a — Butler, *Psyche der Macht*, 1997b — 📖[6.] Salih, *Judith Butler*, 2002.

G.P.

Iterabilität

Iterabilität (lat. *iter* »von neuem«, abgeleitet von Sanskrit *itara* »anders«) geht auf Derridas Dekonstruktion des metaphysischen Schriftbegriffs und seine Auseinandersetzung mit Austins Sprechakttheorie zurück. Derrida argumentiert, dass jedes sprachliche – geschriebene oder gesprochene – Element reiterierbar, d.h. wiederholbar und zitierbar sein muss, um überhaupt als sprachliches Zeichen fungieren zu können. Dabei erschöpft sich die Iterabilität des Zeichens nicht in der bloßen Reproduktion des Gleichen oder in der einfachen Wiederholung; vielmehr verweist der Begriff der Iterabilität darauf, dass mit jeder Wiederholung notwendig ein Moment der Veränderung verbunden ist. Daraus resultiert die Kraft des Zeichens, mit seinem Kontext zu brechen: Aufgrund der Iterabilität ist es stets möglich, ein Zeichen aus seiner Verkettung herauszunehmen und in andere Ketten einzuschreiben oder diesen »aufzupfropfen«. Dies gilt nach Derrida nicht nur für schriftliche, sondern auch für gesprochene Zeichen, ja selbst für solche singulären und ereignishaften Äußerungen, wie Austins performative Sprechakte.

Im Gegensatz zu Austin, der unernste und zitathafte Sprechakte, wie etwa das Sprechen im Theater oder das Zitieren eines Textes, als parasitäre Abweichungen vom »normalen« Sprachgebrauch aus seiner Theorie der Sprechakte ausschließt, argumentiert Derrida, dass die Möglichkeit der Imitation und Zitation nicht nur für jedes Zeichen, sondern auch für jede performative Äußerung konstitutiv ist: Keine performative Äußerung könne gelingen, »wenn ihre Formulierung nicht eine ›codierte‹ oder iterierbare Äußerung wiederholte [...], wenn sie also nicht in gewisser Weise als ›Zitat‹ identifizierbar wäre« (Derrida 1971b, 40). Damit erweist sich der vermeintliche Normalfall als grundlegend abhängig gegenüber der Möglichkeit des Zitats, des Unernsten, der Imitation und der Parodie. Wäre diese allgemeine Möglichkeit der Rekontextualisierung und der verändernden Re-Zitierung nicht gegeben, könnte nach Derrida von einem normalen Funktionieren gar nicht die Rede sein. Folglich ist die Möglichkeit des Zitierens nicht etwas dem Zeichen Äußerliches, sondern vielmehr gerade das, was jedes Zeichen überhaupt erst als Zeichen konstituiert. Derrida spricht in diesem Sinne auch von einer allgemeinen Iterabilität oder Zitathaftigkeit, die am Ursprung jeder Bedeutungs- und Identitätskonstitution steht, und die »sogar über die semio-linguistische Kommunikation hinaus, für das ganze Feld dessen, was die Philosophie Erfahrung [...] nennen würde«, Geltung hat (Derrida 1971b, 27).

❖ Butler übernimmt von Derrida die Begriffe der Iterabilität und Zitathaftigkeit für ihre Konzeption des Performativen und entwickelt sie im Hinblick auf eine Theorie (politischer) Handlungsfähigkeit weiter. Die performative Kraft der Sprache ist nicht in der Intentionalität oder Willenskraft eines Individuums begründet; vielmehr ist sie der Effekt der historisch sedimentierten Bedeutungen und Konventionen, die in jedem Sprechakt aufgerufen, zitiert und wiederholt werden. Dies ist kein einmaliger Prozess, sondern ein zeitlicher Vorgang, eine reiterative und zitathafte Praxis, die für Umdeutungen und Resignifikationen offen ist. Die Handlungsfähigkeit des Subjekts lokalisiert Butler in den Möglichkeiten der Resignifikation, die durch die Iterabilität eröffnet werden. Sowohl im Anschluss als auch in kritischer Distanz zu Butlers Bestimmung von Handlungsfähigkeit im Rahmen resignifikativer Praktiken favorisiert Barad eine *iterative Intraaktivität*, die »menschlichen« und »nicht-menschlichen« Formen von Handlungsfähigkeit gleichermaßen Rechnung zu tragen versucht.

↗ Différance, Kommunikation, Kontext, Performativität, Schrift, Sprache, Zeichen, Handlungsfähigkeit, Materialität

Barad, *Posthumanist Performativity*, 2003 — Barad, *Meeting the Universe halfway*, 2007 — 🕮[5.2] Barad, *Die queere Performativität der Natur*, 2011 — 🕮[5.1] Butler, *Körper von Gewicht*, 1993a — 🕮[5.1] Butler, *Haß spricht*, 1997a — 🕮[6.] Culler, *Dekonstruktion*, 1982 — 🕮[2.1] Derrida, *Signatur Ereignis Kontext*, 1971b — Derrida, *Limited Inc a b c...*, 1977 — Krämer, *Sprache, Sprechakt, Kommunikation*, 2001 — 🕮[6.] Posselt/Flatscher, *Sprachphilosophie*, 2016.

G.P.

Katachrese ↗ Resignifikation

Kommunikation

Kommunikation (lat. *communicatio*: Mitteilung) bezeichnet allgemein den Austausch oder die Übertragung von Informationen. In sprach- und kulturtheoretischen Kontexten sowie in Habermas' Universalpragmatik wird Kommunikation zumeist als kommunikatives Handeln verstanden, d. h. als interaktives, partner*innenorientiertes, intentionales Verhalten. Leitend ist die Vorstellung von Kommunikation als Übertragung und Vermittlung von Sinn und Bedeutung von einer Sender*in zu einer Empfänger*in über einen kommunikativen Kanal. Der so gefasste Kommunikationsbegriff geht nach Derrida davon aus, dass »die *Identität* eines *bezeichneten* Objekts, eines *Sinns* oder eines *Begriffs*« von dem Übertragungsvorgang selbst abgelöst werden kann. Damit setzt Kommunikation einerseits ein Subjekt voraus, dessen »Identität und Präsenz vor dem Bezeichnungsvorgang gegeben sein muß«, sowie andererseits einen intendierten Sinn, der durch den Kommunikationsvorgang selbst weder konstituiert noch verändert, sondern lediglich »übertragen« wird (Derrida 1972b, 62).

Derrida kritisiert die für den Kommunikationsbegriff zentrale Metapher der »Übertragung« und expliziert diese Kritik vor allem im Zusammenhang mit seiner Dekonstruktion des Schriftbegriffs. Weder ist Kommunikation lediglich die Übermittlung, der Transport, der Austausch von Sinn und Intentionen, noch ist Schrift ein supplementäres Kommunikationsmittel, dessen Funktion allein darin besteht, das Feld der mündlichen oder gestischen Kommunikation zu erweitern. Dagegen betont Derrida den »graphematischen« Charakter jeder Kommunikation, der es aufgrund der Iterabilität erlaubt, ein sprachliches Element von seiner Intention und seinem Äußerungskontext abzulösen und in neue Kontexte einzuschreiben. Dies gilt auch für die performativen Äußerungen der Sprechakttheorie. Obgleich Austin »Kommunikation« nicht mehr als die Übertragung oder den Transport von Bedeutungsinhalten versteht, sondern als eine Kraft, ein Tun, Handeln oder Wirken, das eine Situation hervorbringt und transformiert, begreift er doch Kontext und Intention immer noch als Instanzen, die erlauben, die Bedeutung einer Äußerung abschließend zu fixieren. Dem Begriff der Kommunikation stellt Derrida das Motiv der Postkarte und der Sendung gegenüber, die stets verlorengehen, fehlgehen oder Personen erreichen können, für die sie nicht bestimmt waren.

❖ In feministischen und gendertheoretischen Kontexten wird der Begriff der Kommunikation vor allem im Zusammenhang mit strukturalistischen und ethnologischen Positionen kritisiert, die über die Figuren des Inzestverbots und des Frauentauschs ein patronymisches und phallogozentrisches System der Gesellschaftsbeschreibung reproduzieren und naturalisieren, z.B. wenn Lévi-Strauss argumentiert, dass Exogamie und Sprache in allen Gesellschaften dieselbe fundamentale Funktion erfüllen, nämlich den kommunikativen Austausch zwischen Männern sicherzustellen.

↗ DISSEMINATION, ITERABILITÄT, KONTEXT, SCHRIFT, SPRACHE, ZEICHEN

📖[5.1] Butler, *Körper von Gewicht*, 1993a — 📖[2.1] Derrida, *Signatur Ereignis Kontext*, 1971b — 📖[2.1] Derrida, *Positionen*, 1972b — Derrida, *Die Postkarte. 1. Lieferung*, 1980b — Habermas, *Theorie des kommunikativen Handelns*, 1981 — 📖[3.] Irigaray, *Das Geschlecht, das nicht eins ist*, 1977 — Jahraus, *Postverkehr*, 2015 — Krämer, *Sprache, Sprechakt, Kommunikation*, 2001 — 📖[1.2] Lévi-Strauss, *Die elementaren Strukturen der Verwandtschaft*, 1949 — 📖[6.] Posselt, *Katachrese*, 2005 — 📖[5.2] Rubin, *The Traffic in Women*, 1975 — Schmidt, *Rücksendungen zu Jacques Derridas »Die Postkarte«*, 2015.

G.P.

Konstruktion

Konstruktion und *Konstruktivität* (lat. *constructio*: Zusammensetzung, Errichtung) verweisen in erkenntnistheoretischen Kontexten darauf, dass Sachverhalte in der Welt nicht einfach gegeben, sondern vielmehr je schon in menschliche Bedeutungshorizonte eingebettet sind, die sie allererst intelligibel und als solche erfahrbar machen. Als *konstruktivistisch* beschreibt man in diesem Sinne erkenntnistheoretische Positionen, die – im Gegensatz zu empiristischen oder realistischen Ansätzen – davon ausgehen, dass Erkenntnis nicht darin besteht, eine beobachterunabhängig vorliegende Wirklichkeit einfach zu registrieren, sondern die Erkenntnissubjekte an der Konstitution von Realität wesentlich mitbeteiligt sind. Von dieser Hypothese ausgehend etablierten sich im 20. Jahrhundert zahlreiche divergierende Spielarten wissenschaftstheoretischer Konstruktivismen.

Poststrukturalistische und dekonstruktive Ansätze nehmen diese Überlegungen auf und arbeiten die impliziten begrifflichen und rhetorischen Prinzipien und Schemata heraus, auf denen unsere Erkenntnisprozesse beruhen. Die Dekonstruktion spezifiziert und radikalisiert den Gedanken der Konstruktivität, insofern sie das kritisch-analytische Moment des Abbaus und der Zerlegung

(*Destruktion*) mit dem produktiv-konstruktiven Moment des Wiederaufbaus, der Verschiebung und der Neueinschreibung (*Re-Konstruktion*) kombiniert. Zugleich stellt sie in Rechnung, dass die dekonstruktive Kritik sich der tradierten Begriffe der Metaphysik nicht entledigen kann, sondern sich notwendig jener Begriffe bedienen muss, die sie zu dekonstruieren versucht.

❖ Gegen die Annahme natürlicher Geschlechterkategorien betonen poststrukturalistische Theoretiker*innen die diskursive und performative »Produktion« und »Konstruktion« von (Geschlechts-)Identitäten. Naturalisierende bzw. ontologisierende Konzepte von Geschlecht werden kritisiert und dekonstruiert, indem deren kontingente Voraussetzungen aufgewiesen und deren ideologische Implikationen herausgearbeitet werden. Für die Ordnung der Geschlechter bedeutet dies zunächst, die Prozesse und Mechanismen aufzuzeigen, durch die diese Ordnung konstruiert und aufrechterhalten wird, also die historisch-diskursiven Herstellungsprozesse zu rekonstruieren und als solche sichtbar zu machen.

Das missverständlich gebrauchte Label »radikaler Konstruktivismus« im Zusammenhang mit Butlers Überlegungen zur Performativität von Geschlecht bezieht sich auf den gegen sie erhobenen Vorwurf, ihre Position laufe darauf hinaus, dass alles Sprache und Diskurs sei, dass alles, einschließlich (der Materialität) des Körpers, sprachlich und diskursiv konstruiert sei. Dagegen kann geltend gemacht werden, dass Konstruktivität im Zusammenhang mit der Konstitution von Geschlechtsidentität sowie sexuell markierten Körpern nicht als ein einmaliger, unilateraler, von einem einzelnen Agenten (*dem* Subjekt, *der* Macht) verursachter Akt zu verstehen ist, sondern als ein reiterativer und resignifikativer Prozess der De- und der Rekonstruktion. Barads *agentischer Realismus* begreift Realität als *materiell-kulturell* verfasst und sieht keinen Widerspruch zwischen Materialität und sozialer Konstruktion; vielmehr wird die Konstitution der Materialität des Körpers in der Untrennbarkeit von Natur-Kultur, physikalisch-konzeptuell, materiell-diskursiv verankert (Barad 2015, 47).

↗ Dekonstruktion, Diskurs, Essentialismus, Identität, Körper, Kritik, Macht, Sprache

Barad, *Veschränkungen*, 2015 — 🕮[6.] Becker-Schmidt/Knapp, *Feministische Theorien*, 2000 — 🕮[5.1] Butler, *Körper von Gewicht*, 1993a — Hagemann-White, *Thesen zur kulturellen Konstruktion*, 1984 — Haraway, *Die Neuerfindung der Natur*, 1995a — Hirschauer, *Dekonstruktion und Rekonstruktion*, 1993a — 🕮[4.] Menke, *Dekonstruktion der Geschlechteropposition*, 1995a — Pasero/Braun, *Konstruktion von Geschlecht*, 1995 — 🕮[6.] Salih, *Judith Butler*, 2002 — 🕮[5.2] Vasterling, *Butler's Sophisticated Constructivism*, 1999 — 🕮[6.] Villa, *Sexy Bodies*, 2011 — West/Zimmerman, *Doing Gender*, 1987 — 🕮[5.2] Wobbe/Lindemann, *Denkachsen*, 1994.

A.B./M.S.

Kontext

Kontext (lat. *contextere*: zusammenweben) verweist in der Sprachwissenschaft darauf, dass sprachliche Zeichen, Äußerungen und Texte ihre spezifische Bedeutung erst im Rahmen größerer Einheiten sowie in Relation und in Abgrenzung zu den sie umgebenden Elementen erhalten. Der Kontext umfasst folglich all jene sprachlichen, historischen, kulturellen und situativen Aspekte, die für die Produktion, die Interpretation, die Bedeutung und das Verständnis einer sprachlichen Einheit relevant sind. Damit reduzieren Kontexte die Mehrdeutigkeit sprachlicher Elemente und schränken die Auswahlmöglichkeiten spezifischer Bedeutungsoptionen ein.

Derrida radikalisiert den Gedanken der Kontextualität, indem er darauf aufmerksam macht, dass Kontexte strukturell ungesättigt und nicht abschließend bestimmbar sind. Das heißt auch, dass die Mehrdeutigkeit oder Polysemie eines sprachlichen Elements durch den Kontext niemals vollständig eingegrenzt werden kann. Aufgrund der allgemeinen Iterabilität vermag ein Zeichen zudem stets mit seinem Kontext zu brechen und neue Kontexte zu erzeugen, da man ein sprachliches Element immer aus einer Verkettung herausnehmen und in andere Ketten einschreiben oder diesen aufpfropfen kann. Das heißt nach Derrida nicht, »daß das Zeichen [*marque*] außerhalb eines Kontexts gilt, sondern ganz im Gegenteil, daß es nur Kontexte ohne absolutes Verankerungszentrum gibt« (Derrida 1971b, 32). Dies kann auch so verstanden werden kann, dass es kein »Text-Außerhalb« gibt, das im Sinne einer letzten Instanz oder eines transzendentalen Signifikats das bedeutungsgenerierende Spiel der Differenzen, die *différance*, abschließen könnte (Derrida 1972a, 13), was nichts anderes heißt, als dass es »kein außerhalb des Kontextes [gibt]« (Derrida 1977, 211). Folglich ist die Möglichkeit eines Zeichens, mit seinem Kontext zu brechen, nicht etwas, was dem Zeichen äußerlich wäre, sondern eine allgemeine Eigenschaft, die für das Funktionieren aller sprachlichen und symbolischen Systeme konstitutiv ist. Ebenso ist es für jedes sprachliche Zeichen konstitutiv, wiederholbar zu sein; doch jede Wiederholung birgt im Sinne der Iterabilität zugleich die Möglichkeit, dass ein Zeichen auch entgegen oder abweichend von seiner »ursprünglichen« Intention gebraucht werden kann.

❖ Unser Alltags-, Hintergrund- und Erfahrungswissen zusammen mit dem situativen Kontext sind für die Wahrnehmung und Interpretation geschlechtlicher Identitäten oder Verhaltensmuster ebenso entscheidend wie für die Funktionsweise sprachlicher Äußerungen oder politischer Signifikanten. Butler sieht in der Fähigkeit eines Zeichens oder einer Äußerung, mit dem jeweiligen Kontext zu brechen und neue Kontexte zu erzeugen, die Möglichkeit der Transformation und Resignifikation sprachlicher und gesellschaftlicher Bedeutungen, Normen und Konventionen und ihrer Verwendung zu

Zwecken, zu denen sie nicht vorgesehen waren. In *Raster des Krieges* greift Butler auf den Begriff des Rasters/Rahmens (*frame*) zurück, um stärker den normativen Charakter von Kontextualisierungsprozessen zu unterstreichen. Rahmen sind konventionalisierte und habitualisierte Wahrnehmungs-, Handlungs- und Deutungsmuster, die mit affektiven Besetzungen und normativen Wertungen einhergehen. Raster der Wahrnehmbarkeit und Anerkennbarkeit strukturieren und selektieren nicht nur, was wahrnehmbar wird und was nicht; sie legen auch in fest, welche Leben anerkennbar und folglich betrauerbar sind und welche aus diesen Rastern ausgeschlossen bleiben. Insofern Raster und Rahmen jedoch immer auch verschoben und anders *geframt* werden können, legen sie – wie der Kontext – »niemals ganz genau fest, was wir denken, anerkennen und wahrnehmen« (Butler 2009, 16).

↗ Iterabilität, Kommunikation, Schrift, Text, Zeichen

Bennington, *Derridabase,* 1994 — 🕮[5.1] Butler, *Körper von Gewicht,* 1993a — 🕮[5.1] Butler, *Haß spricht,* 1997a — Butler, *Raster des Krieges,* 2009 — 🕮[6.] Culler, *Dekonstruktion,* 1982 — 🕮[2.1] Derrida, *Signatur Ereignis Kontext,* 1971b — 🕮[2.1] Derrida, *Dissemination,* 1972a — Derrida, *Limited Inc,* 1977 — Krämer, *Sprache, Sprechakt, Kommunikation,* 2001 — Linke u.a., *Studienbuch Linguistik,* 1994.

G.P.

Körper

In der Geschichte der westlichen Philosophie steht der *Körper* in der binär-hierarchisierten Opposition von Geist und Körper sowie von Form und Materie, wobei diese Dichotomie im kartesischen Geist-Körper-Dualismus ihre prägnanteste Ausformung erhalten hat. Dieser Dualismus privilegiert den Geist als rationales, vernünftiges Denken gegenüber der Materialität des Körpers, der als Träger von Gefühlen, Leidenschaften, Affekten und Bedürfnissen aufgefasst wird. Zugleich firmiert der Körper als Garant für »Natürlichkeit« jenseits prozesshafter historischer oder kultureller Hervorbringung.

Aus phänomenologischer Perspektive wird gegen die klassische Dichotomisierung von Geist und Körper die konstitutive Leiblichkeit des menschlichen Selbst ins Treffen geführt. So verweisen Husserl und Merleau-Ponty auf die Unhintergehbarkeit körperlich-leiblicher Erfahrung und Merleau-Ponty betont – in Abgrenzung zu Heideggers »In-der-Welt-sein« – die Faktizität des leiblichen »Zur-Welt-Seins«. In der Folge weist das metaphysikkritische Denken des Poststrukturalismus, der Diskursanalyse und des französischen Feminismus (in Anlehnung an die Psychoanalyse Freuds und Lacans) den Geist-Körper-Dualismus zurück und unterstreicht, dass Körper niemals einfach gegeben sind, sondern durch diskursive, normierende und disziplinierende Prozesse geformt, reguliert und gefügig gemacht werden. Der Körper wird damit als Ort psychischer Projektionen und sozio-kultureller Einschreibungen begriffen, die ihn als einen bestimmten, sozial formatierten Körper konstituieren.

Relevant für das Themenfeld der Körperlichkeit sind auch neueste biotechnologische Entwicklungen und Möglichkeiten der Manipulation und Veränderung des biologischen/anatomischen Körpers. Haraway reflektiert diese Entwicklungen über die Figur des*der Cyborg. In der postkolonialen Theoriebildung wird zudem der mehrfach codierte, zumeist inferiorisierte Körper, der sowohl sexuell wie rassisch markiert und stigmatisiert ist, zum Bezugspunkt für Reflexion und Kritik.

❖ Hinsichtlich der Frage der Geschlechterdifferenz steht der Körper im Zentrum gender- und queertheoretischer Ansätze. In Abgrenzung von Dichotomien wie Natur/Kultur, Sex/Gender etc. versucht Butler zu zeigen, dass der vermeintlich natürliche Körper nicht als passives Trägermaterial kultureller Projektionen gedacht werden kann, sondern vielmehr als ein »naturalisierter« Effekt des Diskurses zu lesen ist. Das heißt nicht, dass es keinen materiellen Körper gibt, sondern lediglich, dass der Körper erst im Rahmen diskursiver Praktiken intelligibel wird. Butler unterstreicht damit die naturalisierenden und materialisierenden Effekte kultureller Normen. Auch das biologische Geschlecht erfährt seine Materialisierung als Effekt fortlaufender, zitathafter Praktiken. Im Sinne von Derridas Begriff der Iterabilität lässt sich so zeigen, dass die regulativen Verfahren den Körper nicht absolut zu fixieren und festzuschreiben vermögen. Damit können die diskursiven Normierungsprozeduren auch als kritische Einsatzpunkte für die Veränderung und die Neueinschreibung alternativer Entwürfe von Leiblichkeit und Körperpraktiken verstanden werden.

Halberstam und Livingston radikalisieren diese Überlegungen und konzipieren posthumane Körper als grundlegend mehrdeutig und instabil. Im Rahmen neomaterialistischer Theorien widmet sich Barad nicht nur Konzepten der Materialisierung und der Bedeutung menschlicher Körper, sondern jeder Form von Materie, einschließlich der materialisierenden Effekte von Praktiken der Grenzziehung, durch die das Menschliche und das Nichtmenschliche als voneinander verschieden konstituiert werden (Barad 2011, 129). Haraway etabliert mit (Körper-)Figurationen wie der*die *Cyborg* oder der*die *Companion* eine Ontologie der Verwobenheit und des Verbundenseins, des Miteinander-Werdens auf der Basis von Mensch-Maschine oder Tier-Mensch-Relationen.

↗ Dichotomie, Identität, Iterabilität, Konstruktion, Materialität, Subjekt, Text, Zeichen

Angerer, *The Body of Gender*, 1995 — Angerer, *Medienkörper/Körper-Medien*, 1997 — 🕮[5.2] Angerer, *body options*, 1999 — 🕮[5.2] Babka, *Unterbrochen*, 2002 — 🕮[5.2] Barad, *Die queere Performativität der Natur*, 2011 — 🕮[5.1] Butler, *Das Unbehagen der Geschlechter*, 1990 — 🕮[5.1] Butler, *Körper von Gewicht*, 1993a —

[5.2] Fausto-Sterling, *Sich mit Dualismen duellieren*, 2002 — [1.4] Foucault, *Überwachen und Strafen*, 1975 — [1.4] Foucault, *Sexualität und Wahrheit I*, 1976 — Halberstam / Livingston, *Introduction: Posthuman Bodies*, 1995 — [5.2] Haraway, *Ein Manifest für Cyborgs*, 1985 — Haraway, *Das Manifest für Gefährten*, 2005 — Haraway, *Unruhig bleiben*, 2016 — [3.] Irigaray, *Das Geschlecht, das nicht eins ist*, 1977 — Merleau-Ponty, *Phänomenologie der Wahrnehmung*, 1974 — [1.1] Nietzsche, *Zur Genealogie der Moral*, 1887 — [5.2] Prager / Seitz, *Feministische Philosophie und Gendertheorie*, 2017 — [5.2] Stoller, *Existenz – Differenz – Konstruktion*, 2010 — [6.] Villa, *Sexy Bodies*, 2011.

A.B. / M.S.

Kritik

Kritik (gr. *krinein*: entscheiden, unterscheiden) bezeichnet allgemein die Infragestellung sozialer Sachverhalte ausgehend von der Annahme, dass diese prinzipiell kontingent und veränderbar sind. Objekt von Kritik kann alles werden, was in intersubjektive Sinnbezüge eingebettet ist – von Äußerungen und Handlungen über gesellschaftliche Konventionen, Institutionen und Gesellschaftsordnungen bis hin zu Ideologien und Glaubenssystemen.

In philosophiegeschichtlicher Sicht ist der Begriff der Kritik wesentlich mit dem Werk Kants verbunden, dessen drei Hauptwerke bereits im Titel die zentrale Stellung der Kritik andeuten. Kritik bedeutet hier die Selbstkritik der Vernunft im Hinblick auf die Grenzen des für sie Erkennbaren und Wissbaren. Somit liegt bei Kant der Maßstab der Kritik in dem kritisierten Objekt (der Vernunft) selbst. Dies bezeichnet man auch als *interne* Kritik im Gegensatz zu *externer* Kritik: Während *interne* Kritik das Kritisierte mit dessen eigenen normativen Ansprüchen konfrontiert, beurteilt *externe* Kritik das zu kritisierende Objekt mit einem Maßstab, der diesem äußerlich ist.

Dagegen zeigt die Kritische Theorie der Frankfurter Schule – im Anschluss an die marxistische Ideologiekritik – auf, dass auch die jeweiligen Kriterien oder normativen Ansprüche (wie etwa »Gleichheit« oder »Freiheit«) selbst noch einmal Gegenstand der Kritik werden müssen, da sie immer in der Gefahr stehen, ihrerseits zur Ideologie zu werden und in ihr Gegenteil umzuschlagen, wie Adorno und Horkheimer in ihrer *Dialektik der Aufklärung* (1944) deutlich machen. Dabei beziehen sie sich implizit auch auf Nietzsche, der als den Grundsatz seiner *Genealogie der Moral* die Forderung formuliert, den »Werth dieser Werthe [...] selbst erst einmal in Frage zu stellen« (Nietzsche 1887, 253).

Genealogie im Anschluss an Nietzsche und Foucault lässt sich somit ebenfalls als eine spezifische Form der Kritik verstehen (vgl. Saar 2009). Dabei geht sie jedoch gerade nicht davon aus, dass die Maßstäbe der Kritik sich von vornherein festlegen lassen; vielmehr geht es ihr darum, die Umstände herauszustellen, unter denen bestimmte Strukturen und Gegenstände, die wir normalerweise als gegeben und unveränderlich betrachten, allererst entstanden sind. Wenn Foucault etwa die Entstehung des modernen Sexualitätsdispositivs im 19. Jahrhundert auf bestimmte pädagogische, religiöse, medizinische und juristische Praktiken der Wissensproduktion zurückführt, so nimmt er kaum jemals explizite normative Wertungen vor; vielmehr hängt der kritische Effekt seiner Beschreibung von einer spezifischen rhetorischen Strategie und Narrativierungsweise ab, die es vermag, die Kontingenz der in Frage stehenden Gegenstände herauszustreichen und damit die Ausschlüsse, Asymmetrien und Verwerfungen einer gegebenen Ordnung aufzuzeigen. Für die Genealog*in heißt dies zugleich, dass es für sie keinen neutralen Außenstandpunkt geben kann, insofern sie selbst konstitutiv mit jenen Praktiken und Strukturen verwoben ist, die sie zu analysieren versucht. Somit sind in der Genealogie sowohl Analyse und Kritik als auch das Subjekt und das Objekt der Kritik miteinander verschränkt, während in konventionellen Kritikverfahren die Analyse der eigentlichen Tätigkeit der Kritik stets vorauszugehen hat und von der Person der Kritiker*in ablösbar sein muss.

Auch die Dekonstruktion steht in einem ambivalenten Verhältnis zum klassischen Gestus der Kritik. Einerseits grenzt Derrida die Dekonstruktion dezidiert von traditionellen Formen der Kritik ab, insofern die Dekonstruktion keine Methode darstellt, derer man sich auf neutrale Weise bedienen könnte. Andererseits lässt sich die Dekonstruktion durchaus als eine Kritik all jener Voraussetzungen verstehen, die traditionelle Kritikentwürfe in Anspruch nehmen. So wird sowohl die Selbstpräsenz und Autonomie des Subjekts der Kritiker*in als auch die Möglichkeit, unproblematische normative Ideale auszuzeichnen, zum Einsatzpunkt dekonstruktiver Interventionen.

❖ Klassische feministische Ansätze üben Kritik an der marginalisierten und unterrepräsentierten Rolle der Frau in gegenwärtigen Gesellschaften, indem sie sich – wie in egalitätsfeministischen Kontexten – auf das normative Ideal der Gleichheit beziehen oder indem sie sich – wie in differenzfeministischen Kontexten – auf das Ideal der Achtung von Differenz und Partikularität berufen. Darüber hinaus arbeiten ideologiekritische Feminismen heraus, auf welche Weise liberale Werte wie Freiheit und Gleichheit selbst wiederum zum Instrument werden, um Frauen auszuschließen oder zu marginalisieren.

Neuere gendertheoretische Ansätze, die sich auf die genealogische Kritik Foucaults und die Dekonstruktion Derridas beziehen, verweisen einerseits auf den Umstand, dass gesellschaftliche Ungleichheiten oftmals mit Bezug auf die Differenz der Geschlechter gerechtfertigt werden, sowie andererseits darauf, dass die Forderung nach einer angemessenen Repräsentation und Partizipation von Frauen Gefahr läuft, gerade jene Ordnung zu reproduzieren, die sie eigentlich zu unterminieren versucht. Daher setzen gender- und queertheoretische Ansätze sich einerseits zum Ziel, zunächst die Kontingenz, die Gewordenheit und den Konstruktionscharakter von Geschlecht, Sexualität und Begehren konsequent herauszustreichen. Denn wenn Gegenstand der Kritik nur das sein kann, was prinzipiell der menschlichen Einflussnahme zugänglich ist, gilt es gerade jene Naturalisierungen und Essentialismen offenzulegen, die die Geschlechterverhältnisse dem Zugriff der Kritik entziehen. *Kritisieren* heißt in diesem Sinne zunächst und zuvorderst *kritisierbar* machen. Andererseits zielen sie darauf ab, jene Normen, Praktiken und Macht-Wissen-Regimes offenzulegen, durch die wir allererst zu Subjekten werden und bestimmte Sprecher*innenpositionen einzunehmen vermögen. *Kritisieren* heißt hier sowohl den Ort, von dem aus man spricht, als auch die Bedingungen, die dieses Sprechen ermöglichen, mit in den Blick zu nehmen.

Damit ist nicht zuletzt auch die Grundproblematik feministischer Wissenschaftstheorie und -kritik angesprochen. So zielen etwa die Arbeiten von Anne Fausto-Sterling, Sandra Harding und Donna Haraway darauf ab, zu zeigen, dass wissenschaftliche Erkenntnisse nicht neutral, sondern wesentlich mit Fragen von Geschlecht verbunden sind. Haraway spricht hier von »situiertem« Wissen, um die grundsätzliche Bedingtheit und Perspektivität wissenschaftlichen Wissens herauszustreichen.

Auch postkoloniale Theoretikerinnen wie Gayatri Spivak und Trinh T. Minh-ha beziehen im Rahmen ihrer Kritik die Bedingungen und Umstände der kolonialen Wissensproduktion beständig in ihre Denk- und Arbeitsprozesse ein und rücken die Privilegien sowie die blinden Flecken des eigenen wissenschaftlichen Feldes in den Fokus ihrer Analysen. Spivak geht dabei so weit, von einer »epistemischen Gewalt« wissenschaftlichen Wissens zu sprechen, die im Dienste einer kolonialistischen Minorisierung des kulturell Anderen stehe (Spivak 1985, 42).

Insbesondere seitens der späteren Kritischen Theorie wird gegenüber poststrukturalistisch und dekonstruktiv informierten Ansätzen zuweilen der Vorwurf eines »Normativitätsdefizits« erhoben, insofern sie weder die normativen Kriterien ihrer kritischen Analysen noch diejenigen Normen, an denen sich eine wirkungsvolle Gesellschaftskritik der bestehenden Verhältnisse und eine emanzipatorische politische Praxis zu orientieren hätte, auszuweisen vermögen. Auch wenn dieser Vorwurf an einigen Spielarten des dekonstruktiv orientierten Feminismus nicht gänzlich vorbeigeht, so trifft er doch nur bedingt zu. Dies zeigt sich etwa, wenn Butler geltend macht, dass es gerade nicht darum geht, jede Form von Normativität zurückzuweisen, sondern vielmehr darum, zu fragen, welche (Geschlechter-)Normen Handlungsmöglichkeiten und plurale Lebensformen erweitern oder beschränken, ohne dabei die je partikulare Verortung innerhalb spezifischer Normengefüge und sozialer Ordnungen aus dem Blick zu verlieren.

↗ Norm, Genealogie, Dekonstruktion, Essentialismus, Subjekt

[5.1] Butler, *Das Unbehagen der Geschlechter,* 1990 — [5.1] Butler, *Die Macht der Geschlechternormen,* 2004a — [2.1] Derrida, *Positionen,* 1972b — [5.2] Fausto-Sterling, *Gefangene des Geschlechts?,* 1985 — Foucault, *Nietzsche, die Genealogie, die Historie,* 1971 — [1.4] Foucault, *Sexualität und Wahrheit I,* 1976 — Haraway, *Situiertes Wissen,* 1988 — Harding, *Feministische Wissenschaftstheorie,* 1990 — Honneth, *Rekonstruktive Gesellschaftskritik,* 2000 — Jaeggi, *Was ist Ideologiekritik?,* 2009 — [1.1] Nietzsche, *Zur Genealogie der Moral,* 1887 — Posselt/Hetzel, *Rhetoric as Critique,* 2023 — Saar, *Genealogische Kritik,* 2009 — [4.] Spivak, *Can the Subaltern Speak?,* 1985 — [5.2] Trinh, *Woman, Native, Other,* 1989 — Walzer, *Kritik und Gemeinsinn,* 1993 — [5.2] Wobbe/Lindemann, *Denkachsen,* 1994.

S.S.

Lesen/Lektüre

Lesen ist ein weit gefasster Begriff innerhalb kulturtheoretischer, besonders poststrukturalistischer und dekonstruktiver Ansätze, der die klassischen literaturtheoretischen Leitbegriffe der Interpretation und der Textanalyse kritisch konterkariert. Lektüre wird dabei nicht – wie in traditionellen hermeneutischen Ansätzen – als Entzifferung verborgener Bedeutungen oder – wie im Strukturalismus – als Herausarbeitung einer systematisch rekonstruierbaren Struktur aufgefasst, sondern in einer nietzscheanischen Wendung als ein Prozess der aktiven, kreativen Aneignung und Umwertung verstanden, der stets an der Konsolidierung, der Kritik oder der Subversion von Machtverhältnissen teilhat. In der poststrukturalistischen Diskussion wird über den Gedanken der Unabschließbarkeit der im Lektürevorgang erzeugten Bedeutungen die Vorstellung vom »offenen« Text etabliert. Texte produzieren aufgrund ihrer rhetorischen Verfasstheit Bedeutungen, die immer auch der Intention ihrer Verfasser*innen zuwiderlaufen, ja diese grundlegend subvertieren können. Bei de Man, Miller u.a. werden literarische Texte zum Gegenstand produktiver Fehllektüren (*misreadings*), die die internen Widersprüche des Texts mobilisieren und produktiv machen. Auch Derrida bezeichnet seine dekonstruktiven Interventionen als Lektüren, um hervorzuheben, inwiefern Theorien und begriffliche Systeme unweigerlich mit hierarchischen und machtgesättigten Setzungen einhergehen, deren Ausschlüsse und Wertungen allererst lesbar gemacht werden müssen. In diesem Sinne deontologisiert Derrida die Geschlechterdifferenz und konzeptualisiert sie als Lesefigur (Derrida 1994).

❖ Ein solches Lesen der Geschlechterdifferenz wird, wenn auch in unterschiedlicher Weise, von den französischen Theoretiker*innen der sexuellen Differenz, wie Irigaray, Kristeva und Cixous, oder den Theoretiker*innen der sogenannten Yale School, wie Johnson, Felman oder Spivak, als Subversion normativer

Ordnungsmodelle praktiziert. Dabei werden Texte mit Blick auf die in ihnen impliziten Repräsentationen, Konstruktionen und Praktiken von Geschlechterdifferenz gelesen und analysiert. Vermeintlich gesicherte Schemata wie die Opposition männlich / weiblich und die mit ihr verbundenen Geschlechtsidentitäten werden als wirksame, machtdurchdrungene und zugleich in sich widersprüchliche Figurationen lesbar gemacht, die die rhetorischen Verfahren, durch die geschlechtliche Identitäten konstituiert werden, zugleich verschleiern. Die zweiwertige Logik der hierarchischen Geschlechterdifferenz steht demgemäß im Fokus dekonstruktiver Lektüren und wird entlang ihrer kontingenten Prämissen und Verfahrensweisen exponiert. Dekonstruktion »operiert« damit als ein Wi(e)derlesen im doppelten Sinne des Erneut-Lesens und des Gegenlesens (vgl. Menke 1995b). Die Literaturwissenschaftlerin Sedgwick entwickelt in Anlehnung an Diskursanalyse, Poststrukturalismus, Psychoanalyse und Dekonstruktion ihr Modell eines Queer Reading, das Texte auf ihre heteronormative Zeichenökonomie hin untersucht und queere Subtexte sichtbar macht. Butler wiederum arbeitet in ihren Lektüren literarischer Texte den Zusammenhang zwischen Sexualität und Machtverhältnissen innerhalb binär kodierter Normierungsdiskurse heraus. Halberstam greift in seinen Queer Readings zu Beispielen aus TV-Serien, Comedys, Disney-Filmen oder Lyrics, die er entlang queer- oder trans*theoretischer Vorannahmen analysiert und Aspekte einer Trans*gender-Ästhetik nachzeichnet.

↗ Figur, Kontext, Referenz, Rhetorik, Sprache, Text, Zeichen

📖[5.2] Babka, *Unterbrochen*, 2002 — Babka / Hochreiter, *Queer Reading in den Philologien*, 2008 — 📖[5.1] Butler, *Körper von Gewicht*, 1993a — 📖[3.] Cixous, *Sorties*, 1975 — 📖[2.2] de Man, *Allegorien des Lesens*, 1979 — 📖[2.1] Derrida, *Die différance*, 1968a — Derrida, *Die Geschlechtsdifferenz lesen*, 1994 — 📖[4.] Felman, *Weiblichkeit wiederlesen*, 1981 — Halberstam, *Trans**, 2018b — 📖[3.] Irigara, *Das Geschlecht, das nicht eins ist*, 1977 — 📖[4.] Johnson, *Mein Monster – Mein Selbst*, 1982 — Kraß, *Das erotische Dreieck*, 2003 — Menke, *Dekonstruktion – Lektüre*, 1990 — Menke, *De Mans ›Prosopopöie‹ der Lektüre*, 1993 — 📖[4.] Menke, *Dekonstruktion der Geschlechteropposition*, 1995a — Menke, *Dekonstruktion*, 1995b — 📖[5.2] Prager / Seitz, *Feministische Philosophie und Gendertheorie*, 2017 — Sedgwick, *Novel Gazing*, 1997.

A.B. / M.S.

Logozentrismus ↗ Phallogozentrismus

Materialität ↗ Körper

Macht

Macht (von got. *magan*: Fähigkeit, Vermögen) bezeichnet in den Sozialwissenschaften im Anschluss an Max Weber die Möglichkeit, den eigenen Willen innerhalb eines sozialen Gefüges auch gegen den Widerstand anderer durchzusetzen. Die vielleicht einflussreichste Machttheorie des 20. Jahrhunderts stammt von Foucault. Foucault richtet sich sowohl gegen die Vorstellung, dass Macht als intentionales Einwirkungsvermögen zu verstehen ist, als auch dagegen, Macht als vorrangig repressive Struktur zu denken. Stattdessen betont er die Omnipräsenz, Vielschichtigkeit und Relationalität von Machtbeziehungen sowie die wesentlich produktiven und subjektkonstitutiven Aspekte von Macht. Macht hat demgemäß damit zu tun, dass spezifische Handlungsspielräume und Praktiken ermöglicht und strukturiert werden und andere Optionen ausgeschlossen werden. Individuen und Gruppen erscheinen so nicht als souveräne Akteur*innen, die bestehende Sozialbeziehungen gestalten, sondern werden je schon durch die Machtverhältnisse, in die sie eingebunden sind, konstituiert und geformt. Die Konzeption einer produktiven und zugleich reglementierenden Disziplinarmacht ermöglicht die Analyse der subjektivierenden Effekte von sozialen Praktiken, Institutionen und Technologien. Das moderne Individuum ist so Objekt und Effekt einer vielgestaltigen Biomacht, die den Körper durchdringt, diskursiv konstituiert und zugleich kontrolliert. Das »Normale« avanciert zum wesentlichen Zwangsprinzip einer Gesellschaft, in der die Herrschaft der Norm über alle Lebensbereiche die äußere Herrschaft des Gesetzes abgelöst hat (vgl. Hetzel 2001).

❖ Innerhalb feministischer Diskurse verschiebt Foucaults Verständnis von Macht den Fokus weg von der Frage, wie eine direkte Gegenposition zu dominanten, patriarchalen Strukturen eingenommen werden kann, hin zu den vielfältigen Machtrelationen, die sexuelle Identitäten konstituieren. Wenn historisch-kulturelle Machttechniken und Selbstpraktiken das Subjekt formen, dann muss auch Sexualität als ein Effekt und Produkt von Macht gefasst werden und nicht als etwas, das ursprünglich frei gewesen und erst späterhin durch repressive Strukturen unterdrückt worden wäre. Foucault spricht in diesem Zusammenhang kritisch von der sogenannten »Repressionshypothese« (Foucault 1976). Butler argumentiert mit Foucault, dass es keinen Ort außerhalb der Macht gibt, weshalb subversive Lektürestrategien und Körperpraktiken (wie Drag oder Parodie) nur mit Bezug auf genau jene Normen denkbar sind, die diese zugleich ermöglichen und beschränken. Die reiterative Macht der Konvention produziert und materialisiert Körper, die entweder als männlich oder weiblich signifiziert werden oder als ›anormal‹ aus der Domäne des sozial und symbolisch Intelligiblen ausgeschlossen werden. Handlungsfähigkeit lokalisiert Butler dementsprechend im Verfahren einer widerständigen Aneignung, die über die Momente der transformierenden Wiederholung und Zitation erfolgt.

↗ DISKURS, GENEALOGIE, ITERABILITÄT, RESIGNIFIKATION, SUBJEKT, SUBVERSION

📖[5.1] Butler, *Das Unbehagen der Geschlechter,* 1990 — 📖[5.1] Butler, *Körper von Gewicht,* 1993a — Butler, *Psyche der Macht,* 1997b — 📖[1.4] Foucault, *Überwachen und Strafen,* 1975 — 📖[1.4] Foucault, *Sexualität und Wahrheit I,* 1976 — Hetzel, *Michel Foucault,* 2001.

A.B./M.S.

Metalepse

Die *Metalepse* (gr. *metalepsis*: Tausch, Wechsel), die oft als eine Unterart der Metonymie bezeichnet wird, ist ein rhetorischer Tropus, der die Umkehrung von Vorher und Nachher, Ursache und Wirkung beschreibt (z.B. »Goethe lesen« statt »Ein Buch von Goethe lesen«). Im Anschluss an de Man und dessen Lektüre von Nietzsches sprachtheoretischen Schriften avanciert die Metalepse zu einer dekonstruktiven Argumentationsfigur, die darauf abzielt, zeitlich-kausale Verhältnisse von Ursache und Wirkung kritisch zu hinterfragen. Auf diese Weise dechiffriert Nietzsche – in der Lesart de Mans – die Kategorien der Identität, des Subjekts und der Täter*innen- bzw. Autor*innenschaft als Effekte rhetorischer Figurationsprozesse, d. h. als Effekte einer chronologischen oder metaleptischen Umkehrung, die in Form eines kausalen Fehlschlusses das erst hervorbringt, was sie als ihren Grund voraussetzen muss. Nietzsche weist damit den metaphysischen Grundsatz zurück, dass hinter jedem Tun auch eine Täter*in stehen müsse, hinter jedem Wirken und Handeln ein autonomes, souveränes Subjekt.

❖ Butlers Konzeption der Genealogie als einer kritischen Analysemethode rekurriert – im Anschluss an Nietzsche und de Man – auf die Metalepse als dekonstruktive Denk- und Argumentationsfigur. Nach Butler beruht die Sex-Gender-Unterscheidung auf einer »metaleptischen Fehlbeschreibung«, d.h., es handelt sich um eine Beschreibung, die von einer Wirkung oder einem Effekt notwendig auf eine zugrundeliegende Ursache schließt oder diese voraussetzt. Dagegen argumentiert Butler, dass das sogenannte biologische Geschlecht (*sex*) keine natürliche Gegebenheit ist, von der ausgehend sich dann durch soziale und kulturelle Praktiken ein soziales Geschlecht (*gender*) herausbilden würde. Vielmehr lässt sich zeigen, dass Sex ebenso wie Gender eine diskursive Konstruktion darstellt, die dem sozialen Geschlecht (*gender*) als dessen Ursache vorgeordnet wird. Das natürliche Geschlecht (*sex*) erweist sich aus dieser Perspektive als der nachträgliche Effekt des sozialen Geschlechts (*gender*). In *Haß spricht* argumentiert Butler darüber hinaus, dass auch die Iterabilität oder Zitathaftigkeit, die für jede performative Äußerung konstitutiv ist, als eine metaleptische Operation verstanden werden kann, insofern die Sprecher*in, die eine performative Äußerung zitiert und vollzieht, dieser streng genommen nicht vorausgeht, sondern erst durch diesen Sprechakt als dessen Urheber*in hervorgebracht wird.

↗ Figur, Gender, Identität, Iterabilität, Metapher / Metonymie, Performativität, Rhetorik, Subjekt

📖[5.2] Babka, *Unterbrochen*, 2002 — 📖[5.1] Butler, *Das Unbehagen der Geschlechter*, 1990 📖[5.1] Butler, *Imitation und die Aufsässigkeit der Geschlechtsidentität*, 1991 — 📖[5.1] Butler, *Körper von Gewicht*, 1993a — 📖[5.1] Butler, *Haß spricht*, 1997a — 📖[2.2] de Man, *Rhetorik der Tropen*, 1974 — 📖[1.1] Nietzsche, *Zur Genealogie der Moral*, 1887 — 📖[6.] Posselt, *Katachrese*, 2005.

G.P.

Metapher / Metonymie

Metapher und *Metonymie* gehören – neben der Synekdoche und der Ironie – zum klassischen Kanon der vier Haupttropen oder *master tropes*. Dabei werden Metapher und Ironie auch als Sprungtropen (verschiedene Phänomenbereiche werden »übersprungen«) sowie Metonymie und Synekdoche als Grenzverschiebungstropen (die Grenzen zwischen Phänomenbereichen werden »verschoben«) zusammengefasst. Roman Jakobson reduziert – im Sinne des strukturalistischen Denkens in binären Oppositionen – die Mannigfaltigkeit der Tropen auf die fundamentale Polarität von Metapher und Metonymie. Während die Metapher auf Similaritätsbeziehungen aufgrund von Ähnlichkeit oder Analogie beruht (»der Sturm der Leidenschaften«, »Lebensabend« etc.), handelt es sich bei der Metonymie um sogenannte Kontiguitätsbeziehungen aufgrund logisch-kausaler Verhältnisse oder Nachbarschaften (z. B. »ein Glas trinken«, »in Amerika Urlaub machen« etc.). Jakobson geht sogar so weit zu behaupten, dass Metapher und Metonymie die beiden Grundoperationen aller sprachlich-symbolischen Prozesse sind: von Sprache, Poetik und Literatur bis hin zu den beiden Prozessen der Traumarbeit wie Verdichtung und Verschiebung.

Es ist ein zentrales Kennzeichen rhetorischer Tropen im Allgemeinen und von Metapher und Metonymie im Besonderen, dass sie bestimmte Ähnlichkeiten zwischen Sachverhalten und Phänomenbereichen hervorheben, während sie andere ausblenden. Auf diese Weise fungieren sie wie Wahrnehmungsraster oder -filter, die unsere Aufmerksamkeit strukturieren, kanalisieren und lenken und so wesentlich Einfluss darauf haben, wie wir die Welt wahrnehmen und bestimmte Sachverhalte affektiv besetzen sowie normativ bewerten. Darüber hinaus spielen Metapher und Metonymie, ob bewusst oder unbewusst, in jeder Begriffs- und Theoriebildung eine entscheidende Rolle, wie etwa Donna Haraway am Beispiel unterschiedlicher Metaphern zur Beschreibung der Wirkungsweise des menschlichen Immunsystems deutlich macht. Hans Blumenberg spricht darüber hinaus von *absoluten Metaphern*, d. h. Metaphern, die sich nicht mehr durch einen eigentlichen Ausdruck dekodieren lassen, sondern vielmehr das unhintergehbare Fundament der philosophischen Sprache und des westlichen Denkens bilden (z. B. die Lichtmetaphorik).

❖ Für Ansätze im Bereich des französischsprachigen Feminismus ist die Unterscheidung von Metapher und Metonymie zentral für die Analyse des Verhältnisses von Männlichkeit und Weiblichkeit. So argumentiert Irigaray, dass das Männliche mit dem substituierenden und identifikatorischen Prinzip der *Metapher* und das Weibliche mit dem Kontiguitätsprinzip der *Metonymie* assoziiert werden kann. Indem Irigaray die Metonymie aufwertet, legt sie nahe, dass das das Metaphorische als Bestandteil einer männlichen Bedeutungsökonomie zu verstehen ist. Demgegenüber hebt sie die fließenden und flottierenden Aspekte des »Weiblich«-Metonymischen hervor, auf die sie sich im Rahmen ihres Projekts einer Subversion der metaphorisch-männlichen Ökonomie affirmativ bezieht.

Felman gelangt demgegenüber zu dem Befund, dass der männliche Blick das Weibliche gerade als Metapher des als »eigentlich« gedachten Männlichen bestimmt. Im Zuge dekonstruktiver Lektüren versucht Felman aufzuzeigen, inwiefern die von ihr gelesenen Texte jeweils eine Tropologie des Männlichen entfalten, in der das Weibliche bloß als abgeleitete Metapher in den Blick zu kommen vermag, wobei sie zugleich herausstreicht, inwiefern diese Texte selbst die Tropologie, die sie inszenieren, unterlaufen und auflösen.

↗ Binarität, Figur, Identität, Rhetorik, Subjekt

Blumenberg, *Paradigmen zu einer Metaphorologie*, 1960 — 📖[4.] Felman, *Weiblichkeit wiederlesen*, 1981 — Haverkamp, *Theorie der Metapher*, 1983— 📖[3.] Irigaray, *Speculum*, 1974 — 📖[3.] Irigaray, *Das Geschlecht, das nicht eins ist*, 1977 — 📖[1.2] Jakobson, *Zwei Seiten der Sprache*, 1956 — 📖[3.] Kristeva, *Die Revolution der poetischen Sprache*, 1974 — 📖[1.5] Lacan, *Das Drängen des Buchstaben im Unbewußten*, 1957 — Menke, *Dekonstruktion*, 1995b — 📖[1.1] Nietzsche, *Ueber Wahrheit und Lüge*, 1873 — Posselt / Seitz, *Theorien der Metapher*, 2017 — 📖[5.2] Prager / Seitz, *Feministische Philosophie und Gendertheorie*, 2017 — 📖[4.] Weigel, *Das Weibliche als Metapher des Metonymischen*, 1986.

G.P. / S.S.

Norm

Normen (lat. *norma*: Winkelmaß, Regel) sind Vorschriften, Regeln und Modelle, die das menschliche Handeln anleiten. Der Begriff der Normativität bezieht sich auf alle Bereiche des menschlichen Verhaltens, die durch Normen geregelt sind. Während soziale Normen – darunter auch Rechtsnormen und Gesetze – bloß faktisch innerhalb einer bestimmten Gruppe oder Gesellschaft Gültigkeit haben, beanspruchen ethische Normen überzeitliche und universelle Gültigkeit.

Die Frage der Normbegründung wie auch die Frage nach dem Subjekt oder der Adressat*in der Norm stellen zentrale Probleme der praktischen Philosophie dar. Während sich für Kant das Individuum allererst in Auseinandersetzung mit dem unbedingten Gebot des kategorischen Imperativs als ethisches Subjekt konstituiert, betont Hegel, dass Subjekte immer schon innerhalb gesellschaftlich-sittlicher Normengefüge situiert sind. Damit wird bereits deutlich, dass Normen stets auch subjektkonstitutive Effekte und Wirkungen zeitigen. Im 20. Jahrhundert versteht die Sprachphilosophie das Sprechen einer Sprache als regelgeleitetes intentionales Verhalten und analysiert die normativen Verpflichtungen, die wir eingehen, wenn wir bestimmte Sprechakte vollziehen (Austin, Brandom). Der Strukturalismus untersucht dagegen vor allem diejenigen Regeln, Normen und Konventionen, die für unterschiedliche Zeichensysteme konstitutiv sind. Während strukturalistische Positionen dazu tendieren, gegebene sprachliche oder kulturelle Normenstrukturen zu enthistorisieren und zu universalisieren, verweisen poststrukturalistische Ansätze auf die Kontingenz, Instabilität und Brüchigkeit von Normengefügen, insofern Normen in soziale Praktiken eingebunden sind, die der steten Wiederholung und Reaktualisierung bedürfen, um wirksam zu sein.

❖ Geschlechternormen, Normen der Heterosexualität und des Weiblichen sowie Normierungen sexueller Identitäten bilden zentrale Themenfelder gender- und queertheoretischer Ansätze. Dabei geht es um die Frage, inwiefern Normen an der Verfestigung männlicher Herrschaft und der Fortschreibung patriarchaler Strukturen beteiligt sind sowie welche Rolle Normen für die Konstitution marginalisierter Gruppen spielen. Im Zentrum steht die Frage, welche Möglichkeiten der Transformation und der Emanzipation in spezifischen Normenrastern jeweils gegeben sind. Butler verweist im Anschluss an Derrida auf die Iterabilität im Kern jeder Normativität und macht damit deutlich, dass gerade weil Normen wiederholt werden müssen, um wirksam zu sein, ihre Veränderung und Transformation stets möglich ist. Normativität umfasst folglich immer zwei miteinander verwobene Aspekte: Auf der einen Seite benötigen wir Normen, um sozial zu existieren, zu sprechen und zu handeln. Auf der anderen Seite verweist jede Norm auf Prozesse der Normalisierung und der Normierung, die unsere Handlungsmöglichkeiten begrenzen und regeln, welche Verhaltensweisen, Geschlechtsidentitäten und Subjektivitäten lebbar sind und welche nicht. Folglich kann es nicht darum gehen, (Geschlechter-)Normen einfach aufzulösen oder zu verflüssigen. Das ist auch gar nicht möglich. Vielmehr gilt es, danach zu fragen, welche Normen Handlungsmöglichkeiten eröffnen oder beschneiden, und sie so zu transformieren, dass sie für eine Vielfalt von Geschlechtsidentitäten offen bleiben. Dies kann niemals von einem neutralen Außenstandpunkt erfolgen, sondern erfordert notwendig eine kritische Arbeit an Normen aus der Binnenperspektive.

↗ Diskurs, Handlungsfähigkeit, Iterabilität, Kritik, Macht, Sprache, Subjekt

Bourdieu, *Was heißt sprechen?*, 1982 — 🕮[5.1] Butler, *Haß spricht*, 1997a — 🕮[5.1] Butler, *Die Macht der Geschlechternormen*, 2004a — 🕮[2.1] Derrida, *Die Struktur, das Zeichen und das Spiel*, 1967d — 🕮[2.1] Derrida, *Signatur Ereignis Kontext*, 1971b — Derrida, *Gesetzeskraft*, 1990 — 🕮[1.4] Foucault, *Überwachen und Strafen*, 1975 — 🕮[1.4] Foucault, *Sexualität und Wahrheit I*, 1976.

S.S.

Performativität

Der Ausdruck »performativ« ist eine Wortprägung des Oxforder Sprachphilosophen John L. Austin. Während konstative Äußerungen einen bestehenden Sachverhalt beschreiben oder Tatsachen behaupten und folglich wahr oder falsch sein können, haben performative Äußerungen Handlungscharakter. Mit performativen Sprechakten werden Handlungen vollzogen, Tatsachen geschaffen, Identitäten festgelegt und soziale Positionen zugeschrieben. Als sprachliche Handlungen können sie zwar nicht wahr oder falsch sein, sie können jedoch gelingen oder fehlschlagen. Austin gelangt im Verlauf seiner Analyse zu dem Ergebnis, dass auch konstative Äußerungen Handlungen vollziehen (die Handlungen des Beschreibens, Feststellens, Behauptens etc.), und unterscheidet in der Folge zwischen dem lokutionären, illokutionären und perlokutionären Akt, der mit jeder Äußerung vollzogen wird. Dagegen plädiert der französische Sprachwissenschaftler Émile Benveniste für die Beibehaltung des Performativitätsbegriffs unter Berücksichtigung seiner autorisierenden und subjektkonstitutiven Funktionen und ebnet damit den Weg für dessen macht- und subjekttheoretische Weiterentwicklung.

Poststrukturalistische und dekonstruktive Ansätze knüpfen an diese Überlegungen an und versuchen, den Begriff des Performativen für die Analyse der wirklichkeitsverändernden und subjektkonstitutiven Funktion sprachlicher Äußerungen fruchtbar zu machen. Dabei ist die Differenzierung zwischen Performanz (*performance*) und Performativität (*performativity*) entscheidend. Während der Begriff der *Performanz* – verstanden (1) als die Aktualisierung eines Reservoirs an Elementen und Regeln in einer konkreten Kommunikationssituation durch eine Sprecher*in (im Unterschied zu ihrer Kompetenz), (2) als ein sprachliches Tun, als ein Handeln mit Worten oder (3) als Vollzug, Aufführung oder Inszenierung –, ein intentionales Subjekt vorauszusetzen scheint, unterminiert der Begriff der *Performativität* die Vorstellung eines souveränen, intentionalen Subjekts. Die Performativität einer Äußerung unterstreicht ihre Kraft, das Äußerungssubjekt und die Handlung, die es vollzieht, durch den Äußerungsakt mithervorzubringen. Derrida betont darüber hinaus die wesentliche Iterabilität und Zitathaftigkeit performativer Äußerungen. Damit eine performative Äußerung gelingen kann, muss sie als zitathafte oder ritualhafte Form innerhalb eines Systems gesellschaftlich anerkannter Konventionen und Normen wiederholbar und zitierbar sein. Das heißt auch, dass die Möglichkeit, eine Äußerung nicht »ernsthaft«, d. h. parodierend, zitierend oder imitierend zu gebrauchen, dem Sprechen und der Sprache nicht äußerlich, sondern inhärent ist.

❖ In *Das Unbehagen der Geschlechter* entwickelt Butler den Performativitätsbegriff mit Blick auf die Sex-Gender-Unterscheidung weiter. Der scheinbare Grund der Geschlechtsidentität, das biologische Geschlecht und der Körper als passive Oberfläche sozialer und kultureller Einschreibungen, ist nach Butler selbst bereits ein performativer Effekt iterativer diskursiver Praktiken. Die Performativität von Geschlecht wird also gerade nicht als die »Performance« eines Subjekts verstanden, das seinen Äußerungen und Aufführungen vorausgeht. Vielmehr ist die soziale Geschlechtsidentität (*gender*) gerade insofern performativ, als sie das geschlechtliche Subjekt, das seine Geschlechtsidentität nur auszudrücken und zu vollziehen scheint, als seinen nachträglichen Effekt hervorbringt und konstituiert. In diesem Sinne gibt es streng genommen keine Geschlechtsidentität, die den Äußerungen und Ausdrucksformen von Geschlecht vorausgeht; diese Identität wird vielmehr durch eben diese Äußerungen erst performativ erzeugt. Dabei ist Performativität nicht als ein einzelner Akt aufzufassen, sondern vielmehr als eine reiterative Praxis innerhalb normativer Ordnungen, die die Identitäten, die sie ermöglichen und benennen, ebenso reproduzieren, wie sie das Risiko ihrer Fehlbenennung und Desintegration mit sich bringen.

In *Haß spricht* unterstreicht Butler zudem den zitathaften und zeitlich-historischen Charakter performativer Äußerungen: Gerade dadurch, dass performative Äußerungen vergangene, in sozialen Praktiken und Institutionen sedimentierte Sprechakte aufrufen, zitieren und aktualisieren, erhalten sie ihre performative Kraft. In dieser Iterationsstruktur performativer Äußerungen lokalisiert Butler zugleich die Möglichkeit der politischen Intervention und Handlungsfähigkeit, insofern verletzende und diskriminierende Zuschreibungen und Benennungen, wie z.B. der ursprünglich pejorative Ausdruck »queer«, subversiv angeeignet und im Sinne einer affirmativen Selbstbezeichnung und -ermächtigung resignifiziert werden können.

Während ab den 2000er Jahren – mit der Hinwendung zu einer Ethik der Vulnerabilität und Gewaltlosigkeit – der Begriff des Performativen weitgehend aus Butlers Arbeiten verschwindet, kehrt er 2015 mit *Anmerkungen zu einer performativen Theorie der Versammlung* prominent wieder. Dabei zeigt sich zugleich eine substantielle Verschiebung: Während Butler in ihren früheren Arbeiten ein iterativ-resignifikatives Modell des Performativen vertritt, entwickelt sie nun ein rezeptiv-responsives Modell einer verkörperten, pluralen Performativität, das der Vulnerabilität und Responsivität der Körper Rechnung trägt und die gängigen Unterscheidungen zwischen Mensch, Tier und Maschine unterläuft (vgl. Posselt 2018).

↗ Diskurs, Handlungsfähigkeit, Identität, Interpellation, Iterabilität, Metalepse, Queer, Resignifikation, Sprache, Subjekt

Barad, *Posthumanist Performativity*, 2003 — 📖5.2 Barad, *Die queere Performativität der Natur*, 2011 — 📖1.3 Austin, *Zur Theorie der Sprechakte*, 1955 — 📖1.3 Austin, *Performative und konstatierende Äußerungen*, 1958 — 📖1.3 Benveniste, *Über die Subjektivität in der Sprache*, 1958 — 📖1.3 Benveniste, *Die analytische Philosophie*, 1963 — 📖5.1 Butler, *Imitation und die Aufsässigkeit der Geschlechtsidentität*, 1991 — 📖5.1 Butler, *Das Unbehagen der Geschlechter*, 1990 — 📖5.1 Butler, *Körper von Gewicht*, 1993a — 📖5.1 Butler, *Haß spricht*, 1997a — 📖5.1 Butler, *Anmerkungen zu einer performativen Theorie der Versammlung*, 2015 — 📖2.1 Derrida, *Signatur Ereignis Kontext*, 1971b — 📖4. Felman, *The Scandal of the Speaking Body*, 1980 — 📖6. Posselt, *Katachrese*, 2005 — Posselt, *Politiken des Performativen*, 2018.

G.P.

Phallogozentrismus

Der Begriff *Logozentrismus* (gr. *lógos*: Rede, Wort; gr. *kéntron*: Mittelpunkt des Kreises) wurde ursprünglich von Ludwig Klages zur Bezeichnung einer unverhältnismäßigen Betonung der Rationalität im westlichen Denken geprägt. In gewandelter Form spielt er eine entscheidende Rolle im Denken Derridas, der ausgehend von Heidegger den Logozentrismus der Metaphysik kritisiert. Diese privilegiere seit Platon den *lógos*, verstanden als Einheit von Wort und Sinn, in Form von Konzepten wie *Gott, Essenz, Geschichte* oder *Vernunft*, die als transzendentes Zentrum die Eindeutigkeit der Bedeutungen garantieren.

Im Zuge seiner Dekonstruktion des Logozentrismus prägt Derrida auch den Begriff des *Phallozentrismus*. Damit ist die Vorstellung gemeint – die Derrida exemplarisch in der Lacan'schen Psychoanalyse ausbuchstabiert findet –, dass die symbolische Ordnung um die Figur des Phallus als ihrem beherrschenden Zentrum ausgerichtet ist. Der Phallus, der von Lacan als »primärer Signifikant« ausgezeichnet wird, bezeichnet dabei den unverrückbaren Kern der symbolischen Ordnung, der alle Sinnbezüge strukturiert. Auf die historische Komplizenschaft von Phallozentrismus und Logozentrismus verweist Derrida mittels des Begriffs des *Phallogozentrismus*.

❖ Feministische Positionen zielen analog zur Kritik am Logozentrismus darauf ab, die Opposition von Mann/Frau als eine naturalisierte und ontologisierte Setzung zu entlarven und in weiterer Folge zu destabilisieren. Der französische Feminismus (Cixous, Irigaray) entwickelt Strategien, um die Kategorie der Weiblichkeit als eigenständige symbolische Größe zu etablieren, anstatt sie als rein defizitäres Gegenstück des Mannes zu verstehen. Zugleich wird die phallozentrische Ausrichtung psychoanalytischer Theorien (Freud, Lacan), die die Figur des Vaters und die patriarchale Ökonomie des Begehrens in ihr Zentrum stellen, als Basis symbolischer Herrschaftsstrukturen kritisiert (Irigaray). Dekonstruktive Ansätze hinterfragen den zugrunde liegenden Phallogozentrismus und entwickeln alternative theoretische Konzepte, die gleichermaßen zum Aufweis herrschender Machtgefälle (»Phallokratie«) wie auch zur Subversion entsprechender Denkschemata beitragen.

↗ Dekonstruktion, Différance, Dissemination, Körper, Schrift, Subversion, Zeichen

📖[5.1] Butler, *Körper von Gewicht,* 1993a — 📖[2.1] Derrida, *Grammatologie*, 1967a — 📖[2.1] Derrida, *Die Struktur, das Zeichen und das Spiel,* 1967d — 📖[3.] Irigaray, *Speculum,* 1974 — 📖[3.] Irigaray, *Das Geschlecht, das nicht eins ist,* 1977 — 📖[1.5] Lacan, *Die Bedeutung des Phallus,* 1958 — 📖[1.2] Lévi-Strauss, *Die elementaren Strukturen der Verwandtschaft,* 1949.

A.B./M.S.

Queer

Queer ist ein seit dem 16. Jahrhundert im englischen Sprachraum belegter Begriff, der ursprünglich »eigenartig, schräg« bedeutet und lange als Schimpfwort für von heterosexuellen Normen abweichende Menschen verwendet wurde. Seit den 1990er Jahren wird *queer* vermehrt als affirmative Selbstbeschreibung u.a. schwuler, lesbischer, bisexueller, asexueller, nichtbinärer, Transgender- und Intersex-Gruppierungen verwendet (erstmals durch die schwul-lesbische Aktivist*innengruppe *Queer Nation*, die sich 1990 – in Reaktion auf zunehmende gewaltsame Übergriffe auf Schwule und Lesben – in New York gründete). Damit ist der Terminus ein paradigmatisches Beispiel für eine erfolgreiche Aneignung und Resignifikation eines ursprünglich abwertenden und stigmatisierenden Ausdrucks. Damit ist gemeint, dass ein sprachlicher

Ausdruck – entgegen seiner ursprünglichen Intention – angeeignet und positiv umgewertet werden kann. Dieser Prozess bleibt jedoch immer brüchig und unabgeschlossen, da zum einen die Geschichte eines Begriffs niemals vollständig ausgelöscht werden kann und zum anderen jede Resignifikation immer auch zu neuen Festschreibungen, Zuschreibungen und Ausschlüssen führt.

Seine theoretische Ausformung findet der Begriff *queer*, der als grundlegend intersektional/interdependent und offen zu verstehen ist, innerhalb der Queer Theory und der Queer Studies, die aus den Gay und Lesbian Studies hervorgegangen sind und verschiedene Ansätze versammeln, die Geschlechtskörper und Sexualität als Effekte von Bezeichnungs-, Regulierungs- und Normalisierungsverfahren verstehen (Hark 2005, 285). Die Ziele queertheoretischer Ansätze sind vielfältig. Sie umfassen, wie Kraß pointiert zusammenfasst, »die Denaturalisierung normativer Konzepte von Männlichkeit und Weiblichkeit, die Entkoppelung der Kategorien des Geschlechts und der Sexualität, die Destabilisierung des Binarismus von Hetero- und Homosexualität sowie die Anerkennung eines sexuellen Pluralismus, der neben schwuler und lesbischer Sexualität auch Bisexualität, Transsexualität und Sadomasochismus einbezieht« (Kraß 2004, 18).

↗ Binarität, Dekonstruktion, Gender, Hybridität, Resignifikation, Subversion

📖[5.1] Butler, *Körper von Gewicht,* 1993a — de Lauretis, *Queer Theory,* 1991 — 📖[6.] Degele, *Gender/Queer Studies,* 2008 — 📖[5.2] Engel, *Wider die Eindeutigkeit,* 2002 — Hark, *Queer Interventionen,* 1993 — 📖[5.2] Hark, *Deviante Subjekte. Die paradoxe Politik der Identität,* 1999 — Hark, *Queer Studies,* 2005 — 📖[6.] Jagose, *Queer Theory,* 1996 — 📖[5.2] Kraß, *Queer Denken. Gegen die Ordnung der Sexualität,* 2004 — Martin, *Sexuelle Praxis und der Wandel lesbischer Identitäten,* 1996 — 📖[5.2] Perko, *Queer-Theorien,* 2005 — Raab, *›queer revisited‹,* 2005 — Sedgwick, *Queer Performativity,* 1993.

A.B./G.P.

Referenz

Referenz (lat. *referre*: zurückführen, berichten) bezeichnet die Beziehung zwischen dem Zeichen und dem bezeichneten Objekt bzw. Referenten. Insbesondere im Umfeld der analytischen Philosophie ist die Frage der Referenz eng mit der Problematik des Eigennamens verbunden. Dabei steht die Frage im Mittelpunkt, welche Bedingungen erfüllt sein müssen, damit ein Name sich auf einen Gegenstand beziehen kann, und zwar so, dass er jederzeit eindeutig identifizierbar ist. Während Autoren wie Frege, Russell oder Searle argumentieren, dass Namen mit Hilfe von Bündeln deskriptiver Merkmale referieren, geht Kripke davon aus, dass die Namen mit den Gegenständen ausgehend von einem »ursprünglichen« Taufakt über eine historisch-kausale Kommunikationskette miteinander verbunden sind, über die der richtige Gebrauch des Namens von einer Sprachverwender*in zur anderen übertragen wird.

Während die strukturalistische Sprachwissenschaft im Anschluss an Saussure den außersprachlichen Referenten aus ihrer Betrachtung ausschließt, führt die Sprechakttheorie den Referenten mit verändertem Status in die Sprachphilosophie wieder ein. So beziehen sich konstative Äußerungen auf einen außersprachlichen Referenten und sind folglich im Sinne einer Korrespondenz zwischen Äußerung und (außersprachlicher) Realität wahr oder falsch; dagegen bringen performative Äußerungen ihren Referenten im Vollzug der Äußerung mit hervor. So schafft z. B. die performative Äußerung des Versprechens erst die soziale Tatsache, auf die sie sich bezieht. In diesem Sinne ist die performative Äußerung selbstreferentiell, da sie sich auf eine diskursive Realität bezieht, die von ihr selbst mitkonstituiert wird, die sie aber niemals vollständig zu bestimmen vermag, da sie aufgrund ihrer Ereignishaftigkeit und ihres Handlungscharakters die Gesprächssituation zugleich verändert und transformiert.

Mit de Man lässt sich in diesem Sinne auch von einer »referentiellen Produktivität« performativer Äußerungen sprechen, insofern sie jeweils den Gegenstand mit hervorbringen, auf den sie referieren. Entscheidend ist dabei, dass diese referentielle Produktivität kein exklusives Charakteristikum performativer Äußerungen ist, sondern auch konstativen Äußerungen aufgrund ihrer Eigenschaft als Sprech*handlungen* zukommt. Wie bereits Austin hervorhebt, gibt es keine Möglichkeit, streng zwischen konstativen und performativen Äußerung zu unterscheiden; vielmehr sind in jeder Äußerung immer schon konstative und performative Momente, mithin Wahrheits- und Handlungsaspekte relevant. In diesem Sinne lässt sich von einer Unentscheidbarkeit oder einem aporetischen Verhältnis zwischen dem konstativen und dem performativen Moment der Sprache sprechen, was umgekehrt heißt, dass auch vermeintlich nicht-referentielle Texte, wie z. B. literarische oder fiktionale Texte, referentielle Effekte produzieren.

❖ Die poststrukturalistische Reformulierung des klassischen Referenzbegriffs über das Motiv der »referentiellen Produktivität« ist für Ansätze im Bereich des dekonstruktiven Feminismus insofern relevant, als damit gezeigt werden kann, dass Begriffe wie »Frau«, »Weiblichkeit« oder »Körper« nicht einfach auf außersprachliche Gegebenheiten verweisen, sondern im Zuge spezifischer diskursiver Praktiken das mit hervorbringen, was sie nur zu benennen scheinen. Jeder referentielle Sprechakt besitzt somit ein performatives Moment, da er das, worauf er referiert, zugleich als einen intelligiblen Gegenstand konstituiert. Für gendertheoretische Fragestellungen macht ein derart reformulierter Referenzbegriff nicht nur deutlich, dass keine Referenz auf einen »außersprachlichen« Gegenstand möglich ist, etwa den »biologischen« Körper, ohne dass dieser durch den Akt der Bezugnahme geformt wird, sondern auch, dass die Vorstellung eines »außersprachlichen« Referenzobjekts selbst bereits ein Effekt eines referentiellen Sprechakts ist.

↗ Aporie, Kontext, Körper, Performativität, Sprache, Zeichen

📖[5.2] Babka, *Unterbrochen*, 2002 — 📖[1.3] Benveniste, *Die analytische Philosophie*, 1963 — 📖[2.2] de Man, *Rhetorik der Persuasion*, 1975 — 📖[2.2] de Man, *Autobiographie als Maskenspiel*, 1979 — 📖[2.1] Derrida, *Signatur Ereignis Kontext*, 1971b — 📖[4.] Felman, *The Scandal of the Speaking Body*, 1980 — 📖[4.] Menke, *Verstellt — Der Ort der ›Frau‹*, 1992 — Menke, *Rhetorik und Referentialität bei de Man und Benjamin*, 1995c.

G.P./A.B.

Repräsentation

Repräsentation (lat. *representatio*) weist im Deutschen mindestens vier Grundbedeutungen auf: Vorstellung, Vergegenwärtigung, Darstellung und Stellvertretung (Waldenfels 2002). Als ein zentrales Merkmal sprachlich-symbolischer Prozesse bezieht sich Repräsentation allgemein auf alle Vermittlungsvorgänge, die durch Verweisen und Stellvertreten funktionieren. Damit spielt der Repräsentationsbegriff eine Schlüsselrolle in einer breiten Palette unterschiedlicher Disziplinen: von den Literatur-, Geschichts- und Kulturwissenschaft über Semiotik, Philosophie und Wissenschaftstheorie bis hin zur Ethnologie und politischen Theorie. Während sich die Rede von einer »Krise der Repräsentation« in der politischen Theorie vor allem auf Krisen der politischen Repräsentation und der parlamentarischen Demokratien bezieht, verweist sie in Semiotik, Erkenntnistheorie und Ästhetik auf die Erfahrung des ausgehenden 18. und beginnenden 19. Jahrhunderts, dass die symbolischen Repräsentationssysteme – insbesondere die Sprache – nicht mehr in der Lage sind, die »Wirklichkeit« adäquat darzustellen. In der Folge verliert – wie Foucault in *Die Ordnung der Dinge* argumentiert – Repräsentation sukzessive ihren Status als eine gesicherte und allgemeingültige Erkenntnisform. Im Anschluss an Nietzsche und Saussure verweisen poststrukturalistische Theorien auf die prinzipiell instabile, flottierende Beziehung zwischen Signifikant und Signifikat, zwischen Zeichen und Referent. Zugleich wird das Subjekt als der alleinige Ursprung und Meister seiner Repräsentationen in Frage gestellt. Das Vermögen der Sprache, ein wahrheitsgemäßes Bild der Welt zu liefern oder subjektive Erfahrungen, Ideen und Intentionen ungebrochen zum Ausdruck zu bringen, wird damit grundsätzlich angezweifelt. Repräsentation wird nicht länger als Darstellung, Vorstellung oder Vergegenwärtigung von etwas begriffen, das dem Prozess der Repräsentation äußerlich oder vorgängig ist, sondern verweist vielmehr auf die komplexen Prozesse der Realitätskonstruktion.

Eng verbunden mit der Krise der Repräsentation ist die kritische Diagnose, dass Repräsentationen auch als Machtinstrumente im Dienst gesellschaftlicher Herrschafts- und Unterdrückungsverhältnisse fungieren. So untersucht etwa Stuart Hall, der Mitbegründer der *Cultural Studies*, die sprachlichen und visuellen Verfahren und Mechanismen, durch die Menschen als »Andere« repräsentiert, stereotypisiert, marginalisiert oder mundtot gemacht werden. Foucault und Deleuze gehen sogar so weit, jede Form der der Stellvertretung und des Sprechens-für-Andere abzulehnen, und fordern, die »Unterdrückten« in ihrem eigenen Namen sprechen zu lassen. Gegen eine solche anti-repräsentationalistische Vorstellung gibt Spivak zu bedenken, dass es keineswegs sicher sei, dass die Subalternen für sich selbst sprechen können. Und Derrida warnt davor, dass jede vorschnelle Verabschiedung des Repräsentationsbegriffs Gefahr läuft, dem Phantasma einer unvermittelten Präsenz – ohne Aufschub und Differenz – Vorschub zu leisten.

❖ Stereotype, verzerrende, abwertende Darstellungen vergeschlechtlichter und rassifizierter Körper sowie der Ausschluss sozialer Gruppen (aufgrund von Race, Klasse, Geschlecht etc.) aus dem Bereich der Repräsentation (in Sprache, Kunst, Literatur, Wissenschaft, Wirtschaft, Gesellschaft, Politik etc.) sind wichtige Angriffspunkte feministischer, antirassistischer, postkolonialer, queer- und trans-aktivistischer Kritik. Eine zentrale Aufgabe ist daher die Entwicklung von Strategien, um solche Repräsentationsregime – und die mit ihnen verbundenen Macht- und Unterdrückungsverhältnisse – wirksam zu bekämpfen und zu unterlaufen. Dabei steht die Kritik vor dem Dilemma, dass sie sich in ihrem Kampf um eine angemessene sprachliche und politische (Selbst-)Repräsentation und Teilhabe unvermeidlich jener Verfahren und Begriffe bedienen muss, die sie eigentlich zu bekämpfen versucht (Butler 1990). Das führt zu der Erkenntnis, wie man sie u.a. bereits bei Nietzsche, Foucault, Derrida oder auch der Kritischen Theorie findet, dass die Kritik hegemonialer Strukturen und Begriffe nur von »innen« heraus erfolgen kann.

Butler macht zudem darauf aufmerksam, dass weder die soziale noch die biologische Geschlechtsidentität die Widerspiegelung bzw. Repräsentation einer »natürlichen« Gegebenheit ist. Vielmehr handelt es sich dabei um Imitationen, die das Original, das sie zu imitieren scheinen, allererst performativ im Sinne eines reiterativen Prozesses hervorbringen (Butler 1991). Damit gerät das jeder Repräsentation innewohnende performative Moment, das die Identität und die Einheit der beiden am Repräsentationsprozess beteiligten Seiten konstituiert, in den Fokus des Interesses.

↗ Alterität, Dekonstruktion, Genealogie, Identität, Iterabilität, Konstruktion, Kritik, Performativität, Referenz, Subversion, Zeichen

Babka/Lasthofer, *Representation revisited*, 2017 — Bronfen, *Weiblichkeit und Repräsentation*, 1995 — [5.1] Butler, *Das Unbehagen der Geschlechter*, 1990 — [5.1] Butler, *Imitation und die Aufsässigkeit der Geschlechtsidentität*, 1991 — Dhawan, *(Un)Mögliche Politik*, 2017 — Derrida, *Sendung*, 1980d — Foucault, *Die Ordnung der Dinge*, 1966 — Foucault/Deleuze, *Die Intellektuellen und die Macht*, 1972 — Berg/Fuchs, *Kultur, soziale Praxis, Text*, 1993 — Hall, *Spektakel des ›Anderen‹*, 1997 — [5.2] Haraway, *Ein Manifest für Cyborgs*, 1985 — Hark, *Dis/Kontinuitäten*, 2001 — [1.1] Nietzsche, *Ueber Wahrheit und Lüge*, 1873 — [4.] Spivak, *Can the Subaltern Speak?*, 1985 — Waldenfels, *Paradoxien ethnographischer Fremddarstellung*, 2002.

G.P.

Resignifikation

Der Neologismus *Resignifikation* (lat. *re-*: zurück, entgegen, wiederum; *significare:* bezeichnen, bedeuten) verweist in poststrukturalistischen Kontexten auf sprachlich-symbolische Bezeichnungs- und Interpretationsprozesse, die darauf abzielen, Ausdrücke, Begriffe oder auch soziokulturelle Praktiken und Produkte ihren spezifischen Kontexten zu entnehmen, sie umzudeuten und in anderen Kontexten wiederzuverwenden. In Derridas Lesart der Austin'schen Sprechakttheorie ist der Begriff eng verknüpft mit der Iterabilität signifikativer Praktiken; in rhetoriktheoretischen Ansätzen verweist Resignifikation auf den rhetorischen Tropus der Katachrese (gr. *katachresis*: »Missbrauch«).

Während die traditionelle Rhetorik die Katachrese in erster Linie als eine »abgenutzte«, »verblasste«, lexikalisierte Form der Metapher behandelt (typische Beispiele sind »Tischbein«, »Motorhaube«, »Bergfuß«), betonen dekonstruktive und poststrukturalistische Ansätze den performativen und resignifikativen Charakter katachrestischer Bezeichnungsprozesse. Die Katachrese benennt nicht einfach etwas, das (noch) keinen eigenen Namen in der Sprache hat; vielmehr konstituiert und etabliert die Katachrese die Identität und die Einheit dessen, was sie benennt, in diesem Benennungsakt. Dabei ist Benennung nicht im Sinne eines einmaligen Aktes zu verstehen, der über die Kraft verfügen würde, das vollständig und abschließend hervorzubringen, was er benennt. Vielmehr konstituiert die Katachrese eine diskursive Entität, die immer schon in sich »gebrochen« und »gespalten« ist, insofern jede Benennung – als eine reiterative Praxis, die wiederholt werden muss, um ihren Referenten zu »fixieren«, wie Butler geltend macht – die Möglichkeit ihres Scheiterns notwendig in sich trägt (Butler 1993a, 292). Folglich ist die Katachrese immer auch ein Akt und eine Strategie der Resignifikation, insofern sie sich – auf »missbräuchliche« Weise – einen bestehenden Ausdruck aneignet und auf andere Weise wiederverwendet. Man kann daher von einer doppelten Bewegung der Katachrese sprechen: Insofern die Katachrese immer das Produkt früherer Verwendungen ist, aktualisiert sie eine historische Kette von Normen und Konventionen; insofern jedoch jeder uneigentliche oder katachrestische Gebrauch immer auch die Gefahr des Missbrauchs und die Abweichung vom »normalen« Gebrauch bedeutet, eröffnet die Katachrese zukünftige Verwendungsweisen, die die Vorläufigkeit und Unabschließbarkeit von Bezeichnungspraktiken sichtbar machen.

❖ Insbesondere im Umfeld theoretischer Arbeiten zu Fragen der Identität, der Repräsentation und der politischen Handlungsfähigkeit, aber auch im Zusammenhang mit demokratietheoretischen Überlegungen hat das Interesse an Resignifikationsprozessen und -strategien stark zugenommen. Ausgehend von der Einsicht, dass es weder möglich noch sinnvoll ist, die tradierten Begriffe und Schemata der westlichen Metaphysik einfach zu verwerfen, stellt sich die Frage, wie diese angeeignet und auf andere Weise in den hegemonialen Diskurs wiedereingeschrieben werden können. Vor allem innerhalb der Postcolonial Studies, der Gender Studies oder der Queer Theory spielen solche Überlegungen eine wichtige Rolle. Ein konkretes Beispiel ist der Terminus *queer* selbst – ursprünglich ein abfälliger und beleidigender Ausdruck zur Stigmatisierung Homosexueller –, der in jüngerer Zeit von verschiedenen Gruppierungen bewusst aufgegriffen und als affirmative Selbstbezeichnung umgewertet wurde. Dabei ist nicht nur zu beachten, dass jede Aneignung und Umwertung zu neuen Ausschlüssen und Grenzziehungen führen kann, sondern auch, dass die Möglichkeit sprachlich-symbolischer Subversion und Usurpation keineswegs einer emanzipatorischen Politik vorbehalten ist, sondern Teil jeder sprachlich-politischen Praxis ist.

↗ Essentialismus, Figur, Iterabilität, Metapher/Metonymie, Performativität, Queer, Repräsentation, Rhetorik, Sprache, Subversion, Tropus

🕮5.1 Butler, *Körper von Gewicht,* 1993a — 🕮5.1 Butler, *Haß spricht,* 1997a — 🕮5.1 Butler, *Die Macht der Geschlechternormen,* 2004a — de Man, *Epistemologie der Metapher,* 1978 — 🕮2.1 Derrida, *Signatur Ereignis Kontext,* 1971b — Namaste, *The Use and Abuse of Queer Tropes,* 1999 — 🕮6. Posselt, *Katachrese,* 2005 — 🕮4. Spivak, *Outside in the Teaching Machine,* 1993b.

G.P.

Rhetorik

Rhetorik ist traditionellerweise die Kunst oder die Wissenschaft des guten und wirkungsvollen Sprechens (*ars/scientia bene dicendi*). Der ihr zugewiesene Bereich ist folglich nicht der des Wissens, der Wahrheit und der gesicherten Erkenntnis (gr. *epistēmē*), in dem die Wahrheit von Aussagen zur Diskussion steht, sondern der Raum der Meinungen und des Wahrscheinlichen (gr. *doxa*). Diese Zuschreibung positioniert die Rhetorik – ausgehend von Platons Kritik der Rhetorik als bloßes Mittel der Verführung und Verstellung – in Opposition zu Philosophie und Wissenschaft. Aristoteles hingegen wertet die Rhetorik wieder auf, indem er diese mit der Dialektik auf eine Stufe stellt, da beides Methoden sind, Argumente zu prüfen, zu widerlegen oder zu stützen.

Eine radikale Umwertung des Verhältnisses von Philosophie und Rhetorik nimmt Nietzsche vor. Rhetorik wird nicht länger als eine bewusste Manipulation zum Zweck der Persuasion verstanden, die der Sprache äußerlich wäre, sondern als eine Dimension, die der Sprache und dem Sprechen selbst inhärent ist. Folglich ist es auch nicht länger möglich, zwischen einer wörtlichen, eigentlichen Bedeutung und einer übertragenen, uneigentlichen Bedeutung zu unterscheiden. »Sprache ist Rhetorik«, wie es Nietzsche (1874, 426) pointiert formuliert. Dagegen ist das, was man gemeinhin Rhetorik nennt, nichts anderes als die explizite Herausarbeitung jener rhetorischen Mechanismen und Prozesse, die in der Sprache selbst immer schon wirksam sind. Damit liefert die Rhetorik zugleich den entscheidenden Schlüssel zu einer radikalisierten Form der Sprach- und Erkenntniskritik.

Anfang des 20. Jahrhunderts kommt es – im Zuge des *linguistic turn* sowie mit dem Aufkommen neuer Kommunikationstechnologien, Massenmedien und Propagandatechniken (Film, Radio, etc.) zu einer »Wiederentdeckung« der Rhetorik. In der Philosophie richtet sich das neue Interesse an der Rhetorik vor allem auf die Metapher, die zu einem Prüfstein für alle wichtigen sprachphilosophischen Strömungen wird: von der analytischen Philosophie und Sprechakttheorie über die Hermeneutik bis hin zu Strukturalismus und Dekonstruktion. In der poststrukturalistischen Literaturtheorie argumentiert de Man, dass die Literatur die »am ausdrücklichsten in der Rhetorik begründete Sprache« sei (de Man 1974, 152).

❖ Ansätze innerhalb des dekonstruktiven Feminismus knüpfen an de Mans sprachphilosophische und rhetoriktheoretische Reflexionen an und versuchen, diese für eine »Deontologisierung« und »Denaturalisierung« von Geschlecht fruchtbar zu machen. Die Idee, wonach wörtlicher und figurativer Sprachgebrauch keinen binären Gegensatz bilden, wird auf Fragen der Konstruktion der Geschlechterdifferenz übertragen. Bei Butler kommt de Mans Rhetorikkonzeption über die dekonstruktive Denkfigur der Metalepse ins Spiel. Butler betont die rhetorische Verfasstheit von Subjektivität und Identität und unterstreicht die performative und resignifikative Kraft tropologischer Bezeichnungsprozesse.

↗ Figur, Lesen / Lektüre, Metapher / Metonymie, Metalepse, Performativität, Resignifikation, Sprache

🕮[5.2] Babka, *Unterbrochen*, 2002 — Bischoff / Wagner-Egelhaaf, *Weibliche Rede – Rhetorik der Weiblichkeit*, 2003 — 🕮[5.1] Butler, *Haß spricht*, 1997a — 🕮[2.2] de Man, *Se-*

miologie und Rhetorik, 1973 — 🕮[2.2] de Man, *Rhetorik der Tropen*, 1974 — 🕮[2.2] de Man, *Rhetorik der Persuasion*, 1975 — 🕮[2.2] de Man, *Autobiographie als Maskenspiel*, 1979 — Derrida, *Die weiße Mythologie*, 1971a — Hetzel/Posselt, *Handbuch Rhetorik und Philosophie*, 2017 — 🕮[4.] Menke, *Verstellt — Der Ort der ›Frau‹*, 1992 — 🕮[1.1] Nietzsche, *Ueber Wahrheit und Lüge*, 1873 — Nietzsche, *Darstellung der antiken Rhetorik*, 1874 — 🕮[6.] Posselt, *Katachrese*, 2005 — Posselt/Seitz, *Theorien der Metapher*, 2017 — 🕮[5.2] Prager/Seitz, *Feministische Philosophie und Gendertheorie*, 2017 — 🕮[4.] Vinken, *Dekonstruktiver Feminismus*, 1992.

G.P./A.B.

Schrift

Schrift bezeichnet im Allgemeinen visuell lesbare oder haptisch erfassbare Zeichen- bzw. Aufzeichnungssysteme. Gegenüber der Stimme und der gesprochenen Sprache kommt der Schrift traditionell ein sekundärer, abgeleiteter Status zu. Der historische Vorrang der Mündlichkeit vor der Schriftlichkeit führt in der Philosophie zu einer normativen Bewertung: Die mündliche Rede, in der die Bedeutungsintention der Sprecher*innen scheinbar unmittelbar gegeben und diesen selbst vollständig präsent ist, wird als epistemologisch verlässlicher erachtet als die Schrift.

Die traditionelle Privilegierung der stimmlichen Verlautbarung gegenüber der Schrift wird von Derrida als »Phonozentrismus« bezeichnet, der mit dem Logozentrismus der westlichen Metaphysik eng verbunden ist. Zentral für das Denken der Dekonstruktion ist Derridas Reformulierung des klassischen Verständnisses der Schrift als einer sekundären Repräsentation, als Zeichen eines Zeichens, im Gegensatz zur gesprochenen Sprache, die vermeintlich allein Präsenz, Wahrheit und Authentizität verbürgt. Ausgehend vom sekundären, abgeleiteten Status der Schrift gegenüber dem sich selbst gegenwärtigen Sprechen zeigt Derrida, dass die Kerneigenschaften des klassischen Schriftbegriffs (Beständigkeit, Wiederholbarkeit, Bruch mit dem Kontext, Verräumlichung) sowohl zur Struktur des geschriebenen als auch des gesprochenen Zeichens gehören. Damit wird jedes Zeichen in einem verallgemeinerten Sinne als »Schrift« konstituiert, d. h. als immer schon aufgeschobene und verschobene Gegenwart im Sinne der *différance*. Derrida gelangt auf diese Weise zu einem verallgemeinerten Schriftbegriff, demzufolge Intention und Bewusstsein als sinnstiftende Instanzen selbst bereits abgeleitete Effekte sind. Dennoch hält er aus strategischen Gründen an der althergebrachten Bezeichnung »Schrift« fest – ein Vorgehen, das er auch als »Paläonymie« bezeichnet. Dahinter steht der Gedanke, dass es nicht möglich ist, die überlieferten philosophischen Begriffe einfach beiseitezulegen; vielmehr geht es darum, sie auf andere Art wieder einzuschreiben und die Ordnung und Hierarchie, an die sie geknüpft sind, zu unterlaufen und zu verschieben.

❖ Der Begriff der Schrift bzw. der *écriture* spielt im französischen Feminismus der 1970er Jahre eine wichtige Rolle. Hélène Cixous und Luce Irigaray entwerfen unterschiedliche Konzepte und Strategien eines »weiblichen« Schreibens und Sprechens, die oft unter dem Titel *écriture féminine* zusammengefasst werden. Während Cixous die spezifischen Parameter eines genuin »weiblichen Schreibens« herauszuarbeiten versucht, entwirft Irigaray das Konzept eines anderen Sprechens *der* Frau (*parler femme:* »Frau-Sprechen«). Eine ähnliche Funktion übernimmt der Begriff des Semiotischen bei Kristeva, das insbesondere in der poetischen Sprache wirksam ist, auch wenn es von der symbolischen Ordnung ständig verdrängt wird. Das Semiotische ist präödipal und kann, insofern es nach Kristeva vor der symbolischen Ordnung noch keine Geschlechterdifferenz gibt, als eine spezifische subversive Schreibweise verstanden werden, die nicht an das Geschlecht gebunden ist.

Obgleich Irigaray, Kristeva und Cixous darauf abzielen, die binär hierarchisierten Oppositionen des westlichen Denkens in Frage zu stellen und das verdrängte »Andere« zum Sprechen zu bringen, sehen sie sich immer wieder mit dem Vorwurf des Essentialismus konfrontiert. Zwar weisen sie essentialisierende Interpretationen der Opposition männlich/weiblich zurück und schreiben ihr eine rein relationale, symbolische Bedeutung zu; insofern sie jedoch das Weibliche mit Begriffen des Irrationalen, Vorsprachlichen, Fließenden und Polymorphen assoziieren, scheinen sie auf gerade jene Dualismen zu rekurrieren, die das Weibliche als das »Andere« aus der hegemonial-männlichen symbolischen Ordnung auszuschließen versuchen.

Einen anderen Weg verfolgt Monique Wittig. Wittig weist die normativen Kategorien »Mann« und »Frau« sowie die Annahme einer vorgängigen sexuellen Differenz radikal zurück und damit auch alle Konzepte von Weiblichkeit bzw. eines spezifisch weiblichen Schreibens. Stattdessen versucht sie ausgehend von der Position der »Lesbierin«, die Geschlechterkategorien in Politik und Philosophie sowie Gender in der Sprache dadurch zu subvertieren, dass sie den Standpunkt des marginalisierten Subjekts radikal universalisiert.

↗ Binarität, Dekonstruktion, Essentialismus, Sprache, Text, Zeichen

📖[3.] Cixous, *Sorties,* 1975 — 📖[2.1] Derrida, *Grammatologie,* 1967a — 📖[2.1] Derrida, *Signatur Ereignis Kontext,* 1971b — 📖[2.1] Derrida, *Positionen,* 1972b — 📖[2.1] Derrida, *Sporen,* 1973 — 📖[3.] Irigaray, *Speculum,* 1974 — 📖[3.] Irigaray, *Das Geschlecht, das nicht eins ist,* 1977 — 📖[3.] Kristeva, *Die Revolution der poetischen Sprache,* 1974 — 📖[3.] Wittig, *The Straight Mind and Other Essays,* 1992.

G.P./A.B.

Signifikant/Signifikat ↗ Zeichen

Sprache

Obwohl Sprache ein zentrales menschliches Phänomen darstellt, hat sie im Vergleich zu epistemologischen und ontologischen Fragestellungen lange Zeit nur eine untergeordnete Rolle in der westlichen Philosophie gespielt, eine Tendenz, die Gadamer auch als »Sprachvergessenheit« bezeichnet. Erst im 20. Jahrhundert – im Anschluss an sprachphilosophische Überlegungen bei Locke, Leibniz, Herder, Humboldt und Nietzsche – rückt die Sprache explizit in den Fokus der Philosophie und löst die Epistemologie als erste Philosophie (*prima philosophia*) ab. Im Zuge dieser Wende zur Sprache (*linguistic turn*) wird die Unhintergehbarkeit der Sprache für die Behandlung philosophischer Fragen von allen wichtigen Strömungen der Philosophie des 20. Jahrhunderts anerkannt. Während die analytische Philosophie Sprache vor allem aus einer logisch-epistemologischen Perspektive betrachtet und sich an den Leitbildern einer »idealen« und »normalen« Sprache orientiert, rücken hermeneutisch-phänomenologische und (post-)strukturalistische Ansätze die soziale, welterschließende und subjektkonstitutive Dimension der Sprache und des Sprechens in den Vordergrund. Sprache wird nicht länger als ein neutrales Medium zum Ausdruck und zur Mitteilung sprachunabhängiger Gedanken und Intentionen verstanden, sondern als eine historisch gewachsene symbolische Ordnung und soziale Institution, die das sprechende, vergeschlechtlichte und begehrende Subjekt in seinem Verhältnis zu sich, zu anderen und zur Welt konstituiert. Zugleich wird die Neutralität oder Autorität einer idealen oder normalen, alltäglichen Sprache als Richtschnur zu Behandlung philosophischer Probleme, wie sie insbesondere von der analytischen Philosophie favorisiert wird, zurückgewiesen.

❖ Für den poststrukturalistischen und dekonstruktiven Feminismus stellt sich die Frage, wie sprachlich-diskursive Konstitutions- und Konstruktionsprozesse genau zu denken sind und wie der epistemologische und ontologische Status der Sprache zu beurteilen ist. Poststrukturalistischen Ansätzen wird oftmals vorgeworfen, sie würden einen sprachlichen Monismus (»Alles ist Sprache«) oder Determinismus (»Sprache bestimmt unser Denken und unsere Wirklichkeit«) vertreten. Dieser Kritik zufolge würde ein sprachlicher Determinismus, d.h., die Auffassung, dass das Subjekt in seinem Denken und Handeln vollständig durch sprachliche Strukturen, Konventionen und Regeln bestimmt ist, die Möglichkeit menschlicher Handlungsfähigkeit grundlegend in Frage stellen.

Dagegen argumentiert u.a. Butler, dass der Umstand, dass Subjektivität durch ideologische Anrufungen und diskursive Praktiken (die nicht-verbale Tätigkeiten, ihre materiellen Bedingungen und die mit ihnen verbundenen sozialen Institutionen miteinschließen) konstituiert wird, Handlungsfähigkeit keineswegs ausschließt, sondern gerade ermöglicht. Insofern ideologische Interpellationen, identifizierende und verletzende Sprechakte, durch die den Individuen ihre geschlechtlichen, klassenspezifischen, ethnischen etc. Subjektpositionen zugewiesen werden, nicht notwendig erfolgreich sind und ihre beabsichtigten Wirkungen immer auch verfehlen können, besteht Handlungsfähigkeit gerade in der Möglichkeit, diese Anrufungen und Zuschreibungen zurückzuweisen, sie auf andere Weise zu wiederholen oder durch widerständige Sprechakte zu subvertieren.

↗ Différance, Diskurs, Handlungsfähigkeit, Konstruktion, Performativität, Queer, Struktur, Zeichen

📖[1.3] Austin, *Zur Theorie der Sprechakte,* 1955 — 📖[1.3] Benveniste, *Über die Subjektivität in der Sprache,* 1958 — 📖[1.3] Benveniste, *Die analytische Philosophie,* 1963 — Bourdieu, *Was heißt sprechen?,* 1982 — 📖[5.1] Butler, *Körper von Gewicht,* 1993a — 📖[5.1] Butler, *Haß spricht,* 1997a — 📖[2.1] Derrida, *Die Struktur, das Zeichen und das Spiel,* 1967d — Krämer, *Sprache, Sprechakt, Kommunikation,* 2001 — 📖[3.] Kristeva, *Die Revolution der poetischen Sprache,* 1974 — 📖[1.1] Nietzsche, *Ueber Wahrheit und Lüge,* 1873 — 📖[6.] Posselt/Flatscher, *Sprachphilosophie,* 2016 — Rorty, *The Linguistic Turn,* 1967 — 📖[1.2] Saussure, *Grundfragen der allgemeinen Sprachwissenschaft,* 1916 — 📖[5.2] Vasterling, *Butler's Sophisticated Constructivism,* 1999.

G.P.

Stimme ↗ Schrift

Struktur

Struktur (lat. *structura*: Bau, Bauwerk, Aufbau, Gefüge) bezeichnet das Gesamtgefüge der Relationen zwischen den Elementen eines Systems, kurz: die Struktur ist die Art und Weise, wie ein System geordnet und gegliedert ist. Der Begriff ist eng verknüpft mit dem Strukturalismus als einer Analysemethode, die auf den Genfer Sprachwissenschaftler Saussure zurückgeht. Der Strukturalismus versteht Sprache als ein Zeichensystem, d.h. als eine Menge von Elementen, die in geordneten Beziehungen zueinander stehen und in der jedes Element durch seine paradigmatischen und syntagmatischen Beziehungen zu den anderen Elementen des Systems bestimmt ist.

In den 1960er Jahren avanciert der Strukturalismus – insbesondere in Frankreich – zu der vorherrschenden Methode der Geistes-, Sozial- und Kulturwissenschaften. Ausgehend von Saussure und über die Vermittlung Jakobsons wird die strukturalistische Analysemethode zuerst von Lévi-Strauss auf die Anthropologie und die Mythenanalyse und von dort auf alle anderen sozialen und kulturellen Phänomene – wie Mode, Alltagspraktiken, Literatur (Barthes), Psychoanalyse (Lacan), Ideologie und Produktionsverhältnisse (Althusser) – übertragen.

Der Poststrukturalismus kann als Versuch beschrieben werden, den klassischen Strukturbegriff des Strukturalismus zu dezentrieren und zu historisieren. Letzterer geht davon aus, dass jede Struktur klar definierte Grenzen und ein eindeutiges Zentrum hat, das in der Lage ist, das Spiel der Elemente zu organisieren und zu begrenzen, ohne selbst Teil dieses Prozesses zu sein; andernfalls wäre die Bedeutung eines sprachlichen Zeichens (bzw. sein Wert) in einem unendlichen Regress aufgeschoben und niemals abschließend bestimmbar. Die Konsequenz ist die Annahme eines Zentrums oder organisierenden Prinzips, das in der Form eines »transzendentalen Signifikats« (Derrida 1967) die unkontrollierte Vervielfältigung und die Dissemination der Bedeutungen begrenzt. Dieser »Zentrismus« ist Derrida zufolge kein Alleinstellungsmerkmal des Strukturalismus, sondern nur das Symptom einer allgemeinen Tendenz in der westlichen Philosophie. Die poststrukturalistische Kritik am Strukturalismus richtet sich folglich weniger gegen diesen selbst als gegen seine impliziten Prämissen, die für das gesamte westliche Denken konstitutiv sind.

❖ Feministische Positionen kritisieren am Strukturalismus vor allem das Denken in binären Oppositionen sowie die Tendenz, die analysierten Strukturen als ahistorische Entitäten zu naturalisieren und zu universalisieren. Darüber hinaus problematisieren sie die Vernachlässigung der jeder Struktur inhärenten Machtverhältnisse sowie der materiellen und ökonomischen Bedingungen, die diese ermöglichen und stabilisieren. Damit knüpfen sie nicht nur an poststrukturalistische Ansätze an, sondern übernehmen auch deren kritischen Gestus der Dezentrierung hegemonialer Ordnungen und Herrschaftsstrukturen. Ein Angriffspunkt ist hier Lévi-Strauss' androzentrische Analyse der Verwandtschaftsstrukturen basierend auf den Prinzipien des Inzesttabus und des »Frauentauschs« (Exogamie), durch die die männlichen Subjekte einer Gesellschaft ihre Beziehungen zueinander und ihre Herrschaft über die Frauen konstituieren und festigen. Dem Inzesttabu stellen feministische Theoretiker*innen wie Irigaray das Tabu der Hom(m)osexualität entgegen, das wie ein blinder Fleck, so die These, alle androzentrischen Erklärungsmodelle seit der Antike beherrscht.

↗ Binarität, Differenz, Dissemination, Sprache, Text, Zeichen

Barthes, *Die strukturalistische Tätigkeit*, 1964 — Barthes, *Elemente der Semiologie*, 1964 — 🕮6. Culler, *Dekonstruktion*, 1982 — 🕮2.1 Derrida, *Die Struktur, das Zeichen und das Spiel*, 1967d — 🕮3. Irigaray, *Speculum*, 1974 — 🕮3. Irigaray, *Das Geschlecht, das nicht eins ist*, 1977 — 🕮1.2 Lévi-Strauss, *Die elementaren Strukturen*, 1949 — 🕮6. Posselt / Flatscher, *Sprachphilosophie*, 2016 — Posselt / Seitz, *Relativism and Poststructuralism*, 2020 — 🕮5.2 Rubin, *The Traffic in Women*, 1975 — Rubin / Butler, *Sexual Traffic. An Interview*, 1994 — 🕮1.2 Saussure, *Grundfragen der allgemeinen Sprachwissenschaft*, 1916.

G.P. / S.S.

Subjekt

Subjekt (lat. *subiectus:* unterhalb liegend, untertan) konnotiert sowohl bewusste und souveräne Aktivität als auch passive Unterwerfung. Der moderne Begriff des Subjekts als eines vernünftigen, autonomen, intentionalen, selbstbewussten und rational handelnden Wesens wird gemeinhin auf Descartes zurückgeführt, obwohl der Begriff selbst bei Descartes nicht vorkommt und in der Aufklärung bis Kant keine Rolle spielt. Als »transzendentales Subjekt« im Unterschied zum »empirischen Subjekt« bezeichnet Kant das »Ich denke«, das alle meine Vorstellungen begleiten können muss. Transzendentale Subjektivität geht für Kant damit allen konkreten Vollzügen voraus und fungiert als notwendige Voraussetzung von Selbstbezüglichkeit und Selbsterfahrung.

Die poststrukturalistische Kritik am modernen Subjektbegriff verabschiedet nicht – wie dies zuweilen fälschlich dargestellt wird – die Kategorie des Subjekts, sondern stellt den Status des Subjekts als souveräne Instanz und unverrückbare Grundlage des Selbst- und Weltverhältnisses in Frage. Aus poststrukturalistischer Perspektive ist es somit notwendig zu analysieren, wie Subjekte jeweils durch spezifische sprachliche, gesellschaftliche, politische sowie kulturelle Faktoren und Machtverhältnisse konstituiert und konstruiert werden. Das Subjekt wird damit nicht mehr im Sinne eines autonomen und einheitlichen Selbst verstanden, sondern als Produkt und Effekt ideologischer Interpellationen (Lacan, Althusser), diskursiver Praktiken und normativer Machtverhältnisse (Foucault), die disziplinierende, normierende und subjektivierende Verfahren umfassen. Folglich ist das Subjekt nicht (nur) Ursprung, sondern (auch) Effekt von Normen, diskursiven Verfahren und sozialen Praktiken, durch die es als Subjekt – im Verhältnis zu sich selbst und anderen – konstituiert wird und innerhalb derer es verschiedene Subjektpositionen einnehmen kann.

❖ Der Status des (feministischen) Subjekts ist eine der umstrittensten Fragen feministischer Theoriebildung. Im Unterschied zu feministischen Positionen, die ihre Wurzeln u. a. im Marxismus und der Kritischen Theorie haben, insistieren poststrukturalistische und dekonstruktive Theoretiker*innen darauf, dass die Kritik des Subjekts und der Identitätskategorie »Frau« keineswegs bedeutet, dass damit die »Frauen« ihrer politischen Handlungsfähigkeit beraubt wären. Vielmehr ermöglicht diese Analyse erst, die symbolischen Prozesse und regulativen Mechanismen zu beschreiben und kritisierbar zu machen, durch die Individuen zu einheitlichen und selbstbestimmten Subjekten gemacht werden, denen dann Autonomie, Selbstständigkeit, Individualität etc. zugeschrieben wird, sowie zu ermitteln, auf welche Weise diese Konstruktionen auch fehlschlagen können und welche Ausschlüsse und Verwerfungen sie jeweils mitproduzieren. Das Subjekt wird damit verstanden als ein dynamischer Kreuzungspunkt vielschichtiger (sexueller, geschlechtlicher, klassenabhängiger, ethnischer u. a.) Identifikationsprozesse und -weisen, die stets auch durch die Exklusion alternativer Existenzweisen innerhalb bestehender Machtstrukturen konstituiert werden. Über Figuren wie etwa Haraways *Cyborg* wird zudem das klassische »humanistische« Subjekt, das sich von seiner Körperlichkeit zu befreien versucht, indem es sich Tiere, Pflanzen und unbelebte Gegenstände als sein »Anderes« gegenüberstellt, radikal in Frage gestellt und unterlaufen.

↗ Diskurs, Handlungsfähigkeit, Identität, Interpellation, Konstruktion, Kritik, Macht, Norm

📖[1.3] Althusser, *Ideologie und ideologische Staatsapparate*, 1970 — 📖[1.3] Benveniste, *Über die Subjektivität in der Sprache*, 1958 — Braidotti, *Posthumanismus*, 2014 — 📖[5.1] Butler, *Das Unbehagen der Geschlechter*, 1990 — 📖[5.1] Butler, *Kontingente Grundlagen*, 1992 — 📖[5.1] Butler, *Körper von Gewicht*, 1993a — Hark, *Vom Subjekt zur Subjektivität*, 1992 — 📖[1.5] Lacan, *Das Spiegelstadium*, 1949 — 📖[5.2] Lorey, *Immer Ärger mit dem Subjekt*, 1996 — 📖[4.] Menke, *Verstellt – Der Ort der ›Frau‹*, 1992.

G.P./S.S.

Subversion

Subversion (lat. *subversio:* Umkehrung, Umsturz, Zerstörung) bezeichnet in politischen Kontexten Bestrebungen, die auf den Umsturz der bestehenden gesellschaftlichen oder staatlichen Ordnung von innen heraus und mit deren eigenen Mitteln abzielen. Auch für die Dekonstruktion fordert Derrida, dass sie von »innen her« operieren und sich »aller subversiven, strategischen und ökonomischen Mittel der alten Struktur« bedienen müsse (Derrida 1967a, 45). Dabei wird in poststrukturalistischen und dekonstruktiven Kontexten nicht nur der destruktive Aspekt, sondern auch der konstruktive Charakter subversiver Strategien und Praktiken hervorgehoben. Subversion wird nicht einfach als eine bloße Zerstörung oder Umkehrung bestehender Verhältnisse verstanden, sondern als eine Aneignung, Umwertung und Verschiebung derselben, die stets auch damit einhergeht, ihre Kontingenz, historische Gewordenheit und folglich auch ihre Veränderbarkeit aufzuzeigen.

❖ In feministischen, gender-, queer- und trans-theoretischen Kontexten bezeichnet Subversion die Unterminierung dominanter Geschlechterordnungen und Normensysteme durch diskursive Text- und Körperpraktiken. Subversive Praktiken bedienen sich dabei in unterschiedlicher Weise Strategien der Aneignung und Resignifikation, die die normativen Regimes und hegemonialen Codes einer Gesellschaft durchkreuzen und so Handlungs- und Sprechweisen ins Werk setzen, die bislang aus der gesellschaftlichen Ordnung und dem sprachlichen Repertoire ausgeschlossen schienen. Als paradigmatisch für derartige subversive Praktiken lassen sich hier, neben Cixous' *écriture feminine*, Irigarays *parler femme* und Kristevas *Semiotischem*, Praktiken des Drag, der Mimesis und der Parodie ebenso nennen wie Bhabhas Begriff der Mimikry, Irigarays Mimesis-Spiel oder Spivaks Konzepte der Katachrese und des strategischen Essentialismus. In *Das Unbehagen der Geschlechter* macht Butler die »Subversion der Identität« (so der Untertitel der amerikanischen Ausgabe) zum Programm und fragt nach den Möglichkeiten subversiver Praktiken innerhalb bestehender Machtstrukturen. Butler argumentiert mit Foucault, dass es keinen Ort außerhalb der Macht gibt. Subversive Praktiken können somit nur im Rahmen der Gesetze und Normen statthaben, die diese zugleich ermöglichen und beschränken. Gegenstand kontroverser Auseinandersetzungen ist dabei die Frage, welche Formen der Subversion in der Lage sind, bestehende Machtstrukturen dauerhaft zu erschüttern und zu verändern, und welche lediglich der Bestätigung und Bekräftigung bestehender normativer Regimes dienen.

↗ Dekonstruktion, Handlungsfähigkeit, Iterabilität, Katachrese, Kritik, Körper, Lesen / Lektüre, Macht, Norm, Resignifikation

📖 5.2 Babka, *Prozesse der (subversiven) cross-identification*, 2011 — Bhabha, *Die Verortung der Kultur*, 1994 — 📖 5.1 Butler, *Das Unbehagen der Geschlechter*, 1990 — 📖 3. Cixous, *Weiblichkeit in der Schrift*, 1980 — 📖 2.1 Derrida, *Grammatologie*, 1967a — 📖 4. Felman, *Weiblichkeit wiederlesen*, 1981 — 📖 1.4 Foucault, *Sexualität und Wahrheit I*, 1976 — Halberstam, *Trans*, 2018 — 📖 3. Irigaray, *Das Geschlecht, das nicht eins ist*, 1979 — 📖 3. Kristeva, *Die Revolution der poetischen Sprache*, 1974 — Preciado, *Kontrasexuelles Manifest*, 2000 — 📖 6. Salih, *Judith Butler*, 2002 — 📖 4. Spivak, *Can the Subaltern Speak?*, 1985 — Spivak, *In Other Worlds*, 1988.

G.P. / A.B.

Text

Text (lat. *textus:* Gewebe, Geflecht) bezeichnet eine sprachliche Einheit, die – egal ob mündlich oder schriftlich – ein thematisch und semantisch organisiertes Ganzes darstellt, das über die syntaktische Einheit des Satzes hinausgeht. Im Poststrukturalismus und in der Dekonstruktion wird der Text nicht als abgeschlossenes Produkt, sondern als Prozess verstanden, wobei Bedeutung, im Sinne von Derridas Begriff der *différance*, unaufhörlich aufgeschoben und verschoben wird. Daraus ergibt sich die Zurückweisung von Theorien mimetischer Repräsentation, denen zufolge der Text als Ausdruck eines souveränen Autor*innensubjekts gilt. Ferner wird ein erweiterter Textbegriff auch für nicht-linguistische Kulturformen wie Photographie, Film, Mode, Musik und Architektur in Anschlag gebracht. Derridas berühmtes Diktum, dass es nichts außerhalb des Texts gibt, wird von Derrida selbst später dahingehend reformuliert, dass es »kein außerhalb des Kontextes« gibt (1977, 211). Damit zielt Derrida auf einen erweiterten Textbegriff, der »weder auf die Graphie, noch auf das Buch, noch auf den Diskurs und noch weniger auf den semantischen, repräsentativen, symbolischen, ideellen oder ideologischen Bereich beschränkt ist«, sondern »alle sogenannten ›realen‹, ›ökonomischen‹, ›historischen‹, gesellschaftlich-institutionellen Strukturen« beinhaltet (1977, 228). Derrida versucht so, dem Vorwurf zu entgehen, wie er etwa von Foucault gegen ihn erhoben wird, er betreibe eine »›Textualisierung‹ diskursiver Praktiken« (1972, 330). Es lässt sich aber fragen, ob ein derart erweiterter Textbegriff nicht seine Spezifität verliert (Posselt 2019).

❖ Für die feministische Theorie geht es einerseits um die kontrovers diskutierte Problemstellung, ob Texte als geschlechtlich markierte (*gendered*) erkennbar und bestimmbar sind (etwa unter Rekurs auf Aspekte wie den Stil, das Geschlecht der Autor*in/Leser*in oder den Inhalt). Andererseits werden im literaturwissenschaftlichen dekonstruktiven Feminismus jene Prozesse im Text »gelesen«, mit denen der Text das Modell der Repräsentation unterläuft und damit auch die Opposition männlich/weiblich modifiziert. Besonders im Rahmen der Theorie der Autobiographie werden überdies Fragen der Textualität, Figuralität und Transformation des (vergeschlechtlichten) autobiographischen Ich diskutiert, das im Text als ein supplementierendes, textuelles Ich und als Effekt des Schreibens oder Lesens gefasst wird.

↗ Autobiographie, Binarität, Diskurs, Essentialismus, Identität, Kontext, Lesen / Lektüre, Repräsentation

📖[5.2] Babka, *Unterbrochen*, 2002 — 📖[2.2] de Man, *Allegorien des Lesens*, 1979 — 📖[2.2] de Man, *Autobiographie als Maskenspiel*, 1979 — 📖[2.1] Derrida, *Die différance*, 1968a — Derrida, *Limited Inc a b c...*, 1977 — Foucault, *Mein Körper, dieses Papier, dieses Feuer*, 1972 — Lorey, *Der Körper als Text und das aktuelle Selbst*, 1993 — 📖[4.] Menke, *Verstellt – Der Ort der ›Frau‹*, 1992 — Menke, *Prosopopoiia*, 2000 — Posselt, *Rhetorizing Philosophy*, 2019 — Moi, *Sexus, Text, Herrschaft*, 1989 — 📖[4.] Vinken, *Dekonstruktiver Feminismus*, 1992.

A.B./M.S.

Tropus ↗ Figur

Wiederholung ↗ Iterabilität

Zeichen

Unter *Zeichen* versteht man klassischerweise jedes sinnlich wahrnehmbare Element, das für etwas anderes steht (*aliquid pro aliquo*), den Referenten oder das Referenzobjekt, den es abbildet oder repräsentiert. Dabei wird die Zeichenrelation in der Regel dreistellig gedacht; man spricht daher auch von einem semiotischen Dreieck: Das Zeichen repräsentiert eine mentale Vorstellung, die wiederum einen realen Gegenstand repräsentiert. Diese klassische Vorstellung, die sich bereits bei Aristoteles findet, wird bei Bühler um die Zeichenverwender*innen ergänzt. Ausgehend von den drei Komponenten der sprachlichen Kommunikation *Sprecher*in*, *Empfänger*in* und *Gegenstand* unterscheidet Bühler zwischen der Ausdrucks-, Appell- und Darstellungsfunktion des Zeichens. Jakobson erweitert Bühlers dreistelliges Modell um die drei innersprachlichen Komponenten des physischen Kommunikationskanals, des Kodes und der Mitteilung und gelangt so zu einem sechsgliedrigen Modell, das neben der expressiven, appellativen und referentiellen Funktion des Zeichens auch die phatische, metasprachliche und poetische Funktion umfasst.

Der klassische Strukturalismus im Anschluss an Saussure begreift dagegen das Zeichen als Einheit von *Signifikant* (das Bezeichnende bzw. das Lautbild) und *Signifikat* (das Bezeichnete bzw. die mentale Vorstellung), während der Bezug auf den außersprachlichen Referenten ausgeklammert wird. Referenz besitzt das Zeichen nur in der konkreten individuellen Rede (*parole*), nicht jedoch in der Sprache als System (*langue*). Die beiden korrelativen Eigenschaften des Zeichens sind seine Arbitrarität und seine Differentialität. Die Verbindung zwischen Signifikant und Signifikat ist *arbiträr*, d.h. rein konventioneller Art und nicht durch natürliche Beziehungen motiviert, während das Zeichen nicht als solches, sondern allein aufgrund seiner *differentiellen Beziehungen* zu anderen Zeichen innerhalb eines Systems einen »Wert« besitzt. So verstanden ist Sprache kein System von Repräsentationen, sondern ein Prozess der Gliederung und der Sinnproduktion. Das Zeichen verweist nicht auf eine gegebene Präsenz, sondern wird durch Differenzen bestimmt, die die Einheit von Signifikant und Signifikat nachträglich als ihren Effekt hervorbringen.

Die Kritik und Reformulierung der Relation von Signifikant und Signifikat steht im Zentrum poststrukturalistischer Ansätze. Während Lacan die enge assoziative Verbindung zwischen Signifikant und Signifikat bei Saussure zurückweist, den Signifikanten gegenüber dem Signifikat privilegiert und das Gleiten der Signifikantenkette herausstellt, argumentiert Derrida, dass Saussure trotz seines antiessentialistischen Ansatzes letztlich dem Phonozentrismus, d.h. der Privilegierung der Selbstpräsenz des mündlichen Sprechens gegenüber der Schrift, verhaftet bleibt. Derrida macht dagegen im Zuge seiner Dekonstruktion des metaphysischen Schriftbegriffs geltend, dass die Bedeutung eines Zeichens weder durch die Intention der Sprecher*innen noch durch den Kontext vollständig bestimmt werden kann. Damit ein Element überhaupt als Zeichen funktionieren kann, muss es sich Derrida zufolge von dem »ursprünglichen« Moment seiner Äußerung oder Einschreibung lösen und in anderen Kontexten reiteriert und zitiert werden können. Aufgrund der allgemeinen Struktur der Iterabilität verfügt das Zeichen stets über die Kraft zum Bruch mit seinem Kontext und entzieht sich konstitutiv den Intentionen der Zeichenverwender*innen.

❖ Derridas Reformulierung des Zeichenbegriffs über den Begriff der Iterabilität ist für gendertheoretische Ansätze insofern von Bedeutung, als damit die Möglichkeit eröffnet wird, vermeintlich fixierte und unumstößliche Bezeichnungsrelationen als kontingente, veränderbare und in sich brüchige Zuschreibungen auszuweisen. Davon ausgehend können andersartige Bezeichnungspraktiken und Aneignungsstrategien entworfen werden, die traditionelle Bezeichnungsweisen subversiv gegen sich selbst wenden und Prozesse der Resignifikation und der Rezitation anstoßen, die naturalisierte Konzepte der Geschlechtsidentität in Bewegung bringen und alternative Identitätsentwürfe möglich machen. Insbesondere im Kontext des dekonstruktiven Feminismus wird geltend gemacht, dass Geschlechtsidentität immer auch im Hinblick auf ihre zeichenförmige Konstitution gelesen und interpretiert werden muss.

↗ ITERABILITÄT, KONTEXT, KÖRPER, LOGOZENTRISMUS, SPRACHE, STRUKTUR

📖[2.1] Derrida, *Die Struktur, das Zeichen und das Spiel,* 1967d — 📖[2.1] Derrida, *Grammatologie,* 1967a — 📖[2.1] Derrida, *Signatur Ereignis Kontext,* 1971b — 📖[2.1] Derrida, *Positionen,* 1972b — Jakobson, *Linguistik und Poetik,* 1960 — 📖[1.5] Lacan, *Das Drängen des Buchstaben im Unbewußten,* 1957 — 📖[4.] Vinken, *Dekonstruktiver Feminismus,* 1992 — Vinken, *Der Stoff, aus dem die Körper sind,* 1993.

G.P.

KOMMENTIERTE BIBLIOGRAPHIE

1. Philosophische und theoretische Grundlagen

1.1 Friedrich Nietzsche

Friedrich Nietzsche: »Ueber Wahrheit und Lüge im aussermoralischen Sinne« (1873)

in: *Kritische Studienausgabe*. Hg. von G. Colli und M. Montinari. 2. durchges. Aufl. München u.a.: dtv/de Gruyter 1988, Bd. 1, 873–890.

Nietzsches im Sommer 1873 geschriebener und erst posthum veröffentlichter Text enthält im Kern Nietzsches radikale Sprach- und Erkenntniskritik. Entstanden während Nietzsches früher Basler Zeit, bündelt der Text in komprimierter und stilistisch vollendeter Form Nietzsches Einsichten aus seiner Beschäftigung mit der antiken Rhetorik. Nietzsche versucht, den menschlichen Intellekt und die menschliche Sprache als rhetorische Verstellungen und Täuschungen zu entlarven. Der Mensch erfasst nach Nietzsche von den Dingen nur die Oberfläche, den Schein, eine reine Zeichenwelt, wobei kein Weg hinter diese Täuschungen zurückführt: Wir sind, so Nietzsches Überlegung, in unserer Bedürftigkeit als menschliche Wesen auf den Betrug und die Täuschung als lebenserhaltende Mittel geradezu notwendig angewiesen.

Den Trieb zur Wahrheit leitet Nietzsche – in Anknüpfung an Hobbes – aus dem Krieg aller gegen alle sowie aus der Notwenigkeit ab, sich sozial zu verbinden, um das eigene prekäre Dasein und Leben zu schützen. Das ist zugleich der erste Schritt auf dem Weg zur Wahrheit; denn kraft einer sozialen Übereinkunft wird fixiert, was für alle Mitglieder einer Gemeinschaft als »wahr« gelten soll. Dies wird dadurch erreicht, dass sprachliche Bezeichnungen festgelegt werden, die für alle gleichermaßen gültig und bindend sind: »Die Gesetzgebung der Sprache giebt auch die ersten Gesetze der Wahrheit« (877).

Damit wird Wahrheit auf sprachliche Konventionen, auf die normativ verbindliche Verwendung der Worte zurückgeführt. Sprache ist nach Nietzsche niemals der adäquate Ausdruck der Realität; dagegen spricht allein schon die Verschiedenheit der Sprachen. Vielmehr sind alle unsere Begriffe ursprünglich Metaphern, d.h. willkürliche Übertragungen von einem Nervenreiz auf ein Bild, und vom Bild auf einen Laut: »Und jedesmal vollständiges Ueberspringen der Sphäre, mitten hinein in eine ganz andere und neue.« (879) Die Metapher wird erst dadurch zum Wort und zum Begriff, dass ein Wort »zugleich für zahllose, mehr oder weniger ähnliche [...] Fälle passen muss«. Das heißt, jede Begriffsbildung geht auf einen gewaltsamen Setzungsakt zurück: »Jeder Begriff entsteht durch Gleichsetzen des Nicht-Gleichen« (879f.).

Für den Begriff der Wahrheit ergibt sich daraus zweierlei: Einerseits ist Wahrheit das Resultat eines sprachlichen Setzungsaktes, der Verbindlichkeit und Gültigkeit für alle beansprucht; andererseits ist sie das Ergebnis eines langen historischen Prozesses der Abnutzung und Kanonisierung: »Die Wahrheiten sind Illusionen, von denen man vergessen hat, dass sie welche sind, Metaphern, die abgenutzt und sinnlich kraftlos geworden sind, Münzen, die ihr Bild verloren haben und nun als Metall, nicht mehr als Münzen in Betracht kommen.« (880f.) Entscheidend ist dabei weniger das Vergessen der »Wahrheit«, als vielmehr das Vergessen der Lüge und Selbsttäuschung, die jeder Wahrheit vorausgeht. Nur indem wir vergessen, dass Sprechen darin besteht, »nach einer festen Convention zu lügen«, »eben durch diese Unbewusstheit, eben durch dies Vergessen« gelangen wir schließlich »zum Gefühl der Wahrheit« (881).

Dieses Vergessen und diese »Unbewusstheit« ist aber zugleich die Voraussetzung für die Konstitution des Subjekts und des »Selbstbewusstseins«. Könnte der Mensch »einen Augenblick nur aus den Gefängniswänden dieses Glaubens heraus [...], so wäre es mit seinem ›Selbstbewusstsein‹ vorbei« (883). Damit bleibt dem Menschen, der sich den starren Konventionen der Sprache und der Begriffe nicht beugen will, letztlich nur ein ironisches, künstlerisches Verhalten, ein von Intuitionen geleitetes Zerschlagen, Verschieben und Neukombinieren der wissenschaftlichen Begriffsschemata und eine Wiederbelebung der Metaphern. Während der vernünftige Mensch von »Vorsorge, Klugheit, Regelmässigkeit« geleitet über das Leben zu herrschen begehrt, versucht der intuitive Mensch, den Intuitionen, die sich sprachlich-rational nicht artikulieren lassen, »wenigstens durch das Zertrümmern und Verhöhnen der alten Begriffsschranken [...] schöpferisch zu entsprechen« (889f.).

Die Wiederentdeckung von Nietzsches »Ueber Wahrheit und Lüge« sowie seiner sprach- und rhetorikkritischen Texte bzw. Vorlesungen aus seiner frühen Basler Zeit hat der Nietzsche-Rezeption seit den 1970er Jahren entscheidende Impulse verliehen. Ausgehend von Nietzsches Hinwendung zu Sprache und Rhetorik wurde es so möglich, Nietzsches Schriften verstärkt auf ihrer rhetorischen Ebene zu lesen und ihre Metaphorizität und Ambiguität zu mobilisieren. Entgegen der geläufigen Tendenz, Nietzsches Begriffe zu vereindeutigen oder zu essentialisieren, wird so Nietzsches Werk attraktiv für Denkansätze, die gerade den machtgesättigten und subjektkonstitutiven Charakter diskursiver und sozialer Prozesse thematisieren.

↗ Figur, Metapher/Metonymie, Rhetorik, Sprache, Subjekt, Zeichen

Derrida, *Die weiße Mythologie,* 1971a — 📖 2.1 Derrida, *Sporen,* 1973 — Foucault, »Nietzsche, die Genealogie, die Historie«, 1971 — Hamacher, *Nietzsche aus Frankreich,* 1986 — Posselt, »Nietzsche – Sprache, Rhetorik, Gewalt«, 2010 — 📖 6. Posselt/Flatscher, *Sprachphilosophie,* 2016 — Posselt/Hetzel, *Rhetoric as Critique*, 2023.

G.P.

Friedrich Nietzsche: *Zur Genealogie der Moral*. Eine Streitschrift (1887)

in: *Kritische Studienausgabe*. Hg. von G. Colli und M. Montinari. 2. durchges. Aufl. München u.a.: dtv/de Gruyter 1988, Bd. 5, 245–412.

Nietzsches Streitschrift *Zur Genealogie der Moral* gehört wahrscheinlich – neben »Ueber Wahrheit und Lüge im aussermoralischen Sinne« – zu den Texten Nietzsches, die die neuere Nietzsche-Rezeption insbesondere im Umfeld des Poststrukturalismus am nachhaltigsten beeinflusst haben. Nietzsches Schrift wird sowohl im Hinblick auf ihre sprach- und rhetoriktheoretischen (de Man) als auch in Bezug auf ihre macht- und diskursanalytischen Implikationen gelesen (Foucault, Butler).

Die erste Abhandlung wird beherrscht von den Antagonismen *gut* und *schlecht, gut* und *böse*, *Sklaven-* und *Herrenmoral*, wobei die Sprache bezüglich ihres Ursprungs, ihrer Etymologie und der Macht ihrer grammatischen Strukturen befragt wird. Dagegen fragt die zweite Abhandlung »Schuld, schlechtes Gewissen, Verwandtes« danach, durch welche gewaltsamen und machtgesättigten Prozeduren das »schlechte Gewissen« als internalisierte Bestrafungsinstanz und das »souveräne Subjekt« geformt und hervorgebracht wurden. Die dritte Abhandlung »Was bedeuten asketische Ideale?« stellt schließlich den Wert der Wahrheit selbst in Frage.

Obgleich der Terminus »Genealogie« – abgesehen vom Titel – nur zweimal im Text vorkommt, ist es nicht zuletzt Nietzsches genealogische Methode, die die Rezeption des Textes wesentlich beeinflusst hat. Nietzsche postuliert als Grundsatz jeder Art von Historie, dass »die Ursache der Entstehung eines Dings und dessen schliessliche Einordnung in ein System von Zwecken« weit auseinanderliegen. Die Geschichte eines Dings, Brauchs oder Begriffs ist nichts anderes als ein semiotischer Prozess, eine »fortgesetzte Zeichen-Kette von immer neuen Interpretationen und Zurechtmachungen« (II. Abh. §12).

Nietzsches Kritik richtet sich vor allem gegen den Grundirrtum der Vernunft, hinter allem Tun, Wirken und Werden ein autonomes, souveränes Subjekt anzunehmen. Dieser Glaube beruht auf der Verwechslung von Ursache und Wirkung, Täter*in und Tat, die durch die Verführungen der Sprache und ihrer grammatischen Strukturen zustande kommt. Die Kategorien der Identität, des Subjekts oder der Autor*innenschaft sind demnach selbst bereits Effekte rhetorischer Operationen, insbesondere der metaleptischen Umkehrung von Vorher und Nachher, Ursache und Wirkung, durch die die »eigentliche« Wirkung als Ursache ausgegeben wird. Genealogische Kritik zielt somit auf die Entlarvung falscher Universalbegriffe ab, indem sie zeigt, dass diese historisch geworden und folglich kontingent und veränderbar sind, offen für neue Aneignungen und Resignifikationen.

Der Einfluss von Nietzsches Schrift auf psychoanalytische, poststrukturalistische und feministische Subjektivierungstheorien ist nicht zu unterschätzen. Insbesondere Foucaults Weiterentwicklung der Genealogie zu einer kritisch-historischen Analysemethode, Derridas Beschreibung der Dekonstruktion als einer subversiven Aneignung und Wiedereinschreibung des metaphysischen Vokabulars sowie Butlers performatives Konzept von Gender als ein Tun ohne Täter*in ist wesentlich durch Nietzsche beeinflusst.

↗ Autobiographie, Dekonstruktion, Identität, Genealogie, Kritik, Macht, Metalepse, Norm, Resignifikation, Rhetorik, Sprache, Subjekt, Subversion

📖[5.1] Butler, *Das Unbehagen der Geschlechter*, 1990 — 📖[5.1] Butler, *Haß spricht*, 1997a — Butler, Psyche der Macht, 1997b — 📖[2.2] de Man, *Rhetorik der Tropen*, 1974 — 📖[2.2] de Man, *Rhetorik der Persuasion*, 1975 — Foucault, *Nietzsche, die Genealogie, die Historie*, 1971b — 📖[1.4] Foucault, *Überwachen und Strafen*, 1975 — 📖[1.4] Foucault, *Sexualität und Wahrheit I*, 1976 — Saar, *Genealogische Kritik*, 2009 — Schrift, *Genealogy and/as Deconstruction*, 1988 — Stegmaier, *Nietzsches »Genealogie der Moral«*, 1994.

G.P.

1.2 Strukturalismus

Ferdinand de Saussure: *Grundfragen der allgemeinen Sprachwissenschaft* (1916)

Hg. von Charles Bally und Albert Séchehaye unter Mitwirkung von Albert Riedlinger. Übers. von Herman Lommel. 3. Aufl. Mit einem Nachwort von Peter Ernst. Berlin: de Gruyter 2001 [*Cours de linguistique générale*. Publié par Charles Bally et Albert Séchehaye avec la collaboration et Albert Riedlinger. Édition critique préparée par Tullio de Mauro. Postface de Louis-Jean Calvet. Paris: Éditions Payot, 1985].

Saussures unter dem Titel *Cours de linguistique générale* berühmt gewordenes Buch geht auf Mitschriften dreier Vorlesungen zurück, die Saussure in den Jahren 1906/07, 1908/09 und 1910/11 an der Universität Genf gehalten hat. Die Herausgeber Charles Bally und Albert Séchehaye, die die Vorlesungen Saussures selbst nicht gehört haben, bezeichnen ihre Herausgeberschaft als eine »Nachschaffung«, als eine »Aneignungs- und Wiederherstellungsarbeit«, mit dem Ziel, Saussures Gedanken von allen »Abwandlungen und Schwankungen zu befreien« und als ein in sich geschlossenes Ganzes darzustellen, auch wenn der »Autor selbst [...] vielleicht der Veröffentlichung dieser Seiten nicht zugestimmt hätte« (IX ff.). Der *Cours* ist also sicherlich nicht das »authentische« Werk Saussures; theorie- und wirkungsgeschichtlich betrachtet muss er jedoch als Gründungstext des Strukturalismus angesehen werden, obgleich der Begriff Strukturalismus selbst im *Cours* nicht verwendet wird, sondern erst 1929 von Roman Jakobson eingeführt wird.

Charakteristisch für Saussures Ansatz ist sein Denken in binären Oppositionen oder Dichotomien sowie der Vorrang, den er dem Moment der Differenz zuspricht. Saussures zentrale These ist, dass es in der Sprache nur Differenzen ohne positive Einzelglieder gibt. Anders gesagt: Alle sprachlichen Elemente sind nur durch das bestimmt, was sie nicht sind. Saussures Ausgangspunkt und Untersuchungsgegenstand bildet die Sprache als System und als soziale Institution (*langue*), die »kraft einer Art Kontrakt zwischen den Gliedern der Sprachgemeinschaft« besteht (17) und die strikt von der konkret-individuellen Rede (*parole*), d. h. den je einzelnen und ereignishaften Redeinstanzen, zu trennen ist. Nur die *langue*, d.h. die Sprache als System kann Gegenstand der Sprachwissenschaft sein. Sie bildet ein funktionelles System von Werten, die durch ihre Abgrenzungsbeziehungen, d.h. ihre negativen, nicht durch ihre positiven Eigenschaften, charakterisiert sind. Die *langue* selbst wiederum kann auf zweifache Weise zum Gegenstand der Untersuchung werden: Einerseits kann man Sprache als ein System von Differenzen zu einem bestimmten Zeitpunkt betrachten (*Synchronie*); andererseits können diese Differenzen selbst in ihrer historischen Entwicklung und Veränderung untersucht werden (*Diachronie*), wobei die synchrone Sprachbetrachtung der diachronen notwendig vorausgehen muss.

Dieser binäre, dichotomische Charakter gilt gleichermaßen für das sprachliche Zeichen. Saussure wendet sich entschieden gegen die Auffassung, die Sprache und die sprachlichen Zeichen seien eine bloße Nomenklatur, »d.h. eine Liste von Ausdrücken, die ebensovielen Sachen entsprechen« (76). Das sprachliche Zeichen ist seiner Natur nach zweigeteilt: in Vorstellung und Lautbild bzw. in Signifikat (»Bezeichnetes«) und Signifikant (»Bezeichnendes«), wobei die Verbindung zwischen diesen beiden Seiten *beliebig* bzw. *arbiträr* ist. Dabei bedeutet Arbitrarität nicht, dass die Zeichen von den Sprecher*innen willkürlich gewählt werden könnten, sondern vielmehr, dass die Verbindung zwischen Signifikant und Signifikat *unmotiviert*, d.h. durch keinerlei natürliche Zusammenhänge bedingt ist.

Der signifikative Prozess der Sprache vollzieht sich nicht zwischen präexistenten Wörtern auf der einen Seite und vorgegebenen Bedeutungen auf der anderen Seite, sondern er artikuliert sich nach Saussure zwischen zwei gestaltlosen Massen: dem Denken und den Lauten. Weder gibt es von vornherein feststehende Vorstellungen noch artikulierte Laute; vielmehr dient die Sprache »als Verbindungsglied zwischen dem Denken und dem Laut« (133). Saussure vergleicht diesen Prozess der Artikulation auch mit dem Zerschneiden eines Blattes Papier, bei dem man die Vorderseite (das gestaltlose Denken) nicht zerschneiden kann, ohne zugleich die Rückseite (die gestaltlosen Laute) zu zerschneiden (134). Sprache ist folglich nicht länger ein System von Repräsentationen, sondern vielmehr ein Prozess der Strukturierung und Gliederung. Sie ist nicht einfach der Ausdruck der Gedanken oder ein Merkzeichen für dieselben, sondern ein strukturierendes Verbindungsglied. Statt mit a priori gegebenen Vorstellungen haben wir es mit *Werten* zu tun (im Unterschied zu zeichengebundenen *Bedeutungen*), »die sich aus dem System ergeben« und »die nicht positiv durch ihren Inhalt, sondern negativ durch ihre Beziehungen zu den andern Gliedern des Systems definiert sind. Ihr bestimmtes Kennzeichen ist, daß sie etwas sind, was die andern nicht sind« (139f.).

Für feministische und gendertheoretische Ansätze ist vor allem der dezidiert anti-essentialistische und anti-substantialistische Ansatz Saussures interessant: Denn wenn es in der Sprache nur Differenzen ohne positive Einzelglieder gibt, dann heißt dies, dass Differenz nicht länger als etwas gedacht wird, das zwischen zwei gegebenen Identitäten besteht. Vielmehr ist es erst der Prozess der Differenzierung, der Identität ermöglicht und stabilisiert, aber zugleich auch untergräbt und destabilisiert. In diesem Sinne geht Identität der Differenz nicht voraus, sondern ist das stets vorläufige Ergebnis eines prinzipiell unabgeschlossenen Spiels von Differenzen.

↗ Binarität, Differenz, Referenz, Repräsentation, Sprache, Struktur, Zeichen

📖 2.1 Derrida, *Grammatologie,* 1967a — Jakobson, *Die Linguistik und ihr Verhältnis zu anderen Wissenschaften,* 1929 — 📖 6. Posselt/Flatscher, *Sprachphilosophie,* 2016.

G.P.

Claude Lévi-Strauss: *Die elementaren Strukturen der Verwandtschaft* (1949)

Übers. von Eva Moldenhauer. Frankfurt/M.: Suhrkamp 1993 [*Les structures élémentaires de la parenté*. Paris 1949].

Die elementaren Strukturen der Verwandtschaft ist die erste umfassende Monographie des französischen Ethnologen Claude Lévi-Strauss. Die Neuartigkeit seines Ansatzes besteht darin, dass er die Methoden der strukturalistischen Sprachwissenschaft auf die Ethnologie und die Analyse der Verwandtschaftsverhältnisse überträgt. Beeinflusst ist Lévi-Strauss dabei von dem Sprachwissenschaftler Roman Jakobson, den er Anfang der 1940er Jahre in New York an der neu gegründeten französischen Exil-Universität *École libre des hautes études* kennenlernt.

In *Die elementaren Strukturen der Verwandtschaft* versucht Lévi-Strauss, die Verwandtschaftsbeziehungen und Heiratsregeln, die in allen Kulturen und ethnischen Gruppen in unterschiedlich stark ausgeprägter Form vorkommen, mit Hilfe der strukturalistischen Methode auf ihre elementaren Strukturen zurückzuführen. Das zentrale Problem, das dabei im Mittelpunkt steht und Lévi-Strauss' Abhandlung durchzieht, ist der »Skandal« des Inzestverbots – Skandal deshalb, weil das Inzestverbot sich der binären Opposition von Kultur und Natur zu entziehen scheint: Es gehört zur Ordnung der Kultur, insofern es eine soziale, konventionelle Regel ist, die das Zusammenleben menschlicher Individuen und Gruppen regelt. Es gehört zur Ordnung der Natur, insofern es die einzige gesellschaftliche Regel ist, die allen menschlichen Kulturen gemeinsam ist: »[E]s bildet eine Regel, jedoch eine Regel, die als einzige unter allen gesellschaftlichen Regeln zugleich den Charakter der Universalität besitzt« (52). Folglich ist das Inzestverbot nach Lévi-Strauss kein Verbot unter anderen, vielmehr ist es »*das* Verbot in seiner allgemeinsten Form«, denn es ist der entscheidende Schritt, »durch den und vor allem in dem sich der Übergang von der Natur zur Kultur vollzieht« (73).

Damit ist das Verbot des Inzests nach Lévi-Strauss nicht nur »so universal wie die Sprache« (658f.), sondern es verweist auf den »Ursprung der Sprache« selbst, d. h. auf jenen entscheidenden Moment, in dem die symbolische Ordnung selbst in Kraft gesetzt wird. Lévi-Strauss schließt daraus, dass sich die Regeln und Verbote, die einerseits die sexuellen Beziehungen zwischen den Geschlechtern organisieren sowie andererseits den Gebrauch der sprachlichen Zeichen bestimmen, unter einem erweiterten Begriff der Kommunikation zusammenfassen lassen. Damit kommt nach Lévi-Strauss den Zeichen und den Frauen einer sozialen Gruppe letztlich dieselbe Funktion zu, nämlich diejenige, zwischen Männern ausgetauscht und kommuniziert zu werden (662).

Wurden Lévi-Strauss' Arbeiten von de Beauvoir im Hinblick auf die Beschreibung der Stellung der Frauen in anderen Kulturen noch gewürdigt, so kritisierten Theoretikerinnen wie Rubin oder Irigaray Lévi-Strauss' Ansatz, der Frauen zu Tauschwaren in männerdominierten Gesellschaften degradiert, und verweisen auf dessen phallogozentristische Grundlagen. Auch Butler setzt sich kritisch mit Lévi-Strauss' Ansatz auseinander, wobei sie sich vor allem gegen die Universalisierung des Inzestverbots und das strukturalistische Modell der Verwandtschaft und Familie wendet.

↗ Kommunikation, Phallogozentrismus, Sprache, Struktur, Zeichen

📖[3.] Beauvoir, *Das andere Geschlecht*, 1949 — 📖[5.1] Butler, *Das Unbehagen der Geschlechter*, 1990 — 📖[5.1] Butler, *Antigones Verlangen*, 2000 — 📖[5.1] Butler, *Die Macht der Geschlechternormen*, 2004a — 📖[3.] Irigaray, *Das Geschlecht, das nicht eins ist*, 1977 — Jakobson, *Die Linguistik und ihr Verhältnis zu anderen Wissenschaften*, 1929 — 📖[1.2] Jakobson, *Zwei Seiten der Sprache*, 1956 — 📖[6.] Posselt, *Katachrese*, 2005 — 📖[5.2] Rubin, *The Traffic in Women*, 1975.

G.P.

Roman Jakobson: »Zwei Seiten der Sprache und zwei Typen aphatischer Störungen« (1956)

in: Halle, Morison/Jakobson, Roman: *Grundlagen der Sprache*. Berlin: Akademie 1960, 49–72 [Teilabdruck in: Haverkamp, Anselm (Hg.): *Theorie der Metapher*. Darmstadt: WBG 1983, 163–174].

Die Schrift »Zwei Seiten der Sprache und zwei Typen aphatischer Störungen« von Roman Jakobson ist der zweite und weitaus kürzere Teil des Buchs *Grundlagen der Sprache* von Jakobson und Morison Halle. Der erste Teil ist eine Gemeinschaftsarbeit zur Phonologie und Phonetik; der zweite Teil umfasst Jakobsons Versuch einer linguistischen Beschreibung neurologischer Störungen, die entweder mit dem Verlust des Sprechvermögens (motorische Aphasie) oder des Sprachverständnisses (sensorische Aphasie) einhergehen. Zur Erklärung dieser Krankheitsbilder bezieht er sich auf die Polarität von *Metapher* und *Metonymie* und überträgt diese Unterscheidung in weiterer Folge auf die literarischen Gattungen *Poesie* und *Prosa*.

Wie Saussure geht auch Jakobson davon aus, dass die Sprache eine universale bipolare Struktur aufweist: Jedes sprachliche Element gehört zwei verschiedenen Systemordnungen an: der *Kombination* und *Kontextbildung* einerseits sowie der *Selektion* und *Substitution* andererseits. Denn jede sprachliche Einheit ist eine Kombination von Elementen (Phonemen, Wörtern, etc.) zu größeren Kontexten, wobei diese Elemente aus der Menge aller verfügbaren Elemente ausgewählt oder durcheinander substituiert werden. Auf der syntagmatischen Achse der Kombination stehen die sprachlichen Einheiten in *Kontiguitätsbeziehungen,* d.h. in Berührungsbeziehungen, zueinander; auf der paradigmatischen Achse der Selektion bestehen *Similaritätsbeziehungen,* d.h. Ähnlichkeitsbeziehungen, zwischen den Zeichen.

Ausgehend von dieser Unterscheidung lassen sich alle Sprachstörungen entweder in Similaritäts- oder Kontiguitätsstörungen einteilen, »je nachdem, ob die Selektion und Substitution bei relativ gut erhaltener Kombination und Kontextbildungsfähigkeit mehr geschädigt ist oder ob umgekehrt die Kombination und Kontextbildungsfähigkeit bei relativ gut bewahrter Selektion und Substitution den größeren Schaden erlitten hat« (55). Bei der Similaritätsstörung ist die Fähigkeit zur Selektion und Substitution beeinträchtigt. Das betrifft in erster Linie metasprachliche Operationen, wie die Wortfindung, die Bildung von Synonymen und den Verlust von Mehrsprachigkeit. Die Kontiguitätsstörung manifestiert sich in einer Störung der Fähigkeit zu Bildung komplexer syntaktischer Einheiten, was zu Agrammatismus und einer Art Telegrammstil führt.

In der Folge korreliert Jakobson die Operation der Similarität mit der Metapher und die der Kontiguität mit der Metonymie. Aus der Einteilung der aphatischen Störungen in Similaritäts- und Kontiguitätsstörung und der

These, dass bei der ersten Störung die Fähigkeit zur Bildung von Metaphern, bei der zweiten die von Metonymien entfalle (66), gelangt Jakobson schließlich zu der Gleichsetzung von Metapher und Poesie auf der einen und von Metonymie und Prosa auf der anderen Seite. Metapher und Metonymie sind folglich nicht länger rhetorische Tropen im klassischen Sinne, d.h. sprachliche Ausdrücke, die in einer übertragenen oder uneigentlichen Bedeutung gebraucht würden; vielmehr liegen sie als universale Prinzipien allen sprachlich-symbolischen Prozessen zugrunde, wie literarischen Texten, Träumen, sozialen Riten, Bräuchen etc. (69).

Jakobsons Dichotomie von Metapher und Metonymie ist nur ein Jahr später von Lacan aufgenommen und psychoanalytisch ausgedeutet worden. So entspricht etwa in der Traumarbeit, wie sie von Freud in seiner *Traumdeutung* dargestellt wird, die Metonymie den Prozessen der »Verdrängung« und »Verdichtung«, die Metapher den Prozessen der »Identifizierung« und »Symbolisierung«. Auch feministische und gendertheoretische Ansätze greifen in unterschiedlichem Maße auf diese Opposition zurück (Kristeva, Cixous, Irigaray), wobei sie den universalistischen Anspruch, der mit dieser Opposition einhergeht, kritisch sehen oder zu dekonstruieren versuchen.

↗ BINARITÄT, METAPHER / METONYMIE, SPRACHE, STRUKTUR, ZEICHEN

📖[2.2] de Man, *Rhetorik der Tropen*, 1974 — Derrida, *Die weiße Mythologie*, 1971a — Freud, *Die Traumdeutung*, 1900 — 📖[3.] Kristeva, *Die Revolution der poetischen Sprache*, 1974 — 📖[1.5] Lacan, *Das Drängen des Buchstaben im Unbewußten*, 1957 — 📖[1.2] Lévi-Strauss, *Die elementaren Strukturen*, 1949 — Menke, *Dekonstruktion. Lesen, Schrift, Figur, Performanz*, 1995b — 📖[1.2] Saussure, *Grundfragen der allgemeinen Sprachwissenschaft*, 1916 — 📖[4.] Weigel, *Das Weibliche als Metapher des Metonymischen*, 1986.

G.P.

1.3 Sprachphilosophie und Sprechakttheorie

John L. Austin: *Zur Theorie der Sprechakte* (1955)

Deutsche Bearbeitung von Eike von Savigny. 2. Aufl. Stuttgart: Reclam 1979 [*How to Do Things with Words* Ed. by J. O. Urmson and Marina Sbisà. Second edition. Cambridge: Harvard UP 1975].

John L. Austins 1955 in Harvard gehaltene Vorlesung *How to Do Things with Words* legt den Grundstein zu dem, was später unter dem Titel *performative turn* in den Sprach-, Kultur- und Sozialwissenschaften firmieren wird. Ausgehend von der Beobachtung, dass wir mit unseren sprachlichen Äußerungen nicht nur bestehende Sachverhalte behaupten und beschreiben, sondern dass wir, indem wir eine Äußerung tätigen, vor allem etwas *tun*, führt Austin die Unterscheidung zwischen konstativen und performativen Äußerungen ein. Konstative Äußerungen, wie z.B. »Die Katze sitzt auf der Matte«, »Es regnet«, »Er versprach zu kommen«, sind Aussagen oder Feststellungen, die einen Sachverhalt beschreiben oder eine Tatsache behaupten. Sie sind entweder wahr oder falsch. Dagegen scheinen performative Äußerungen, wie z.B. »Ich verspreche morgen zu kommen« oder »Ich erkläre die Sitzung für eröffnet« nicht wahrheitsfähig zu sein. Mit der performativen Äußerung wird kein bestehender Sachverhalt beschrieben, berichtet oder festgestellt, vielmehr wird mit der Äußerung eine Handlung vollzogen und ein neuer Sachverhalt geschaffen. Die Besonderheit performativer Äußerungen besteht in ihrem Handlungs- oder Aktcharakter. Die performative Äußerung *ist* der konkrete Vollzug der Handlung selbst. Als eine solche Handlung kann sie nicht wahr oder falsch sein, sie kann jedoch *gelingen* oder *misslingen*.

Die Bedingungen, die erfüllt sein müssen, damit eine performative Äußerung gelingen kann, untersucht und klassifiziert Austin im Rahmen seiner »Theorie der Unglücksfälle«: Es muss ein konventionales Verfahren geben, kraft dessen mit der Äußerung bestimmter Wörter – unter geeigneten und angemessenen Umständen – eine bestimmte Handlung vollzogen werden kann, und dieses Verfahren muss von allen Beteiligten korrekt und vollständig ausgeführt werden. Ist eine dieser Bedingungen nicht erfüllt, so misslingt die performative Äußerung, und die beabsichtigte Handlung kommt nicht zustande. Wenn jemand z.B. sagt »Ich erkläre euch hiermit zu Mann und Frau«, ohne dazu autorisiert zu sein, außerhalb der konventionellen Heiratszeremonie oder obwohl einer der beiden Beteiligten bereits verheiratet ist, so ist die Heirat nichtig und wirkungslos.

Ein Unglücksfall liegt aber auch dann vor, wenn die beteiligten Personen nicht die Gedanken, Gefühle oder Intentionen haben, die das Verfahren, auf das sie sich berufen, involviert. Wenn ich z.B. verspreche, etwas zu tun, so impliziert dies, dass ich die Absicht habe, mein Versprechen zu halten, und dementsprechend handle. Wird diese Bedingung nicht erfüllt, so wird das konventionelle Verfahren zwar »äußerlich« betrachtet vollständig und korrekt ausgeführt, d.h. die erklärte Handlung kommt zustande, jedoch nur durch einen *Missbrauch* des konventionellen Verfahrens.

Im Verlauf seiner Vorlesung gelangt Austin zu dem Ergebnis, dass sich die Konstativ-Performativ-Unterscheidung nicht streng aufrechterhalten lässt. Einerseits lässt sich kein eindeutiges grammatisches oder lexikalisches Kriterium angeben, das in jedem Fall erlauben würde, konstative von performativen Äußerungen zu unterscheiden; andererseits zeigt sich, dass Konstativa ebenso fehlschlagen oder missglücken können, wie es für Performativa Erfordernisse gibt, mit bestimmten Fakten übereinzustimmen. Wenn ich z.B. behaupte »Peters Kinder sind kahlköpfig«, Peter aber gar keine Kinder hat, so ist diese Äußerung in dem gleichen Maße leer oder missglückt, wie das Versprechen »Ich vermache Dir meine Uhr«, ohne dass ich eine Uhr besitze.

Die Unmöglichkeit, konstative und performative Äußerungen streng voneinander abzugrenzen, veranlasst Austin schließlich dazu, die Unterscheidung aufzugeben. Vielmehr muss jede Äußerung als ein Sprechakt aufgefasst werden, der drei verschiedene Aspekte oder Dimensionen umfasst: den lokutionären Akt (d.i. der Akt des Etwas-Sagens), den illokutionären Akt (d.i. die *Handlung,* die man vollzieht, *indem* man etwas sagt) und den perlokutionären Akt (d.i. der *Effekt,* den man *dadurch* erreicht, *dass* man etwas sagt). Dabei kommt dem lokutionären Akt eine Bedeutung (*meaning*), dem illokutionären Akt eine bestimmte Kraft oder Rolle (*force*) (z.B. Behaupten, Fragen, Warnen, Bitten, Versprechen etc.) und dem perlokutionären Akt das Erzielen bestimmter Wirkungen zu (z.B. jemanden von etwas überzeugen, zu etwas überreden, von etwas abhalten etc.).

Im Anschluss an Austin entwickelt John R. Searle eine allgemeine Theorie der Sprechakte, die die Systematisierung und Klassifizierung der illokutionären Akte zum Ziel hat. Während Searle in der Ersetzung der Konstativ-Performativ-Dichotomie durch die Lokution-Illokution-Perlokution-Triade Austins wesentliches Verdienst sieht, plädieren Benveniste, Felman, Žižek u.a. für eine Beibehaltung und Weiterentwicklung des Performativitätsbegriffs und unterstreichen neben der Vollzugsdimension performativer Äußerungen ihren subjektivierenden und subjektkonstitutiven Charakter. Derrida problematisiert zudem Austins Ausschluss all jener Äußerungen, die nicht unter »normalen Umständen« getätigt werden (44), wie etwa Äußerungen im Theater, und reformuliert davon ausgehend den Begriff des Performativen über den der Iterabilität.

↗ Iterabilität, Kommunikation, Performativität, Referenz, Sprache, Subjekt

[1.3] Austin, *Performative und konstatierende Äußerungen,* 1958 — [1.3] Benveniste, *Die analytische Philosophie,* 1963 — [2.2] de Man, *Rhetorik der Persuasion,* 1975 — [2.1] Derrida, *Signatur Ereignis Kontext,* 1971b — [4.] Felman, *The Scandal of the Speaking Body,* 1980 — [6.] Posselt, *Katachrese,* 2005 — [6.] Posselt/Flatscher, *Sprachphilosophie,* 2016 — Searle, *Speech Acts,* 1969 — Žižek, *Grimassen des Realen,* 1993.

G.P.

John L. Austin: »Performative und konstatierende Äußerungen« (1958)

in: Bubner, R. (Hg.): *Sprache und Analysis.* Göttingen: Vandenhoeck & Ruprecht 1968, 140–153 [engl. »Performative-Constative«, in: Caton, Charles E. (Hg.): *Philosophy and Ordinary Language.* Urbana: University of Illinois Press 1963, 22–54; franz. »Performatif – Constatif«, in: Bera, H. (Hg.): *La Philosophie Analytique.* Paris: Minuit 1962, 271–304].

In diesem prägnanten und leicht verständlichen Vortrag, der im März 1958 auf der englisch-französischen Konferenz *La philosophie analytique* in

Royaumont gehalten wurde, stellt Austin seine zentralen Überlegungen zum Problem der Sprechakte erstmals einem französischsprachigen Publikum vor. Die Originalausgabe umfasst neben Austins Vortrag, in dem er die zentralen Punkte aus *Zur Theorie der Sprechakte* zusammenfasst, auch die an den Vortrag anschließende Diskussion unter den Konferenzteilnehmer*innen. Nicht nur inhaltlich, sondern auch theoriegeschichtlich ist dieser Vortrag von Bedeutung, da er die Rezeption von Austin in Frankreich – insbesondere über Benvenistes Auseinandersetzung mit Austin – entscheidend beeinflusst hat.

↗ Performativität, Sprache

📖1.3 Austin, *Zur Theorie der Sprechakte,* 1955 — 📖1.3 Benveniste, *Die analytische Philosophie,* 1963 — 📖2.1 Derrida, *Signatur Ereignis Kontext,* 1971b — 📖4. Felman, *The Scandal of the Speaking Body,* 1980.

G.P.

Émile Benveniste: »Über die Subjektivität in der Sprache« (1958)

in: Benveniste, Émile: *Probleme der allgemeinen Sprachwissenschaft.* München: List 1974, 287–297 [erstmals erschienen als »De la subjectivité dans le langage«, in: *Journal de Psychologie*, Juli–Sept. 1958; auch in: *Problèmes de linguistique générale.* Paris: Gallimard 1966, 258–266].

In diesem Aufsatz, der 1958 veröffentlicht wurde (im selben Jahr, in dem Austin seinen Vortrag »Performative und konstatierende Äußerungen« in Royaumont präsentiert), skizziert Benveniste erstmals eine Theorie performativer Äußerungen, ohne jedoch den Terminus *performativ* selbst zu verwenden. In seiner Analyse von Äußerungen der Form »Ich schwöre …«, »Ich verspreche …« etc. kommt Benveniste zu ähnlichen Ergebnissen wie Austin. Neu und originell im Vergleich zu Austin ist jedoch Benvenistes Betonung des »subjektivierenden« Charakters von Sprache im Allgemeinen und von performativen Äußerungen im Besonderen: »Die Einführung der ›Subjektivität‹ in die Sprache schafft in der Sprache und, wie wir meinen, auch außerhalb der Sprache, die Kategorie der Person.« (293) Benveniste zieht daraus die Schlussfolgerung, dass die performative Äußerung »die Handlung in demselben Augenblick schafft, in dem sie das Subjekt begründet« (296f.).

Dies hat weitreichende Konsequenzen für den Status des Subjekts und den klassischen Subjektbegriff. Es ist nicht mehr ohne weiteres möglich, die performative Äußerung als eine Äußerung zu verstehen, die von einem souveränen, intentionalen Subjekt verlautbart wird; vielmehr ist es die Äußerung selbst, die das Subjekt konstituiert, indem es sich als *Ich* aussagt. Obgleich Benveniste an der Vorstellung eines souveränen Subjekts festzuhalten scheint, insofern er davon ausgeht, dass die Sprache derart organisiert sei, »daß sie jedem Sprecher erlaubt, sich die ganze Sprache *zu eigen zu machen*, indem er sich als *ich* bezeichnet« (292), so darf doch auch nicht übersehen werden, dass dieses *Ich* nur insofern *mein* Ich ist, als es zugleich das *Ich* aller anderen ist. Darauf macht Butler in einem kurzen Text zur Frage der Selbstreferentialität aufmerksam: Zwar vermag die Sprecher*in sich die ganze Sprache anzueignen, indem sie sich als *Ich* bezeichnet; doch es gelingt ihr nicht, dies in Worten zu tun, die nur ihr eigen sind. Die performative Äußerung, durch die die Sprecher*in sich als *Ich* bezeichnet und als Subjekt konstituiert, verweist das Subjekt so auf seine Abhängigkeit von anderen und seine Sozialität.

↗ Alterität, Performativität, Referenz, Sprache, Subjekt

📖1.3 Austin, *Zur Theorie der Sprechakte*, 1955 — 📖1.3 Austin, *Performative und konstatierende Äußerungen*, 1958 — 📖1.3 Benveniste, *Die analytische Philosophie*, 1963 — Butler, *Self-Referentiality*, 1995 — 📖6. Posselt, *Katachrese*, 2005.

G.P.

Émile Benveniste: »Die analytische Philosophie und die Sprache« (1963)

in: Benveniste, Émile: *Probleme der allgemeinen Sprachwissenschaft*. München: List 1974, 297–308 [in: *Problèmes de linguistique générale*. Paris: Gallimard 1966, 267–275].

In dem Artikel »Die analytische Philosophie und die Sprache« setzt sich Benveniste mit Austins Vortrag »Performative und konstatierende Äußerungen« auseinander, den dieser 1958 anlässlich einer englisch-französischen Konferenz zur analytischen Philosophie in Royaumont gehalten hat. Im Gegensatz zu Austin plädiert Benveniste nachdrücklich für die Beibehaltung der Konstativ-Performativ-Dichotomie, solange man die Handlung, die durch die Äußerung vollzogen wird (z.B. das Geben eines Versprechens), von den außersprachlichen Wirkungen der Äußerung trennt.

Benveniste nennt vier Charakteristika performativer Äußerungen. Erstens sind performative Äußerungen *Autoritätshandlungen*. Die Sprecher*in muss befugt und autorisiert sein, eine bestimmte Äußerung zu tätigen, damit ihre Äußerung wirksam werden kann, d.h. zu einer Handlung wird. Aus dem Handlungscharakter der performativen Äußerung folgt zweitens ihre Eigenschaft, *einzigartig* zu sein: Sie ist ein singuläres Ereignis, da sie eine individuelle, historische Handlung darstellt, wobei die Äußerung selbst das Ereignis schafft. Daraus ergibt sich drittens der *selbstreferentielle* Charakter der performativen Äußerung, insofern sie sich auf eine Realität bezieht, die von ihr selbst konstituiert wird. Viertens schließlich ist die performative Äußerung ein *Akt der Benennung:* Sie benennt sowohl die vollzogene Handlung als auch das »Ich« der Äußerung, das Subjekt, das die Handlung vollzieht.

Damit zeigt Benveniste den autoritativen/autorisierenden und den subjektivierenden/subjektkonstitutiven Charakter performativer Äußerungen auf – ein Gedanke, der sich auch in den Arbeiten von Felman, Bourdieu und Butler wiederfindet. Wenn die performative Äußerung sowohl die Handlung benennt, die sie vollzieht, als auch die Handlungsträger*in, die diese Handlung ausführt, dann ist die Äußerung nicht nur performativ, weil sie auf eine diskursive Realität verweist, die von ihr selbst produziert wird, sondern auch insofern, als sie die Sprecher*in, die die Handlung durch die Äußerung vollzieht, als sprechendes und handelndes Subjekt konstituiert.

Nicht nur inhaltlich, sondern auch theoriegeschichtlich ist Benvenistes Reformulierung des Begriffs des Performativen von hoher Relevanz. Denn während der Begriff des Performativen von Austin verworfen wird und in der Sprechakttheorie anglo-amerikanischer Provenienz so gut wie keine Rolle spielt, findet der Performativitätsbegriff in sozial- und kulturwissenschaftlichen Ansätzen – vermittelt über Bourdieu, Felman, Butler u.a. – seit den 1990er Jahren verstärkt Berücksichtigung.

↗ PERFORMATIVITÄT, REFERENZ, SPRACHE, SUBJEKT

📖1.3 Austin, *Performative und konstatierende Äußerungen,* 1958 — 📖1.3 Benveniste, *Über die Subjektivität in der Sprache,* 1958 — Bourdieu, *Was heißt sprechen?,* 1982 — Butler, *Self-Referentiality,* 1995 — 📖5.1 Butler, *Haß spricht,* 1997a — 📖4. Felman, *The Scandal of the Speaking Body,* 1980 — 📖6. Posselt, *Katachrese,* 2005.

G.P.

Louis Althusser: »Ideologie und ideologische Staatsapparate (Notizen für eine Untersuchung)« (1970)

in: Althusser, Louis: *Ideologie und ideologische Staatsapparate.* 1. Halbband. Hg. von Frieder Otto Wolf. Hamburg: VSA 2010, 37–102 [»Idéologie et appareils idéologiques d'État. Notes pour une recherche«, in: *La Pensée* 151, 1970].

In den 1969 geschriebenen und 1970 um ein Nachwort ergänzten *Notizen* entwickelt der marxistische Theoretiker Louis Althusser seine Konzeption von Ideologie als Interpellation. Nach Althusser ist die Ideologie keine imaginäre, verzerrte Vorstellung der Welt, hinter der sich eine wirkliche Welt finden ließe; vielmehr ist Ideologie das imaginäre Verhältnis der Individuen zu den realen Existenzbedingungen und Produktionsverhältnissen, unter denen sie leben. Zugleich besitzt die Ideologie eine materielle Existenz in den ideologischen Staatsapparaten, ihren geregelten Praktiken und Ritualen. Althusser weist damit die in seinen Augen selbst ideologische (»humanistische«) Vorstellung eines autonomen, sich selbst präsenten Subjekts zurück. Den Satz Pascals aufgreifend »Knie nieder, bewege die Lippen zum Gebet, und Du wirst glauben!«, argumentiert Althusser, dass das Subjekt, das mit vollem Bewusstsein seinem Glauben entsprechend handelt, ein Produkt der

Ideologie und der ideologischen Staatsapparate ist. Ideologie hat die Funktion, *»konkrete Individuen zu Subjekten zu ›konstituieren‹«* (85).

Damit kommt Althussers Subjektbegriff dem von Lacan nahe: Der Eintritt in die symbolische Ordnung und die Konstitution des Subjekts sind das Werk der Ideologie. Die Operation, derer sich die Ideologie dabei bedient, ist die Interpellation. Althusser versteht Interpellation als die Anrufung eines Individuums und konkret als das Verfahren, durch das die Ideologie – kraft der ideologischen Staatsapparate (Kirche, Familie, Polizei, Schule, Medien, politische Parteien etc.) und ihrer autorisierten Sprecher*innen (Pfarrer*innen, Richter*innen, Polizist*innen, Lehrer*innen etc.) – Individuen zu Subjekten »transformiert« und ihnen ihre Subjektpositionen zuweist.

Althusser vergleicht dieses Verfahren mit dem Ruf der Polizist*in »He, Sie da!« auf der Straße. Das angerufene Individuum, das sich umwendet, wird zum Subjekt, »[w]eil es damit anerkennt, dass der Anruf ›genau‹ ihm galt« (88f.). Allerdings ist dieses kausal-temporale Erklärungsmodell, wie Althusser einräumt, selbst noch irreführend: Als konkrete Individuen sind wir immer schon Subjekte und als solche praktizieren wir ununterbrochen »ideologische An- und Wiedererkennungsrituale«, die uns garantieren, dass wir konkrete, individuelle und unersetzbare Subjekte sind und bleiben. Selbst das noch ungeborene Kind muss »zu dem sexuellen Subjekt (Junge oder Mädchen) werden, das es bereits im Vorhinein ist« (91).

Althussers Konzept der Interpellation wird u.a. von Butler in ihre Theorie des Performativen aufgenommen und weiterentwickelt. Butler verweist auf die Akte der Geschlechtsbestimmung (»Es ist ein Mädchen!«) und der Namensgebung, die in unzähligen sozialen und institutionellen Kontexten reiteriert werden und durch die ein Neugeborenes als geschlechtliches Subjekt konstituiert und festgeschrieben wird. Kritisch sieht Butler, dass Althussers Interpellation die Figur einer gleichsam souveränen göttlichen Stimme impliziere, deren Wirksamkeit sich auf den Augenblick ihrer Äußerung reduziert und die keine Möglichkeiten des Widerstands und der Reartikulation offenlässt.

↗ INTERPELLATION, ITERABILITÄT, PERFORMATIVITÄT, SUBJEKT

📖[5.1] Butler, *Körper von Gewicht*, 1993a — 📖[5.1] Butler, *Haß spricht*, 1997a — Butler, *Psyche der Macht*, 1997b — 📖[1.5] Lacan, *Das Spiegelstadium*, 1949.

G.P.

1.4 Diskursanalyse

Michel Foucault: *Die Ordnung des Diskurses* (1971)

Inauguralvorlesung am Collège de France, 2. Dezember 1970. Übers. von Walter Seitter. Mit einem Essay von Ralf Konersmann. Erw. Ausg. Frankfurt/M.: Fischer 1991 [*L'ordre du discours*. Paris: Gallimard 1971].

Der Text *Die Ordnung des Diskurses* ist Foucaults Antrittsvorlesung, die er am 2. Dezember 1970 am Collège de France in Paris gehalten hat. Foucault skizziert in diesem Vortrag programmatisch die Forschungsfelder seiner weiteren Tätigkeit. Zugleich grenzt er sich von der Subsumierung seines Werks unter das strukturalistische Paradigma ab. Galt Foucaults Augenmerk in seinen früheren Arbeiten aus den 1960er Jahren vor allem der Analyse der unterschiedlichen Wissenssysteme in der Renaissance, der Klassik (17. und 18. Jahrhundert) und der Moderne, so interessieren ihn nun vor allem die komplexen und weit verzweigten Kanäle und Mechanismen der Macht, durch die »die Produktion des Diskurses zugleich kontrolliert, selektiert, organisiert und kanalisiert« wird (11). Dabei unterscheidet Foucault zwischen 1. *externen Prozeduren* der Ausschließung, 2. *internen Prozeduren* der Klassifikation und Verteilung sowie 3. Mechanismen der *Selektion* unter den sprechenden Subjekten.

Die externen Prozeduren der Ausschließung wirken gleichsam von außen auf den Diskurs. Sie bestimmen, worüber, wann, wo und von wem gesprochen werden darf; sie implementieren die Trennung zwischen Vernunft und Wahnsinn sowie die Grenzziehung zwischen dem Wahren und dem Falschen, die ihren Ausdruck in unserem Willen zum Wissen findet. Als interne Prozeduren kennzeichnet Foucault dagegen Mechanismen, mittels derer Diskurse sich selbst kontrollieren und ihre Ereignishaftigkeit und Zufälligkeit zu bändigen versuchen. Dies sind in erster Linie Prozeduren, »die als Klassifikations-, Anordnungs-, Verteilungsprinzipien wirken« (17), wie der *Kommentar,* die Funktion des *Autors* und die Organisation der wissenschaftlichen *Disziplinen.* Bei den Prozeduren der Selektion und der »Verknappung der sprechenden Subjekte« geht es nach Foucault darum, »die Bedingungen des Einsatzes zu bestimmen, den sprechenden Individuen gewisse Regeln aufzuerlegen und so zu verhindern, daß jedermann Zugang zu den Diskursen hat« (25f.).

Darüber hinaus diagnostiziert Foucault im philosophischen Denken die Tendenz, die Realität des Diskurses zu leugnen oder zu minimieren. Dabei geht es immer darum, »daß der Diskurs so wenig Raum wie nur möglich zwischen dem Denken und der Sprache einnehme« (31). Foucault wendet sich damit sowohl gegen rationalistische Bestrebungen, den Diskurs auf das Denken zu reduzieren, als auch gegen strukturalistische und poststrukturalistische Tendenzen – hier bezieht sich Foucault implizit auf Lacan und

Derrida –, den Diskurs auf die Strukturen der Sprache zurückzuführen und ihn der Ordnung des Signifikanten zu unterwerfen. Dagegen verfolgt Foucault in der Analyse der Diskurse die methodischen Grundsätze der *Kritik* und der *Genealogie:* »Die *Kritik* analysiert die Prozesse der Verknappung, aber auch der Umgruppierung und Vereinheitlichung der Diskurse; die Genealogie untersucht ihre Entstehung, die zugleich zerstreut, diskontinuierlich und geregelt ist.« (41)

Foucaults machtanalytischer und genealogischer Ansatz wurde bereits früh von feministischen Theoretiker*innen als ein entscheidender Schlüssel für die Analyse patriarchaler und heterosexueller Machtregime entdeckt. Diskursanalyse ist in diesem Sinne vor allem Machtanalyse. Während die klassische Strukturanalyse dazu tendiert, die bestehende Ordnung als gegeben vorauszusetzen, unterstreicht die kritische Genealogie Foucaults nicht nur die Gewordenheit der Subjekte, sondern auch die Historizität und Kontingenz der institutionellen und diskursiven Mechanismen und Machtstrukturen, durch die Subjekte allererst geformt und hervorgebracht werden. Kann gezeigt werden, dass diese Strukturen und Mechanismen nicht a priori gegeben, sondern historisch gewachsen sind, so können sie auch in Frage gestellt und als veränderbar ausgewiesen werden. An diesem Punkt setzen die Arbeiten Butlers an, die Foucaults historische und genealogische Analysen mit dekonstruktiven Ansätzen verbinden.

↗ Diskurs, Genealogie, Macht, Sprache, Subjekt, Struktur, Zeichen

📖 5.1 Butler, *Das Unbehagen der Geschlechter,* 1990 — Foucault, *Nietzsche, die Genealogie, die Historie,* 1971b.

G.P.

Michel Foucault: *Überwachen und Strafen: Die Geburt des Gefängnisses* (1975)

Übers. aus dem Franz. von Walter Seitter. Frankfurt/M.: Suhrkamp 1994 [*Surveiller et punir: La naissance de la prison.* Paris 1975].

Foucaults 1975 erschienene Analyse der Entstehung des modernen Strafsystems ist seine erste genealogische Arbeit, die seine Archäologie der epistemischen »Tiefenstruktur« der Humanwissenschaften machtanalytisch weiterentwickelt. Zugleich ist es dasjenige Werk Foucaults, das dem Denken Nietzsches und hier vor allem der *Genealogie der Moral* am deutlichsten verpflichtet ist. Von Nietzsche übernimmt Foucault die These, dass das autonome Subjekt sowie die moralischen Werte und zivilisatorischen Errungenschaften der modernen Gesellschaft – einschließlich des Gefängnissystems, das vordergründig auf körperliche Strafen verzichtet – nicht das Ergebnis eines durch die Vernunft geleiteten Humanisierungsprozesses sind, sondern auf der Internalisierung gewaltsamer Disziplinierungs- und Normierungstechniken beruhen. Diese Mikrophysik der Macht ergreift und durchdringt die Körper bis in die kleinsten Gesten und Verhaltensweisen. Die Seele als »Effekt und Instrument einer politischen Anatomie«, so Foucaults zentrale These, ist das »Gefängnis des Körpers« (42).

↗ GENEALOGIE, KÖRPER, MACHT, SUBJEKT

📖 1.4 Foucault, *Sexualität und Wahrheit I,* 1976 — Hetzel, *Michel Foucault,* 2001 — 📖 1.1 Nietzsche, *Zur Genealogie der Moral,* 1887.

G.P.

Michel Foucault: *Sexualität und Wahrheit I: Der Wille zum Wissen* (1976)

Übers. von Ulrich Raulff und Walter Seitter. 6. Aufl. Frankfurt/M.: Suhrkamp 1992 [*Histoire de la sexualité. Vol. 1. La volonté de savoir.* Paris: Gallimard 1976].

Foucaults 1976 erschienene Schrift *Sexualität und Wahrheit I: Der Wille zum Wissen* ist der erste, einleitende und vorbereitende Teil von ursprünglich sechs geplanten Bänden zur *Geschichte der Sexualität* (so der Titel der französischen Ausgabe). Dabei interessiert sich Foucault weniger für die Geschichte der sexuellen Praktiken und Verhaltensweisen als vielmehr für die Frage, wie diese Verhaltensweisen im Laufe der Geschichte allererst zu Wissensobjekten geworden sind: »Auf welchen Wegen und aus welchen Gründen hat sich der Erkenntnisbereich organisiert, den man mit dem relativ neuen Wort ›Sexualität‹ umschreibt?« (7) Es geht also darum, das »Werden eines Wissens« zu beschreiben, und zwar genau dort, wo es sich nach Foucault erstmals formiert hat: »in den religiösen Institutionen, in den pädagogischen Maßnahmen, in den medizinischen Praktiken, in den Familienstrukturen [...], aber auch in den Zwangsstrukturen, die es auf die Individuen ausgeübt hat, sobald man sie davon überzeugte, sie hätten in sich selber die geheime und gefährliche Kraft einer ›Sexualität‹ zu entdecken« (7). Ins Zentrum des Interesses rückt damit die komplexe Beziehung zwischen der *Macht,* dem *Wissen* und dem *Sex,* die es nach Foucault zu entschlüsseln gilt (8).

Foucaults Ausgangspunkt bildet die Kritik an der psychoanalytisch-marxistischen »Repressionshypothese«, die besagt, dass der Sex – einschließlich all seiner Äußerungs- und Ausdrucksformen – mit der Entstehung der bürgerlichen Gesellschaft unterdrückt worden sei. Gegen dieses Denken der Restriktion und der Repression bringt Foucault die Instanzen der diskursiven Produktion von Wissen und Macht ins Spiel und vertritt die These, »daß seit Ende des 16. Jahrhunderts die ›Diskursivierung‹ des Sexes nicht einem Restriktionsprozeß, sondern im Gegenteil einem Mechanismus zunehmenden Anreizes unterworfen gewesen ist« (23). Nach Foucault ist weniger entscheidend, *was* über einen Gegenstand – den Sex – gesagt wird und welche Positionen, Meinungen und Überzeugungen zur Geltung gebracht werden, sondern *dass* man davon spricht, wer spricht, von welcher Position aus gesprochen wird, mit welcher Autorität, und wie das Gesagte gesammelt, archiviert und verbreitet wird. Ihren Ursprung hat diese Diskursivierung der Sexualität in den klösterlichen Praktiken der Askese, der Beichte und des Geständnisses, die im Mittelalter entwickelt werden und zunächst nur das einzelne Individuum betreffen. Seit dem 17. Jahrhundert aber findet sich der Mensch vor die »quasi unendliche Aufgabe« gestellt, sich selbst oder einem anderen alles über seinen Sex zu sagen. Das Begehren selbst soll so zur Sprache gebracht werden (31).

Gegenüber der Vorstellung einer repressiven, das Individuum und seine Sexualität einschränkenden Macht, die das, was sie unterdrückt, in seinen Entfaltungsmöglichkeiten eingrenzt und beschränkt, entwickelt Foucault ein polyzentrisches Modell einer das moderne Individuum und seinen Körper durchziehenden produktiven Macht, die das, auf was sie wirkt, zugleich hervorbringt und konstituiert. Historisch verortet Foucault diesen neuen Machttypus im 18. und 19. Jahrhundert. Während die souveräne Macht ihre Macht vom Tod herleitet, zielt die neue Macht auf die Vermehrung und Steigerung des Lebens selbst: »[D]as alte Recht, sterben zu *machen* oder leben zu *lassen* wurde von einer Macht [abgelöst], leben zu *machen* oder in den Tod zu *stoßen*« (165). Damit wird das Leben selbst zum Objekt der Macht. Die beiden Pole dieser Macht bilden einerseits – als Disziplinarmacht – die Disziplinierung des Körpers und andererseits – als Biopolitik und Biomacht – die Regulierung der Bevölkerung. Als Scharnier zwischen diesen beiden Machttechnologien fungiert die Sexualität. Die Analyse der Macht zielt somit darauf ab, die Art und Weise zu untersuchen, in der die Individuen als vergeschlechtlichte Subjekte konstituiert werden und sich als Subjekte einer »Sexualität« erkennen und verstehen.

Auch wenn in Foucaults Analyse der Macht und des Sexualitätsdispositivs der Begriff des sozialen Geschlechts (*gender*) keine Rolle spielt, so gilt doch *Sexualität und Wahrheit I: Der Wille zum Wissen* als einer der Gründungstexte der Gender- und Queer-Theorie, insofern er den vergeschlechtlichten Körper historisiert und als soziokulturelles Produkt eines Sexualitätsdispositivs lesbar macht, das Wissen und Macht, Diskurse, Institutionen und soziale Praktiken miteinander verknüpft. Im Mittelpunkt gender- und queertheoretischer Debatten steht dabei vor allem Foucaults ambivalenter Begriff des *Körpers* als Oberfläche kultureller Einschreibungen. Während Foucault einerseits zu argumentieren scheint, dass Körper diskursiv und kulturell konstruiert sind, legt andererseits seine Rhetorik

»der Körper und der Lüste« (187) nahe, dass es einen ungeformten, amorphen Körper gibt, der seinen kulturellen und historischen Einschreibungen vorausgeht. Diese Ambivalenz bildet einen wichtigen Einsatzpunkt für Butlers kritische Auseinandersetzung mit Foucault.

↗ Diskurs, Genealogie, Körper, Macht, Subjekt

📖5.1 Butler, *Foucault and the Paradox of Bodily Insriptions*, 1989 — 📖5.1 Butler, *Das Unbehagen der Geschlechter*, 1990 — Dreyfus/Rabinow, *Michel Foucault*, 1982 — 📖1.4 Foucault, *Überwachen und Strafen*, 1975 — 📖6. Jagose, *Queer Theory*, 1996 — Lorey, *Der Körper als Text und das aktuelle Selbst*, 1993 — Schrift, *Foucault's Reconfiguration of the Subject*, 1997.

G.P.

1.5 Psychoanalyse

Sigmund Freud: »Das Ich und das Es« (1923)

in: *Gesammelte Werke*. Bd. 13: Werke aus den Jahren 1920–1924. Hg. von Anna Freud. Frankfurt/M.: Fischer 1999, 235–290 [auch in: *Das Ich und das Es. Metapsychologische Schriften*. Einleitung von Alex Holder. Frankfurt/M.: Fischer 1992, 251–296].

Angesichts der Schwierigkeit, psychische Phänomene wie Melancholie, Gewissen und Idealbildung zu beschreiben, entschließt sich Freud in »Das Ich und das Es«, das topische Stufenmodell von 1900 durch ein neues Modell des psychischen Apparats, auch Strukturmodell genannt, zu ersetzen: Anstelle der Systeme *Unbewusstes, Vorbewusstes* (latent Unbewusstes) und *Bewusstes* treten nun die psychischen Instanzen *Es, Ich* und *Über-Ich*. Während sich für das *Es* und das *Ich* Entsprechungen im topischen Modell finden lassen, stellt die Beschreibung der Genese des Über-Ich aus der infantilen Bewältigung des Ödipuskomplexes ein Novum dar (vgl. Holder 1992, 12 u. 23).

Bei der Erklärung des Über-Ich bezieht sich Freud auf seine frühere Beschreibung der Melancholie. In »Trauer und Melancholie« (1917) hatte Freud noch argumentiert, dass das Individuum im Falle der Melancholie den Verlust eines besetzten Objekts damit kompensiert, dass es sich mit diesem Objekt identifiziert und dieses im eigenen Ich wieder errichtet, während es bei der »normalen« Trauer seine libidinöse Besetzungsenergie von dem verlorenen Objekt sukzessive abzieht. Während die melancholische Identifizierung also in Freuds früheren Überlegungen vor allem als psychopathologisches Phänomen in den Blick kommt, gelangt er in »Das Ich und das Es« zu dem Ergebnis, dass der melancholische Prozess wesentlich für die Gestaltung des Ich und die Entwicklung seines Charakters ist. Der Charakter des Ich wäre dann »ein Niederschlag aller der vom Ich aufgegebenen Objektbesetzungen« und das Produkt der »Geschichte dieser Objektwahlen« (257). Der erste und entscheidende Schritt im Prozess einer solchen »Aufrichtung des Objekts im Ich« (257) findet ihren Ausdruck im Ödipuskomplex und führt über die Vater- und Mutteridentifizierung zur Herausbildung des Über-Ich, das dem Ich nun gegenübertritt (262).

Freuds wesentlicher Verdienst aus feministischer und gendertheoretischer Perspektive besteht darin, die Geschlechtsidentität sowie die Begehrensstrukturen und die sexuelle Objektwahl als einen Konstitutionsprozess beschrieben zu haben, der zwar vom anatomischen Geschlechtsunterschied ausgeht, aber dennoch nicht einfach ein »natürlicher«, sondern ein psychosozialer und kultureller Entwicklungsprozess ist. Butler bezieht sich wiederholt auf Freuds Konzepte von Trauer und Melancholie und schlägt vor, Gender selbst »als eine Art von Melancholie oder als eine der Wirkungen der Melancholie zu denken« (Butler 1997b, 125).

↗ Gender, Identität, Subjekt

[5.1] Butler, *Das Unbehagen der Geschlechter,* 1990 — [5.1] Butler, *Körper von Gewicht,* 1993a — Butler, *Psyche der Macht,* 1997b — Butler, *Gefährdetes Leben,* 2004b —Freud, *Trauer und Melancholie,* 1917 — Holder, *Einleitung,* 1992 — [3.] Irigaray, *Speculum,* 1974 — [1.1] Nietzsche, *Zur Genealogie der Moral,* 1887.

G.P.

Sigmund Freud: »Die Weiblichkeit« (1932)

in: *Gesammelte Werke.* Bd. 15: Neue Folge der Vorlesungen zur Einführung in die Psychoanalyse. Frankfurt/M.: Fischer 1999, 119–145.

Freuds nie gehaltener Vortrag »Die Weiblichkeit« (1932) ist – nach »Einige psychische Folgen des anatomischen Geschlechtsunterschieds« (1925) und »Über die weibliche Sexualität« (1931) – Freuds dritter Text, der sich ausführlich mit der Entwicklung der weiblichen Sexualität auseinandersetzt. In ihm wird, wie Irigaray in *Speculum* (1974) anmerkt, eine ganze Anzahl von Aussagen früherer Texte neu geordnet und aufeinander bezogen.

Ausgangspunkt von Freuds Vortrag, in dem er sich an ein imaginäres Publikum wendet, ist das »Rätsel der Weiblichkeit«. Sein Ziel ist jedoch nicht die Beantwortung der Frage, »was das Weib ist«, denn »das wäre eine für sie [die Psychoanalyse, G.P.] kaum lösbare Aufgabe«. Vielmehr geht es darum zu beschreiben, »wie sich das Weib aus dem bisexuell veranlagten Kind entwickelt« (124) und »wie die Differenzierung der lebenden Wesen in zwei Geschlechter überhaupt entstanden ist« (123). Freud vertritt die provokante These, dass das Mädchen nichts anderes sei als ein »kleiner Mann«: Erscheint in der frühkindlichen Entwicklung das kleine Mädchen noch »intelligenter, lebhafter [...] als der gleichaltrige Knabe«, treten mit »dem Eintritt in die phallische Phase [...] die Unterschiede der Geschlechter vollends gegen die Übereinstimmung zurück. Wir müssen nun anerkennen, das kleine Mädchen sei ein kleiner Mann« (125f.).

Dabei hat das kleine Mädchen beim Durchlaufen der phallischen Phase zwei Aufgaben mehr zu erfüllen als der Junge: erstens die Umbesetzung von Klitoris und Vagina als erogene Zonen; zweitens den Wechsel seines ersten Liebesobjekts. Denn während für den Jungen die Mutter als das erste Liebesobjekt auch in der Formation des Ödipuskomplexes erhalten bleibt, muss das Mädchen seine erste Objektbesetzung von der Mutter auf den Vater übertragen (vgl. auch Freud 1925, 22). Das für das Mädchen spezifische Ereignis, das die Lösung der Mutterbindung und den Objektwechsel beim Mädchen erklärt, lokalisiert Freud im Kastrationskomplex. Während der Junge durch den Anblick des weiblichen Genitals erfährt, dass sein Penis nicht notwendig Teil seines Körpers ist und unter dem verstärkenden Einfluss erzieherischer Drohungen Kastrationsangst entwickelt, erkennt das Mädchen sein Kastriertsein als ein reales Faktum und entwickelt einen Penisneid (133f., vgl. Freud 1925, 23). Von den drei Entwicklungsrichtungen, die das Mädchen von hier aus nehmen kann, führt die erste zur gänzlichen Abwendung von der Sexualität und damit zur Neurose oder Frigidität; die zweite hält an der verlorenen Männlichkeit fest und entwickelt einen Männlichkeitskomplex bis hin zur Homosexualität; und nur die dritte Entwicklung führt, wenn auch über Umwege, zur »normalen Weiblichkeit« (135, vgl. Freud 1931, 522).

Den folgenschwersten Unterschied zwischen den Geschlechtern lokalisiert Freud folglich im Verhältnis des Ödipuskomplexes zum Kastrationskomplex. Während der Ödipuskomplex des Knaben durch die Kastrationsdrohung vollständig gelöst wird und zur Herausbildung eines strengen Über-Ich führt, das zugleich die notwendige Voraussetzung für die kulturelle und moralische Entwicklung des Kindes ist, löst das Mädchen den Ödipuskomplex nur verspätet und unvollkommen, was zur Herausbildung eines schwachen Über-Ich mit weitreichenden Konsequenzen »für den durchschnittlichen weiblichen Charakter« (138f.) führt. Den einzigen kulturgeschichtlichen Beitrag, den Freud dem »Weib« einzuräumen bereit ist, ist der »des Flechtens und Webens« (142). Ansonsten bleibe seine »Eignung zur Sublimierung« einschließlich seines Sinns für Gerechtigkeit aufgrund eines schwachen Über-Ich fraglich, auch wenn seine sozialen Leistungen (in Familie und Ehe) unbestreitbar seien (144; vgl. Freud 1925, 29f.).

Für die feministische Theorie waren und sind Freuds Überlegungen zu einer ursprünglichen Bisexualität, zum Kastrationskomplex und zur Entwicklung der weiblichen Sexualität ebenso provokativ wie produktiv. In *Speculum* unternimmt Irigaray eine grundlegende Analyse und Kritik von Freuds

Beschreibung der Genese der weiblichen Sexualität und Felman unternimmt in ihrem Text »Weiblichkeit wiederlesen« eine dekonstruktive Lektüre von Freuds Vorlesung.

↗ Gender, Identität, Norm, Subjekt

Bronfen, *Weiblichkeit und Repräsentation*, 1995 — 📖5.1 Butler, *Körper von Gewicht*, 1993a — Butler, *Psyche der Macht*, 1997b — Chase, *Die witzige Metzgersfrau*, 1992 — 📖4. Felman, *Weiblichkeit wiederlesen*, 1981 — Freud, *Einige psychische Folgen des anatomischen Geschlechtsunterschieds*, 1925 — Freud, *Über die weibliche Sexualität*, 1931 — 📖3. Irigaray, *Speculum*, 1974 — 📖4. Spivak, *Verschiebung und der Diskurs der Frau*, 1983.

G.P.

Jacques Lacan: »Das Spiegelstadium als Bildner der Ichfunktion wie sie uns in der psychoanalytischen Erfahrung erscheint« (1949)

in: Lacan, Jacques: *Schriften I*. Bd. 1. Ausgew. und hg. von Norbert Haas. 3., korr. Aufl. Weinheim/Berlin: Quadriga 1991, 61–70 [neu übers. in: *Schriften Band I. Vollständiger Text*. Aus dem Franz. von Hans-Dieter Gondek. Wien/Berlin: Turia + Kant 2016, 109–117; »Le stade du miroir comme formateur de la fonction du Je«, in: *Écrits*. Paris: Seuil 1966, 93–100].

Lacans Thesen, die er schon Mitte der 1930er Jahre entwickelt, jedoch erst 1949 auf dem 16. Internationalen Kongress für Psychoanalyse in Zürich vorgetragen hat, bilden einen konstanten Bezugspunkt sowohl für sein eigenes Schaffen als auch für die poststrukturalistische feministische Kritik. Lacan beschreibt in seinem Text den Eintritt in die symbolische Ordnung ausgehend von den ursprünglichen imaginären Bindungen des Kleinkinds. In der imaginären Phase ist das Kleinkind symbiotisch mit dem Körper der Mutter verbunden und nimmt sich selbst nicht als eigenständige Entität wahr. Das Imaginäre umfasst die gesamte vorsprachliche und präödipale Entwicklungsphase des Kindes, die durch unmittelbare Triebbefriedigung und Wunscherfüllung gekennzeichnet ist. In dieser Phase besitzt das Kind noch kein Selbstbewusstsein, trennt nicht das Ich vom Du. Dies ändert sich mit dem Eintritt in das Spiegelstadium, in dem der Prozess der Individuation in Gang gesetzt wird. Das Spiegelstadium stellt folglich einen fundamentalen Aspekt des Subjektivierungsprozesses dar, den Lacan mit dem Eintritt in das paternale Gesetz der Sprache und dem Beginn des Spracherwerbs korreliert.

Die bis dahin disparate Identität des Kleinkindes konstituiert sich über die zentrierende Kraft des Spiegelbildes als Ganzheit. Das Kind, das zunächst nur ein »zerstückeltes Bild« seines Körpers hat (67 [97]), erkennt sein eigenes Spiegelbild und tut dieses Erkennen »jubilatorisch« kund (63 [94]): »Man kann das Spiegelstadium als eine *Identifikation* verstehen [...], als eine beim Subjekt durch Aufnahme des Bildes ausgelöste Verwandlung« (64 [94]). Im gleichen Maße wie die eigene Identität wahrgenommen wird, erweist sie sich als prozesshaftes, abhängiges Sozialisationsprodukt. Der Spiegel suggeriert eine »wahnhafte Identität« (67 [97]), die keine autonome Wesenheit ist, sondern permanent auf das Andere (im Spiegel), auf die Außenwelt verweist. Um diesem Identitätswahn zu entkommen, muss das Kind die imaginäre Phase überwinden und in die symbolische Ordnung eintreten. Dem Kind wird als Ersatz für den Verlust der unmittelbaren Befriedigung seiner Bedürfnisse im Körperkontakt mit der Mutter die Sprache angeboten, die wie die Ordnung der Geschlechter vom »Gesetz des Vaters« beherrscht wird.

Das Lacan'sche Modell des Subjektivierungsprozesses ist in diesem Sinne von Genderasymmetrien durchzogen, denn der Prozess unterliegt dem *Primat des Phallus,* der die Frau immer auf den Ort des Anderen verweist. Insbesondere an diesem Punkt setzt die feministische Kritik an Lacan an.

↗ Alterität, Identität, Sprache, Subjekt

🕮[5.1] Butler, *Das Unbehagen der Geschlechter,* 1990 — 🕮[5.1] Butler, *Körper von Gewicht,* 1993a — 🕮[2.1] Derrida, *Positionen,* 1972b — 🕮[4.] Felman, *The Scandal of the Speaking Body,* 1980 — 🕮[3.] Irigaray, *Speculum,* 1974 — 🕮[1.5] Lacan, *Das Drängen des Buchstaben im Unbewußten,* 1957 — 🕮[1.5] Lacan, *Die Bedeutung des Phallus,* 1958 — Weber, *Rückkehr zu Freud,* 1978.

A.B.

Jacques Lacan: »Die Bedeutung des Phallus« (1958)

in: *Schriften II.* 3., korr. Aufl. Weinheim/Berlin: Quadriga 1991, 119–132 [neu übers. in: *Schriften Band I. Vollständiger Text.* Aus dem Franz. von Hans-Dieter Gondek. Wien/Berlin: Turia + Kant 2015, 192–204; »La signification de phallus«, in: *Écrits.* Paris: Seuil 1966, 685–698].

In seinem Vortrag vom 9. Mai 1958, gehalten am Max-Planck-Institut für Psychiatrie in München, argumentiert Lacan, dass der Kastrationskomplex den wesentlichen Knotenpunkt für die Herausbildung der Geschlechtsidentität darstellt. Zentrale Bedeutung kommt dabei der Beziehung des Subjekts zum Phallus zu – und zwar »ohne Rücksicht auf den anatomischen Geschlechtsunterschied« (121 [686]). Lacan beschreibt in der Folge die Ausprägung der Geschlechtsidentität als einen genuin symbolischen Prozess, wobei er auf die Begriffe und Methoden der strukturalistischen Sprachwissenschaft zurückgreift.

Freuds Entdeckung des Unbewussten antizipiert nach Lacan nicht nur die »Formeln der Linguistik«, sondern sie verleiht dem Gegensatz von Signifikant und Signifikat überhaupt erst sein volles Gewicht (124 [688]). Der Signifikant ist dabei gegenüber dem Signifikat primär, insofern er eine aktive Funktion in der Bedeutungsbildung ausübt: Es ist der Signifikant über den »das Bedeutbare seine Prägung erleidet und durch dieses Erleiden Signifikat wird« (124

[688]). Damit verändert sich zugleich die Beziehung des Menschen zur Sprache. Es ist nicht einfach nur der Mensch, der spricht; vielmehr spricht »Es in dem und durch den Menschen« (124 [688]). Lacan geht es also nicht »um die Beziehung des Menschen zur Sprache als zu einem gesellschaftlichen Phänomen«, sondern darum, jene Wirkungen im Unbewussten wieder aufzufinden, die durch das doppelte Spiel von Substitution und Kombination – gemäß Jakobsons Polarität von Metapher und Metonymie – das Signifikat erzeugen und »bestimmend sind für die Einsetzung des Subjekts« (125 [689]).

Der Phallus ist folglich weder Phantasma noch Objekt noch Organ (Penis/Klitoris), sondern ein Signifikant, der insofern privilegiert ist, als er »bestimmt ist, die Signifikatswirkungen in ihrer Gesamtheit zu bezeichnen« (126 [690]). Dies hat weitreichende Konsequenzen für das Verhältnis des Subjekts zum Anderen und sein Begehren: »Daß der Phallus ein Signifikant ist, bedeutet, daß das Subjekt Zugang zu ihm findet am Ort des Andern.« (129 [693]) Das Kleinkind, das zunächst die Mutter begehrt, entdeckt, dass die Mutter den Phallus begehrt, d. h., den Phallus *haben* möchte, und begehrt folglich, der Phallus für die Mutter zu *sein*. Begehren ist somit nach Lacan (in Anlehnung an Hegel und Kojève) immer ein Begehren nach dem Begehren des Anderen, d. h. ein Begehren, das Objekt zu sein, das ein anderer begehrt, ein Begehren nach der Anerkennung durch den Anderen.

Das Verhältnis feministischer Theoretiker*innen zum Begriff des Phallus ist ambivalent. Während die einen die Konsequenzen phallogozentrischer Beschreibungsmodelle scharf kritisieren, aber an dem Begriff selbst festhalten und ihn mit alternativen Konzeptualisierungen wie »Schamlippen« (Irigaray), *omphalos* (Bronfen), »lesbischer Phallus« (Butler) kontrastieren, stellen andere den Begriff und das dahinterstehende psychoanalytische Beschreibungsmodell grundsätzlich in Frage (Wittig).

↗ Metapher / Metonymie, Phallogozentrismus, Sprache, Struktur, Subjekt, Zeichen

Bronfen, *Vom Omphalos zum Phallus*, 1994 — 📖5.1 Butler, *Körper von Gewicht*, 1993a — 📖1.2 Jakobson, *Zwei Seiten der Sprache*, 1956 — 📖1.2 Saussure, *Grundfragen der allgemeinen Sprachwissenschaft*, 1916 — 📖3. Wittig, *The Straight Mind and Other Essays*, 1992.

G.P.

Jacques Lacan: »Das Drängen des Buchstaben im Unbewußten oder die Vernunft seit Freud« (1957)

in: Lacan, Jacques: *Schriften II*. 3., korr. Aufl. Weinheim / Berlin: Quadriga 1991, 15–55 [auch in: Haverkamp, Anselm: *Theorie der Metapher*. Darmstadt: WBG 1983, 175–215; neu übers. in: *Schriften Band I. Vollständiger Text*. Aus dem Franz. von Hans-Dieter Gondek. Wien/Berlin: Turia + Kant 2016, 582–626; »L'instance de la lettre dans l'inconscient ou la raison depuis Freud«, in: *Écrits*. Paris: Seuil 1966, 493–530].

In diesem Artikel von 1957 unternimmt Lacan den Versuch, Saussures dichotomisches Zeichenmodell von Signifikant und Signifikat sowie Jakobsons Polarität von Metapher und Metonymie auf die psychoanalytische Theorie des Unbewussten zu übertragen. Damit steht Lacans Reformulierung der Freud'schen Psychoanalyse im Zeichen einer doppelten Wende, die nach Lacan bei Freud selbst bereits angelegt ist: Einerseits gilt es, eine strukturalistische bzw. linguistische Wende der Freud'schen Psychoanalyse zu vollziehen; andererseits geht es um eine »Rückkehr zu Freuds Text« (39 [514]). Der Fokus auf das »Drängen des Buchstaben« (*instance de la lettre*) soll dabei unterstreichen, dass der psychoanalytische Diskurs »auf halbem Wege« »zwischen Geschriebenem (*écrit*) und Sprechen (*parole*)« anzusiedeln ist (17 [493]). Damit bringt Lacan gegenüber Saussure nicht nur die Materialität und den Schriftcharakter des Zeichens prominent mit ins Spiel, sondern auch die Rolle und Funktion des sprechenden Subjekts.

Ausgangspunkt von Lacans Überlegungen ist die These, dass das Unbewusste wie eine Sprache strukturiert ist. Das Unbewusste ist nicht nur der Sitz der Instinkte, vielmehr »entdeckt die Psychoanalyse im Unbewußten [...] die ganze Struktur der Sprache« (19 [495]). Damit entzieht sich die Sprache nicht nur dem intentionalen Zugriff des Subjekts; sie geht diesem sogar auf konstitutive Weise voraus, »weil die Sprache samt ihrer Struktur existiert, bevor ein beliebiges Subjekt in einem bestimmten Moment seiner geistigen Entwicklung in sie eintritt« (19 [495]). Spätestens mit seiner Geburt wird der Mensch in diese Struktur eingeführt: zunächst durch die Verleihung eines Eigennamens, später im Zuge des Spracherwerbs.

In kritischer Auseinandersetzung mit dem Saussure'schen Zeichenmodell argumentiert Lacan dafür, Signifikant und Signifikat nicht als Einheit, sondern als zwei unterschiedlichen Ordnungen zugehörig zu betrachten, »die von vornherein getrennt sind durch eine Schranke, die sich der Bedeutung widersetzt« (21 [497]). Damit radikalisiert Lacan Saussures Begriffe der Arbitrarität und Differentialität des Zeichens. Während Arbitrarität bei Saussure bedeutet, dass kein Signifikant besser geeignet ist als ein anderer, um ein bestimmtes Signifikat zu bezeichnen, argumentiert Lacan, dass erst in der Verkettung der Signifikanten »der Sinn *insistiert* [*insiste*], aber dass keines der Elemente der Kette in der Bedeutung besteht [*consiste*] zu der es in genau dem Moment fähig ist« (27 [502], Übers. Gondek). Lacan spricht daher auch von einem unaufhörlichen Gleiten des Signifikats unter der Signifikantenkette, in der sich die Produktion von Bedeutung – als Einwirkung des Signifikanten auf das Signifikat – allein über zwei Funktionen vollzieht, die Lacan im Anschluss an Jakobson mit der Verknüpfungsleistung der Metonymie und der Substitutionsleistung der Metapher assoziiert.

Lacan überträgt dieses Modell auf die Freud'sche Psychoanalyse, wobei er geltend macht, dass Freuds *Traumdeutung* selbst bereits nahelegt, dass das Unbewusste wie eine Sprache strukturiert ist. Denn der Schlüssel zur Traumdeutung besteht nach Freud gerade darin, die Elemente des Traumes wie eine Schrift oder ein Bilderrätsel zu lesen, also gerade nicht als Signifikate hinsichtlich ihres Bildwerts oder ihrer Bedeutung, sondern allein als Signifikanten hinsichtlich ihrer Zeichenbeziehungen. Den paradigmatischen Fall hierfür bildet nach Freud die ägyptische Hieroglyphenschrift, in der einzelne Zeichen völlig unterschiedliche sprachliche Funktionen übernehmen können, so dass »es lächerlich wäre, aus der Häufigkeit des Geiers oder des Kükens, die den Buchstaben Alef und den Buchstaben Waw darstellen [...], abzuleiten, der Text habe auch nur im geringsten etwas mit diesen Vogelarten zu tun« (36 [510]).

Damit wird es möglich, in der Traumarbeit dieselben Mechanismen zu identifizieren wie in der Sprache: Freuds *Entstellung* als die allgemeine Vorbedingung der Traumfunktion ist nichts anderes als das »Gleiten des Signifikats unter dem Signifikanten« (36 [511]); der *Verdichtung* entspricht die Metapher und der *Verschiebung*, die vor allem dazu dient, die Zensur zu umgehen, die Metonymie. Damit folgt die Traumarbeit nicht nur »den Gesetzen des Signifikanten« (37 [512]); vielmehr geht es nach Lacan darum, »die konstituierende Rolle des Signifikanten im Status des Unbewußten« wieder zu entdecken, »die Freud von vornherein sehr exakt formalisiert hat« (38 [512]) und die sich im Symptom ebenso erkennen lässt wie in der Struktur des Begehrens: »Denn das Symptom *ist* eine Metapher [...] wie das Begehren eine Metonymie *ist*« (55 [528]).

↗ Dichotomie, Metapher/Metonymie, Schrift, Sprache, Struktur, Subjekt, Zeichen

Freud, *Die Traumdeutung*, 1900 — 🕮1.2 Jakobson, *Zwei Seiten der Sprache*, 1956 — 🕮1.2 Saussure, *Grundfragen der allgemeinen Sprachwissenschaft*, 1916 — 🕮4 Weigel, *Das Weibliche als Metapher des Metonymischen*, 1986.

G.P.

2. Dekonstruktion

2.1 Jacques Derrida

Jacques Derrida: Grammatologie (1967)

Übers. von Hans-Jörg Rheinberger und Hanns Zischler. Frankfurt/M.: Suhrkamp 1983 [*De la grammatalogie*. Paris: Minuit 1967; engl. Übers.: *Of Grammatology*. Trans. by Gayatri Spivak. Baltimore: Johns Hopkins UP 1976].

Entgegen der verbreiteten Annahme, dass die westliche Kultur in erster Linie eine Kultur der Schrift und des geschriebenen Wortes sei, versucht Derrida in seinem ersten Hauptwerk zu zeigen, dass es gerade die Stimme ist, die als unmittelbare Präsenz gegenüber der toten, erstarrten und verwaisten Schrift innerhalb der westlichen Tradition privilegiert wird. Im ersten Teil »Die Schrift vor dem Buchstaben« entwickelt Derrida die theoretischen Grundlagen und das begriffliche Vokabular einer »Wissenschaft von der Schrift«, der sogenannten *Grammatologie*, wobei er sich vor allem kritisch mit Saussures Sprach- und Zeichenbegriff auseinandersetzt. Im zweiten Teil »Natur, Kultur, Schrift« zielt Derrida darauf ab, die theoretischen Überlegungen am Beispiel von Rousseaus *Essai sur l'origine des langues* (1781) sowie Lévi-Strauss' ethnologischen Schriften zu überprüfen und ihre philosophiegeschichtlichen und sprachphilosophischen Implikationen auszuloten.

Derridas zentrale These ist, dass die westliche Philosophie seit ihren griechischen Anfängen die Stimme gegenüber der Schrift privilegiert hat, was er auch als Phono- und Logozentrismus beschreibt. So begreift Platon die Schrift »als Verstellung der natürlichen und unmittelbaren Präsenz« (66), Rousseau als Bruch mit der Natur und Saussure als eine sekundäre Repräsentation der *parole*. Damit bleiben alle diese Denker letztlich dem metaphysischen System binär hierarchisierter Oppositionen wie Form/Materie, Geist/Körper, Stimme/Schrift, Präsenz/Repräsentation verhaftet. Schrift erscheint hier als ein bloßes Supplement, eine Ergänzung zur gesprochenen Sprache, eine Repräsentation der Repräsentation, während sich in der metaphysischen Bestimmung des Seins als Präsenz der Wunsch nach der »Wiederaneignung der Präsenz« (23) in der Selbstaffektion des »Sich-im-Sprechen-Vernehmens« ausdrückt. Die westliche Philosophie wird somit beherrscht von einer »Metaphysik der Präsenz«, der »Bestimmung des Seins des Seienden als Präsenz« (26), die dem sekundären und abgeleiteten Charakter der Schrift die Unmittelbarkeit und Präsenz der Stimme und des Sprechens gegenüberstellt.

Demgegenüber versucht Derrida eine Wissenschaft von der Schrift zu etablieren, die die Hierarchie von Stimme und Schrift nicht einfach umkehrt, sondern sie auf eine »Ur-Schrift« als ihre gemeinsame Bedingung der Möglichkeit zurückführt. In »Signatur Ereignis Kontext« radikalisiert und spezifiziert Derrida seine Dekonstruktion des klassischen Schriftbegriffs über den Begriff der Iterabilität und verweist auf den graphematischen Charakter nicht nur der gesprochen Sprache, sondern jeder Erfahrung.

↗ Binarität, Iterabilität, Logozentrismus, Schrift, Sprache, Struktur, Zeichen

📖[2.1] Derrida, *Signatur Ereignis Kontext,* 1971b — 📖[1.2] Lévi-Strauss, *Die elementaren Strukturen,* 1949 — 📖[1.2] Saussure, *Grundfragen der allgemeinen Sprachwissenschaft,* 1916.

G.P.

Jacques Derrida: »Die Struktur, das Zeichen und das Spiel im Diskurs der Wissenschaften vom Menschen« (1967)

in: Derrida, Jacques: *Die Schrift und die Differenz.* Frankfurt/M.: Suhrkamp 1976, 422–442 [»La structure, le signe et le jeu dans le discours des siences humaines«, in: *L'écriture et la différence.* Paris: Seuil 1967, 409–428].

Dieser Text geht auf einen Vortrag zurück, den Derrida 1966 anlässlich eines internationalen Kolloquiums an der Johns Hopkins University gehalten hat, an dem auch Paul de Man, Jacques Lacan, Roland Barthes, Jean Hyppolite und Paul Vernant teilgenommen haben. Veröffentlicht wurde der Vortrag 1967 in dem Band *Die Schrift und die Differenz,* der Aufsätze und Vorträge Derridas aus den Jahren 1959–1966 versammelt und im selben Jahr wie die *Grammatologie* und *Die Stimme und das Phänomen* erschienen ist.

Die kritische Auseinandersetzung mit dem Begriff der Struktur und mit dem Strukturalismus als der in den 1960er Jahren vorherrschenden Methode in den Sozial-, Kultur- und Geisteswissenschaften bildet den Ausgangspunkt des Vortrags. Derrida argumentiert, dass sich ein »Ereignis« in der Geschichte des Struktur-Begriffs vollzogen hat, das die Dezentrierung des Systems der Metaphysik markiert (424). Während in der Vorstellung des westlichen Denkens jede Struktur ein Zentrum haben muss, das ihr einen »Punkt der Präsenz«, einen festen Ursprung verleiht und das die Aufgabe hat, die Struktur zu orientieren und das »Spiel der Elemente« zugleich zu ermöglichen und zu begrenzen (422), bedeutet die Dezentrierung der Struktur die Abwesenheit eines Zentrums oder eines Ursprungs in der Gestalt eines transzendentalen Signifikats.

Geschichtliche Belege für die Überwindung dieser Vorstellung einer zentrierten Struktur, zugunsten eines Systems, »in dem das transzendentale Signifikat niemals absolut, außerhalb eines Systems von Differenzen, präsent ist« (424), findet Derrida bei Nietzsche, Freud und Heidegger. Er nennt hier Nietzsches »Kritik an der Metaphysik, an den Begriffen des Seins und der Wahrheit, die er durch die Begriffe des Spiels, der Interpretation und des Zeichens [...]

ersetzt hat«, »Freuds Kritik am Sich-selbst-gegenwärtig-Sein, das heißt am Bewusstsein, am Subjekt, an der Identität mit sich selbst«, und Heideggers »Destruktion der Metaphysik, der Onto-Theologie und der Bestimmung des Seins als Präsenz« (425).

Allerdings sind auch noch diese »destruktiven Diskurse« in einem Zirkel gefangen, da sie notwendig auf das Vokabular jenes Systems zurückgreifen müssen, das sie zurückzuweisen versuchen. Derrida formuliert damit eine der zentralen Einsichten der Dekonstruktion: Es ist ebenso sinnlos wie unmöglich, »auf die Begriffe der Metaphysik zu verzichten, wenn man die Metaphysik erschüttern will« (425). Die Sprache selbst ist in der Metaphysik gefangen. Dies gilt auch noch für den Begriff des Zeichens, der trotz seiner radikalen Reformulierung durch Saussure noch auf der metaphysischen Entgegensetzung von Geistigem und Sinnlichem basiert. Insofern verlangt die Sprache nach ihrer eigenen Kritik (429). Diese Kritik muss einerseits die systematische Befragung der Geschichte dieser Begriffe unternehmen; andererseits kann sie auch darin bestehen, die alten Begriffe wie Werkzeuge, »die noch zu etwas dienlich sein können, aufzubewahren und nur hier und da die Grenzen ihrer Brauchbarkeit anzuzeigen« (430).

↗ Binarität, Différance, Diskurs, Identität, Kritik, Logozentrismus, Schrift, Sprache, Struktur, Subjekt, Zeichen

📖[6.] Culler, *Dekonstruktion,* 1982 — 📖[2.1] Derrida, *Signatur Ereignis Kontext,* 1971b — 📖[1.2] Lévi-Strauss, *Die elementaren Strukturen der Verwandtschaft,* 1949 — Lévi-Strauss, *Das wilde Denken,* 1962 — 📖[6.] Münker/Roesler, *Poststrukturalismus,* 2000 — 📖[6.] Renner/Habekost, *Lexikon literaturtheoretischer Werke,* 1995 — 📖[1.2] Saussure, *Grundfragen der allgemeinen Sprachwissenschaft,* 1916.

G.P.

Jacques Derrida: »Die *différance*« (1968)

in: Derrida, Jacques: *Randgänge der Philosophie.* 2., überarb. Aufl. Wien: Passagen 1999, 31–56 [»La différance«, in: *Marges de la philosophie.* Paris: Minuit 1972, 1–30].

Der Text »Die *différance*«, der 1972 im Band *Randgänge der Philosophie* erschienen ist – im selben Jahr wie die beiden Bände *Positionen* und *Dissemination* –, geht auf einen Vortrag zurück, den Derrida im Januar 1968 vor der *Société française de philosophie* gehalten hat. Derrida führt in diesem Text erstmals explizit den Terminus *différance* ein, der bereits in früheren Schriften auftaucht. Derrida macht sich dabei die Eigenart der französischen Sprache zunutze, in der der Neologismus *différance* und der gängige Ausdruck *différence* homophone Ausdrücke sind. An Saussures Einsicht in die Differentialität der sprachlichen Zeichen anknüpfend, radikalisiert und verallgemeinert Derrida diesen Befund im Hinblick auf das Funktionieren aller

Zeichen: Der unhörbare Unterschied zwischen der *differ()nce* mit *a* und mit *e* ist ebenso stumm wie das Spiel der Differenzen, das die Phoneme als die kleinsten bedeutungsunterscheidenden Einheiten der Sprache konstituiert und sowohl sinnlich als auch intelligibel vernehmbar macht.

Das Verb *différer* hat im Französischen sowohl räumliche als auch zeitliche Konnotationen. Zum einen bedeutet *différer* »sich unterscheiden, von etwas abweichen, auseinander gehen« und verweist somit auf einen Prozess der »Verräumlichung« zwischen verschiedenen Dingen (*différents*) oder Meinungen (*différends*: Streitigkeiten). Zum anderen bedeutet *différer* auch »aufschieben, zurückstellen, verschieben« und bezeichnet zeitliche Bewegungen oder Tätigkeiten: »*Différer* in diesem Sinne heißt temporisieren, heißt bewußt oder unbewußt auf die zeitliche und verzögernde Vermittlung eines Umweges rekurrieren« (36). Das »*a*« der *différance* verweist zudem auf die Aktivität des Partizip Präsens *différant*, während das Suffix »*-ance*« zwischen dem Aktiv und dem Passiv oszilliert. Es kompensiert damit den Sinnverlust des Terms *différence*, der im Französischen weder die Bedeutung eines aktiven Auf- oder Verschiebens noch eines aktiven Sich-Unterscheidens, z.B. im Sinne einer Meinungsverschiedenheit, umfasst.

Die *différance* als Temporalisierung findet Derrida in der klassischen Struktur des Zeichens als Repräsentation wieder, d.h. als »aufgeschobene Präsenz, nach deren Wiederaneignung man strebt« (38). In diesem Sinn ist die Ersetzung des Gegenstandes durch das Zeichen zugleich sekundär (im Hinblick auf die ursprüngliche Präsenz des Gegenstandes) und vorläufig (im Hinblick auf die angestrebte Wiederaneignung dieser Präsenz durch die Vermittlung des Zeichens). Stellt man jedoch den sekundären und vorläufigen Charakter des Zeichens in Frage und setzt ihm stattdessen eine »ursprüngliche« *différance* entgegen, so heißt das nicht nur, dass man die *différance* selbst nicht mehr unter dem Begriff des Zeichens fassen kann, sondern auch, dass die Autorität der Anwesenheit bzw. ihres Gegenteils, der Abwesenheit, selbst in Frage gestellt werden muss (38f.).

Es gibt keine Präsenz außerhalb der semiologischen Differenz. Da jeder Begriff in eine Kette oder in ein System eingeschrieben ist, in dem er »durch das systematische Spiel von Differenzen« auf andere Begriffe verweist, ist er »nie an sich gegenwärtig« (40). Folglich ist die *différance* als das Spiel der Differenzen »nicht einfach ein Begriff, sondern die Möglichkeit der Begrifflichkeit, des Begriffsprozesses und -systems überhaupt« (40). Sie ist »jene Bewegung, durch die sich die Sprache oder jeder Code, jedes Verweisungssystem im Allgemeinen ›historisch‹ als Gewebe von Differenzen konstituiert« (41), wobei die Begriffe *Produktion, Konstitution* und *Geschichte,* wie Derrida einräumt, selbst noch der Sprache der Metaphysik verhaftet sind.

Zudem sind die Differenzen nicht einfach gegeben, sondern selbst produzierte Effekte, deren Ursache weder ein Subjekt noch ein irgendwo gegenwärtiges Seiendes ist, das dem Spiel der *différance* enthoben wäre. Sie sind »Effekt[e] ohne Ursache« (40). Folgt man der Saussure'schen Position, der zufolge das Sprachsystem nicht eine Funktion des sprechenden Subjekts ist, so impliziert dies, dass das Individuum nur zum sprechenden Subjekt wird, wenn es sein Sprechen an das Regelsystem der Sprache und »an das allgemeine Gesetz der *différance* angleicht« (44). Anders gesagt, es gibt kein Subjekt, das Herr*in oder Autor*in der *différance* wäre; vielmehr ist die Subjektivität selbst ein Effekt der *différance* (vgl. Derrida 1972b, 70).

Obwohl es naheliegend scheint, die *différance* mit dem Problem der Geschlechterdifferenz in Verbindung zu bringen, weist Derrida eine darauf bezogene Frage in der sich direkt an den Vortrag anschließenden Diskussion noch zurück. Doch bereits wenige Jahre später, in »Sporen«, kommt Derrida auf die Frage der Geschlechterdifferenz ausführlich zurück.

↗ DIFFÉRANCE, DISSEMINATION, REPRÄSENTATION, SPRACHE, STRUKTUR, SUBJEKT, ZEICHEN

🕮[5.2] Barad, *Die queere Performativität der Natur*, 2011 — 🕮[6.] Culler, *Dekonstruktion*, 1982 — Derrida, *The Original Discussion of ›Différance‹*, 1968b — 🕮[2.1] Derrida, *Positionen*, 1972b — 🕮[2.1] Derrida, *Sporen*, 1973 — 🕮[2.1] Derrida, *Geschlecht*, 1985 — Spivak, *Feminism and Deconstruction*, 1993a.

G.P.

Jacques Derrida: »Signatur Ereignis Kontext« (1971)

in: *Limited* Inc. Übers. aus dem Franz. von Werner Rappl unter Mitarbeit von Dagmar Travner. Wien: Passagen 2001, 15–45 [»Signature événement contexte«, in: *Marges de la philosophie*. Paris: Minuit 1972, 365–393; auch in: *Randgänge der Philosophie*. Wien: Passagen 1988, 291–314].

Der Vortrag »Signatur Ereignis Kontext« wurde im August 1971 anlässlich einer Konferenz zum Thema »Kommunikation« in Montreal gehalten, an der u.a. auch der französische Philosoph Paul Ricœur teilnahm. Der Vortrag wurde 1972 in dem Band *Randgänge der Philosophie* veröffentlicht und erschien 1977 erstmals in englischer Übersetzung, gemeinsam mit einer Entgegnung des amerikanischen Sprachphilosophen John R. Searle in der Zeitschrift *Glyph*. Nur wenige Monate später folgt Derridas ausführliche Antwort auf Searle unter dem Titel »Limited Inc a b c ...«. Wahrscheinlich hat kaum ein anderer Text die Rezeption Derridas im anglo-amerikanischen Raum nachhaltiger beeinflusst. Dazu hat nicht zuletzt die teilweise polemisch geführte Debatte zwischen Derrida und Searle, einem der wichtigsten Vertreter*innen der analytischen Philosophie und der Sprechakttheorie, beigetragen.

Derridas Ausführungen setzen ein mit der Infragestellung dreier Begriffe: der *Kommunikation* als Übermittlung, Transport, Austausch von Sinn und

Intentionen, des *Kontextes* als einer Grenze, die jede Mehrdeutigkeit eliminiert, und der *Schrift* als einem supplementären, abgeleiteten Kommunikationsmittel im Vergleich zur mündlichen Rede. Derrida stellt in Frage, dass dem Wort *Kommunikation* ein einzelner, eindeutiger, beherrschbarer, übermittelbarer, d. h. kommunizierbarer Begriff entspricht. Er bezweifelt nicht nur den Wert einer »eigentlichen« Bedeutung, die jeder semantisch-metaphorischen Verschiebung vorausgeht, sondern auch die Möglichkeit, die Mehrdeutigkeit oder Polysemie eines sprachlichen Elements durch den Kontext vollständig und abschließend zu reduzieren. Dagegen führt Derrida ins Treffen, dass kein Kontext absolut bestimmbar und gesättigt ist.

Aus der strukturellen Ungesättigtheit des Kontexts leitet Derrida die Notwendigkeit einer Verallgemeinerung und Verschiebung des klassischen Schriftbegriffs ab, insofern traditionellerweise die Schrift als ein Kommunikationsmittel gedacht wird, das jeden Kontext zu transzendieren vermag. Ausgehend vom sekundären, abgeleiteten Status der Schrift gegenüber dem sich selbst gegenwärtigen Sprechen, den Derrida als einen Grundzug der Metaphysik versteht, versucht er zunächst, die Kerneigenschaften des klassischen Schriftbegriffs zu konkretisieren, um dann zu zeigen, dass diese für »alle Ordnungen von ›Zeichen‹ und für alle Sprachen im allgemeinen« und »sogar über die semio-linguistische Kommunikation hinaus« Gültigkeit haben (26f.).

Als die Kerneigenschaften des klassischen Schriftbegriffs bestimmt Derrida: 1. die *Beständigkeit* oder das *Bestehenbleiben* des geschriebenen Zeichens über die Gegenwart seiner Einschreibung hinaus; 2. die Kraft des schriftlichen Zeichens zum *Bruch mit seinem Kontext,* da man ein schriftliches Syntagma immer aus seiner jeweiligen Verkettung herausnehmen und in andere Ketten einschreiben oder diesen aufpfropfen kann, und 3. die *Verräumlichung,* die das geschriebene Zeichen als eine visuelle Markierung in einem bestimmten Raum sowohl »von den anderen Elementen der internen kontextuellen Kette« als auch von seinem Referenten und selbst von seinem Signifikat trennt (28).

Ausgehend von diesen Eigenschaften, von denen Derrida zu zeigen versucht, dass sie sowohl zur Struktur der geschriebenen als auch der gesprochenen Zeichen gehören und folglich alle Zeichen *als* Schrift konstituieren, schließt Derrida auf die allgemeine Iterabilität aller sprachlichen und nicht-sprachlichen Zeichen. Unter »Iterabilität« versteht er die Möglichkeit des Zeichens, mit jedem gegebenen Kontext zu brechen und unendlich viele neue Kontexte zu erzeugen, was keineswegs heißt, »daß das Zeichen [*marque*] außerhalb eines Kontextes gilt, sondern im Gegenteil, daß es nur Kontexte ohne absolutes Verankerungszentrum gibt« (32).

Diese Überlegungen gelten auch für die »singulärsten« und »ereignishaftesten« aller Äußerungen, die performativen Sprechakte in der Sprechakttheorie Austins, auf die Derrida im zweiten Teil seines Textes zu sprechen kommt. Austin geht davon aus, dass jeder Sprechakt durch seinen Kontext und die Intention des sprechenden Subjekts in der Totalität der Kommunikationssituation bestimmt werden kann. Dagegen argumentiert Derrida, dass keine performative Äußerung gelingen könnte, »wenn ihre Formulierung nicht eine ›codierte‹ oder iterierbare Aussage wiederholen würde«, »wenn sie also nicht in gewisser Weise als ›Zitat‹ identifizierbar wäre« (40). Diese iterative oder zitathafte Struktur aller Sprechakte unterminiert nicht nur die Vorstellung einer die Äußerung beseelenden Intention, sondern auch die Möglichkeit eines gesättigten und abgeschlossenen Kontextes.

Derrida gelangt auf diese Weise zu einem verallgemeinerten Schriftbegriff, demgemäß die Rede, das Bewusstsein, der Sinn und die Wahrheit nur abgeleitete Effekte sind. Dennoch hält er aus strategischen Gründen am »alten Namen« Schrift fest – ein Vorgehen, das er auch als »Paläonymie« (gr. *palaios*: alt + *onoma*: Name) bezeichnet (44). Es ist nicht möglich, die metaphysischen Termini einfach beiseitezulegen; vielmehr geht es darum, sie auf andere Art wiedereinzuschreiben, die Ordnung und Hierarchie, an die sie geknüpft sind, zu verschieben und zu destabilisieren.

»Signatur Ereignis Kontext« ist ein wichtiger Schlüsseltext Derridas, der nicht zuletzt aufgrund des Begriffs der Iterabilität auch für gender- und queertheoretische Ansätze maßgebend ist. Darüber hinaus hat Derridas Reformulierung des Performativitätsbegriffs nicht nur die Arbeiten von Felman, Johnson, Butler u.a. beeinflusst, sondern wird auch von kritischen posthumanistischen und neomaterialistischen Ansätzen rezipiert.

↗ Dekonstruktion, Dissemination, Iterabilität, Kommunikation, Kontext, Kritik, Performativität, Schrift, Sprache, Zeichen

📖5.2 Barad, *Die Queere Performativität der Natur*, 2011 — Barad, *Meeting the Universe halfway*, 2007 — 📖5.1 Butler, *Das Unbehagen der Geschlechter*, 1990 — 📖5.1 Butler, *Körper von Gewicht*, 1993a — 📖5.1 Butler, *Haß spricht*, 1997a — 📖6. Culler, *Dekonstruktion*, 1982 — Derrida, *Limited Inc abc...*, 1977 — 📖4. Felman, *The Scandal of the Speaking Body*, 1980 — Johnson, *Poetry and Performative Language*, 1980a — 📖6. Posselt/Flatscher, *Sprachphilosophie*, 2016 — Searle, *Reiterating the Differences*, 1977.

G.P.

Jacques Derrida: *Dissemination* (1972)

Aus dem Franz. von Hans-Dieter Gondek. Wien: Passagen 1995 [*La dissémination*. Paris: Seuil 1972; engl. Übers.: *Dissemination*. Trans., with an introduction and additional notes, by Barbara Johnson. Chicago: UP of Chicago 1981].

Mit *Dissemination, Positionen* und *Randgänge der Philosophie* präsentiert Derrida zum zweiten Mal nach 1967 gleich drei Bücher, die alle in einem einzigen Jahr erscheinen. *Dissemination* versammelt vier Texte (»Buch-Außerhalb«, »Platons Pharmazie«, »Die zweifache Séance«, »Dissemination«), die die Grenzen zwischen Philosophie und Literatur ausloten. Die »Dissemination« steht dabei – als Entsprechung zum unendlichen Spiel der *différance* und der unabschließbaren Logik des Supplements – für eine Verstreuung und Vermehrung des Sinns, die durch keine Polysemie mehr begrenzt und auf keine gemeinsame Interpretation mehr zurückgeführt werden kann.

In »Platons Pharmazie« dekonstruiert Derrida sowohl Platons Bestimmung des geschriebenen Textes als eines Waisenkinds, das den Schutz des väterlichen Logos, des sich selbst unmittelbar gegenwärtigen gesprochenen Wortes, verloren hat, als auch seine Bestimmung der Schrift als *pharmakon* (Heilmittel / Gift), indem er zeigt, dass *pharmakon* im platonischen Werk eine Mehrdeutigkeit entfaltet, die weder kontrolliert noch auf einen gemeinsamen Sinn reduziert werden kann. Ebenso wird deutlich, dass Platons supplementäre Bestimmung des geschriebenen Textes als Bastard oder Waisenkind nicht auf die Installation einer »guten« Schrift im Inneren der Seele verzichten kann. Die Schrift als das scheinbar äußere Supplement des Sprechens erweist sich damit als dessen innerstes Moment.

In seiner Mallarmé-Lektüre »Die zweifache Séance« versucht Derrida zu zeigen, dass die Texte Mallarmés sich sowohl thematischen als auch formalistischen Lektüren entziehen. Die Mimesis, die traditionellerweise das Verhältnis der Literatur und Kunst zur Wahrheit und Realität definiert, wird bei Mallarmé zur »Mimik ohne Nachahmung« (235), zu einer Imitation ohne Original. Derrida gibt dieser Unentscheidbarkeit den Namen »Hymen« und stellt sie in eine Reihe mit dem *pharmakon,* der *différance,* der *Spur* und dem *Supplement:* So wie das *pharmakon* »weder das Heilmittel [ist] noch das Gift, weder das Gute noch das Böse, weder das Drinnen noch das Draußen, weder das gesprochene Wort noch die Schrift«, so ist auch das *Hymen* »weder die Vereinigung noch die Trennung, weder die Identität noch die Differenz, weder der Vollzug noch die Unberührtheit, weder Hülle noch Enthüllung, weder Drinnen noch Draußen usw.« (Derrida 1972b, 90).

↗ BINARITÄT, DISSEMINATION, HYBRIDITÄT, LEKTÜRE/LESEN, LOGOZENTRISMUS, SCHRIFT

📖[2.1] Derrida, *Positionen,* 1972b — 📖[4.] Menke, *Dekonstruktion der Geschlechteropposition,* 1995a.

A.B.

Jacques Derrida: *Positionen* (1972)

Gespräche mit Henri Ronse, Julia Kristeva, Jean-Louis Houdebinde, Guy Scarpetta. Aus dem Franz. von Dorothea Schmidt unter Mitarb. von Astrid Wintersberger. Wien: Passagen 1986 [*Positons: Entretiens avec Henri Ronse, Julia Kristeva, Jean-Louis Houdebine, Guy Scarpetta.* Paris: Minuit 1972].

Der Band *Positionen* enthält drei »Gespräche«, die Derrida mit Henri Ronse, Julia Kristeva, Jean-Louis Houdebine und Guy Scarpetta in schriftlicher Form geführt hat. Derrida behandelt in diesen Gesprächen nicht nur ausführlich die Zielsetzung und den Status seiner bis 1972 veröffentlichten Texte, sondern er versucht darüber hinaus, eine Reihe seiner zentralen »Begriffe« wie *Schrift, Spur, différance* und *Supplement* zu situieren. Erwähnt sei hier vor allem das zweite Gespräch, das Derrida unter dem Titel »Semiologie und Grammatologie« mit Julia Kristeva geführt hat, einer der führenden Theoretikerinnen der sexuellen Differenz in Frankreich.

↗ DIFFÉRANCE, LOGOZENTRISMUS, SCHRIFT, STRUKTUR, ZEICHEN

G.P.

Jacques Derrida: »Sporen. Die Stile Nietzsches« (1973)

in: Hamacher, Werner (Hg.): *Nietzsche aus Frankreich*. Übers. von Richard Schwaderer, überarb. von Werner Hamacher. Frankfurt/Berlin: Ullstein 1986, 129–168 [»Éperons. Les styles de Nietzsche«, in: ›Nietzsche aujourd'hui?‹, 10/18, Paris 1973; zweisprachige Ausg.: *Spurs. Nietzsche's Styles/Éperons. Les Styles de Nietzsche*. Introduction by Stefano Agosti, trans. by Barbara Harlow. Chicago/London: Univ. of Chicago Press 1979].

In diesem Text, der im Juli 1972 auf einem Nietzsche-Kolloquium in Cerisy-la-Salle vorgetragen wurde, geht Derrida der Frage der Geschlechterdifferenz und dem Problem des Weiblichen bei Nietzsche nach, wobei er auch auf Heideggers Nietzsche-Lektüre zurückgreift. Derridas Text beginnt mit folgender Ankündigung: »[D]ie Frau wird mein Sujet, mein Subjekt sein« (131). Gegen Ende des Texts verkehrt er seine Worte in ihr scheinbares Gegenteil: »[D]ie Frau wird also nicht mein Sujet gewesen sein« (158). Damit verweist Derrida auf die Schwierigkeit, das Weibliche überhaupt zum Thema bzw. Subjekt eines philosophischen oder theoretischen Diskurses zu machen, insofern der Subjektstatus der Frau in der Tradition der westlichen Metaphysik per se prekär ist und sich dem (paradigmatisch als *männlich* gedachten) Idealtypus der menschlichen Subjektivität zu entziehen scheint.

Die Frau entzieht sich Derridas Diagnose zufolge der klassischen Opposition des Wahren und des Falschen, denn »es gibt kein Wesen der Frau [...]. Es gibt keine Wahrheit der Frau [...]. Frau ist ein Name dieser Nicht-Wahrheit der Wahrheit.« (136f.) So wenig wie es die Wahrheit der Frau gibt, so wenig gibt es das An-sich-Sein der Frauen und deren Frau-Sein, womit Derrida auf die Deontologisierung sowohl des Begriffs der Frau als auch des Geschlechtsunterschieds zielt.

Derridas »Sporen« ist einer der kontroversen Angelpunkte feministischer Derrida-Rezeption (vgl. Menke, Cornell, Weigel, Klinger u.a.). Die Kritik richtet sich nicht zuletzt gegen die »dekonstruktive« Vereinnahmung der »Frau« als Modell des Dazwischen und als Metapher für die unverfügbare Wahrheit.

↗ Dekonstruktion, Dissemination, Essentialismus, Lesen / Lektüre, Schrift

📖5.2 Babka, *Unterbrochen*, 2002 — Bennington, *Derridabase*, 1994 — 📖4. Cornell, *Das feministische Bündnis mit der Dekonstruktion*, 1991 — 📖2.1 Derrida, *Choreographien*, 1982 — 📖4. Feder u.a., *Derrida and Feminism*, 1997 — 📖1.5 Freud, *Die Weiblichkeit*, 1932 — 📖6. Kimmerle, *Jacques Derrida zur Einführung*, 1988 — Klinger, *Eine Fallstudie zum Thema postmoderner Philosophie der Weiblichkeit*, 1994 — 📖4. Menke, *Dekonstruktion der Geschlechteropposition*, 1995a — 📖4. Spivak, *Verschiebung und der Diskurs der Frau*, 1983 — 📖4. Weigel, *Das Weibliche als Metapher des Metonymischen*, 1986.

A.B.

Jacques Derrida: *Glas. Totenglocke* (1974)

Jacques Derrida: *Glas. Totenglocke*. Aus dem Französischen von Hans-Dieter Gondek und Markus Sedlaczek. München: Wilhelm Fink 2006 [*Glas*. Paris: Galilée 1974].

Mit *Glas* legt Derrida einen Versuch vor, klassische Buchformatierungen, deren Oberflächen, aber auch deren diskursive und rhetorische Logiken, mittels davon abweichender typographischer Textoperationen und divergierender struktureller Gesetzmäßigkeiten zu dekonstruieren. Er führt das Ausfransen der Texte vor, stellt aber auch Kommunikation her, zieht Verbindungslinien zwischen Hegels *Enzyklopädie der philosophischen Wissenschaften im Grundrisse* und Jean Genets Werk, u.a. dem Roman *Pompes funèbres*, indem er seinen Text zweispaltig anlegt (Hegel / Genet) und ihn zugleich durch weitere Einfügungen, Umleitungen und Einschübe permanent unterbricht. Die Motivation von Derridas Text ist u.a. die Dekonstruktion der Hegel'schen dialektischen »Aufhebung« im Sinne der *différance*. Obwohl Hegels und Genets Texte auf den ersten Blick wenig gemein haben, ist in beiden die Strukturierung des (homosexuellen) Begehrens eng an die Konzeption der Familie und an Vater-Sohn-Beziehungen angelehnt. Derridas Text führt vor, wie die sexuelle Differenz bei Hegel über bestimmte Oppositionspaare formiert und dann reduziert, negiert und aufgehoben wird. Dieses Moment des Hegel'schen Textes erweist sich in Derridas Lektüre als neuralgischer Punkt der gesamten dialektischen Architektur, die er damit vollständig sexualisiert und deren vermeintliche Unschuld und Neutralität er zugleich unterläuft.

↗ Différance, Differenz, Genealogie, Phallogozentrismus, Schrift, Text

📖2.1 Derrida, *Die différance*, 1968 — 📖2.1 Derrida / Kamuf, *A Derrida Reader*, 1991.

A.B.

Jacques Derrida: »Das Gesetz der Gattung« (1980)

in: Derrida, Jacques: *Gestade*. Wien: Passagen 1994, 245–284 [»La loi du genre/ The law of genre«, in: *Glyph* 7, 1980, 176–201; auch in: Derrida, Jacques: *Parages*. Paris: Galilée 1986].

Derridas Vortrag »Das Gesetz der Gattung«, gehalten 1979 auf einem Kolloquium über *Die Gattung* in Straßburg und später als Teil einer Serie von Essays zu Maurice Blanchot veröffentlicht (*Parages*), behandelt die Frage nach der Einordenbarkeit von Texten in Gattungen (*genres*) und nimmt dabei auch auf Fragen des Geschlechts (*genre*) und der Geschlechterdifferenz Bezug.

Texte können, so Derridas Argumentation, niemals zu einer einzigen, klar abgegrenzten Gattung gehören, sie haben Teil an einer oder mehreren Gattungen, jeder Text ist in gewisser Weise eine Gattung; diese Teilhabe bedeutet jedoch keine Zugehörigkeit (252), vielmehr differieren Gattungen fortwährend zu sich selbst. Gerade die Unmöglichkeit, die »Reinheit« der Genres zu gewährleisten, führt zu einer Vielfalt von Genres. Derridas maßgeblicher Referenztext ist Maurice Blanchots *La folie du jour.* Derrida zeigt auf, dass das Gesetz der Gattung – also der Imperativ, alles Einzelne in allgemeine Kategorien einzuordnen – eine kontrollierende Instanz für Fragen der Zeugung (*engendrement*), der Genealogie, und der Generationenfolge darstellt und auch wichtige Implikationen für die Geschlechterdifferenz hat: »Die Frage der literarischen Gattung ist keine formale Frage: sie verschränkt sich mit dem *Motiv des Gesetzes* überhaupt« und »der sexuellen Differenz zwischen männlichem und weiblichem *Geschlecht (genre)*« (273).

Am Ende von Derridas Essay wird die Einsicht, dass sich Gattungen niemals strikt voneinander unterscheiden lassen, sondern immer schon ineinander übergehen, auch performativ ins Werk gesetzt, indem in kunstvoller Weise die Stimmen Derridas und Blanchots verschmelzen. Über die vielen Wendungen, die Derridas Text durchziehen, bringt Derrida den »Wahnsinn der Gattung« an den Tag (282). Insofern erweist sich die Problematisierung der Grenzen der Geschlechter und der Genres sowie der Aufweis ihrer Kontingenz und Instabilität als das wesentliche Anliegen von Derridas Text.

↗ Aporie, Autobiographie, Genealogie, Hybridität, Identität

📖5.2 Babka, *Unterbrochen,* 2002 — 📖2.2 de Man, *Autobiographie als Maskenspiel,* 1979 — Derrida, *Chôra,* 1987 — Hamacher, *Der Satz der Gattung,* 1980 — Jacobus, *The Law of/and Gender,* 1984 — 📖4. Spivak, *Verschiebung und der Diskurs der Frau,* 1983.

A.B.

Jacques Derrida: »Eben in diesem Moment in diesem Werk findest du mich« (1980)

In: Mayer/Hentschel (Hg.): *Lévinas. Zur Möglichkeit einer prophetischen Philosophie.* Gießen: Focus 1990, 42-83 [»En ce moment même dans cet ouvrage me voici«, in: F. Laruelle (Hg.): *Textes pour Emmanuel Levinas.* Paris: Jean-Michel Place 1980.]

Aus gendertheoretischer Perspektive sind Derridas Bezugnahmen auf Levinas insofern von Interesse, als Derrida von Levinas einerseits das Grundmotiv der Alterität übernimmt, andererseits jedoch kritisch zurückfragt, inwiefern Alterität in Levinas' Ausführungen implizit männlich konnotiert ist, wodurch die »weibliche Andersheit« sich aufs Neue in der Position des Ausgeschlossenen oder Abgeleiteten wiederfände. Vor diesem Hintergrund versucht Derrida, in seiner Levinas-Lektüre jene Momente des Weiblichen hervorzuheben, die bislang keine Stimme hatten. Zudem interessiert ihn »das Verhältnis, in dem Œuvre von E. L., zwischen der geschlechtlichen Differenz – der andere [*autrui*] als das andere Geschlecht, anders gesagt, als andersgeschlechtlich – und dem anderen [*autrui*] als ganz anderem, jenseits oder diesseits des Geschlechterunterschieds« (72). Levinas' Texte erweisen sich als vielschichtig und vielstimmig, auch hinsichtlich der Frage des Geschlechts. Zugleich scheint es, als sei im »Werk von E. L. die Andersheit als Geschlechtsunterschied immer vernebensächlicht, abgeleitet« (72), wobei jedoch, wie Derrida betont, »nicht etwa die Frau oder das Weibliche vernebensächlicht, abgeleitet, untergeordnet [wird], sondern die geschlechtliche Differenz« selbst (72). Das hat zur Folge, »dass der ganz andere, der noch nicht gezeichnet ist, sich als schon von der Männlichkeit gezeichnet wieder findet« (72). Dieser Gestus der Vernebensächlichung der geschlechtlichen Andersheit bei Levinas wird von Derrida als Gestus der Herrschaft über die geschlechtliche Differenz interpretiert.

↗ ALTERITÄT, DIFFÉRANCE, DIFFERENZ, DISSEMINATION, HYBRIDITÄT

📖 2.1 Derrida, *Dissemination,* 1972a — 📖 2.1 Derrida, *Glas,* 1974 — 📖 2.1 Derrida, *Eben in diesem Moment,* 1980c — 📖 2.1 Derrida, *Geschlecht,* 1983 — 📖 2.1 Derrida/Kamuf, *A Derrida Reader,* 1991.

A.B.

Jacques Derrida: »Choreographien« (1982)

Gespräch mit Christie McDonald, in: Derrida, Jacques: *Auslassungspunkte. Gespräche.* Wien: Passagen 1998, 99–118 [erstmals veröffentlicht als »Choreographies« in: *Diacritics* 12 (Summer), 1982, 66–76; auch in: McDonald, Christie (ed.): *The Ear of the Other.* Nebraska: University of Nebraska Press 1985, 163–186].

Christie McDonalds in schriftlicher Form geführtes Interview mit Derrida behandelt das Verhältnis von Feminismus und Dekonstruktion. Im Zentrum steht dabei die Frage, wie sich das emanzipatorische politische Projekt des Feminismus mit der Dekonstruktion vereinbaren lässt, wenn die Dekonstruktion jegliche Wahrheit oder Essenz des »Weiblichen« und der »Frau« als phantasmatisch zurückweist. Auf McDonalds Frage, wie Derrida einen »Ort der Frau« beschreiben würde, antwortet er »improvisierend« mit einer Gegenfrage: »Warum müßte es einen Ort für die Frau geben? Und warum einen, einen einzigen, einen ganz wesentlichen?« (103) Stattdessen proklamiert Derrida »ein neues ›Denken‹ der Frau« (103). Ausgehend von einem Zitat der »anarchistischen« Feministin Emma Goldmann – »wenn ich nicht tanzen darf, will ich nicht an eurer Revolution beteiligt sein« – diskutiert Derrida die Möglichkeiten feministischer Handlungsfähigkeit. Der Revolution müsste demnach in einem gewissen Sinne der Tanz, die Zeit des Tanzes zugestanden werden. Hierin liegt die Chance der »Atopie«, der Ortlosigkeit und der »Verrücktheit des Tanzes« (104), die jedoch nicht unumschränkt positiv zu deuten ist, sondern auch eine Gefahr für das politische Projekt impliziert.

Am Ende des Gesprächs kommt McDonald auf den Tanz, auf die Choreographie des Tanzes zurück und sucht nach Möglichkeiten, den »Begriff« der Frau ausgehend von der sexuellen Differenz zu denken (115). Derrida bezweifelt, dass ein »monologischer Diskurs«, d. h. ein Diskurs »mit einer einzigen Stimme«, zu einem solchen Begriff kommen könnte, betont aber zugleich, dass er gerne an die Vielfalt sexuell markierter Stimmen glauben würde: »an die unbestimmbare Zahl ineinander verschlungener Stimmen, an die treibende Kraft nicht identifizierbarer sexueller Markierungen, deren Choreographien in der Lage sind, den Körper jedes einzelnen ›Individuums‹ mitzureißen, ihn zu durchdringen, zu teilen und zu vervielfältigen, egal ob dieses Individuum nach den üblichen Kriterien als ›Mann‹ oder ›Frau‹ klassifiziert wird« (116).

↗ ALTERITÄT, DIFFÉRANCE, HANDLUNGSFÄHIGKEIT, HYBRIDITÄT, IDENTITÄT

📖[2.1] Derrida, *Sporen,* 1973 — 📖[2.1] Derrida, *Glas,* 1974 — 📖[2.1] Derrida, *Geschlecht,* 1983 — Derrida, *Chôra,* 1987 — 📖[4.] Feder u.a., *Derrida and Feminism,* 1997 — 📖[4.] Holland, *Feminist Interpretations of Jacques Derrida,* 1997.

A.B.

Jacques Derrida: »Geschlecht: Sexuelle Differenz, ontologische Differenz« (1983)

in: Derrida, Jacques: *Geschlecht (Heidegger)*. Aus dem Französischen von Hans-Dieter Gondek. Wien: Passagen 1988, 11–43 [»Geschlecht: différence sexuelle, différence ontologique, in: *Research in Phenomenlogy*. Vol. XIII 1983, 65–84; wiederabgedruckt in: *Psyché. Inventions de l'autre*. Paris: Galilée 1987, 395–414].

In seinem Text »Geschlecht: Sexuelle Differenz, ontologische Differenz« setzt sich Derrida affirmativ und zugleich kritisch mit den Schriften Heideggers auseinander. Diese ambivalente Haltung ist charakteristisch für Derridas Verhältnis zu Heidegger. Derridas Zugang zu Heidegger ist zudem besonders an einem Punkt spannungsreich – an dem der sexuellen Differenz. In Bezugnahme auf Heideggers *Metaphysische Anfangsgründe der Logik im Ausgang von Leibniz* von 1928 interessiert sich Derrida vor allem dafür, ob und wie die Frage der sexuellen Differenz bei Heidegger auftritt, inwiefern sie verschwiegen oder gar neutralisiert wird, was zugleich Derridas typische Vorgangsweise illustriert, dem Implizierten, Marginalisierten oder Ausgeschlossenen in Texten nachzuspüren (11).

Die Neutralität, die dem Dasein nach Heidegger wesentlich ist, definiert sich nicht zuletzt dadurch, dass das Dasein keines von beiden Geschlechtern ist. Heidegger braucht und gebraucht die binäre Logik, um sie zu neutralisieren. Am Ende von »Geschlecht« wendet Derrida Heideggers Text ausgehend von Heideggers geschlechtlicher Neutralisierung des Daseins hin zu einem Denken der Geschlechterdifferenz, das er als divers und vielfältig darstellt: »Kann man nicht von da an, durch Zurückführung auf die Zerstreuung und die Mannigfaltigung, mit dem Denken einer sexuellen Differenz beginnen [...], welche nicht durch die Zwei besiegelt wäre? [...] Der Entzug der Dyade führt in die Richtung einer anderen sexuellen Differenz.« (42f.)

↗ Binarität, Différance, Differenz

A.B.

Jacques Derrida / Peggy Kamuf: *A Derrida Reader: Between the Blinds* (1991)

Edited, with an introduction and notes by Peggy Kamuf. New York: Columbia UP 1991.

Der von Peggy Kamuf herausgegebene Reader zum Werk Derridas umfasst fünf thematisch gebündelte Teile – »Différance at the Origin«, »Beside Philosophy – ›Literature‹«, »More Than One Language«, »Sexual Difference in Philosophy«, »Tele-Types (Yes, Yes)« –, die alle jeweils kurz, aber prägnant eingeleitet werden. Besonders erwähnenswert ist hier der vierte Teil des Bandes »Sexual Difference in Philosophy«, der in Auszügen Texte Derridas versammelt, die dezidiert die Frage nach der sexuellen Differenz in den Mittelpunkt stellen. Dabei handelt es sich um Lektüren Derridas von Kant, Hegel, Nietzsche, Heidegger und Levinas.

↗ DIFFÉRANCE, DIFFERENZ, KOMMUNIKATION, PHALLOGOZENTRISMUS, ZEICHEN

📖2.1 Derrida, *Sporen*, 1973 — 📖2.1 Derrida, *Glas*, 1974 — 📖2.1 Derrida, *Eben in diesem Moment*, 1980c — 📖2.1 Derrida, *Choreographien*, 1982 — 📖2.1 Derrida, *Geschlecht*, 1983.

A.B.

2.2 Paul de Man

Paul de Man: »Semiologie und Rhetorik« (1973)

in: *Allegorien des Lesens*. Frankfurt/M.: Suhrkamp 1988, 31–51 [»Semiology and Rhetoric«, in: de Man, Paul: *Allegories of Reading. Figural Language in Rousseau, Nietzsche, Rilke, and Proust*. New Haven/London: Yale UP, 3–19; zuerst veröffentl. in: *Diacritics* 3 (3), 1973, 27–33].

De Mans Ausgangspunkt in »Semiologie und Rhetorik«, dem Einleitungskapitel von *Allegorien des Lesens*, ist die in der Literaturtheorie verbreitete Vorstellung, dass Literatur nach einem Außen-Innen-Modell beschrieben und analysiert werden könne, das es erlaubt, eindeutig zu unterscheiden, welche Texte der Literatur angehören und welche nicht. Unterminiert wird dieses Modell de Man zufolge durch die Spannung zwischen Rhetorik und Grammatik, die einander nicht im Sinne einer binären Opposition entgegengesetzt sind, sondern sich vielmehr wechselseitig bedingen und bestimmen. De Man illustriert dies am Beispiel der rhetorischen Frage »Was ist der Unterschied?«, die zwei einander ausschließende Lesarten zulässt: Wörtlich, grammatisch gelesen affirmiert der Satz seinen Modus als Frage nach dem Unterschied; figurativ, rhetorisch gelesen wird der Modus der Frage verneint und die Irrelevanz des Unterschieds behauptet.

De Mans Pointe ist, dass es sich hierbei nicht einfach um die Koexistenz einer wörtlichen und einer figurativen Bedeutung handelt, sondern um die Unmöglichkeit, mit Hilfe rein sprachlich-grammatischer Kriterien, ohne Rückgriff auf eine außersprachliche Intention, zwischen beiden Bedeutungen zu entscheiden. In diesem Sinn ist Rhetorik »die radikale Suspendierung der Logik« und die Eröffnung »schwindelerregende[r] Möglichkeiten referentieller Verwirrung« (40), die mit der Literatur als ausgezeichneter Diskursform gleichgesetzt werden kann. In den Fokus rückt damit die Diskrepanz zwischen dem, was ein Text tut oder »praktiziert«, d. h. seiner figurativ-performativen Praxis, und dem, was er sagt oder »predigt«, d. h. seiner metafigurativen Theorie (45).

Dem Vorwurf, dass jede rhetorische Lektüre selbst bereits eine Theorie der Tropen und Figuren voraussetzen muss, die sie in den Text projiziert, versucht de Man dadurch zu begegnen, dass er die dekonstruktive »Tätigkeit« als eine rein innersprachliche Angelegenheit in den Text selbst verlegt: »Die Lektüre ist nicht ›unsere‹ Lektüre, sofern sie ausschließlich solche sprachlichen Elemente heranzieht, die der Text selbst darbietet; die Unterscheidung zwischen Autor und Leser ist einer jener falschen Unterscheidungen, die die Lektüre ausleuchtet. Die Dekonstruktion ist nichts, was wir dem Text hinzugefügt hätten, sondern sie ist es, die den Text allererst konstituiert.« (48) Damit unterstreicht de Man (ähnlich wie Derrida), dass die Dekonstruktion keine klassische Theorie oder Methode ist, die sich im Sinne eines Ensembles von Begriffen, Verfahren und Techniken vereinheitlichen und auf unterschiedliche Texte einfach anwenden ließe. Aus einer Foucault'schen Perspektive ließe sich einwenden, dass die Dekonstruktion diskursive Praktiken auf Texte reduziert; aus der Perspektive der Kritischen Theorie, dass eine solche Form der Kritik ihre eigenen Kriterien und normativen Maßstäbe nicht mehr auszuweisen vermag.

↗ Aporie, Dekonstruktion, Kritik, Lesen/Lektüre, Referenz, Rhetorik, Text

📖[2.2] de Man, *Rhetorik der Tropen*, 1974 — 📖[2.2] de Man, *Rhetorik der Persuasion*, 1975 — Derrida, *Derrida im Gespräch*, 1986 — Foucault, *Mein Körper, dieses Papier, dieses Feuer*, 1972 — Hamacher, *Unlesbarkeit*, 1988 — Johnson, *A World of Difference*, 1987 — 📖[4] Menke, *Verstellt – Der Ort der ›Frau‹*, 1992.

G.P.

Paul de Man: »Rhetorik der Tropen (Nietzsche)« (1974)

in: *Allegorien des Lesens*. Frankfurt/M.: Suhrkamp 1988, 146–163 [»Rhetoric of Tropes (Nietzsche)«, in: de Man, Paul: *Allegories of Reading. Figural Language in Rousseau, Nietzsche, Rilke, and Proust*. New Haven/London: Yale UP 1979, 103–118; zuerst erschienen als »Nietzsche's Theory of Rhetoric«, in: *Symposium. A quarterly journal in modern foreign literature* 28, 1974, 33–45, anschließende Diskussion, 45–52].

Die Frage nach dem Verhältnis von Literatur und Philosophie bildet den Ausgangspunkt für de Mans Nietzsche-Lektüre. Im Zentrum seiner Überlegungen steht Nietzsches Konzeption der Rhetorik, wobei sich sein Interesse – im Fahrwasser der sprachphilosophischen Nietzsche-Rezeption in Frankreich – weniger auf Nietzsches spezifische »Rede- und Überredungstechniken« richtet als auf die philosophischen und epistemologischen Implikationen von Nietzsches früher Beschäftigung mit der Rhetorik (147). Im Mittelpunkt steht also keine philologisch textgenaue Analyse (dies gilt für die meisten Lektüren de Mans), sondern der Versuch, den klassischen Rhetorikbegriff in die Literatur- und Philosophiegeschichte wieder einzuschreiben.

De Man versucht zu zeigen, dass die Reflexion auf die rhetorische Verfasstheit der Sprache – entgegen dem Anschein – in Nietzsches späteren Schriften keineswegs abnimmt; vielmehr organisiert sie als eine Art Subtext Nietzsches gesamte Erkenntnis- und Metaphysikkritik.

Für Nietzsche, so de Man, ist der Tropus »keine abgeleitete, marginale oder anormale Form der Sprache, sondern das linguistische Paradigma par excellence. Die figurative Struktur ist nicht ein Sprachmodus unter anderen, sondern sie zeichnet die Sprache insgesamt aus« (148). Damit vollzieht Nietzsche nach de Man eine radikale Umwertung von wörtlicher und figurativer Sprache: Die Autorität der Sprache gründet nicht länger in einer feststehenden Bedeutung oder einem außersprachlichen Referenten, sondern in den innersprachlichen Tropenbeständen.

De Man beruft sich auf Nietzsches Fragment über den »Phänomenalismus der ›inneren Welt‹«, in dem dieser von einer »chronologische[n] Umdrehung« spricht, »so daß die Ursache später ins Bewußtsein tritt, als die Wirkung« (150; vgl. Nietzsche, KSA 13, 458). Der Tropus, der hier ins Spiel kommt, ist die Metalepse als die Umkehrung von Ursache und Wirkung, Vorher und Nachher. De Man schließt daraus, dass der Schlüssel zu Nietzsches Metaphysikkritik im rhetorischen Modell des Tropus als einer substitutiven Umkehrung liegt bzw. »in der Literatur als der am ausdrücklichsten in Rhetorik gegründeten Sprache« (152). Für die Dekonstruktion der Metaphysik reicht es jedoch nicht aus, sich darüber bewusst zu werden, dass metaphysische Irrtümer auf rhetorischen Substitutionen beruhen, um diese einfach durch eine weitere Umkehrung wieder zu beheben (152f.).

Diese Einsicht sieht de Man in Nietzsches Text »Ueber Wahrheit und Lüge im aussermoralischen Sinne« realisiert, der die selbstzerstörerische Wahrheit – nämlich, dass die »unendliche Reflexion [...] selber eine rhetorische Form« ist, die »unfähig ist, dem rhetorischen Trug zu entfliehen, den sie denunziert« – »durch eine unendliche Folge rhetorischer Umkehrungen« zu suspendieren versucht (159). Die rhetorische Figur, die Nietzsches gesamtes Werk strukturiert, ist folglich die ironische Allegorie, die in einer endlosen Wiederholung »auf eine potentielle Verwirrung von figurativer und referentieller Aussage bezogen ist« (160).

↗ Dekonstruktion, Metalepse, Referenz, Rhetorik, Sprache, Text, Tropus

📖 2.2 de Man, *Rhetorik der Persuasion*, 1975 — de Man, *Epistemologie der Metapher*, 1978 — Hamacher, *Nietzsche aus Frankreich*, 1986 — Hamacher, *Unlesbarkeit*, 1988 — 📖 1.1 Nietzsche, *Ueber Wahrheit und Lüge*, 1873.

G.P.

Paul de Man: »Rhetorik der Persuasion (Nietzsche)« (1975)

in: *Allegorien des Lesens*. Frankfurt/M.: Suhrkamp 1988, 164–178 [»Rhetoric of Persuasion (Nietzsche)«, in: de Man, Paul: *Allegories of Reading. Figural Language in Rousseau, Nietzsche, Rilke, and Proust*. New Haven/London: Yale UP 1979, 119–134].

Der Text »Rhetorik der Persuasion« enthält wichtige Überlegungen de Mans zu Rhetorik, Dekonstruktion sowie zum performativen Setzungscharakter der Sprache. Den Rahmen bildet die Frage nach dem Verhältnis von Literatur und Philosophie bei Nietzsche, die zugleich als Frage nach der Möglichkeit der Dekonstruktion der Metaphysik formuliert wird.

Den Ausgangspunkt von de Mans Nietzsche-Lektüre bildet ein Abschnitt aus dem Nachlass der späten 1880er Jahre, in dem Nietzsche den Wert und die Gültigkeit des Identitätsprinzips und des Aristotelischen Satzes vom ausgeschlossenen Widerspruch als normative Setzungen zu entlarven versucht. Der Umstand, dass es uns misslingt, so Nietzsche, etwas zugleich zu bejahen und zu verneinen, ist nicht ein Ausdruck der Notwendigkeit, sondern vielmehr ein »Nicht-Vermögen« und ein subjektiver Erfahrungssatz. Der Satz vom Widerspruch sagt uns nichts über die wirkliche Welt oder das Wesen der Dinge, vielmehr sagt er uns, wie die Dinge sich verhalten *sollen*. Folglich wären die Sätze der Logik nicht konstativ, sondern performativ.

Das heißt jedoch nicht, dass Sprechen immer ein Akt, ein Tun oder ein Sollen ist. De Man insistiert darauf, dass Nietzsches Text, obgleich er aktive Formen der Sprache gegenüber passiven zu privilegieren scheint, nicht als bloßer Übergang von einer konstativen zu einer performativen Sprachkonzeption gelesen werden darf (171). Der Versuch, eine konstative durch eine performative Sprachkonzeption zu ersetzen, ist vielmehr eine Illusion, die Nietzsche de Man zufolge destruiert. Die Möglichkeit der Sprache, etwas zu vollziehen, sei ebenso fiktional wie die Möglichkeit der Sprache, etwas zu behaupten (174). De Man macht geltend, dass die Unterscheidung zwischen konstativer und performativer Rede letztlich unentscheidbar ist und bei Nietzsche nicht zur Favorisierung der einen gegenüber der anderen führt.

Das Denkmodell der Dekonstruktion ist für de Man daher die Aporie, die prinzipielle Unentscheidbarkeit zwischen Setzung und Prädikation, zwischen performativer und konstativer Sprachfunktion. De Man radikalisiert damit Austins Einsicht, dass es nicht möglich ist, eine klare Trennungslinie zwischen konstativen und performativen Äußerungen zu ziehen. Sprache ist immer zugleich konstativ und performativ, wobei es keine Möglichkeit gibt, zwischen diesen beiden Momenten abschließend zu entscheiden.

↗ Aporie, Dekonstruktion, Performativität, Referenz, Rhetorik

📖 1.3 Austin, *Zur Theorie der Sprechakte*, 1955 — 📖 1.3 Austin, *Performative und konstatierende Äußerungen*, 1958 — 📖 2.2 de Man, *Rhetorik der Tropen*, 1974 —

Gasché, *»Setzung« and »Übersetzung«,* 1981 — Vickers, *Nietzsche im Zerrspiegel de Mans,* 1994.

G.P.

Paul de Man: »Autobiographie als Maskenspiel« (1979)

in: *Die Ideologie des Ästhetischen.* Frankfurt/M.: Suhrkamp 1993, 131–146 [»Autobiography as De-facement«, in: de Man, Paul: *The Rhetoric of Romanticism.* New York: Columbia UP 1984, 67–82; zuerst veröffentl. in: *MLN* 94 (5), 1979, 919–930].

»Autobiographie ist keine Gattung oder Textsorte, sondern eine Lese- oder Verstehensfigur, die in gewissem Maße in allen Texten auftritt.« (134) Mit dieser These unterstreicht de Man, dass allen Texten in gewissem Sinne ein »autobiographisches« Moment zukommt, und zwar insofern, als selbst vermeintlich neutrale, apersonale Texte stets einen (wenn auch impliziten oder spurhaften) Verweis auf ihre Urheber*innen rhetorisch ins Werk setzen.

Wesentlich für de Mans Autobiographieverständnis ist sein Rückgriff auf die rhetorische Trope der Prosopopöie. Unter »Prosopopöie« versteht de Man diejenige Figur, die »mittels der Sprache Stimme oder Gesicht verleiht« (145). Bereits etymologisch verweist die Prosopopöie auf das Gesicht: »Eine Stimme setzt einen Mund voraus, ein Auge und letztlich ein Gesicht, eine Kette, die sich in der Etymologie des Namens der Trope manifestiert: *prosopon poiein,* eine Maske oder ein Gesicht (*prosopon*) geben.« (140) Prosopopöie verweist in diesem Sinne darauf, dass Personalität nichts natürlich Gegebenes ist, sondern erst in einem Adressierungsgeschehen hergestellt wird.

Die Bedeutung der Autobiographie besteht in diesem Sinne nicht darin, dass sie eine verlässliche Selbsterkenntnis liefert, sondern vielmehr darin, »dass sie auf schlagende Weise die Unmöglichkeit der Abgeschlossenheit und der Totalisierung aller aus tropologischen Substitutionen bestehenden textuellen Systeme demonstriert« (135). Denn es ist erst die Prosopopöie, die figurativ ein Gesicht und eine (maskierte) Identität verleiht und so ein Autor*innen-Subjekt konstituiert. Ein solches Verständnis der autobiographischen Textproduktion positioniert sich quer zu traditionellen Auffassungen, die die Autobiograph*in als ein sich selbst bewusstes, einheitliches, intentionales Subjekt verstehen, das in der Regel männlich konnotiert ist.

De Mans Lektüre der Autobiographie über die Figur der Prosopopöie bietet hier einen genderorientierten Einsatzpunkt. Gesichter, Namen und Stimmen werden seiner Auffassung zufolge mittels der Prosopopöie verliehen, sind also keine »natürlichen« Kategorien, sondern vielmehr rhetorisch verfasst. Gesichter, Namen und Stimmen sind aber immer auch geschlechtlich markiert. Damit wird es möglich, die rhetorische Verfasstheit von Geschlecht, wie insbesondere Chase und Menke gezeigt haben, über die rhetorische Figur der Prosopopöie lesbar zu machen.

↗ Autobiographie, Figur, Identität, Referenz, Rhetorik, Subjekt

📖[5.2] Babka, *Unterbrochen*, 2002 — 📖[4.] Chase, *Giving a Face to a Name*, 1986 — Derrida, *Mémoires*, 1986 — 📖[4.] Menke, *Verstellt – Der Ort der ›Frau‹*, 1992 — Menke, *De Mans ›Prosopopöie‹ der Lektüre*, 1993 — Vinken, *Dekonstruktiver Feminismus – Eine Einleitung*, 1992.

A.B./S.S.

3. Theorien der sexuellen Differenz

Simone de Beauvoir: *Das andere Geschlecht. Sitte und Sexus der Frau* (1949)

Übers. von Eva Rechel-Mertens und Fritz Montfort. Reinbek: Rowohlt 1951 [*Le deuxième sexe*, Paris: Gallimard 1949].

»Man kommt nicht als Frau zur Welt, man wird es [*on ne naît pas femme, on le devient*]« (265), ist wahrscheinlich der berühmteste Satz Beauvoirs und zugleich die zentrale These von *Das andere Geschlecht (La deuxième sexe*, wörtl. »Das zweite Geschlecht«). Beauvoir geht jedoch noch einen Schritt weiter: Nicht nur ist weder die Biologie, die Psyche oder die Ökonomie das Schicksal der Frau, sondern der Begriff »Frau« selbst ist eine Figur, ein Mythos, ein Zwischenprodukt, das im Zusammenspiel historischer und soziokultureller Bedingungslagen hervorgebracht wird (265). Folglich gibt es keine natürliche Bestimmung oder Wesenheit der Frau oder des Weiblichen. Beauvoir argumentiert dagegen, dass die Frau in der Geschichte der westlichen Philosophie immer als das »Andere« bestimmt worden ist. In dieser androzentrischen Konzeption existiert die Frau nicht durch sich selbst, sondern ist immer schon bestimmt und unterschieden mit Bezug auf den Mann: Der Mann ist das Subjekt, das Absolute, während die Frau das Andere, »das Unwesentliche angesichts des Wesentlichen« ist (11).

Um diese These zu erhärten, unternimmt Beauvoir auf fast tausend Seiten den umfassenden Versuch, in einem ersten Schritt die gesellschaftliche, kulturelle und wissenschaftliche Konstitution der »weiblichen Wirklichkeit« zu untersuchen, um dann in einem zweiten Schritt vom Standpunkt der Frau aus die Welt zu beschreiben, »wie sie ihr dargeboten wird« (22). Im ersten Band »Fakten und Mythen« befragt Beauvoir Biologie, Psychoanalyse, historischen Materialismus, Geschichtsschreibung, Mythologie und Literatur auf ihre Entwürfe und Begriffe des Weiblichen, d. h. dahingehend, »wie sich die ›weibliche Wirklichkeit‹ konstituiert hat« und »warum die Frau als das ›Andere‹ definiert worden ist« (22). Der zweite Band »Gelebte Erfahrung« thematisiert die Erfahrungs- und Empfindungswelt der Frau, »in welche Welt sie sich eingeschlossen sieht, welche Ausweichmöglichkeiten ihr erlaubt sind« (264) und auf welche Schwierigkeiten sie stößt, sobald sie aus der ihr zugewiesenen Sphäre herauszutreten versucht.

Methodologisch rekurriert Beauvoir auf die existentialistische Phänomenologie von Jean-Paul Sartre und Maurice Merleau-Ponty und transformiert sie kritisch mit Blick auf die historische und soziokulturelle Situation der Frau. Während das existentialistische Subjekt sich selbst setzt und seine Freiheit »in einem unaufhörlichen Übersteigen zu anderen Freiheiten« erfüllt, ist die Existenz der Frau entscheidend begrenzt: »Das Drama« – oder Dilemma – »der Frau besteht in dem Konflikt zwischen dem fundamentalen Anspruch jedes Subjekts, das sich immer als das Wesentliche setzt, und den Anforderungen einer Situation, die sie als unwesentlich konstituiert.« (21) Doch auch wenn für die Frau die Möglichkeit einer radikalen Selbstermächtigung verstellt ist, so ist diese Situation kein Schicksal, sondern korrigierbar. Es gilt daher, »die Unabhängigkeit inmitten der Abhängigkeit« wiederzufinden, wobei Beauvoir, im Sinne ihres existentialistischen Ansatzes, weniger kollektive oder universale Lösungen, sondern die »Möglichkeiten des Individuums« interessieren (21).

Beauvoirs Denken und Schaffen hat sowohl die feministischen Wissenschaften als auch den politischen Feminismus der 1970er und 1980er Jahre maßgeblich inspiriert und geprägt. Vor allem für egalitätsfeministische politische Strömungen wurden ihre Arbeiten zu einem wichtigen Bezugspunkt für die Reformierung der Gesellschaft im Hinblick auf die Gleichberechtigung und Gleichstellung der Geschlechter – wenngleich orientiert am Leitbild eines männlichen Lebensentwurfs, wie häufig kritisiert wurde. Neue Aktualität hat Beauvoir durch die Arbeiten Butlers gewonnen, die mit ihrer These zur Konstruktion von Geschlecht auch an Beauvoir anknüpft.

↗ Alterität, Differenz, Identität, Subjekt

📖[5.1] Butler, *Das Unbehagen der Geschlechter,* 1990 — 📖[3.] Irigaray, *Speculum,* 1974 — 📖[3.] Irigaray, *Das Geschlecht, das nicht eins ist,* 1977 — 📖[5.2] Stoller, *Existenz – Differenz – Konstruktion,* 2010 — 📖[3.] Wittig, *The Straight Mind and Other Essays,* 1992.

G.P.

Hélène Cixous: »Sorties: Out and Out: Attacks/Ways Out/Forays« (1975)

in: Cixous, Hélène/Clément, Catherine: *The Newly Born Woman.* Translated by Betsy Wing. Introduction by Sandra M. Gilbert. Minneapolis: University of Minnesota Press 1986, 63–132 [»Sorties«, in: Cixous, Hélène/Clément, Catherine: *La jeune née.* Paris: Union Générale d'Éditions 1975; dt. Teilübersetzung »Schreiben, Feminität, Veränderung«, in: *Alternative* 108/109, 1976, 134–147].

Cixous' Essay »Sorties« (»Ausgänge«) ist Teil von *La jeune neé* (»Die Neugeborene«), einem Gemeinschaftswerk, das Cixous mit der französischen Theoretikerin Catherine Clément verfasst hat. *La jeune neé* gilt als einer der Gründungstexte der *écriture féminine,* der Theorie des weiblichen Schreibens. Der Band ist in drei Teile gegliedert, wobei besonders »Sorties«, der zweite Teil, als wegweisend dafür gilt, die phallogozentristische Ordnung zu hinterfragen.

Cixous kritisiert den westlichen Phallogozentrismus auf Basis hierarchisierter Oppositionsbildungen wie Sprechen/Schrift, Innen/Außen,

Identität/Alterität etc. (63f.). In der gleichen Weise wie binär organisierte, asymmetrische Machtstrukturen Subjektivierungsprozesse dominieren, beherrschen sie das Denken der sexuellen Differenz. Cixous diskutiert die Privilegierung des Terminus »Mann« gegenüber der »Frau« und die immer wiederkehrende Kopplung, die diese Opposition gleichsam zum »Urpaar« macht. Das bedeutet nach Cixous, dass jegliche Ausprägung kultureller Oppositionsbildung nur eine Facette der Opposition Mann/Frau darstellt.

Logos, also Sprache, Bedeutung, Sinn, regiert über *Pathos,* also Emotionen, Gefühle, Un-Sinn. Dieses Denken konfrontiert Cixous mit einem Denken, das das »Andere« idealerweise immer miteinbezieht, als eine Komponente des »Eigenen«. Diese Durchdringung birgt für Cixous ein kreatives, schöpferisches und künstlerisches Potential. Eine Voraussetzung zur »Erfindung« anderer Identitätsentwürfe ist zum einen das Element des »Homosexuellen«, in Cixous' Text personifiziert durch Jean Genets Person und Œuvre (84), zum anderen das Konzept der »Bisexualität«. Dieses Konzept grenzt Cixous von der Figur des Ovid'schen Hermaphroditen ab, der die Spur einer mythischen Separation in sich trägt und eher »asexuell« denn bisexuell ist. Cixous proklamiert dagegen eine »andere« Bisexualität und begreift diese als Möglichkeit, innerhalb der eigenen Identität beide Geschlechter zu integrieren. Von diesem kreativen Ort aus, der Multiplizität, Vielfalt und Offenheit verspricht, soll die Frau, so Cixous in Anlehnung an Derridas erweiterten Schriftbegriff, *schreiben,* soll sie sich und ihren Körper schreiben – »woman must write her body« (94). Dieses Sich-Schreiben und das Erschreiben des Selbst sind notwendig, um einen Gegenentwurf zur phallogozentrischen Ordnung ins Werk zu setzen. Wenn nämlich die Zeit der Befreiung der Frau gekommen sein wird, so Cixous, dann wird es die Erfindung eines neuen Schreibens sein, das ihr erlauben wird, die Brüche und Veränderungen in ihrer Geschichte wirksam zu machen (97).

Die *écriture féminine* wird hier gleichsam zum Versprechen für eine bessere Zukunft, für eine unzensierte Beziehung der Frau zu ihrem Körper, ihrer Sexualität, für einen Zugang zu ihren eigenen Kräften. Diese Tendenz zur Glorifizierung und Hypostasierung des Weiblichen – neben der überbordenden Metaphorizität ihres Schreibstils – erschwert bis heute die Rezeption von Cixous und hat ihr wiederholt den Vorwurf des Essentialismus eingebracht.

↗ ALTERITÄT, DEKONSTRUKTION, DIFFÉRANCE, ESSENTIALISMUS, IDENTITÄT, SCHRIFT, SPRACHE, SUBVERSION

Babka, *Ingeborg Bachmann in Frankreich,* 1996 — Cixous: *Das Lachen der Medusa,* 1975 — 📖3. Cixous, *Weiblichkeit in der Schrift,* 1980 — Cixous/Derrida, *Die sexuelle Differenz lesen,* 1994 — Cixous/Derrida, *Voiles. Schleier und Segel,*

1998 — Derrida, *Die Geschlechtsdifferenz lesen*, 1994 — Schor, *Dieser Essentialismus, der keiner ist*, 1989 — Waniek, *Hélène Cixous*, 1993 — Weber, *Weiblichkeit und weibliches Schreiben*, 1994a.

A.B.

Hélène Cixous: *Weiblichkeit in der Schrift* (1980)

Aus dem Franz. von Eva Duffner. Berlin: Merve 1980.

Der Band *Weiblichkeit in der Schrift* ist nach *Die unendliche Zirkulation des Begehrens* eine der raren Übersetzungen der Texte Hélène Cixous' ins Deutsche. Die vier Texte dieses Bandes sind von Cixous selbst für eine deutschsprachige Publikation ausgewählt worden. »Poesie und Politik – Ist Poesie Politik?« (1979) sowie »Die Orange leben« (1979), der erste und der letzte in der Anordnung des Bandes, sind bereits veröffentlichte Texte. Die Texte »Geschriebene Frauen, Frauen in der Schrift« (1977) und »Wer singt? Wer veranlaßt zu singen?« (1979) sind Teile von unveröffentlichten Vortragstexten und Textkompilationen aus ihren Seminaren an der Universität Paris-Vincennes; sie bilden den Mittelteil des Buches.

In »Poesie und Politik – Ist Poesie Politik?« unternimmt Cixous eine dezidiert poetische Reflexion auf die politischen Implikationen der Poesie sowie auf die Möglichkeiten der Poesie, politische Wirkungen und Konsequenzen zu entfalten. Ausgehend von der Frage nach der ethisch-politischen Signifikanz von Literatur und der Verantwortung von Schriftsteller*innen problematisiert Cixous die politischen Handlungsmöglichkeiten von Frauen im Kontext der großen politischen Verwerfungen des 20. Jahrhunderts. Dabei insistiert sie darauf, dass eine politische Poetik Dichtung nicht als das Herstellen von »Wort-Objekte[n]« begreifen darf, sondern das Dichten vielmehr als Prozess zu verstehen ist, im Zuge dessen »kein ›Buch‹« geschaffen wird: »Sondern wir schaffen Wege, in Bewegungen.« (20)

In den Aufzeichnungen zum Seminar »Geschriebene Frauen« geht es um das Schreiben der Frauen im Gegensatz zum Geschriebensein der Frauen, um Frauen als Handelnde oder Frauen als Sklavinnen. Letztere bestimmt Cixous als die oftmals mehr oder minder fröhlichen, manchmal fast zustimmenden Gefangenen einer Geschichte (23). Das »Geschrieben-Sein« steht im Gegensatz zu »Frauen in der Schrift«, also Frauen, die selbst schreiben, arbeiten, kämpfen, »gebären« (24). Gegenstand der Reflexion ist die »Frau ohne Namen«, die »Genannte«, die »Kore«. Cixous adressiert damit die Frage des (weiblichen) Subjekts, wobei sie zu zeigen versucht, dass das Ich immer schon aus mehreren Personen zusammengesetzt ist. Um dies zu verdeutlichen, verweist sie auf ihren Roman *Anankè*, in dem eine Kaskade an familiären Assoziationen entfaltet wird, die die unterschiedlichsten Positionierungen von Müttern, Töchtern, Großmüttern in Relation und Opposition zu den Vätern und Großvätern evoziert und die damit verbundenen Situationen, Gefühle und Handlungsweisen in einer teils theoretisierenden, teils poetischen Form adressiert.

Das Kapitel »Wer singt?« enthält Reflexionen zu Cixous' Konzeption von Schrift in Verbindung zur Geschlechterdifferenz sowie zu Fragen der Autorisierung weiblicher wie männlicher Autorschaft (73–76), der Gattungsproblematik bzw. des »Gesetzes der Gattung« (77–80), der Charakterisierung »weiblichen Schreibens« (81–87) sowie der Politisierung der Schrift (87–95).

Der Text mit dem sehr eigenwilligen Titel »Die Orange leben« ist schließlich ein paradigmatisches Beispiel für Cixous' Versuch, weibliches Schreiben in actu ins Werk zu setzen. Die Orange fungiert hierbei als kühne Metapher für die Pluralität des Weiblichen.

↗ Gender, Körper, Schrift

🕮[3.] Cixous, *Sorties*, 1975 — Cixous: *Das Lachen der Medusa*, 1975 — 🕮[2.1] Derrida, *Sporen*, 1973 — Cixous/Derrida, *Die sexuelle Differenz lesen*, 1994 — Cixous/Derrida, *Voiles. Schleier und Segel*, 1998.

A.B.

Luce Irigaray: *Speculum. Spiegel des anderen Geschlechts* (1974)

Aus dem Franz. von Xenia Rajewsky, Gabriele Ricke, Gerburg Treusch-Dieter und Regine Othmer. Frankfurt/M.: Suhrkamp 1980 [*Speculum de l'autre femme*. Paris: Minuit 1974].

Die französische Philosophin und Psychoanalytikerin Luce Irigaray unternimmt in *Speculum* den ambitionierten Versuch, die westliche Philosophiegeschichte als eine Geschichte des Patriarchats neu zu schreiben. Das Werk gilt als einer der wichtigsten Texte der feministischen Theoriebildung und als Gründungstext der »Theorie der Geschlechterdifferenz«. Das Buch gliedert sich in drei Teile. Im ersten Teil, »Der blinde Fleck in einem alten Traum von Symmetrie«, umkreist sie in einer ausführlichen Lektüre von Freuds nie gehaltener Vorlesung »Die Weiblichkeit« (1932) den Nicht-Ort der Frau in der westlichen Philosophie. Der zweite Teil, »Speculum«, unterzieht ausgewählte Texte der Philosophiegeschichte von Platon, Aristoteles, Plotin, Descartes, Kant und Hegel einer Relektüre. Der dritte Teil, »Die *hystéra* von Platon«, unternimmt eine radikale Reinterpretation von Platons Höhlengleichnis.

In einem Interview macht Irigaray rückblickend geltend, dass die Architektonik des Textes bewusst jene Linearität und Teleologie unterläuft, »in welchen es für das ›Weibliche‹ keinen möglichen Ort gibt, es sei denn den traditionellen des Verdrängten, des Zensurierten«. Ebenso wenig ziele ihre Schreibweise darauf ab, die »phallokratische Ordnung« einfach umzukehren, »das würde letztlich auf das Gleiche hinauslaufen«. Vielmehr geht es darum, diese Ordnung »ausgehend von einem teilweise ihrem Gesetz entzogenen ›Außen‹« zu untergraben und »aus der Fassung zu bringen« (1977, 70). Irigarays Einsatz- und Ausgangspunkt ist Freuds Vorlesung »Die Weiblichkeit«. Irigaray liest Freuds Text als paradigmatischen Schlüsseltext für die systematische Ausschließung des Weiblichen aus dem Diskurs der Philosophie und der Wissenschaften. Ausgehend von Freuds Diktum, »das kleine Mädchen sei ein kleiner Mann«, zeigt Irigaray auf, dass in der westlichen Philosophie allein die männliche Position als positiver Normalfall markiert ist, während die Frau als rätselhafter und minderwertiger Sonderfall beschrieben wird, der keinen Ort in der patriarchalen Ordnung hat und dem der »Zugang zu einer Bedeutungsökonomie, zur Prägung von Signifikanten« (88) verwehrt ist. Damit offenbart Freuds Text eine »Ökonomie der Repräsentation«, aus der die Frau konstitutiv ausgeschlossen ist: »Ein Mann minus der Möglichkeit, sich als Mann zu (re-)präsentieren = eine normale Frau.« (30) Freud verzichtet damit in Irigarays Perspektive nicht nur darauf, die historischen, gesellschaftlichen und kulturellen Gegebenheiten der Geschlechterkonstitution zu hinterfragen, sondern er setzt sie darüber hinaus als naturgegebene, notwendige Norm, indem er auf die Anatomie als ein unwiderlegbares Kriterium der Wahrheit des Geschlechts rekurriert.

↗ Alterität, Essentialismus, Identität, Logozentrismus, Repräsentation

📖[5.1] Butler, *Körper von Gewicht*, 1993a — 📖[1.5] Freud, *Die Weiblichkeit*, 1932 — 📖[3.] Irigaray, *Das Geschlecht, das nicht eins ist*, 1977 — Schor, *Dieser Essentialismus, der keiner ist*, 1989 — 📖[5.2] Stoller, *Existenz – Differenz – Konstruktion*, 2010.

G.P.

Luce Irigaray: *Das Geschlecht, das nicht eins ist* (1977)

Berlin: Merve 1979 [*Ce Sexe qui n'en est pas un*. Paris: Minuit 1977].

Der Band *Das Geschlecht, das nicht eins ist* (1977) enthält elf Artikel und Interviews, in denen Irigaray die Themen und Implikationen ihres ersten Hauptwerks *Speculum* (1974) aufnimmt, theoretisch reflektiert und weiterentwickelt. In Lektüren zu Freud, Lacan, Marx, Lévi-Strauss und anderen fragt sie nach der weiblichen Sexualität und der sexuellen Differenz, der Ausbeutung der Frauen als Waren auf einem Tauschmarkt zwischen Männern sowie der Möglichkeit eines »vaginalen Utopismus«.

Dabei bedient sich Irigaray einer mimetischen Schreibpraxis, die, indem sie die Position des sprechenden (männlichen) Subjekts usurpiert, der »Frau« eine Stimme zu verleihen versucht und darauf abzielt, den phallogozentrischen Diskurs zu subvertieren und zu reartikulieren. Irigarays zentrale These ist, dass die »weibliche Sexualität [...] immer von männlichen Parametern ausgehend gedacht worden« ist (22). Dennoch imaginiert Irigaray einen Ort, an dem die Frau sich wiederzufinden und ihre Lust zu vervielfältigen vermag, d.h., »nichts von ihrer Lust einem Anderen zu opfern, sich insbesondere mit niemanden zu identifizieren, *niemals einfach nur eine zu sein«* (30). Während der Mann immer ein Instrument nötig hat, um sich zu berühren – »seine Hand, das Geschlecht der Frau, die Sprache« (23) –, berührt die Frau, so Irigaray in ihrer »Schamlippen-Theorie«, »sich durch sich selbst und an sich selbst, ohne die Notwendigkeit einer Vermittlung und vor jeder möglichen Trennung zwischen Aktivität und Passivität. [...] Sie ist also in sich selbst schon immer zwei, die einander berühren, die jedoch nicht in eins (einen) und eins (eine) trennbar sind.« (23) Daher das Paradox oder Mysterium, dass die Frau »weder eine noch zwei« ist: »Sie widersteht jeder adäquaten Definition. Sie hat darüber hinaus keinen ›Eigen‹-Namen. Und ihr Geschlecht, das nicht *ein* Geschlecht ist, wird als *kein* Geschlecht gezählt.« (25f.) Zwar hat die Frau im Diskurs der westlichen Philosophie weder einen Ort noch einen eigenen Namen, aber dennoch oder gerade deshalb ist ihre Sexualität »immer schon mindestens doppelt, ist darüber hinaus vielfältig« (27). Diese Vielfältigkeit und das (selbstaffektive) Sich-Berühren reklamiert Irigaray auch für die Sprache der Frau: In ihrem Sprechen berührt sich die Frau immerzu selbst, es ist ein Sprechen und Sagen, das sich jeder Definition und Kohärenz entzieht (28) und das sich nur an den »wenig strukturierten Rändern einer herrschenden Ideologie« (29) einnisten kann.

Feministische Politik darf vor diesem Hintergrund nicht bloß eine »einfache Umkehrung hinsichtlich des Besitzes der Macht anvisieren«; dies käme einer erneuten Unterwerfung unter die phallokratische Ordnung gleich. Vielmehr muss sie versuchen, die »doppelte ›Forderung‹ nach Gleichheit und Differenz« (83) zu artikulieren, auch wenn sie keinen anderen Zugang zur Sprache hat »außer durch Rekurs auf ›männliche‹ Repräsentationssysteme, die sie ihrer Beziehung zu sich selbst und zu anderen Frauen enteignen« (87). Irigaray löst dieses Dilemma dadurch, dass sie eine »Weiblichkeit«, einen »Körper«, eine »Frau« vor jeder phallokratischen Einschreibung durch die Sprache und das männliche Geschlecht postuliert: »Wie es sagen? Daß wir sofort Frau sind. Daß wir von ihnen nicht erst als solche produziert werden müssen, von ihnen als solche benannt, geheiligt und geschändet werden müssen.« (218)

Kritische Einwände betreffen die Frage, inwiefern Irigarays Konzeption der sexuellen Differenz sich an der heterosexuellen Relation von Mann und Frau orientiert und damit dazu tendiert, Männlichkeit und Weiblichkeit aufs Neue zu essentialisieren. Auch bleiben Fragen nach den Konstruktions- und Konstitutionsprozessen, durch die Individuen als Frauen und als Männer mit unterschiedlicher Begehrensstruktur hervorgebracht werden, weitgehend ausgeklammert.

↗ ESSENTIALISMUS, IDENTITÄT, KOMMUNIKATION, LOGOZENTRISMUS, SPRACHE, SUBVERSION, ZEICHEN

📖5.2 Butler/Cornell, *The Future of Sexual Difference,* 1998 — Cheah/Grosz, *Of Being-Two: Introduction,* 1998 — Grosz, *Sexual Subversions,* 1989 — 📖3. Irigaray, *Speculum,* 1974 — 📖1.2 Lévi-Strauss, *Die elementaren Strukturen der Verwandtschaft,* 1949 — Schor, *Dieser Essentialismus, der keiner ist,* 1989 — 📖5.2 Stoller, *Existenz – Differenz – Konstruktion,* 2010.

G.P.

Julia Kristeva: *Die Revolution der poetischen Sprache* (1974)

Aus dem Franz. und mit einer Einl. von Reinold Werner. Frankfurt/M.: Suhrkamp 1978.

Die deutsche Übersetzung von *La révolution du langage poétique* umfasst nur den ersten, mit dem Titel »Préliminaires théoretiques« überschriebenen Teil des Buches. Der zweite und dritte Teil, die der ausführlichen Lektüre Mallarmés und Lautreamonts gewidmet sind, wurden aufgrund der Schwierigkeit, den »›semiotischen‹ Praxisraum Mallarmés bzw. Lautréamonts ins Deutsche zu übertragen«, nicht berücksichtigt (Anm., 22f.).

Ausgangspunkt und Gegenstand von *Die Revolution der poetischen Sprache* ist der Wandel der poetischen Sprache am Ende des 19. Jahrhunderts, der sich nach Kristeva in Frankreich mit Lautréamont und Mallarmé ankündigt. Um dies zu zeigen, entwickelt Kristeva nicht nur einen eigenen Begriff des Textes und der Intertextualität, sie unterscheidet darüber hinaus zwischen zwei Modalitäten des Prozesses der Sinngebung (*signifiance*): dem *Semiotischen* und dem *Symbolischen* (35). Das Semiotische gehört, psychoanalytisch betrachtet, dem präödipalen Stadium an, in dem das Kind in einer engen, rein auf Bedürfnisbefriedigung angelegten Beziehung zur Mutter lebt. Mit dem Eintritt des Kindes in das Lacan'sche Spiegelstadium vollzieht sich über das Gesetz des Vaters der Übergang in die symbolische Ordnung. In diesem Sinne gehen der Spracherwerb des Kindes und der Prozess der Subjektkonstitution miteinander einher. Mit dem Eintritt in das Symbolische verlässt das Kind den Raum der libidinösen Artikulation; das Semiotische wirkt jedoch als zugrundeliegendes Verdrängtes im Symbolischen weiter und destabilisiert durch die (textuellen) Operationen der *Metapher* (Verdichtung), der *Metonymie* (Verschiebung) und der *Intertextualität* (Transposition) die Fixierung von Sinn und Bedeutung (39). Das Semiotische – verstanden als die verdrängte, originäre Bedingung des Symbolischen – zeigt sich in sprachlichen Praktiken wie etwa in der Dichtung als »Übertretung des Symbolischen« (77). Damit steht das Semiotische nicht für das Versprechen einer vorsymbolischen Unmittelbarkeit; vielmehr ist es eine Modalität oder Funktionsweise *im* Symbolischen, das dieses destabilisiert und unterminiert.

Kristevas Arbeiten haben großen Einfluss auf die feministische Theoriebildung und die Gender Studies ausgeübt. Während Differenztheoretiker*innen vor allem ihren Begriff des Semiotischen – z.T. in Anlehnung an Irigarays *parler femme* und Cixous' *écriture feminine* – als eine weibliche Modalität des Denkens und Sprechens interpretieren, kritisieren dekonstruktive Theoretiker*innen Kristevas »Körperpolitik« (vgl. Butler 1990, 123ff.). Entsprechend kontrovers diskutiert wird der »ontologische« Status der Modalitäten des Semiotischen und des Symbolischen. Einerseits legt die Verortung des Semiotischen in der präödipalen Mutterbeziehung und des Symbolischen im Gesetz des Vaters nahe, das Semiotische mit dem Weiblichen und das Symbolische mit dem Männlichen zu identifizieren. Andererseits versuchen Autor*innen wie Moi zu zeigen, dass Kristeva einen »kompromißlosen Anti-Essentialismus« vertritt (Moi 1989, 192).

↗ Essentiaslismus, Metapher/Metonymie, Sprache, Struktur, Subversion, Text

📖[5.1] Butler, *Das Unbehagen der Geschlechter,* 1990 — Moi, *Sexus, Text, Herrschaft,* 1989.

G.P.

Monique Wittig: *The Straight Mind and Other Essays* (1980–1990)

Boston: Beacon Press 1992.

Der Band versammelt neun Aufsätze der französischen Schriftsteller*in und Theoretiker*in Monique Wittig aus den Jahren 1980 bis 1990. Bis auf »The Point of View: Universal or Particular?« und »The Site of Actions« wurden alle Artikel ursprünglich auf Englisch verfasst und publiziert. Die ersten fünf Essays widmen sich unter dem Anspruch eines materialistischen Lesbianismus vor allem politischen Themen. Der Text »Category of Sex« untersucht Geschlecht als eine politische Kategorie. Wittigs zentrale These ist, dass die Kategorie »Geschlecht« (*sex*) und die sexuelle Differenz nichts Gegebenes sind. Nicht der Unterschied zwischen den Geschlechtern ist die Ursache für die Unterdrückung der Frau, sondern es ist die Unterdrückung, die die Kategorie des Geschlechts überhaupt erst hervorbringt (2). »Geschlecht« ist die politische Kategorie, auf der die heterosexuelle Gesellschaft gründet (5). Diese Kategorie gilt es nach Wittig zu beseitigen und zu zerstören.

In »One Is Not Born a Woman« vertritt Wittig im Anschluss an Beauvoirs Diktum »Man kommt nicht als Frau zur Welt, man wird es« die These, dass »Frauen« keine »natürliche Gruppe« sind. Jeder Verweis auf ein prähistorisches Mutterrecht, die Institution des Matriarchats oder die biologische Geburtsfähigkeit, reproduziert die Geschlechtskategorien von Mann und Frau, die Annahme des Ursprungs der Gesellschaft aus der Heterosexualität und folglich den »Mythos der Frau« (10f.). Ziel Wittigs ist eine geschlechtslose Gesellschaft (*sexless society*). Dazu müssen Frauen als eine Klasse begriffen werden, für deren Verschwinden es letztlich zu kämpfen gilt, was darauf hinausläuft zu zeigen, dass die Kategorien »Frau« und »Mann« als politische und nicht als natürlichen Kategorien zu verstehen sind (15). Die einzige soziale Form, in der Frauen derzeit frei leben können, ist nach Wittig der Lesbianismus. Daraus leitet Wittig einen (epistemologisch und politisch) privilegierten Standpunkt lesbischer Personen ab, insofern sie sich der Dichotomie von Mann und Frau und dem heterosexuellen System entziehen: »Lesbian is the only concept I know of which is beyond the categories of sex (woman and man), because the designated subject (lesbian) is not a woman, either economically, or politically, or ideologically.« (20) Entsprechend thematisiert Wittig Heterosexualität als ein politisches Regime, dessen zentrale Kategorien »Mann« und »Frau« selbst in Frage gestellt und verworfen werden müssen (29f.). Der Begriff »Frau« hat nur Bedeutung in einem heterosexuellen System des Denkens und der Ökonomie: »Lesbians are not women.« (32)

Im zweiten Teil der Textsammlung stehen Reflexionen zur Sprache und zum Schreiben als künstlerischer Tätigkeit im Mittelpunkt von Wittigs Überlegungen. Besonders erwähnenswert ist hier der Aufsatz »The Mark of Gender«, in dem Wittig Gender als sprachlichen Index der materiellen Unterdrückung der Frauen interpretiert (xvii). Ihre Aufgabe als Schriftsteller*in sieht Wittig folglich nicht nur in der Zerstörung der Geschlechterkategorien (*categories of sex*) in Politik und Philosophie, sondern auch in der Zerstörung oder zumindest Modifizierung des Genus / Gender in der Sprache, wie es insbesondere in den Personalpronomina zu Tage tritt (ein Aspekt, der in zeitgenössischen Diskursen und Politiken immer mehr an Bedeutung gewinnt). Sprache, so Wittig, muss als Ganzes transformiert werden (81), eine Arbeit, die sie in *L'opoponax* (1964) und *Les Guérillères* (1969) unter anderem am Beispiel der französischen Personalpronomina *on* und *elles* unternimmt, mit dem Ziel, die Geschlechterkategorien in der Sprache in letzter Konsequenz überflüssig zu machen.

↗ Gender, Sprache, Subversion, Text

📖[3.] Beauvoir, *Das andere Geschlecht*, 1949 — 📖[5.1] Butler, *Das Unbehagen der Geschlechter*, 1990 — Preciado, *Kontrasexuelles Manifest*, 2000.

G.P.

4. Dekonstruktive feministische Ansätze in der Literaturwissenschaft

Cynthia Chase: »Einem Namen ein Gesicht geben« (1986)

in: Haverkamp, Anselm (Hg.): *Die paradoxe Metapher*. Frankfurt/M.: Suhrkamp 1998, 414–436 [Teilübers. von: »Giving a Face to a Name: De Man's Figures«, in: *Decomposing Figures. Rhetorical Readings in the Romantic Tradition*. Baltimore: Johns Hopkins UP 1986, 82–112].

Cynthia Chases Texte sind in besonderer Weise am Werk Paul de Mans orientiert. In Bezugnahme auf seine dekonstruktiven Arbeiten zur Rhetorik der Tropen hat sie eine Reihe von paradigmatischen Analysen vorgelegt, von denen der hier behandelte Aufsatz auf die Tropen der Prosopopöie, der Apostrophe und des Anthropomorphismus fokussiert. Mit Bezug auf die Prosopopöie macht sie deutlich, dass das Verständnis dieser Trope mit dem »Verstehen« selbst identifiziert wird. Sie zeigt auf, dass de Mans Interpretation des griechischen Terminus *prosopon-poiein* als »ein Gesicht geben« gewissermaßen selbst schon eine rhetorische Lektüre darstellt. Denn während »Prosopopöie« üblicherweise als Personifikation verstanden wird, unterstreicht de Mans Lesart, dass ein »Gesicht die Bedingung – nicht das Äquivalent – der Existenz einer Person ist« (415).

Chase untersucht die Wirkungsweisen der Metapher im Gegensatz zur Prosopopöie (418) und diskutiert die »Beunruhigung«, die durch letztere entsteht, insofern »das Gesicht, wenn es durch einen Akt der Sprache gegeben wird, ›nur‹ eine Figur ist« (418) – was de Man als »de-facement« beschreibt, als Defiguration oder eben als »Auslöschen des Gesichts« (420). Chase verweist auf die Verschränkung von Prosopopöie, Apostrophe und Katachrese (422), auf die Setzungsmacht der Sprache und die »Auslöschung der setzenden Macht der Sprache durch die Setzung oder das Setzen einer Figur (des Figürlichen)« (431). In letzter Konsequenz erweist sich die Prosopopöie als die aporetische Figur des Lesens: »Kein Lesen ist ohne sie möglich, aber jedes Lesen löscht die Bedingung der Existenz des Textes, den es liest, aus.« (436)

Die Annahme, dass Identität sprachlich und rhetorisch verfasst ist, steht im Zentrum dekonstruktiv-feministischer Ansätze. De Mans tropenkritische Wendungen klassischer rhetorischer Figuren stellen innerhalb dieser Ansätze eine besondere Facette dar. In der Rezeption dieser Ansätze kommen gendertheoretische Überlegungen zum Tragen, weil die Verleihung von Stimme und Gesicht immer schon eine vergeschlechtlichte ist und damit das Geschlecht selbst der doppelten Geste der Trope unterliegt, nämlich der Verleihung und des Entzugs eines bestimmten Geschlechts.

↗ Figur, Gender, Katachrese, Rhetorik, Sprache

🕮[5.2] Babka, *Unterbrochen*, 2002 — de Man, *Die Ideologie des Ästhetischen*, 1993 — 🕮[2.2] de Man, *Autobiographie als Maskenspiel*, 1979.

A.B.

Drucilla Cornell: »Das feministische Bündnis mit der Dekonstruktion« (1991)

in: Vinken, Barbara (Hg.): *Dekonstruktiver Feminismus. Literaturwissenschaft in Amerika*. Frankfurt/M.: Suhrkamp 1992, 279–318 [»The Feminist Alliance with Deconstruction«, Auszug aus: *Beyond Accomodation: Ethical Feminism, Deconstruction and the Law*. New York 1991, 79–118].

Der in Barbara Vinkens Anthologie ins Deutsche übertragene Aufsatz von Cornell gliedert sich in zwei Teile. Der erste Teil beschäftigt sich mit dekonstruktiven Bezugnahmen auf die »Allegorie der Frau«. Im zweiten Teil widmet sich Cornell den möglichen Einsatzpunkten der Dekonstruktion in der feministischen Theorie und Politik.

In Bezug auf die Frage nach dem Verhältnis von Dekonstruktion und Feminismus schreibt Cornell Derrida eine Art dekonstruktiven Utopismus zu. Dabei zielt sie darauf ab, die »unauslöschliche Spur des Utopismus im politischen und ethischen Denken« in Differenz zu einem »Utopismus des ›Weiblichen‹ als einer ›Erlösungsperspektive‹« zu denken (297). Cornell betont, dass der Versuch, »sexuelle Differenz allgemeiner mit der Dekonstruktion der Identitätslogik zu verknüpfen«, den philosophischen Status der sexuellen Differenz unterstreicht und das Denken der sexuellen Differenz nicht auf »politische[] und rechtliche[] Fragen der ›Rechte von Frauen‹ reduziert werden« kann (312). Zugleich hebt sie hervor, dass dies keineswegs heißt, »die ungeheure Last der Institutionalisierung konventioneller Geschlechterbeziehungen zu verleugnen« (313). Ziel muss es vielmehr sein, ausgehend von der sexuellen Differenz das Weibliche und die Repräsentationen des Weiblichen affirmativ zu refigurieren.

↗ Différance, Gender, Logozentrismus

🕮[2.1] Derrida, *Dissemination*, 1972a — 🕮[2.1] Derrida, *Sporen*, 1973 — 🕮[2.1] Derrida, *Glas*, 1974 — 🕮[2.1] Derrida, *Choreographien*, 1982 — 🕮[1.5] Lacan, »*Die Bedeutung des Phallus*«, 1958.

A.B.

Gisela Ecker: »Spiel und Zorn. Zu einer feministischen Praxis der Dekonstruktion« (1988)

in: *Argument* 172/173 (Sonderband), 1988, 8–22.

In ihrem Aufsatz setzt sich Gisela Ecker mit zeitgenössischen theoretischen Ansätzen auseinander und macht sich auf die »Suche nach Anschlussmöglichkeiten für eine feministische Theoriebildung« (8). Ecker versucht, die Theorie unter dem Aspekt des Spiels zu betrachten und das Potential einer als »spielerisch« verstandenen Theoriebildung auszuloten. Sie nimmt dabei auf die französischen Poststrukturalist*innen Bezug, allen voran auf Derrida. Für Ecker wird Derrida zum zentralen Referenzpunkt für jene grundlegende Kritik am westlichen Denken, die auch die feministische Wissenschaftskritik berührt, nämlich »dass der Mensch, der Held der abendländischen Philosophie, männlichen Geschlechts ist und dass er sich nur herausbilden konnte, indem er sich implizit – [...] unter dem Deckmantel von Geschlechtsneutralität – von einem anderen, dem Weiblichen, abgesetzt hat« (9). Ecker expliziert Grundzüge von Derridas Denken über die Metapher des Spiels (19) und das Phänomen der Unentscheidbarkeit von Begriffen wie *Pharmakon, Supplement* oder *Hymen* (11). Die dekonstruktiven Textanalysen, so Ecker, würden ihr Versprechen jedoch nicht immer einlösen, da sowohl auf der Text- wie auf der Metaebene der männliche Kanon vorherrsche (14). An dieser Stelle kommt bei Ecker der Zorn ins Spiel. Spiel bedeutet für sie »Loslassen« und »Kreativität entfalten«; der Zorn richtet sich gegen etwas, er »bewirkt zielgerichtete Handlungen« (15). Ecker versucht in der Folge, Spiel und Zorn zusammenzudenken; dazu bezieht sie sich auf zwei Vertreterinnen der nordamerikanischen Dekonstruktion, Gayatri Spivak und Nancy Miller. Bei Miller streicht sie die Forderung nach einer »dezentrierten Perspektive in der Theorie« heraus, die zugleich eine »zentrierte Aktion« miteinschließt, »die nicht erneut die Unsichtbarkeit der Frauen zur Folge hat« (20). Bei Spivak hebt sie hervor, dass »die Vorstellung von der Einheitlichkeit des Subjekts aufzugeben [sei]«, dass aber das politisch agierende Subjekt den »ungespaltenen Zustand als fiktive Krücke wieder aufnehmen [muß]«, um die eigene Handlungsfähigkeit zu garantieren (20).

Ecker favorisiert die Vorstellung vom »pluralen Subjekt«, insofern diese impliziert, dass »Konflikte akzeptiert werden müssen« und dass für eine wirkungsvolle politische Praxis ein Handeln auf mehreren Ebenen nötig sei, auch wenn die einzelnen Handlungen im Widerspruch zueinander stehen können (20). Eindeutige Lösungen würden zur »utopischen Fiktion«, zu einem »metaphysischen Gespinst«. Zugleich, so gibt sie zu bedenken, würde ein solcher Diskurs, der die Uneindeutigkeit berücksichtigt, politische Handlungsfähigkeit einschränken, wenn auch nicht ausschließen und – wie sie schließt – er »bleibt notwendig, wenn auch für immer ungenügend und sich selbst unsicher« (20).

↗ Dekonstruktion, Gender, Handlungsfähigkeit, Identität, Subjekt

📖2.1 Derrida, *Grammatologie,* 1967a — 📖2.1 Derrida, *Dissemination,* 1972a — Miller, *Subject to Change,* 1988 — Miller, *Representing Others,* 1994 — 📖4. Spivak, *Verschiebung und der Diskurs der Frau,* 1983 — 📖4. Spivak, *Outside in the Teaching Machine,* 1993b.

A.B.

Diane Elam: *Feminism and Deconstruction: Ms. en abyme* (1994)

London/New York: Routledge 1994.

Diane Elams Text ist eine der ersten Monographien zum Verhältnis von Feminismus und Dekonstruktion. Elam betont die Wichtigkeit, beide Bewegungen miteinander zu kontrastieren und ihre Verbindungslinien herauszuarbeiten. Dabei unterstreicht der Terminus »Bewegung«, dass sich sowohl Feminismus als auch Dekonstruktion einer einheitlichen Definition entziehen (8). Entsprechend gilt es, den Feminismus nicht in einen »akademischen« und einen »praktischen« zu unterteilen. Ebenso ist die Dekonstruktion nicht allein ein akademisches, sondern zugleich auch ein praktisches Unternehmen, das es ermöglicht, die »schizophrene Komplexität zeitgenössischer Erfahrungen von Zeit und Repräsentation« (2) zu denken.

Themen des Buches sind unter anderem Fragen der Materialität des Körpers (»Linguistic or material girl?«), der Unterscheidung von Sex und Gender (»Gender or sex?«) und der Handlungsfähigkeit (»To be negotiated: the politics of the undecidable«). Elams Anliegen und Vorgehensweise besteht darin, differenzierte Anstöße zur Debatte zu liefern, nicht aber eine Methode oder eine Anleitung zur feministischen Kritik bereitzustellen. Ihr Zugang zu den Diskursen, die sie analysiert, ist ebenso kritisch wie affirmativ, wobei sie auch die Grenzen und Möglichkeiten ihrer eigenen Sprache reflektiert.

Zentral für ihre Überlegungen ist die Überzeugung, dass eine vollständige Repräsentation von Frauen nicht möglich ist. Sie sieht die Kategorie Frauen als eine offene, ohne den Wert der »Frauengeschichte« gering zu achten. Der Untertitel ihres Buches *ms. en abyme* verweist auf ihre Konzeption von Frau und Weiblichkeit als kontingente Begriffe. Der Begriff der *mise en abyme* problematisiert dichotome Konstruktionen, wie die von Subjekt und Objekt, die von ihr als fließend und wechselhaft beschrieben werden. »Hence the *ms. en abyme* – the infinite displacement brought about by feminism and deconstruction: the displacement of the subject, of identity politics, of the subject of feminism and deconstruction.« (25)

Folglich sieht Elam eher Gemeinsamkeiten als Unterschiede zwischen Feminismus und Dekonstruktion – auch in politischer Hinsicht. Obgleich die Dekonstruktion die Begrifflichkeiten der Politik hinterfragt, negiert sie diese nicht schlechthin. Diese Haltung verbindet die Dekonstruktion mit dem Feminismus, der sich laut Elam ebenfalls dagegen verwehrt, die klassischen Kategorien des Politischen unkritisch zu übernehmen. (67) Würde sich der Feminismus allein auf die Affirmation weiblicher Identität konzentrieren, so wäre er letztlich »imperialistisch«. An den vielbeschworenen »Tod« der Dekonstruktion glaubt sie nicht; sie verweist aber auf ihre Grenzen als interpretative Methode innerhalb der Literaturwissenschaften sowie auf die Gefahr eines falsch verstandenen elitären »Dekonstruktivismus«.

↗ Aporie, Dekonstruktion, Différance, Essentialismus, Identität

📖5.1 Butler, *Das Unbehagen der Geschlechter,* 1990 — 📖2.1 Derrida, *Sporen,* 1973 — 📖2.1 Derrida, *Choreographien,* 1982 — 📖4. Johnson, *Gender Theory and the Yale School,* 1985.

A.B.

Shoshana Felman: *The Scandal of the Speaking Body. Don Juan with J. L. Austin, or Seduction in Two Languages* (1980)

Transl. by Catherine Porter, with a new Foreword by Stanley Cavell and Afterword by Judith Butler. Stanford: Stanford UP 2003 [*Le Scandale du corps parlant.* Paris 1980].

Felmans Buch *Le scandale du corps parlant,* das nur im französischen Original und in englischer Übersetzung (mit einem Nachwort von Judith Butler) vorliegt, verbindet auf innovative Weise Austins Sprechakttheorie mit der Psychoanalyse Lacans und der dekonstruktiven Literaturtheorie im Anschluss an de Man und Derrida. Felman schließt damit eine wichtige Rezeptionslücke zwischen dem französischen Poststrukturalismus und der anglo-amerikanischen Sprach- und Literaturtheorie.

Felmans Ausgangspunkt bildet die Lektüre von Molières *Don Juan* im Spiegel Austins, dem Felman – aufgrund des vorläufigen, selbstironischen und offenen Stils seiner Texte – selbst einen Hang zum Don-Juanismus unterstellt. Von Derrida übernimmt sie die Idee, dass die Möglichkeit des Scheiterns oder Fehlschlagens performativer Äußerungen nicht ein zufälliges Ereignis ist, das der Sprache äußerlich wäre, sondern eine »notwendige Möglichkeit« darstellt, die jedem performativen Sprechakt inhärent ist. Der performative Sprechakt par excellence ist nach Felman das (nicht gehaltene) Heiratsversprechen (Don Juans), insofern es als das Versprechen von Kontinuität und Konstanz die stabile und dauerhafte Verbindung zwischen der Intention und dem Akt postuliert, während es zugleich das konstative, referentielle Moment in jedem Sprechakt unterstreicht, ohne das kein Performativ möglich wäre.

Dabei interpretiert Felman – de Man folgend – die Begriffe *konstativ* und *performativ* nicht nur als Attribute sprachlicher Äußerungen, sondern auch als Begriffe, die paradigmatisch für bestimmte Sprachauffassungen stehen, d.h. für eine konstativ-kognitive Konzeption der Sprache einerseits und eine performative Konzeption der Sprache andererseits. Konstativ verstanden ist Sprache vor allem ein Mittel zur Kommunikation – und zwar von Wahrheit und Wissen. Dagegen ist in einer performativen Sprachkonzeption *Sprechen* keineswegs gleichbedeutend mit Wissen, sondern vielmehr mit *Tun*. In psychoanalytischen Termini ausgedrückt gehören die konstativen Äußerungen einer Ordnung der Bedeutung und einem Register des Wissens an, während die performativen Äußerungen auf eine Ordnung des Akts und ein Register der Lust verweisen.

Auch wenn Felman nicht ausdrücklich auf die sexuelle Differenz zu sprechen kommt, so durchzieht doch diese Frage implizit ihren ganzen Text. Paradoxerweise ist es gerade Don Juan, der nach Felman die väterlich-männliche Logik der Identität dekonstruiert, und zwar durch die endlose, unaufhörliche Erneuerung und Wiederholung nicht gehaltener Versprechen. Durch ihre transdisziplinäre Durchdringung und Koppelung von Psychoanalyse und Sprechakttheorie leistet Felman einen wichtigen Beitrag zur Reformulierung geschlechtlicher Identitätsbildung als performativer Praxis, wie sie u.a. bei Butler – zum Teil in expliziter Auseinandersetzung mit Felman – weiterentwickelt wird.

↗ Identität, Performativität, Referenz, Sprache, Subjekt

📖[1.3] Austin, *Zur Theorie der Sprechakte*, 1955 — 📖[1.3] Austin, *Performative und konstatierende Äußerungen*, 1958 — 📖[1.3] Benveniste, *Die analytische Philosophie*, 1963 — 📖[5.1] Butler, *Haß spricht*, 1997a — 📖[2.2] de Man, *Rhetorik der Persuasion*, 1975 — 📖[2.1] Derrida, *Signatur Ereignis Kontext*, 1971b.

G.P.

Shoshana Felman: »Weiblichkeit wiederlesen« (1981)

in: Vinken, Barbara (Hg.): *Dekonstruktiver Feminismus. Literaturwissenschaft in Amerika*. Frankfurt/M.: Suhrkamp 1992, 33–61 [»Rereading Femininity«, in: *Yale French Studies* 62, 1981, 19–44].

Felmans Lektüre von Balzacs kurzem Roman *Das Mädchen mit den Goldaugen* ist einer der wichtigsten und theoriegeschichtlich wirksamsten Texte für die Etablierung einer dekonstruktiven feministischen Literaturwissenschaft in den USA während der 1980er Jahre, die oft auch als *Yale School* bezeichnet wird.

Felman zeigt in ihrer Lektüre, in der sie auch auf Freuds einschlägige Texte »Das Unheimliche« (1919) und »Die Weiblichkeit« (1932) zurückgreift, wie der Text von Balzac sowohl die hierarchische Struktur der Opposition zwischen den Geschlechtern und den sozialen Klassen als auch die Definitionen von Männlichkeit und Weiblichkeit sowie das Prinzip ihrer Identität in Frage stellt und subvertiert (36). Felman kommt dabei zu dem Fazit, dass Weiblichkeit in Balzacs Text »nicht das Gegenteil von Männlichkeit ist, sondern das, was genau den Gegensatz von Männlichkeit und Weiblichkeit subvertiert« (58). Das Weibliche ist nichts, was außerhalb des Männlichen existiert, vielmehr ist es das, was das Männliche als dessen »unheimliche Differenz von sich selbst« heimsucht, es spaltet und seine Andersheit von sich selbst »vor Augen führt«: »Weiblichkeit wohnt der Männlichkeit inne, wohnt ihr inne als Andersheit, als ihre eigene Unterbrechung.« (58)

↗ Alterität, Dekonstruktion, Identität, Lesen / Lektüre, Text

Freud, *Das Unheimliche,* 1919 — 🕮1.5 Freud, *Die Weiblichkeit,* 1932 — 🕮4. Menke, *Verstellt – Der Ort der ›Frau‹*, 1992.

A.B.

Ellen K. Feder / Mary C. Rawlinson / Emily Zakin (Hg.): *Derrida and Feminism. Recasting the Question of Women* (1997)

New York / London: Routledge 1997.

Der Sammelband setzt sich mit den Überschneidungen zwischen der Derrida'schen Dekonstruktion und feministischen philosophischen Theorien auseinander. Wie die Herausgeberinnen anmerken, wird »Frau« bei Derrida nicht im klassischen Sinne als ein Begriff mit einer genau umgrenzten Bedeutung verwendet, sondern wird vielmehr als ein Interventionshebel gebraucht, um Texte gegen sich selbst zu lesen und zu subvertieren. Die Frage, die sich damit stellt, ist, ob im Hinblick auf »Frau« überhaupt von der Möglichkeit der Referenz auf etwas gesprochen werden kann oder ob Frau nicht vielmehr eine unentscheidbare Figur bzw. Aporie darstellt. Davon ausgehend wird auch die Frage diskutiert, inwiefern und wie sehr Derrida dem Feminismus verpflichtet ist, sowohl in theoretischer als auch in praktischer Hinsicht. Und nicht zuletzt steht die Frage im Zentrum, ob Derridas Bezug auf die Figur der »Frau« nur eine weitere Aneignung darstellt, wie sie in der langen Geschichte der Philosophie Tradition hat. Beitragende sind John D. Caputo, Tina Chanter, Drucilla Cornell, Ellen K. Feder, Jane Fallop, Kelly Oliver, Mary C. Rawlinson, Emily Zakin und Ewa Plonowska Ziarek.

↗ Aporie, Dekonstruktion, Referenz, Text

Derrida, *Sporen,* 1973 — Derrida, *Choreographien,* 1982 — Derrida, *Die Geschlechtsdifferenz lesen,* 1994.

A.B.

Nancy J. Holland (Hg.): *Feminist Interpretations of Jacques Derrida* (1997)

Pennsylvania: Pennsylvania State UP 1997.

Der Band versammelt elf teils bereits vorliegende, teils für den Band geschriebene Essays, die nach dem Verhältnis von Dekonstruktion und Feminismus fragen. Einige Artikel bieten kritische Bezugnahmen auf Derrida, bei anderen steht das affirmative Moment im Vordergrund. Alle Artikel erkennen an, dass gewisse dekonstruktive Motive nützliche Instrumente für das feministische Projekt darstellen. Hollands Einleitung liefert eine kurze Einführung in die Grundbegrifflichkeiten der »Vorläufer« Derridas (Husserl, Heidegger, Levinas und Lacan) und liefert eine synthetisierende Darstellung der Beiträge von Elizabeth Grosz, Peggy Kamuf, Peg Birmingham, Kate Mehuron, Ellen Armour, Dorothea Olkowski, Gayatri Spivak, Drucilla Cornell und Nancy Fraser. Darüber hinaus bietet der Band ein von Christie McDonald geführtes Interview mit Derrida (»Choreographies«).

↗ DEKONSTRUKTION, DIFFERENZ, GENDER

📖[2.1] Derrida, *Choreographien,* 1982 — Kamuf, *The Parisian Letters,* 1990 — Kamuf, *Derrida and Gender,* 2001.

A.B.

Barbara Johnson: »Mein Monster – Mein Selbst« (1982)

in: Vinken, Barbara (Hg.): *Dekonstruktiver Feminismus. Literaturwissenschaft in Amerika.* Frankfurt/M.: Suhrkamp 1992, 130–146 [»My Monster/My Self«, in: *Diacritics* 12 (2), 1982, 2–10; wiederveröffentl. in: *A World of Difference.* Baltimore: Johns Hopkins UP 1987, 144–154].

Barbara Johnsons Text steht in Vinkens Sammelband repräsentativ für den dekonstruktiven Analyse- und Lektürestil der Defiguration, d.h. des kritischen Ausstellens des figurativen Moments von Geschlechtsidentitäten und Körperkonstruktionen. Der kurze Text thematisiert die Frage der Möglichkeit der Repräsentation von Frauen in Texten von Frauen. Drei Themenkomplexe werden von Johnson aufeinander bezogen: *Muttersein,* die *schreibende Frau* und die *Autobiographie.* Die Verbindung zwischen diesen Themen versucht Johnson über die kritische Engführung dreier Texte zu entfalten: Nancy Fridays *My Mother/My Self,* Dorothy Dinnersteins *The Mermaid and the Minotaur* sowie Mary Shelleys *Frankenstein,* der das Zentrum der Lektüre bildet. Alle drei Texte kritisieren in Johnsons Lesart die Institution der Elternschaft.

Johnson liest *Frankenstein* als Autobiographie und Frankensteins Monster als *die* Figur für die Autobiographie, weil es »der autobiographische Wunsch par excellence« ist, ein Abbild, ein Wesen nach dem eigenen Bild zu schaffen. Das notwendige Scheitern daran zeigt sich am »Grad der Entfremdung und Selbstqual« sowohl des Monsters als auch seines Schöpfers und versinnbildlicht die »Monstrosität des Selbst«. Die Besonderheit und Notwendigkeit der »weiblichen« Autobiographie, in der Johnson die »Monstrosität des Selbst« eingebettet sieht, liegt für sie darin, dass das Selbst und jegliche Form menschlicher Lebensgeschichte männlichen Vorbildern nachmodelliert werden. Es ist nach Johnson folglich unmöglich, das signifikant »männliche« Genre zu vermeiden (143).

↗ ALTERITÄT, AUTOBIOGRAPHIE, HYBRIDITÄT, IDENTITÄT, REPRÄSENTATION

📖4. Johnson, *Gender Theory and the Yale School*, 1985 — Johnson, *The Wake of Deconstruction*, 1994a — Johnson, *Women and Allegory*, 1994b — Johnson, *Translator's Introduction*, 1981 — 📖4. Menke, *Verstellt – Der Ort der ›Frau‹*, 1992 — Vinken, *Dekonstruktiver Feminismus – Eine Einleitung*, 1992.

A.B.

Barbara Johnson: »Gender Theory and the Yale School« (1985)

in: Davis, Robert Con/Schleifer, Ronald (Hg.): *Rhetoric and Form: Deconstruction at Yale*. Norman/London: Univ. of Oklahoma Press 1995, 101–112 [auch in: *A World of Difference*. Baltimore: Johns Hopkins UP 1987, 32–41].

Der Text Johnsons entstand, wie sie selbst ausführt, aus einer ›unmöglichen‹ Situation heraus: Johnson sollte den kürzlich verstorbenen Paul de Man anlässlich einer Konferenz ersetzen und zugleich über sein Werk sprechen. Die ursprüngliche Aufgabe von de Mans Konferenzbeitrag wäre gewesen, die »Gender Theory« in Relation zu seiner Arbeit zu setzen. Bei allem Verständnis für die Wünsche der Organisator*innen widerstrebte es Johnson, als »Supplement« zu fungieren, noch dazu innerhalb einer »Schule« wie der der Yale School, die bekannt dafür war, immer schon eine »Male School« gewesen zu sein (101). Johnson zufolge wäre es leicht gewesen, den männlichen Mitgliedern dieser Schule eine Negierung des Gender-Themas zu unterstellen. Sie aber konstatiert, dass diese mehr darüber zu sagen hätten, als ihnen oft selbst bewusst zu sein schien. In diesem Sinn liefert sie Lektüren von Harold Bloom, Geoffrey Hartman, Hillis Miller und de Man, um in deren Texten eine »implizite Theorie der Verbindung zwischen Gender und Criticism« aufzuzeigen (102).

Abschließend widmet sie sich einer »Tochter« der Yale School, nämlich sich selbst und ihrem Band *The Critical Difference*. Sie kommt zu dem selbstkritischen Schluss, dass scheinbar kein Buch der *Yale School* Frauen effektiver ausgeschlossen habe als ihr eigenes: »No women authors are studied. Almost no women critics are cited. And, what is even more surprising, there are almost no female characters in any of the stories analyzed.« (110) Das heißt aber nicht, wie Johnson herausstreicht, dass die Frage der sexuellen Differenz das Buch nicht vom Anfang bis zum Ende durchdringen würde. Johnson führt dafür Beispiele an und kommt zu dem Schluss, dass es scheint, als würde *The Critical Difference* nur die Flucht vor jener Differenz beschreiben, die sie eigentlich zu analysieren versucht – der sexuellen. Und wie Johnson abschließend bemerkt, reicht es offenbar nicht hin, als Frau zu schreiben, um jenen Strukturen der Auslöschung des Weiblichen zu widerstehen, die die Sprache in ihrer subtilen Pseudogeschlechtsneutralität vorgibt.

↗ DIFFERENZ, GENDER, LEKTÜRE / LESEN, TEXT

de Man, *Die Ideologie des Ästhetischen,* 1993 — Johnson, *The Wake of Deconstruction,* 1994a — Johnson, *Women and Allegory,* 1994b — Johnson, *The Critical Difference,* 1980b — Johnson, *Translator's Introduction,* 1981 — 📖4· Menke, *Verstellt – Der Ort der ›Frau‹,* 1992 — 📖4· Vinken, *Dekonstruktiver Feminismus,* 1992.

A.B.

Cornelia Klinger / Birge Krondorfer / Bettine Menke / Eva Meyer / Marianne Schuller / Gerburg Treusch-Dieter / Brigitte Weisshaupt: »Podiumsgespräch. Feministische Wissenschaft zwischen Reproduktion, Dekonstruktion und Repräsentation« (1994)

in: Amstutz, Nathalie / Kuoni, Martina (Hg.): *Theorie, Geschlecht, Fiktion.* Frankfurt / M.: Stroemfeld / Nexus 1994, 271–287.

Die Auseinandersetzung um das Werk Derridas, die im Anschluss an die Tagung »Theorie – Geschlecht – Fiktion« 1992 in Basel geführt wurde, markiert einen Angelpunkt »post-feministischer« Theoriebildung. An einem kritischen Beitrag Cornelia Klingers entzündet sich eine paradigmatische Debatte hinsichtlich Derridas Verankerung im männlichen philosophischen Wahrheitsdiskurs und seiner begrifflichen Vereinnahmung der Frau bzw. ihrer Allegorisierung. Klinger sieht in dieser Aneignung eine Grenze in Derridas Denken, die, wie sie hervorhebt, ein dekonstruktiver Feminismus sehen muss, vor der er aber nicht haltmachen darf. Ihr Statement, dass »ein dekonstruktiver Feminismus möglicherweise das tun könnte, was Derrida auslässt, nämlich diesen Begriff von Weiblichkeit oder diese symbolische Funktion der Frau aufzuschließen« (278), provoziert Gegenreden von Bettine Menke, Eva Meyer, Marianne Schuller u.a., die eben jene Anforderung in Derridas Schreiben bereits erfüllt sehen.

Nach Menke verfährt Derridas Text »Sporen. Die Stile Nietzsches« hinsichtlich der Kategorie Geschlecht insofern dekonstruktiv, als er spielerisch changiert »zwischen der Allegorisierung der Frau als Modell von ›Wahrheit‹ und Verstellung [...] und einem textuellen Umgang mit dieser [...], der jede Antwort auf die Frage der Weiblichkeit der Frau wie diese Frage selbst suspendiert« (275). Menkes Lesart von Derridas »Sporen« ist affirmativ in Hinblick auf die Möglichkeiten, die der Text anbietet, Geschlecht innerhalb einer dekonstruktiven Textbewegung als Vielfalt/Vielfältigkeit zu denken und nicht als abgeschlossene Einheit zu konzeptualisieren. Demgegenüber insistiert Klinger darauf, dass in Derridas Denken Weiblichkeit instrumentalisiert wird (280). Eine analoge Position vertritt Sigrid Weigel. Beide Standpunkte markieren bestimmende frühe Rezeptionspositionen der Dekonstruktion innerhalb feministischer bzw. genderorientierter Forschung.

↗ Dekonstruktion, Figur, Gender, Lesen/Lektüre, Repräsentation, Rhetorik

📖 2.1 Derrida, *Sporen*, 1973 — 📖 4. Menke, *Verstellt – Der Ort der ›Frau‹*, 1992 — 📖 4. Menke, *Dekonstruktion der Geschlechteropposition*, 1995a.

A.B.

Bettine Menke: »Verstellt: Der Ort der ›Frau‹ – Ein Nachwort« (1992)

in: Vinken, Barbara (Hg.): *Dekonstruktiver Feminismus. Literaturwissenschaft in Amerika.* Frankfurt/M.: Suhrkamp 1992, 436–476.

Menke unternimmt in ihrem Nachwort zu dem von Barbara Vinken herausgegebenen Sammelband *Dekonstruktiver Feminismus* den Versuch einer »Standortbestimmung« des dekonstruktiven Feminismus. Diesen versteht sie als eine Theorie, die sich vom traditionellen Feminismus, der die Frau als Opfer und Objekt sozialer, politischer und diskursiver Unterdrückungsmechanismen thematisiert, ebenso unterscheidet wie vom französischen Feminismus, der »die Unterdrückung der Frau nicht nur in der materiellen und praktischen Organisation der ökonomischen, sozialen, medizinischen und politischen Strukturen lokalisiert, sondern auch in der Fundierung des Denkens selbst und in jenen sprachlichen Vorgängen, in denen Bedeutung produziert wird« (436). Während der traditionelle Feminismus nach Menke davon ausgeht, dass es »die Frau« gebe und damit einen Ort, »von dem die (auch theoretische) Rede der Frau ergehe«, problematisiert der dekonstruktive Feminismus »die Frau« als Objekt und Subjekt der (theoretischen) Rede und damit auch den Status seines eigenen Diskurses (437).

Indem der dekonstruktive Feminismus der Frage nachgeht, was es heißt, »als Frau« zu sprechen, markiert und thematisiert er gerade jene sprachlichen und rhetorischen Verfahren, durch die »die Frau« als das Subjekt des Feminismus sich überhaupt erst als ein *sprechendes* Subjekt zu konstituieren vermag. So verweist die Geste, mit der der traditionelle Feminismus beansprucht, im Namen der Frauen zu sprechen, und mit der er diesen und sich selbst eine Stimme zu verleihen versucht, auf die rhetorische Figur der *Prosopopöie,* die dem Unbelebten ein Gesicht und eine Stimme verleiht. Diese rhetorische

Operation wird dadurch verdeckt und verschleiert, dass sie das, was sie als ihre Wirkung hervorbringt, nämlich das Subjekt der Rede, als Ursache und Ursprung der Rede erscheinen lässt. In diesem Sinne ist jede Figuration nach Menke (im Anschluss an de Man) immer auch Defiguration.

Was im traditionellen Feminismus als »naturgegebener Unterschied« der Konstruktion des sozialen Geschlechts zugrunde liegt, wird im dekonstruktiven Feminismus als Effekt kultureller Anordnungen, als Figuration »im Sinne einer neuen Rhetorik« lesbar (438). Die Dekonstruktion wird bei Menke zu einem »*Re-Reading* im doppelten Sinne des Wieder- und Gegenlesens« von Identitätskonstruktionen (438); die Literatur bzw. der literarische Text ist der bevorzugte Ort der so verstandenen dekonstruktiven Lektüre. Eine derartige Lektürepraxis erfordert die Aufmerksamkeit für die rhetorische bzw. tropologische Dimension der Sprache. Rhetorik wird hier nicht mehr im klassischen Sinne als die bewusste Kontrolle der Sprache verstanden, sondern im Anschluss an Nietzsche und de Man als ein der Sprache inhärentes Moment. Im Sinne seines selbstreflexiven Gestus kann der dekonstruktive Feminismus seinen eigenen rhetorischen Konstitutionsprozess nur aporetisch formulieren: »Die Stimme der Frau kann nicht *Prosopopöie* sein und kann doch nichts anderes als eine solche sein.« (464)

↗ Aporie, Dekonstruktion, Figur, Lesen/Lektüre, Rhetorik, Sprache, Subjekt, Text

📖[2.2] de Man, *Semiologie und Rhetorik,* 1973 — 📖[2.2] de Man, *Autobiographie als Maskenspiel,* 1979 — 📖[4.] Felman, *Weiblichkeit wiederlesen,* 1981 — Menke, *De Mans ›Prosopopöie‹ der Lektüre,* 1993 — 📖[4.] Menke, *Dekonstruktion der Geschlechteropposition,* 1995a — Menke, *Prosopopoiia,* 2000 — 📖[1.1] Nietzsche, *Ueber Wahrheit und Lüge,* 1873.

G.P.

Bettine Menke: »Dekonstruktion der Geschlechteropposition – das Denken der *Geschlechterdifferenz.* Derrida« (1995)

in: Haas, Erika (Hg.): »Verwirrung der Geschlechter«. Dekonstruktion in der Wissenschaft. München u.a.: Profil 1995, 35–68.

Menkes Artikel bietet einen komprimierten Überblick über das Vokabular und die Denkfiguren der Dekonstruktion und der dekonstruktiven Literaturtheorie. Zugleich skizziert Menke das Programm eines dekonstruktiven Feminismus, wobei sie neben Derrida vor allem auf die Arbeiten von Shoshana Felman und Barbara Johnson verweist. Im Mittelpunkt ihrer Argumentation steht die ausführliche Relektüre von Derridas Essay »Sporen. Die Stile Nietzsches« (1973).

Menke versteht Dekonstruktion als eine *Lektürepraxis.* Für die »Ordnung der Geschlechter« bedeutet dies, vermeintlich vorgegebene und natürliche

Identitäten als Produkte einer (männlichen) Logik der Identität lesbar zu machen und das figurative Modell ihrer Konstruktion zu subvertieren und zu defigurieren (38). Ziel dieses Prozesses ist nicht die einfache Umkehrung der binär hierarchisierten Oppositionen wie Präsenz/Absenz, Wahrheit/Irrtum, Geist/Materie, eigentlich/uneigentlich, männlich/weiblich, in der der zweite Term »jeweils als die bloß negative, korrupte und unliebsame Version des ersten« bestimmt ist (39), sondern das Lesbarmachen des unauflösbaren Zusammenhangs von »*figurativer Konstruktion und De-Figuration*« (38). Weiblichkeit ist folglich nicht einfach das Gegenteil von Männlichkeit, sondern, so Menke im Anschluss an Felman, das, was »den Gegensatz von Männlichkeit und Weiblichkeit subvertiert« (41). Das heißt jedoch nicht, dass die Dekonstruktion einer binären Opposition jede Differenz auflöst und negiert; vielmehr unternimmt sie den Versuch, so Menke im Anschluss an Johnson, »den subtilen, mächtigen Effekten von Differenzen nachzugehen, die in der Illusion einer binären Opposition bereits am Werk sind« (Johnson 1980b, xi, zit. nach Menke 1995a, 42).

Menkes These lautet, dass in derselben Weise, wie die Dekonstruktion die Ordnung der Geschlechter de- und rekonstruiert, auch der Feminismus selbst dekonstruktiv werden muss. Das heißt, dass »Frau« weder als von vornherein gegebenes Objekt der Theorie noch als Subjekt der theoretischen Rede vorausgesetzt werden kann. Die Dekonstruktion bezieht die feministische Position in ihre Reflexion mit ein (43).

An diesem Punkt trifft sich der dekonstruktive Feminismus als ein literaturwissenschaftliches Projekt mit der diskurs- und machtanalytischen Position Butlers, die gerade in der Infragestellung der Identitätskategorie »Frau« nicht das Scheitern, sondern die Bedingung der Möglichkeit jeder feministischen Theorie und Politik sieht. *Den* Ort der Frau, der weiblichen Rede und damit der feministischen Theorie »gibt« es nicht; er ist eine Grenzlinie, »ein interner Abstand, eine Differenz von sich selbst«. Ebenso wie dieser Ort nach Menke nicht einfach eingenommen werden kann, »›gibt‹ es aber auch umgekehrt männliche Identität nicht – oder ›nur‹ als Effekt eines Konstitutionsprozesses, in dem die weibliche Differenz ›immer schon‹ *interveniert* hat und sich eingeschrieben hat« (62).

↗ Aporie, Binarität, Dekonstruktion, Differenz, Figur, Gender, Identität, Konstruktion, Lesen/Lektüre, Macht, Rhetorik, Schrift, Subversion

📖5.1 Butler, *Kontingente Grundlagen*, 1992 — 📖6. Culler, *Dekonstruktion*, 1982 — 📖2.1 Derrida, *Sporen*, 1973 — 📖2.1 Derrida, *Choreographien*, 1982 — 📖4. Felman, *Weiblichkeit wiederlesen*, 1981 — Johnson, *The Critical Difference*, 1980b — Menke, *Dekonstruktion – Lektüre*, 1990 — 📖4. Menke, *Verstellt – Der Ort der ›Frau‹*, 1992 — Menke, *Dekonstruktion*, 1995b — 📖4. Vinken, *Dekonstruktiver Feminismus*, 1992.

G.P.

Gayatri Chakravorty Spivak: »Verschiebung und der Diskurs der Frau« (1983)

in: Vinken, Barbara (Hg.): *Dekonstruktiver Feminismus. Literaturwissenschaft in Amerika*. Frankfurt/M.: Suhrkamp 1992, 183–218 [»Displacement and the Discourse of Woman«, in: Krupnick, Mark (ed.): *Displacement. Derrida and After*, Bloomington: Indiana UP, 1983, 169–195; reprinted in: Holland, Nancy J. (ed.): *Feminist Interpretations of Jacques Derrida*, Pennsylvania State UP, 1997, 43–72].

Spivak widmet sich in diesem 1983 im englischsprachigen Original erschienenen Artikel der Lektüre verschiedener Texte von Derrida (»Sporen«, *Glas*, »La double séance« und *Das Gesetz der Gattung*) sowie Freuds Vorlesung »Die Weiblichkeit«. Dabei geht sie der Frage nach, ob, wie und in welchem Maße die Dekonstruktion und Derridas Kritik des Logozentrismus für das Projekt eines politischen, marxistisch inspirierten Feminismus produktiv gemacht werden können.

Spivak kommt zu dem Ergebnis, dass die Dekonstruktion ein überzeugendes Argument gegen den allzu einfachen Versuch liefert, an Stelle eines phallozentrischen einen »hysterazentrischen« Diskurs zu etablieren. Als »feministische« Praxis erscheint sie ihr jedoch angreifbar, weil sie der sexuellen Differenz verhaftet bleibe (204). Spivaks Kritik bezieht sich auf Derridas Versuch, *die Frau* über ein Netzwerk von Metaphern mit *der Dekonstruktion* intrinsisch zu korrelieren. Doch genau dieser Gestus läuft Gefahr, die Frau wieder zu vereinnahmen und zu fetischisieren und sie an einen Ort zu verweisen, zu dem es keinen adäquaten Referenten gibt. Spivak erkennt an, dass die Dekonstruktion als eine *Feminisierung der Praxis der Philosophie* verstanden werden kann; die Dekonstruktion vermag dies jedoch nur insofern, als sie die Frau als Figur nimmt, die auf doppelte Weise verschoben werden muss (186, 189).

Spivak betont die doppelte Verschiebung auf mehreren Ebenen und in mehreren Etappen ihrer Lektüre. Signifikantes Beispiel dafür ist Derridas Figur des *Hymens* als Figur der Unentscheidbarkeit. Obwohl Derrida die Figur der Frau zu bejahen versucht, spricht er »aus der unrettbar kompromittierenden Position eines Mannes« (202). Spivak greift damit nicht nur die Frage der feministischen Erkenntnistheorie hinsichtlich der Problematik des erkennenden Subjekts und seiner sexuellen Markiertheit auf. Sie hinterfragt auch ihre eigene Position als Frau und als »aufrechte [*straight*] Dekonstruktivistin des (traditionell männlichen) Diskurses« (204). Das Potential von Derridas Texten liegt Spivak zufolge letztlich auch in der Art und Weise, wie diese Texte selbst wiederum »verschoben« werden und somit ins Blickfeld einer dekonstruktiven feministischen Lektüre geraten können.

↗ Aporie, Dekonstruktion, Différance, Lesen/Lektüre, Rhetorik

📖2.1 Derrida, *Dissemination*, 1972a — 📖2.1 Derrida, *Sporen*, 1973 — 📖2.1 Derrida, *Glas*, 1974 — 📖2.1 Derrida, *Das Gesetz der Gattung*, 1980a — 📖1.5 Freud, *Die*

Weiblichkeit, 1932 — 📖4· Menke, *Verstellt – Der Ort der ›Frau‹*, 1992 — 📖4· Spivak, *Outside in the Teaching Machine*, 1993b.

A.B.

Gayatri Chakravorty Spivak: *Can the Subaltern Speak? Postkolonialität und subalterne Artikulation* (1985)

Aus dem Englischen von Alexander Joskwicz und Stefan Nowotny. Mit einer Einleitung von Hito Steyerl. Wien: Turia + Kant 2008 [zuerst veröffentlicht als »Can the Subaltern Speak?«, in: *Wedge* 7/8, 1985; 2., überarb. Fassung in: Spivak, Gayatri C.: *A Critique of Postcolonial Reason. Toward a History of the Vanishing Present*. Cambridge/London: Harvard UP 1999].

Trotz des anspruchsvollen Schreibstils und der diffizilen, weitverzweigten Reflexionen ist Spivaks *Can the Subaltern Speak?* mittlerweile zu einem Schlüsseltext und zentralen Bezugspunkt postkolonialer Theoriebildung geworden. Um ein Verständnis von Spivaks komplexen Überlegungen zu gewinnen, ist der deutschsprachige Band nicht zuletzt aufgrund der konzisen Einleitung von Hito Steyerl zu empfehlen. Darüber hinaus enthält der Band ein längeres »Gespräch über Subalternität« zwischen Spivak, Donna Landry und Gerald MacLean.

In ihren Überlegungen schließt Spivak an die Arbeiten der indischen *Subaltern Studies Group* an und leistet einen theoretischen Brückenschlag zu neueren westlichen Ansätzen der politischen Theoriebildung. In kritischer Auseinandersetzung mit poststrukturalistischen Theorien der Macht (Foucault) und dekonstruktiven Ansätzen (Derrida) sowie mit Positionen des westlichen Feminismus fragt Spivak nach den Artikulationsmöglichkeiten subalterner Subjekte, die aus den hegemonial-westlichen Macht-, Wissens- und Erkenntnisregimen gleich auf mehrfache Weise ausgeschlossen sind. Als paradigmatisches Beispiel für Subalternität analysiert Spivak die Rolle von Frauen im kolonialen Indien, wobei sie insbesondere die von der englischen Kolonialmacht verurteilte Tradition der »Witwenverbrennung« (*Sati*) thematisiert. Die titelgebende Frage danach, ob die Subalterne sprechen könne, wird von Spivak scheinbar negativ beantwortet. Gemeint ist damit jedoch nicht, dass Subalterne nicht über zureichende sprachliche Artikulationsmöglichkeiten verfügen würden; vielmehr argumentiert Spivak, dass hegemoniale westliche Diskurse durch Exklusions- und Verwerfungsmechanismen gekennzeichnet sind, die das Sprechen Subalterner in systematischer Weise aus dem Bereich des Sagbaren und Hörbaren verdrängen. Dass die Subalterne nicht sprechen kann, bedeutet in diesem Sinne, dass es ihr verunmöglicht wird, in den verfügbaren Sprech- und Artikulationsweisen – sowohl innerhalb des herrschenden Diskurses der Kolonisierenden als auch innerhalb des unterdrückten Diskurses der Kolonisierten – Gehör zu finden. Davon ausgehend behandelt Spivak zentrale Fragen nach den Möglichkeiten der Repräsentation und der diskursiven Stellvertretung Subalterner, was in gendertheoretischer Hinsicht insofern von Bedeutung ist, als damit das Problem adressiert wird, inwiefern es für westliche Feminist*innen möglich ist, an der Stelle der Subalternen zu sprechen und für sie das Wort zu ergreifen, ohne damit wiederum die kolonialen Unterdrückungsverhältnisse zu reproduzieren.

↗ Alterität, Dekonstruktion, Diskurs, Hybridität, Logozentrismus, Macht, Repräsentation, Resignifikation

📖[2.1] Derrida, *Grammatologie,* 1967a — 📖[2.1] Derrida, *Signatur Ereignis Kontext,* 1971b — 📖[1.4] Foucault, *Überwachen und Strafen,* 1975 — 📖[1.4] Foucault, *Sexualität und Wahrheit I,* 1976 — 📖[5.2] Trinh, *Woman, Native, Other,* 1989.

S.S.

Gayatri Chakravorty Spivak: *Outside in the Teaching Machine* (1993)

London/New York: Routledge 1993.

Spivaks Buch beinhaltet insgesamt dreizehn Essays und Interviews, in denen Fragestellungen des Multikulturalismus, des internationalen Feminismus und der Postcolonial Studies verhandelt werden. Spivak selbst spricht in ihrer Einleitung allgemein von »Marginality Studies«. Gleich drei der in dem Band versammelten Essays setzen sich mit Derrida auseinander, wobei (vor allem in dem Aufsatz »Feminism and Deconstruction, Again: Negotiations«) die Frage aufgeworfen wird, welchen Gebrauch der Feminismus von der Dekonstruktion machen könnte.

Spivak nimmt in diesen Texten verschiedene Subjektpositionen ein (Übersetzerin, Professorin, Philosophin und postkoloniale Feministin) und reflektiert und perspektiviert zugleich ihre eigene Position als Wissensproduzentin. Auf diese Problematik verweist der Titel des Buches. Spivaks Analysen nähern sich ihrem Gegenstand ausgehend von einer marginalisierten Perspektive (»outside«) immer in Reflexion auf ihre eigene privilegierte Position innerhalb einer intellektuellen Elite. Dabei geht es ihr um eine Dekonstruktion der hegemonialen Narrative, indem sie diese zunächst umkehrt (»inside out«) und dann – ausgehend von der Position einer privilegierten Akademikerin und Frau der »Dritten Welt« – das Ausgeschlossene wieder ins Innere zu bringen versucht (»outside in«).

In dem Interview »In a Word« diskutiert sie mit Ellen Rooney u.a. das Problem des »strategischen Essentialismus« und versucht ihn über den Begriff der Katachrese als eine resignifikative Strategie zur reformulieren – beides Konzepte, die sich als bedeutsam für die feministische und gendertheoretische wie auch postkoloniale Reflexion erwiesen haben. In »More on Power/Knowledge« liefert sie eine kritische Foucault-Lektüre, wobei sie insbesondere Foucaults Verschränkung von Wissen und Macht unter Rückgriff auf Überlegungen Heideggers und Derridas in den Blick nimmt.

↗ DEKONSTRUKTION, ESSENTIALISMUS, KATACHRESE, RESIGNIFIKATION, SUBJEKT, SUBVERSION

A.B.

Barbara Vinken (Hg.): *Dekonstruktiver Feminismus. Literaturwissenschaft in Amerika* (1992)

Frankfurt/M.: Suhrkamp 1992.

Vinkens Sammelband enthält vierzehn Aufsätze, die alle – bis auf Vinkens Einleitung und Menkes Nachwort – in der ersten Hälfte der 1980er Jahre im englischen Sprachraum erschienen sind. Im Mittelpunkt aller Beiträge steht die feministische Lektüre literarischer Texte. Während die ersten beiden Teile dekonstruktive Ansätze präsentieren, umfasst der dritte Teil eher traditionelle Lektüren und dient vor allem der Abgrenzung.

Dekonstruktiver Feminismus bezeichnet hier eine bestimmte Lektürepraxis, deren theoretische Grundlagen – neben der feministischen Aneignung der Psychoanalyse durch Irigaray, Felman, Ross, Mitchell u.a. – in der Dekonstruktion der so genannten Yale School mit ihrem Hauptvertreter de Man zu finden sind. Seinen prägnantesten Ausdruck findet der dekonstruktive Feminismus vielleicht in der Behauptung, dass die Geschlechterdifferenz weder biologisch noch soziokulturell, sondern »rhetorisch« verfasst ist, wie Vinken in der Einleitung formuliert (19).

Im Unterschied zur traditionellen feministischen Literaturwissenschaft, die den literarischen Text als Ausdruck und Repräsentation der (weiblichen oder männlichen) Erfahrung eines Autor*innensubjekts versteht (und damit die problematischen Voraussetzungen des hermeneutisch-humanistischen Text- und Subjektbegriffs übernimmt), steht der dekonstruktive Feminismus für ein rhetorikkritisches Unternehmen der De- und Refiguration, »in dem Sexualität und Textualität als differentielle Relationen und nicht als essentielle Gegebenheiten auftreten« (19).

Weiblichkeit, weibliches Lesen und *weibliches Schreiben* werden damit zu Indizes für Differenz, deren Ziel es nicht ist, eine spezifisch weibliche Identität oder Erfahrung in literarischen Texten aufzuweisen, sondern das differentielle Moment des Textes aufzudecken, das von einer identifikatorischen und alle Differenzen auslöschenden Lektüre unterdrückt wird. Der dekonstruktive Feminismus versucht, »die Naturalisierung der symbolischen Ordnung in Anatomie zu zersetzen und die in der symbolischen Ordnung verdrängte Differenz zurück ins Spiel zu bringen« (26). Das heißt jedoch nicht, dass der dekonstruktive Feminismus darauf abzielt, Geschlecht per se als irrelevant zu erklären und die politischen Ziele des Feminismus aufzugeben. In der Tat ist es unbezweifelbar, dass »wir geschlechtliche Identität ausbilden und als ›Männer‹ und ›Frauen‹, als biologische Kasten in der damit einhergehenden Hierarchisierung wahrgenommen werden« (26). Doch die Geschlechteridentitäten und -rollen stellen keine unverrückbare Realität, sondern eine Konstruktion dar, deren Funktionieren es aufzudecken und in Frage zu stellen gilt.

↗ Dekonstruktion, Différance, Differenz, Essentialismus, Identität, Lesen / Lektüre, Rhetorik, Subjekt, Text

📖 2.2 de Man, *Semiologie und Rhetorik,* 1973 — 📖 2.2 de Man, *Autobiographie als Maskenspiel,* 1979 — 📖 4. Felman, *The Scandal of the Speaking Body,* 1980 — 📖 4. Felman, *Weiblichkeit wiederlesen,* 1981 — 📖 3. Irigaray, *Speculum,* 1974 — 📖 4. Johnson, *Gender Theory and the Yale School,* 1985 — 📖 4. Menke, *Verstellt — Der Ort der ›Frau‹,* 1992 — Mitchell / Rose, *Feminine Sexuality,* 1985 — Vinken, *Der Stoff, aus dem die Körper sind,* 1993.

G.P.

Ingeborg Weber: »Weiblichkeit und weibliches Schreiben: Versuch einer Standortbestimmung« (1994)

in: Weber, Ingeborg (Hg.): *Weiblichkeit und weibliches Schreiben: Poststrukturalismus, weibliche Ästhetik, kulturelles Selbstverständnis.* Darmstadt: WBG 1994, 195–202.

Weber hinterfragt und kritisiert in ihrem Band die Theoreme der *écriture feminine* (Cixous, Irigaray und Kristeva) aus einer egalitätsfeministischen Perspektive und begreift die *écriture feminine* als »Rückfall in genau denselben biologischen Essentialismus«, der ursprünglich das Ziel der feministischen Kritik war (200). Die Theorien der sexuellen Differenz kehren nach Weber die Hierarchie Mann / Frau einfach um, was in ihren Worten auf nichts anderes als einen »Sexismus mit umgekehrten Vorzeichen« hinausläuft (200). Weber stellt anhand einer Analyse von zehn Kurzgeschichten, allesamt geschrieben von Frauen, nachdrücklich klar, »dass es ein *naturhaftes* Schreiben gar nicht gibt« (200), dass dieses also weder auf der Inhaltsebene noch auf einer formal-ästhetischen Ebene festgemacht werden könne. Zugleich wehrt sie sich vehement gegen eine »Sonderanthropologie des Weiblichen«, die »Postulierung einer weiblichen Sonderästhetik« oder gar einer »weiblichen Sondermoral« (201).

↗ Differenz, Essentialismus, Schrift

📖 3. Cixous, *Weiblichkeit in der Schrift,* 1980 — Cixous, *Das Lachen der Medusa,* 1975 — 📖 3. Cixous, *Sorties,* 1975 — 📖 3. Irigaray, *Das Geschlecht, das nicht eins ist,* 1977.

A.B.

Sigrid Weigel: »Das Weibliche als Metapher des Metonymischen. Kritische Überlegungen zur Konstitution des Weiblichen als Verfahren oder Schreibweise« (1986)

in: Weigel, Sigrid: *Die Stimme der Medusa: Schreibweisen in der Gegenwartsliteratur von Frauen.* Reinbek: Rowohlt 1989, 196–213.

Weigel eröffnet ihren vielzitierten Artikel mit der Feststellung, dass das Weibliche im zeitgenössischen Diskurs über weibliche Ästhetik tendenziell nicht definiert, sondern metaphorisch umschrieben wird. Das Weibliche wird letztlich zur Metapher für all jenes, das sich dem logozentristischen Denken entzieht und damit – so Weigel mit Verweis auf Derrida – »zur Metapher für die Wahrheit, die sich nicht einnehmen lässt« (197). Genau in dieser Funktion würde nun, so ihre Kritik, das Weibliche wieder mit der Rede vom »Rätsel Weib« korreliert werden und damit die »alte und bewährte Bildfunktion des Weiblichen« wieder aufgerufen werden.

Interessant ist Weigels Artikel auch mit Blick auf Derridas Nietzsche-Lektüre. Weigel wirft Derrida vor, die Frau bzw. das Weibliche zu einer Metapher des Metonymischen, d. h. zu einer Metapher des Fließenden, Sich-Entziehenden, Unentscheidbaren zu machen, und damit das Weibliche als einen Ort der Unentscheidbarkeit und Uneigentlichkeit zu denken, von dem aus kein »eigentliches« Sprechen möglich ist.

↗ Logozentrismus, Metapher / Metonymie, Schrift

🕮 2.1 Derrida, *Sporen,* 1973 — 🕮 3. Irigaray, *Speculum,* 1974 — 🕮 3. Irigaray, *Das Geschlecht, das nicht eins ist,* 1977 — 🕮 3. Kristeva, *Die Revolution der poetischen Sprache,* 1974 — 🕮 1.5 Lacan, *Das Drängen des Buchstaben im Unbewußten,* 1957.

A.B.

5. Gendertheorie, Dekonstruktion und Queer-Theorie

5.1 Judith Butler

Judith Butler: »Foucault and the Paradox of Bodily Inscriptions« (1989)

in: *Journal of Philosophy* 86 (11), 601–607.

Dieser kurze Artikel, zunächst vorgetragen im Dezember 1989 auf der Jahresversammlung der *American Philosophical Association,* enthält im Ansatz einige der maßgeblichen Ideen zur diskursiven Konstruktion des Körpers, die Butler in *Das Unbehagen der Geschlechter* aufnimmt und weiterentwickelt. Butler verweist auf ein Paradox in Foucaults Konzept der »körperlichen Einschreibung«. Während Foucault einerseits argumentiert, dass Körper diskursiv und kulturell konstruiert sind, legt er andererseits an verschiedenen Stellen immer wieder nahe, dass es einen Körper gibt, der als gegebener seinen kulturellen und historischen Einschreibungen vorausgeht. Letztlich impliziert nach Butler bereits die Formulierung »Der Körper ist konstruiert« einen Körper, der seinem Konstruktionsprozess zugrunde liegt. Auch wenn Foucault argumentiert, dass Körper innerhalb spezifischer Diskurs- und Machtregime konstituiert werden, so bleibt er doch implizit einem Denken des Körpers als Ort kultureller Einschreibungen und als ein Bündel polymorpher Kräfte verhaftet, die durch kulturelle Konstruktionsmechanismen unterdrückt und entstellt werden (602). Butler zufolge stellt dies einen »blinden Fleck« in Foucaults kritischen Analysen dar: Indem die Unterscheidung zwischen dem historischen Akt der Einschreibung und dem Körper als Oberfläche und Widerstandspunkt in der genealogischen Analyse vorausgesetzt wird, bleibt gerade diese Unterscheidung selbst von der Analyse ausgeschlossen (607).

↗ Diskurs, Genealogie, Konstruktion, Körper, Macht, Queer, Subjekt

📖5.1 Butler, *Das Unbehagen der Geschlechter,* 1990 — 📖1.4 Foucault, *Sexualität und Wahrheit I,* 1976 — 📖1.1 Nietzsche, *Zur Genealogie der Moral,* 1887.

G.P.

Judith Butler: *Das Unbehagen der Geschlechter* (1990)

Aus dem Amerikanischen von Kathrina Menke. Frankfurt/M.: Suhrkamp 1991 [*Gender Trouble. Feminism and the Subversion of Identity.* New York/London: Routledge 1990].

Das Unbehagen der Geschlechter ist vermutlich Butlers einflussreichstes und zugleich im höchsten Maße kontrovers diskutiertes Buch, das eine entscheidende Wende in der feministischen Theoriebildung eingeleitet hat. Erschienen 1990 und bereits ein Jahr später ins Deutsche übersetzt, hat es die Debatte um die Sex-Gender-Unterscheidung nachhaltig geprägt und ist zu einem Eckpfeiler der feministischen Theorie der 1990er Jahre geworden.

Ausgehend von Nietzsches Destruktion des Täter-Tat-Schemas sowie Foucaults genealogischer Kritik des modernen Subjektbegriffs und des Sexualitätsdispositivs vertritt Butler die These, dass das biologische Geschlecht (*sex*) ebenso kulturell konstruiert ist wie das soziale Geschlecht (*gender*): »Ja möglicherweise ist das Geschlecht (*sex*) immer schon Geschlechtsidentität (*gender*) gewesen, so daß sich herausstellt, daß die Unterscheidung zwischen Geschlecht und Geschlechtsidentität letztlich gar keine Unterscheidung ist.« (24) Im Unterschied zu Foucault zielt Butlers »kritische Genealogie« von Gender nicht auf die Analyse historisch-empirischer Konfigurationen von Macht und Wissen und ihrer entsprechenden Praktiken ab. Vielmehr befragt Butler die Psychoanalyse Freuds und Lacans, Foucaults eigenen Körperbegriff sowie die wirkmächtigen Ansätze der feministischen Theorie (Simone de Beauvoir, Julia Kristeva, Monique Wittig u.a.) auf ihre impliziten Voraussetzungen und Identitätskategorien. Genealogische Kritik, wie sie Butler im Anschluss an Foucault und Nietzsche formuliert, besteht darin, die scheinbare Ursache – Geschlecht im Sinne des biologischen Geschlechts – als den naturalisierten Effekt einer diskursiven Praxis oder Formation aufzuzeigen und die binären Oppositionen »als veränderbare Konstruktionen« offen zu legen (23).

Butlers genealogische Kritik der Sex-Gender-Unterscheidung richtet sich gegen fünf Tendenzen: 1. die Beschreibung des Körpers als einer der Kultur vorgängigen Instanz, 2. die Repräsentation des Geschlechts als Binarität, 3. die Annahme einer primären Bisexualität, 4. die Konstruktion von Sex und Sexualität als vordiskursive Gegebenheiten sowie 5. das epistemologische Paradigma, das die Priorität der Täter*in vor der Tat unterstellt und auf diese Weise ein universales Subjekt errichtet (216f.). Allen diesen Annahmen ist gemeinsam, so Butler, dass sie auf einer »metaleptischen Fehlbeschreibung« basieren, d.h., es handelt sich um Beschreibungen, die von einer Wirkung notwendig auf eine »vorangehende« Ursache schließen oder diese vielmehr performativ (voraus-)setzen. Butler rekurriert dabei ausdrücklich auf Nietzsches Zurückweisung jenes metaphysischen Grundsatzes, dass hinter jedem Tun auch eine Täter*in stehen müsse, hinter jedem Wirken und Handeln ein autonomes, souveränes Subjekt. Indem Butler diesen Gedanken Nietzsches aufnimmt und weiterdenkt, kommt sie zu dem Schluss, dass Gender selbst performativ zu verstehen ist, und zwar in dem Sinne, dass Gender allererst die Identität konstituiert, die sie nur auszudrücken scheint: »In diesem Sinne ist die Geschlechtsidentität ein Tun, wenn auch nicht das Tun eines Subjekts, von dem sich sagen ließe, daß es der Tat vorausgeht.« (49) Performativität wird hier nicht mehr – ausgehend von Austins *Theorie der Sprechakte* – als die

Möglichkeit eines intentionalen Subjekts verstanden, mit sprachlichen Äußerungen Handlungen zu vollziehen; vielmehr wird die Einheit und die Identität des Subjekts durch performative Akte selbst erst hervorgebracht.

Gegen den Einwand, dass eine solche Konzeption das emanzipatorische Projekt des Feminismus torpedieren würde, insofern Politik ein stabiles Subjekt als Handlungsträger*in erfordert, macht Butler geltend, dass gerade die Konstruiertheit des Subjekts dessen Handlungsfähigkeit ermöglicht. Butler versteht ihr theoretisches Unternehmen entsprechend als den Versuch, »das Politische gerade in jenen Bezeichnungsverfahren zu verorten, durch die Identität gestiftet, reguliert und dereguliert wird«. Handlungsfähigkeit besteht folglich in der Teilhabe und Aneignung identitätskonstitutiver Verfahren und Mechanismen durch »Strategien der subversiven Wiederholung« (216). Als Beispiele für solche subversiven Praktiken nennt Butler u.a. Formen der Parodie und der Imitation heterosexueller Geschlechterstereotypen, was in der Rezeption fälschlicherweise dazu geführt hat, das Konzept der Performativität als dramatisch-theatralische Performance zu interpretieren. In ihrem Aufsatz »Kontingente Grundlagen« (1992) und in *Körper von Gewicht* (1993) bemüht sich Butler um eine ausführliche Klärung und Weiterentwicklung ihrer Position.

↗ GENDER, HANDLUNGSFÄHIGKEIT, IDENTITÄT, ITERABILITÄT, KONSTRUKTION, MACHT, METALEPSE, PERFORMATIVITÄT, QUEER, SUBVERSION, SUBJEKT

📖1.3 Austin, *Zur Theorie der Sprechakte,* 1955 — 📖5.1 Butler, *Foucault and the Paradox of Bodily Insriptions,* 1989 — 📖5.1 Butler, *Imitation und die Aufsässigkeit der Geschlechtsidentität,* 1991 — 📖5.1 Butler, *Kontingente Grundlagen,* 1992 — 📖5.1 Butler, *Körper von Gewicht,* 1993a — 📖1.4 Foucault, *Sexualität und Wahrheit I,* 1976 — 📖5.2 Landweer/Rumpf, *Kritik der Kategorie »Geschlecht«,* 1993 — 📖1.1 Nietzsche, *Zur Genealogie der Moral,* 1887.

G.P.

Judith Butler: »Imitation und die Aufsässigkeit der Geschlechtsidentität« (1991)

in: Hark, Sabine (Hg.): *Grenzen lesbischer Identitäten.* Berlin: Querverlag 1996, 15–37 [»Imitation and Gender Insubordination«, in: Fuss, Diana (Hg.): *Inside/Out: Lesbian Theories, Gay Theories.* New York/London: Routledge 1991, 13–31; dt. auch in: Kraß, Andreas (Hg.): *Queer Denken. Gegen die Ordnung der Sexualität.* Frankfurt/M.: Suhrkamp 2003, 144–170].

Ausgangspunkt von Butlers Essay ist die Frage, was es heißt, als Lesbe zu schreiben oder zu sprechen, d.h. als ein lesbisches »Ich« zu denken und zu leben, ohne dabei auf vermeintlich stabile Identitätskategorien zurückzugreifen – angesichts des »Unbehagens«, das starre Identitätskategorien hervorrufen. Denn Identitätskategorien tendieren dazu, zu Instrumenten regulatorischer Regime zu werden: sei es als »normalisierende Kategorien repressiver

Strukturen oder als Sammlungspunkte emanzipatorischer Bewegungen gerade gegen diese Unterdrückung« (16). In der Tat funktioniert Unterdrückung nicht nur durch Verbotsakte, sondern auch durch die Konstituierung »lebensfähiger« Subjekte und die damit einhergehende Konstitution eines Gebiets nicht lebensfähiger Existenzen, »die innerhalb der Ökonomie des Gesetzes weder beim Namen genannt noch verboten werden« (24).

Dagegen argumentiert Butler, dass es kein Ich gibt, »das der Geschlechtsidentität, die es angeblich vollzieht, vorausgeht; die Wiederholung und die fehlgeschlagene Wiederholung produzieren eine Kette von Performanzen, die die Kohärenz des ›Ich‹ zugleich konstituieren und in Frage stellen« (23). Travestie ist nicht die mimetische Imitation eines vermeintlichen Originals; vielmehr ist Gender nach Butler eine Art Imitation, für die es kein Original gibt; eine Imitation ohne Original, die als ihren nachträglichen Effekt die Vorstellung eines vorgängigen Originals und das Ideal einer bruchlosen, »normalen« heterosexuellen Identität erst hervorbringt (26).

Hierin verortet Butler zugleich das subversive Potential schwul-lesbischer »Identitäten«. Zwar werden schwul-lesbische Identitäten durch repressive heterosexuelle Normen zugleich konstituiert und verworfen; dies bedeutet aber keineswegs, dass sie durch diese Strukturen vollständig determiniert werden. Vielmehr vermögen sie das Phantasma eines heterosexuellen Ursprungs und Originals durch die parodistische Wiederholung und Resignifikation genau jener heterosexuellen Strukturen aufzuzeigen, »die lesbisches bzw. schwules Leben auf die Diskursgebiete der Irrealität und der Undenkbarkeit beschränken wollen« (29). »In diesem Sinne ist Geschlechtsidentität«, wie Butler pointiert festhält, »nicht eine Performanz, die zu vollziehen sich ein vorher bestehendes Subjekt erwählt, sondern sie ist *performativ* in dem Sinne, daß sie das Subjekt, das sie zu verwirklichen scheint, als ihren eigenen Effekt erst konstituiert« (30).

Zwar ist es durchaus legitim, so Butler unter Rekurs auf Spivak, die Signifikanten »lesbisch« oder »schwul« im Sinne eines katachrestischen Benennungsaktes zu strategischen Zwecken der Repräsentation und Mobilisierung einer politischen Gruppe einzusetzen. Dabei darf jedoch nicht die Frage ausgeblendet werden, wie diese strategischen Verwendungsweisen des Identitätsbegriffs selbst wiederum zu regulatorischen Imperativen werden (19). Ziel muss es demnach sein, politische Identitätskategorien für zukünftige Verwendungsweisen, die heute vielleicht noch ausgeschlossen oder nicht absehbar sind, offenzuhalten (24). Butler setzt damit gegen den »strategischen Essentialismus« Spivaks die »strategische Vorläufigkeit des Zeichens«, die trotz und aufgrund der Historizität des Namens das Zeichen für zukünftige Verwendungsformen offenhält (24).

↗ Essentialismus, Identität, Iterabilität, Katachrese, Performativität, Queer, Resignifikation, Subjekt

📖 5.1 Butler, *Das Unbehagen der Geschlechter,* 1990 — 📖 6. Posselt, *Katachrese,* 2005 — 📖 4. Spivak, *Outside in the Teaching Machine,* 1993b.

G.P.

Judith Butler: »Kontingente Grundlagen: Der Feminismus und die Frage der ›Postmoderne‹« (1992)

in: Benhabib, Seyla / Butler, Judith / Cornell, Drucilla / Fraser, Nancy: *Der Streit um die Differenz. Feminismus und Postmoderne in der Gegenwart.* Frankfurt / M.: Fischer 1993, 31–58 [engl., leicht modifiziert in: Benhabib, Seyla et al.: *Feminist Contentions: A Philosophical Exchange.* London / New York: Routledge 1994, 127–144].

In diesem Schlüsseltext setzt sich Butler u.a. mit der kritischen Rezeption von *Das Unbehagen der Geschlechter* auseinander und formuliert wichtige Überlegungen zur Handlungsfähigkeit als Resignifikation und zur Performativität als einer iterativen Praxis, die in *Körper von Gewicht* und in *Haß spricht* weiterentwickelt werden. Zugleich versucht Butler, den Feminismus als ein politisches Projekt neu zu denken.

Butlers Angriffspunkt bildet die Annahme (wie sie u.a. von Nancy Fraser und Seyla Benhabib vertreten wird), dass ein emanzipatorisches politisches Projekt, wie es der Feminismus darstellt, auf ein autonomes Subjekt als Grundlage politischer Handlungsfähigkeit nicht verzichten kann. Dabei richtet sich Butler zugleich gegen einen bestimmten Gebrauch des Labels *Postmoderne,* der die Gefahr eines drohenden Nihilismus heraufbeschwört, sobald das Subjekt als stabile Grundlage einer Theorie des politischen Handelns in Frage gestellt wird. Demgegenüber besteht Butler darauf, dass die Weigerung, von vornherein eine bestimmte Subjektkonzeption zu postulieren, keineswegs das Subjekt als solches verabschiedet. Vielmehr wird es so erst möglich, nach dem Konstruktionsprozess des Subjekts – als einem Prozess der *Subjektivierung* (*subjectivation*) und der *Unterwerfung* (*subjection*) – zu fragen. Grundlage bildet Foucaults These, dass es keine Position jenseits der Macht gibt, die es erlauben würde, eine meta-politische Grundlage zu formulieren; vielmehr durchdringt die Macht gleichermaßen den Begriffsapparat wie die Subjektposition jener, die versuchen, die Wirkungsweisen der Macht zu analysieren und ihr entgegenzutreten.

Das Subjekt ist folglich keine von vornherein gegebene, autonome Einheit in einem äußerlichen Netz kultureller Bedingungen; vielmehr konstituiert es sich in Prozessen der Ausschließung und der Differenzierung, »die das Subjekt von seinem konstitutiven Außen scheiden, einem Gebiet verworfener Andersheit« (44). Dabei besagt die Behauptung, dass das Subjekt konstituiert ist, keineswegs, dass es determiniert ist. Vielmehr ist die Konstituiertheit des Subjekts die Vorbedingung für seine Handlungsfähigkeit, insofern die Rekonfiguration der kulturellen und politischen Verhältnisse gerade durch eine Relation ermöglicht wird, die umgearbeitet und gegen sich selbst gewendet werden kann. Es geht Butler also darum, nach den Bedingungen der Möglichkeit politischer Handlungsfähigkeit zu fragen und diese nicht als a priori gegeben vorauszusetzen. Das heißt aber auch, dass das Subjekt niemals vollständig bestimmt ist. Weder ist es ein singulärer Ursprung noch ein bloßes Produkt, »sondern die permanente/stets vorhandene Möglichkeit eines bestimmten resignifizierenden Prozesses, der zwar durch andere Machtmechanismen umgeleitet oder abgebrochen werden kann, jedoch stets die der Macht eignende Möglichkeit selbst darstellt, umgearbeitet zu werden« (45).

In Anschluss an Joan Scott argumentiert Butler, dass »Subjekte durch Ausschließungsverfahren gebildet werden«, weshalb es »politisch notwendig [ist], die Verfahren dieser Konstruktion und Ausschließung nachzuzeichnen« (47). Es handelt sich dabei nach Butler nicht um eine Verabschiedung des (feministischen) Subjekts, sondern vielmehr darum, die Konstruktion des Subjekts als ein politisches Problem zu begreifen und das Subjekt als einen »Schauplatz der Resignifikation« (47) neu zu deuten. Dies gilt für alle Kollektivbegriffe und Identitätskategorien, wie z.B. »Frauen«, »Arbeiter*innen«, »Subalterne« etc., die niemals nur deskriptiven, sondern immer auch normativen und möglicherweise ausschließenden Charakter haben. Das Subjekt des Feminismus zu dekonstruieren, heißt folglich nicht, »es zu verneinen oder zu verwerfen«, sondern es in Frage zu stellen und für Wiederverwendungen und Neueinsätze zu öffnen, »die bislang nicht autorisiert waren« (48).

Die Dekonstruktion von Begriffen wie *Subjekt, Identität, Körper* etc. bedeutet also keineswegs, dass die Verwendung dieser Begriffe verbannt oder für politisch nutzlos erklärt wird. Vielmehr zielt die Dekonstruktion darauf ab, diese Begriffe selbst zum Schauplatz und zum Einsatzpunkt politischer Auseinandersetzungen zu machen, indem sie diese auf ihre impliziten Voraussetzungen und Ausschlüsse hin befragt.

↗ HANDLUNGSFÄHIGKEIT, IDENTITÄT, ITERABILITÄT, KÖRPER, MACHT, PERFORMATIVITÄT, RESIGNIFIKATION, SUBJEKT, SUBVERSION

📖 5.1 Butler, *Das Unbehagen der Geschlechter,* 1990 — 📖 5.2 Benhabib u.a., *Der Streit um die Differenz,* 1993 — 📖 5.1 Butler, *Körper von Gewicht,* 1993a — 📖 5.1 Butler, *Für ein sorgfältiges Lesen,* 1993b — 📖 5.1 Butler, *Haß spricht,* 1997a — 📖 5.2 Institut für Sozialforschung/Pühl, *Geschlechterverhältnisse und Politik,* 1994 — 📖 5.2 Landweer/Rumpf, *Kritik der Kategorie »Geschlecht«,* 1993.

G.P.

Judith Butler: »Für ein sorgfältiges Lesen« (1993)

in: Benhabib, Seyla / Butler, Judith / Cornell, Drucilla / Fraser, Nancy: *Der Streit um die Differenz. Feminismus und Postmoderne in der Gegenwart*. Frankfurt / M.: Fischer 1993, 122–132 [»For a Careful Reading«, in: Benhabib, Seyla et al.: *Feminist Contentions: A Philosophical Exchange*. London / New York: Routledge 1994, 127–144].

Diesen kurzen Text hat Butler als ein Postskriptum zu ihrem Beitrag »Kontingente Grundlagen« verfasst. Butler antwortet hier auf die von Seyla Benhabib und Nancy Fraser formulierte Kritik an ihrer »postmodernen« Konzeption des Subjekts, der Identität und der Handlungsfähigkeit. Der Text, der einzelne Positionen aus *Körper von Gewicht* in knapper Form vorwegnimmt, bietet einen guten Einstieg in Butlers performative Theorie der Geschlechterkonstitution und legt zugleich ihre theoretischen Anleihen bei Nietzsche, Austin, Benveniste, Derrida und de Man offen.

Butler grenzt den Begriff der Performativität von jenen Positionen ab, die Performanz in erster Linie als eine dramatische und voluntaristische Aufführung oder Inszenierung eines Selbst begreifen. Ausgehend von Austins *How to Do Things with Words*, Derridas Reformulierung des Austin'schen Performativitätskonzepts über den Begriff der *Iterabilität* sowie de Mans Konzept der *Metalepse*, bestimmt Butler *Performativität* als die konstitutive und produktive Macht der Sprache, die nicht auf die Intentionalität oder Willenskraft eines Individuums zurückgeführt werden kann, sondern »Effekt der historisch abgelagerten sprachlichen Konventionen« ist (124). Die Wirkungsmacht performativer Äußerungen liegt gerade in der Aktualisierung der historisch sedimentierten Konventionen, die in jeder performativen Äußerung aufgerufen und zitiert werden und durch die das Subjekt als das *Ich* der Äußerung »in sein sprachliches Sein kommt«. Die sprachliche Konstitution des Subjekts ist dabei kein einmaliger Prozess, sondern ein zeitlicher Vorgang »innerhalb eines gegebenen Macht- und Diskursgeflechtes«, der für »Umdeutung, Wiederentfaltung und subversives Zitat« offen ist (125). Die Handlungsfähigkeit des Subjekts lokalisiert Butler in den Möglichkeiten der Resignifikation, die durch den Diskurs eröffnet werden.

↗ Diskurs, Handlungsfähigkeit, Identität, Iterabilität, Macht, Metalepse, Performativität, Resignifikation, Sprache, Subjekt

📖[1.3] Austin, *Zur Theorie der Sprechakte*, 1955 — 📖[5.2] Barad, *Die queere Performativität der Natur*, 2011 — Benhabib, *Feminismus und Postmoderne*, 1993 — 📖[1.3] Benveniste, *Über die Subjektivität in der Sprache*, 1958 — 📖[5.1] Butler, *Kontingente Grundlagen*, 1992 — 📖[2.2] de Man, *Rhetorik der Tropen*, 1974 — 📖[2.2] de Man, *Rhetorik der Persuasion*, 1975 — 📖[2.1] Derrida, *Signatur Ereignis Kontext*, 1971b.

G.P.

Judith Butler: *Körper von Gewicht. Die diskursiven Grenzen des Geschlechts* (1993)

Aus dem Amerikanischen von Karin Wördemann. Frankfurt/M.: Suhrkamp [*Bodies that Matter. On the Discursive Limits of »Sex«*. New York/London: Routledge 1993].

Butlers – nach *Subjects of Desire* (1987) und *Das Unbehagen der Geschlechter* (1990) – drittes Buch *Körper von Gewicht* (1993) wird oft als Antwort auf Fragen und Missverständnisse gelesen, die die Rezeption von *Das Unbehagen der Geschlechter* aufgeworfen hat. Es liefert einen wichtigen Beitrag zur Klärung und Weiterentwicklung des Konzepts der Performativität von Geschlecht sowie zur Versachlichung der Debatte über die Materialität des Körpers und den Status des feministischen Subjekts.

Während *Das Unbehagen der Geschlechter* als genealogisch-kritische Analyse der Art und Weise verstanden werden kann, wie vergeschlechtlichte Subjekte durch diskursive Praktiken (die immer auch auf nicht-diskursive Praktiken und soziale Institutionen bezogen sind) konstruiert und hervorgebracht werden, präsentiert *Körper von Gewicht* eine kritische Genealogie der Konstruktion der Materialität von Körpern durch die ritualisierte Reiteration von Normen. Damit bestreitet Butler keineswegs die Materialität der Körper. Vielmehr sieht sie ihre Arbeiten als »genealogische Bemühungen«, »die normativen Bedingungen zu klären, unter denen die Materialität des Körpers gestaltet und gebildet wird, und insbesondere, wie sie durch differentielle Kategorien des Geschlechts gebildet wird« (42). Butler tritt nicht nur der Auffassung entgegen, die Performativität von Gender könne als voluntaristische Wahl einer bestimmten Geschlechtsidentität verstanden werden, die sich ein Subjekt nach Belieben auswählt und wieder ablegt, sondern auch dem Vorwurf, sie betreibe eine Praxis der Entkörperung – basierend auf einem sprachlichen »Idealismus« oder Monismus, der unterstellt, »der Körper werde vollkommen oder erschöpfend sprachlich konstituiert« (11).

Dagegen plädiert Butler für eine »Neuformulierung der diskursiven Performativität, wie sie bei der Materialisierung des biologischen Geschlechts wirksam ist« (35), wobei sie auf Austins Theorie performativer Sprechakte, Derridas Konzept der Iterabilität, Althussers Konzept der Interpellation sowie auf Žižeks performative Theorie politischer Signifikanten zurückgreift. Daneben stützt sich Butler auf eine modifizierte Form des Foucault'schen Machtmodells, dem zufolge Macht als eine erzwungene und iterierte Produktion von Körpern und Subjekten mittels regulierender Normen verstanden werden muss, die immer auch mit Verwerfungen und der Produktion eines »Außen« arbeitet (49), als eines Bereichs undenkbarer, verworfener Körper, die nicht in derselben Weise »Gewicht haben«.

Von der Konstruiertheit des Körpers zu sprechen, bedeutet folglich nicht, in einen sprachlichen Monismus oder Determinismus zu verfallen oder den

Diskurs, die *Sprache* oder das *Soziale* als vorgängige, gegebene Instanzen zu hypostasieren, die die Konstruktion in einem einseitigen Prozess bewerkstelligen würden. Butler will Konstruktion gerade nicht als einen einzelnen Akt oder einen kausalen Prozess verstanden wissen, der von einem Subjekt oder einer Institution ausgeht und in bestimmten Wirkungen endet, sondern als einen zeitlich aufgespannten Prozess, »der durch die Reiteration von Normen operiert« und »durch den sowohl ›Subjekte‹ wie ›Handlungen‹ überhaupt erst in Erscheinung treten« (32).

↗ DISKURS, GENDER, GENEALOGIE, INTERPELLATION, ITERABILITÄT, KONSTRUKTION, KÖRPER, MACHT, NORM, PERFORMATIVITÄT, QUEER, SUBVERSION

📖[1.3] Althusser, *Ideologie und ideologische Staatsapparate,* 1970 — 📖[1.3] Austin, *Zur Theorie der Sprechakte,* 1955 — 📖[5.2] Barad, *Die queere Performativität der Natur,* 2011 — 📖[5.1] Butler, *Das Unbehagen der Geschlechter,* 1990 — 📖[5.1] Butler, *Kontingente Grundlagen,* 1992 — 📖[2.1] Derrida, *Signatur Ereignis Kontext,* 1971b — 📖[1.5] Lacan, *Die Bedeutung des Phallus,* 1958 — Žižek, *The Sublime Object of Ideology,* 1989.

G.P.

Judith Butler: *Haß spricht. Zur Politik des Performativen* (1997)

Übers. von Kathrina Menke und Markus Krist. Frankfurt/M.: Suhrkamp 2006 [*Excitable Speech. A Politics of the Performative.* New York/London: Routledge, 1997].

Butlers Ausgangspunkt in *Haß spricht* ist die Frage nach der Wirksamkeit und der verletzenden Kraft performativer Sprechakte. Butler argumentiert, dass wir durch Sprache verletzbar sind, weil wir sprachliche Wesen sind, die für ihr Sein auf sprachliche Akte des Angesprochen-Werdens notwendig angewiesen sind. Am Beispiel der juristisch-politischen »Zensurdebatte« im Zusammenhang mit Hate Speech, schwul-lesbischem Coming-Out US-amerikanischer Militärangehöriger und pornographischer (Selbst-)Repräsentation, die in den USA Anfang der 1990er Jahre geführt wurde, analysiert Butler in einer Reihe verschiedener Studien das prekäre Verhältnis von Sprechen und Handeln.

Butler zeigt in ihren Analysen auf, dass die Gerichte oftmals mit zweierlei Maß messen: Während beispielsweise das Verbrennen eines Kreuzes vor dem Haus einer schwarzen Familie durch das Grundrecht auf Redefreiheit und freie Meinungsäußerung geschützt wird, wird das Bekenntnis von Armeeangehörigen zu ihrer Homosexualität als Vollzug des sexuellen Aktes selbst interpretiert. Diese Fälle demonstrieren, dass die Problematik performativer Sprechakte und die Frage nach dem Verhältnis von Race und Gender keine voneinander getrennten Problembereiche darstellen, sondern vielmehr auf komplexe Weise aufeinander bezogen sind.

Der englische Originaltitel *Excitable Speech* verweist auf einen juristischen Terminus, mit dem in der Regel Zeugenaussagen oder Geständnisse bezeichnet werden, die vor Gericht nicht verwendet werden können, da sie unter Zwang oder in einer physisch-psychischen Ausnahmesituation getätigt worden sind. Butler geht nun davon aus, dass es sich hierbei nicht um Ausnahmen oder Abweichungen vom »normalen« Sprechen handelt. Stattdessen vertritt Butler die provokante These, »daß das Sprechen sich stets in gewissem Sinne unserer Kontrolle entzieht« (31). Wir haben niemals vollständige Kontrolle über unsere Äußerungen, weder über die illokutionären Akte, die wir mit unseren Äußerungen vollziehen, noch über die perlokutionären Wirkungen, die wir bei anderen hervorrufen.

Das souveräne, intentionale Subjekt ist demnach eine Fiktion. Als sprachliche und soziale Wesen sind wir immer schon in eine Sprache und eine Sprachgemeinschaft hineingeboren, die eine Vergangenheit und Zukunft umfasst, »die diejenige des sprechenden Subjekts übersteigt« (46). Durch die Namen, die andere uns geben, werden wir adressiert und angerufen und damit als soziale Subjekte konstituiert und/oder verworfen. Das heißt aber auch, dass wir durch Sprache verletzt und unseres Status als Subjekt beraubt werden können. Sprechen ist nur möglich, insofern wir die sedimentierten und ritualisierten Konventionen der Sprache aufrufen und im jeweiligen Sprechakt zitieren und aktualisieren.

Damit reformuliert Butler zugleich die ethisch-politischen Begriffe der Verantwortung und der Handlungsfähigkeit über den Begriff der Iterabilität. Wenn eine Äußerung die Kraft hat, andere zu verletzen, so liegt dies nicht allein daran, dass das Subjekt autorisiert und legitimiert ist zu sprechen, sondern auch daran, dass seine Äußerungen die in der Sprache historisch sedimentierten Traumata und Verletzungen wiederaufrufen, zitieren und reiterieren. Eine solche Konzeption führt gerade nicht zu einer Relativierung von Verantwortung, sondern vielmehr zu einem radikalisierten Verantwortungsbegriff, der Verantwortung nicht mehr allein in der Intentionalität, sondern auch in der Zitathaftigkeit des Sprechens verortet: »Das Subjekt, das *hate speech* spricht, ist zweifellos für dieses Sprechen verantwortlich, jedoch nur selten sein Urheber. Das rassistische Sprechen [...] zirkuliert, und obgleich es ein Subjekt erfordert, um gesprochen zu werden, beginnt oder endet es nicht mit dem sprechenden Subjekt oder mit dem jeweils verwendeten Namen.« (60f.)

↗ HANDLUNGSFÄHIGKEIT, INTERPELLATION, ITERABILITÄT, MACHT, PERFORMATIVITÄT, SPRACHE, SUBJEKT

📖[1.3] Althusser, *Ideologie und ideologische Staatsapparate,* 1970 — 📖[1.3] Austin, *Zur Theorie der Sprechakte,* 1955 — Bourdieu, *Was heißt sprechen?,* 1982 — 📖[2.1] Derrida, *Signatur Ereignis Kontext,* 1971b — MacKinnon, *Only Words,* 1993 — 📖[6.] Posselt/Flatscher, *Sprachphilosophie,* 2016.

G.P.

Judith Butler: *Antigones Verlangen. Verwandtschaft zwischen Leben und Tod* (2001)

Aus dem Amerikanischen von Reiner Ansén. Frankfurt/M.: Suhrkamp 2001 [*Antigone's Claim: Kinship between Life and Death*. New York: Columbia UP 2000].

In ihrer Analyse von Sophokles' Antigonedrama sowie der wirkmächtigen Lektüren dieses klassischen Stücks vonseiten Hegels und Lacans zielt Butler darauf ab, die Frage nach dem Verhältnis zwischen dem Individuell-Privaten und dem Staatlich-Öffentlichen aus gendertheoretischer Perspektive neu zu durchdenken. Im Kontext von Butlers Subversion traditioneller Verwandtschafts- und Zugehörigkeitsstrukturen ist insbesondere die klassische Vorstellung des Staates als eines maskulin dominierten Raums im Gegensatz zu einer als »weiblich« imaginierten privaten Sphäre die Zielscheibe ihrer dekonstruktiven Relektüre. Dabei fungiert die Figur der Antigone in Butlers Argumentation gerade nicht als Repräsentantin einer natürlichen, »weiblich« konnotierten Ordnung, sondern bildet den Einsatzpunkt einer Neuverhandlung und Reartikulation traditioneller Konzeptionen von Verwandtschaft und Zugehörigkeit.

↗ Alterität, Figur, Genealogie, Lesen/Lektüre

📖[2.1] Derrida, *Die Struktur, das Zeichen und das Spiel*, 1967d — Irigaray, *Ethik der sexuellen Differenz*, 1987 — 📖[1.2] Lévi-Strauss, *Die elementaren Strukturen der Verwandtschaft*, 1949 — 📖[5.2] Rubin, *The Traffic in Women*, 1975.

S.S.

Judith Butler: *Die Macht der Geschlechternormen und die Grenzen des Menschlichen* (2004)

Übers. von Karin Wördemann. Frankfurt/M.: Suhrkamp 2009 [*Undoing Gender*. London/New York: Routledge 2004].

Der Band versammelt elf Vorträge und Aufsätze Butlers aus den Jahren 1999 bis 2004. Die einzelnen Kapitel thematisieren u.a. das Problem der Verwandtschaft, die Legalisierung homosexueller Ehen, die Bedeutung und den Zweck des Inzesttabus, die klinische Pathologisierung von Inter- und Transsexualität sowie die Frage sozialer und politischer Transformationen.

Allen Texten gemeinsam ist die Frage, was es genau heißt, die restriktiven normativen Konzepte von Gender und Sexualität und damit jene Normen, die bestimmen, welche geschlechtlichen und sexuellen Leben intelligibel und lebbar sind, in Frage zu stellen. Wenn Gender ein Tun ist, das unbewusst und unwillentlich vollzogen wird, so sind damit weder automatische, mechanische Prozesse noch individuelle Akte gemeint; vielmehr ist die Performativität von Gender im Sinne einer unaufhörlichen sozialen und normativen Praxis zu denken, womit Butler zugleich an Überlegungen anknüpft, die sie bereits in *Das Unbehagen der Geschlechter* (1990) und *Körper von Gewicht* (1993) zur Performativität von Geschlecht entwickelt hat.

Butler lokalisiert ihr Denken im Kontext der sogenannten »New Gender Politics«, die »eine Verbindung von Bewegungen [darstellt], die mit Transgender, Transsexualität, Intersexualität und ihren komplizierten Beziehungen zur feministischen und schwul-lesbischen [*queer*] Theorie befasst sind« (13). Trotz der Spannungen, die zwischen diesen Bewegungen in Bezug auf Fragen der Geschlechtszuordnung und -identität bestehen, betont Butler deren gemeinsame politische Aufgabe. Begriffe wie *Butch*, *Femme* und *Transgender* seien »wesentliche Bezugsgrößen für eine Umgestaltung des politischen Lebens und für eine gerechtere und fairere Gesellschaft« (51). Butler argumentiert, dass das Verbindende letztlich auch in der gemeinsamen Gewalterfahrung besteht, »der Individuen mit untypischem Gender in der Öffentlichkeit ausgesetzt sind« (51). Den Konvergenzpunkt dieser Bewegungen sieht Butler nicht in der Aufgabe, soziale Normen und Konventionen uneingeschränkt zu befürworten oder per se in Frage zu stellen, sondern vielmehr darin, »zwischen den Normen und Konventionen zu unterscheiden, die es den Menschen erlauben, zu atmen, zu begehren, zu lieben und zu leben, und solchen Normen und Konventionen, welche die Lebensbedingungen selbst einengen oder aushöhlen« (20).

Normativität hat dabei immer eine doppelte Bedeutung: Auf der einen Seite regeln Normen unser Sprechen und Handeln; wir brauchen Normen, um zu leben und um die soziale Wirklichkeit zu transformieren. Auf der anderen Seite verweist jede Norm auf Prozesse der Normalisierung und der Normierung, die unsere Leben beschneiden und regeln, welche Verhaltensweisen, welches Geschlecht, welche Lebensformen lebbar sind und welche nicht. Kurz gesagt, wir kommen nicht ohne Normen aus, aber ihre Form oder ihr Inhalt ist auch nicht fixiert und unveränderbar. Zur ethischen Letztinstanz genderkritischer Überlegungen wird damit die Frage nach dem lebbaren und lebenswerten Leben (*livable life*): Die Kritik der Gendernormen, so Butler, muss geleitet sein von der Frage, »was die Möglichkeiten, ein lebenswertes Leben zu führen, maximiert und was die Möglichkeit eines unerträglichen Lebens oder sogar eines sozialen oder buchstäblichen Todes minimiert« (20).

Erwähnenswert ist, dass Butler trotz der eindeutigen Resonanzen des englischsprachigen Buchtitels *Undoing Gender* und der inhaltlichen Nähe nicht auf das Konzept des *Doing Gender* eingeht, das West/Zimmerman (1987) im Anschluss an Erving Goffman im Rahmen der sozialwissenschaftlichen Geschlechterforschung entwickelt haben.

↗ GENDER, NORM, QUEER

📖5.1 Butler, *Das Unbehagen der Geschlechter*, 1990 — 📖5.1 Butler, *Körper von Gewicht*, 1993a — West/Zimmerman, *Doing Gender*, 1987.

G.P.

Judith Butler: *Anmerkungen zu einer performativen Theorie der Versammlung* (2015)

Aus dem Amerikanischen von Frank Born. Berlin: Suhrkamp 2016 [*Notes Toward a Performative Theory of Assembly*. Cambridge: Harvard UP 2015].

Dieser Band markiert einen von Butlers umfassendsten Beiträgen zur politischen Theorie und Philosophie. Sie zielt angesichts der Platzbesetzungsbewegungen zu Beginn der 2010er Jahre – insbesondere der Proteste im arabischen Raum und der Occupy-Bewegungen – darauf ab, eine Theorie des politischen Versammelns und In-Erscheinung-Tretens zu erarbeiten, die die Körperlichkeit politischen Protests sowie die damit verbundenen Aspekte der Vulnerabilität und des kollektiven Sich-Exponierens in den Fokus rückt. Entsprechend will Butlers Theorie der Versammlung gegenwärtige Widerstandspraktiken nicht nur als ermächtigende Formen politischen Sprechens und Handelns, sondern auch als kollektive performative Inszenierungen körperlich-leiblicher Affektivität analysierbar machen.

Im Kontext von Butlers Oeuvre ist dabei nicht zuletzt bemerkenswert, dass sie den Begriff des Performativen, der in Butlers frühen Arbeiten zur Dekonstruktion der Sex-Gender-Unterscheidung eine zentrale Rolle spielt, wieder aufnimmt und in produktiver Weise zur Analyse kollektiver politischer Artikulations- und Versammlungspraktiken heranzieht. Der Performativitätsbegriff trägt im Rahmen ihrer Versammlungstheorie dem Umstand Rechnung, dass ein wesentliches Moment gegenwärtiger Protestbewegungen im öffentlichen, politischen Aus- und Darstellen vermeintlich unpolitischer oder privater (Reproduktions-)Tätigkeiten besteht. Das performative Moment widerständiger politischer Versammlungen liegt aus dieser Sicht immer auch darin, durch kollektive körperliche Praktiken die Grenzen zwischen Öffentlichkeit und Privatsphäre, Politischem und Unpolitischem sowie zwischen unserer politischen Existenz und unserem Angewiesensein auf lebensnotwendige Ressourcen zu problematisieren.

Neben einer synthetisierenden Einleitung enthält der Band Überlegungen zu Vulnerabilität und Gefährdetheit, zur Frage politischer Kollektivität und zu juridisch-politischen Problemen der Versammlungsfreiheit sowie eine aktualisierte Fassung ihrer Adorno-Preis-Rede zur Frage des guten Lebens.

↗ Gender, Körper, Macht, Performativität, Subversion

📖5.1 Butler, *Das Unbehagen der Geschlechter*, 1990 — 📖5.1 Butler, *Körper von Gewicht*, 1993a — 📖5.1 Butler, *Haß spricht*, 1997a — 📖6. Posselt/Schönwälder-Kuntze/Seitz, *Judith Butlers Philosophie des Politischen*, 2018.

S.S.

5.2 Gender und Dekonstruktion im Querschnitt der Disziplinen

Marie-Luise Angerer: *body options: körper. spuren. medien. bilder* (1999)

Wien: Turia + Kant 1999.

Das Buch widmet sich der Frage der Medialität und Medialisierung von Geschlecht. Angerer untersucht die mediale Rolle und Repräsentation des Körpers vor, hinter und am Bildschirm und versucht dabei, als gegeben angenommene Grenzverläufe aufzulösen. Die theoretische Auseinandersetzung erfolgt mit Autor*innen wie John Fiske, Elizabeth Grosz, Judith Butler u. a.

↗ Gender, Körper, Queer, Zeichen

A.B.

Anna Babka: *Unterbrochen – Gender und die Tropen der Autobiographie* (2002)

Wien: Passagen 2002.

Gender ist rhetorisch verfasst, und es sind die Figuren und die Tropen der Autobiographie, die diese Verfasstheit lesbar machen. Anna Babka analysiert die scheinbar gesicherte Differenz der Geschlechter wie auch die der Genres, indem sie die Figuren des Genres Autobiographie den Figuren, die die Illusion einer vordiskursiven Geschlechtsidentität konstruieren, gegenüberstellt und ihre Funktionsweisen korreliert. Über die Umbesetzung der traditionellen rhetorischen Terminologie wird eine Lektürepraxis erprobt, die die rhetorische Verfasstheit der Kategorien Gender/Genre reflektiert und diese als Paradigmen subjektstabilisierender Diskursformen in Frage stellt. Ausgehend von de Mans Reformulierung des klassischen Rhetorikbegriffs, Derridas Reflexionen zum Gesetz der Gattung und zum Verhältnis von Geschlecht und Sprache sowie Butlers Konzeption einer performativen Geschlechtsidentität unternimmt die Autorin eine Umschrift des Gender/Genre-Begriffs, der nicht nur neue Sichtweisen auf Identitätskonstruktionen ermöglicht, sondern darüber hinaus die Grenzen des Faches Literaturwissenschaft selbst in Frage stellt und überschreitet.

In Verbindung von poststrukturalistischer Theoriebildung und Gender Studies untersucht Babka die Begriffe »Identität«, »Körper« und »Geschlecht« hinsichtlich ihrer rhetorischen Verfasstheit. Ausgangspunkte der Lektüre sind dabei de Mans Relektüre des Genres Autobiographie als Maskenspiel mit seiner Forderung, Autobiographie nicht als Gattung oder Textsorte, sondern als Lese- oder Verstehensfigur aufzufassen, sowie Derridas Reflexionen zum Gesetz der Gattung und zum Verhältnis von Geschlecht und Sprache. Die deutschsprachige Rezeption der Dekonstruktion, die in der Studie vor allem durch Bettine Menke repräsentiert ist, legt schließlich die Spur zu Butlers Diskussion der Begriffe »Sex« und »Gender« als identitätsformierende Regulationsfiguren, veranschaulicht am Begriff der Performativität, der Babka zufolge die Geschlechteropposition auflöst und eine Vielfalt der Geschlechter denkbar macht.

Eine Refiguration dieser Vielfalt erfolgt u.a. über die Figur des Hermaphroditen und seiner/ihrer permanent unterbrochenen Geschlechtsidentität. Der Aspekt der *Performanz der Sprache als Maschine* (de Man) liefert den Anschluss an Konzepte zeitgenössischer Technologiemetaphorik, die gemeinsam mit den Figuren der Autobiographie zu einer Relektüre des Kleist'schen *Marionettentheaters* führen. Für Babka eröffnet Kleists göttlicher Gliedermann »Möglichkeiten der Verdrehung, Verschiebung, Unterbrechung metaphysischer Vorstellungen von Identität und Ganzheit« (102). Dementsprechend wird er auch als Cyborg refiguriert und als *Ghost in the Shell* (ein japanisches Manga, das in seiner Verfilmung als postmodernes Paradigma des Animationsfilms diskutiert wird) gegengelesen. Mit diesen Kunstfiguren, die aufgrund ihres liminalen Charakters die Ordnung der Geschlechter gefährden, bringt Babka auch das verrückte Geschlecht ins Spiel.

Die Frage nach der Überlieferung, die nur über das Lesen von Repräsentationen (des Gedächtnisses) denkbar ist, veranlasst Babka zur Verbindung von Gender und/als Autobiographie mit Konzepten der Erinnerung bzw. der Memoria. Ihres Erachtens ist der autobiographische Diskurs allein über die ihm eignenden Figuren oder Tropen denkbar und insofern immer auch Fiktion. Autobiographie wird zum mnemonischen Bild, in dem in einer zwingenden Zitathaftigkeit die auswendige Performance einer geschlechtlichen Norm aufgeführt wird. Was als Geschlecht überhaupt existiert, ist Erinnerung als Zitat, ist Lesefigur und Autobiographie, die immer schon unterbrochen ist.

↗ Autobiographie, Aporie, Dissemination, Gender, Hybridität, Identität, Performativität, Queer, Rhetorik

📖[5.1] Butler, *Das Unbehagen der Geschlechter*, 1990 — 📖[5.1] Butler, *Körper von Gewicht*, 1993a — 📖[2.2] de Man, *Allegorien des Lesens*, 1979 — 📖[2.2] de Man, *Autobiographie als Maskenspiel*, 1979 — 📖[2.1] Derrida, *Sporen*, 1973 — 📖[2.1] Derrida,

Das Gesetz der Gattung, 1980a — 📖5.2 Haraway, *Ein Manifest für Cyborgs,* 1985 — 📖4. Menke, *Verstellt – Der Ort der ›Frau‹,* 1992 — 📖4. Menke, *Dekonstruktion der Geschlechteropposition,* 1995a.

Stefan Krammer

Anna Babka / Susanne Hochreiter (Hg.): *Queer Reading in den Philologien. Modelle und Anwendungen* (2008)

Wien: Vienna University Press bei V&R unipress 2008.

Der vielschichtige Tagungsband dokumentiert die Pluralität der queeren Positionen und Arbeitsformen, wie sie bei der internationalen Tagung zu Queer Studies mit einem Fokus auf »Queer Reading« in Wien vorgetragen und erprobt wurden. Das abgebildete Spektrum reicht von Theorie / Rahmungen mit Andreas Kraß, Sabine Hark und Gudrun Perko über Lektüren von Eli Haschemi Yekani, Beatrice Michaelis, Dagmar Fink, Wolfgang Lederhaas, Matthias Meyer, Anna Babka und Renaud Lagabrielle bis zu zahlreichen künstlerischen Beiträgen und verschriftlichten Ergebnissen von Workshops. Ziel des reich bebilderten Bands ist die Verschränkung von Theorie und Lektüre sowie der Austausch zwischen Kunst und Wissenschaft.

↗ Dekonstruktion, Gender, Lesen, Queer

Hark, *Queer Interventionen,* 1993 — Kraß, *Queer denken,* 1994 — Perko, *Queer-Theorien,* 2005 — Blödorn, *Judith Butler,* 2010.

A.B. / M.S.

Anna Babka: »Prozesse der (subversiven) *cross-identification.* Parodistische Performanz bei Judith Butler – koloniale *mimikry* bei Homi Bhabha« (2011)

in: Mario Grizelj / Oliver Jahraus (Hg.): *Theorietheorie. Wider die Theoriemüdigkeit in den Geisteswissenschaften.* München: Fink 2011, 167–180.

Butlers Konzept der Performativität, das sie in *Das Unbehagen der Geschlechter* und *Körper von Gewicht* entwickelt, beleuchtet den Prozess der Konstruktion der Geschlechtsidentität und zugleich deren Destabilisierung und Subversion über Begriffe und Strategien wie Parodie, *drag* oder *cross-dressing,* die auf eine wiederholende Imitation dieser Identität verweisen. Der performative Akt der Nachahmung wird von Butler als kulturelle Simulation gefasst, die die Vorstellung eines »natürlichen« Originals allererst hervorbringt. Ähnlich und ebenso signifikant ist dieses Moment der Imitation als Simulation Bhabhas Konzeption der kolonialen *mimikry* eingeschrieben. In seinem Aufsatz »Von Mimikry und Menschen«, erschienen in

Die Verortung der Kultur, zeigt er auf, wie die verschiebende Wiederholung europäischer Normen durch die Kolonisierten – einen Vorgang, den er als *mimikry* bezeichnet – die imaginäre Identität der Kolonisator*innen destabilisiert und damit auch in gewissem Maße subvertiert. Babka nimmt Butlers und Bhabhas Konzeptionen kritisch auf und lotet die Überschneidungen der beiden theoretischen Ansätze auf ihr widerständiges Potential hin aus.

↗ Gender, Handlungsfähigkeit, Performanz, Queer, Subversion

Bhabha, *Die Verortung der Kultur,* 1994 — 🕮5.1 Butler, *Das Unbehagen der Geschlechter,* 1990 — 🕮5.1 Butler, *Körper von Gewicht,* 1993a.

A.B.

Karen Barad: »Die queere Performativität der Natur« (2011)

in: Karen Barad: *Verschränkungen.* Berlin: Merve 2015, 115–171 [»Nature's Queer Performativity*«, in: *Kvinder, Køn & Forskning*, 1–2, 2012, 25–53; sowie in: *Qui Parle*, 19 (2), 121–158].

Entlang verschiedener Beispiele aus dem Bereich der naturwissenschaftlichen Forschung (von Dinoflagellaten, sozialen Amöben bis hin zu Blitzen und Atomen) und auf der Basis dekonstruktiver, neomaterialistischer und kritisch-posthumanistischer Vorannahmen entwickelt Karen Barad einen Denkraum, der über seine intrinsisch queere Verfasstheit bzw. queere Performativität konturiert ist. Im Zentrum steht dabei die Frage nach dem »Wesen« von Identität bzw. der »Natur« der Dinge. Mit dem Ziel der Subversion binärer Ordnungsschemata wirft Barad die Frage auf, ob nicht »die Natur selbst [...] pervers oder queer [ist]« (123). Barad legt dar, dass etwa »soziale Amöben (queer) die Natur von Identität [unterwandern], indem sie die Binarität von Individuum/Gruppe infrage stellen« (118). Die soziale Amöbe würde dabei, so Barad, mehrere Unbestimmtheiten aufweisen und »erfolgreich die andauernden, naturwissenschaftlichen Versuche der Feststellung ihrer Taxonomie [hintergehen]« (118).

Queerness erweist sich damit als intrinsischer Zug alles Seienden, ja des Universums selbst, sodass Barad im Anschluss an J. B. S. Haldane sogar »die Möglichkeit der Queerness einer der am weitesten verbreiteten Kreaturen in Erwägung [zieht] – die von Atomen« (124). Diese erscheinen als »ultraqueer«, insofern sie »mit ihren alltäglichen Quanteneigenschaften« und in »ihren radikalen dekonstruktiven Seinsweisen Queerness selbst [queeren]« (124). Barad geht so weit, Raum und Materie, Zeit und Kausalität als queer zu betrachten, wobei sie*er den Begriff *queer* bewusst offenhält. »Queer ist kein fest bestimmter Begriff; es hat keinen stabilen Bezugskontext, womit ich nicht sage, dass es alles bedeutet, was auch immer irgendwer will.« (124)

In der Folge entfaltet Barad den Begriff über eine Vielzahl an Bildern, Neologismen und komplexen, oft poetischen Zuschreibungen, die seine Unbestimmtheit und Vielgestaltigkeit zu illustrieren versuchen. Queer sei, so Barad, »ein lebendig mutierender Organismus, eine begehrende radikale Offenheit, eine kantige, proteische, differenzielle Vielheit, eine agentische Dis/Kontinuität, eine eingefaltete, reiterativ materialisierende, promiskuitiv einfallsreiche Raumzeitlichkeit« (124). Mit Blick auf die Dekonstruktion von Dualismen verortet Barad Queerness nicht »im Bruch von Natur/Kultur per se«, »sondern in ebendem Wesen von Raumzeitmaterialisierung« (124), so »dass das, was wir üblicherweise als individuelle Entitäten begreifen, keine getrennten [...] Objekte sind, sondern (verschränkte ›Teile von‹) Phänomene(n) (materiell-diskursiver Intraaktionen), die über (das, was wir üblicherweise als getrennte Orte und Momente annehmen) Raum und Zeit hinausgehen« (130). Als ein Beispiel für eine solche Form von Queerness nennt Barad die Gattung *Pfiesteria*, eine Art von Dinoflagellaten, die weder Tier noch Pflanze ist und sich weder in Raum noch Zeit eindeutig lokalisieren lässt (143).

Der Begriff der materiell-diskursiven Intraaktion ist konstitutiv für Barads Performativitätsbegriff, den Barad – in kritischer Distanz zu Butler – über »den Bereich des Menschlichen hinaus« (155) erweitert und als iterative *Intraaktivität* und nicht als iterative Zitierung (167) konzeptualisiert. Dabei versteht sie *Intraaktion* als ein Zusammen-Zerschneiden (*together-apart*) und *Identität* – in Anlehnung an Derridas Begriff der *différance* – als Ergebnis eines unabschließbaren Differenzierungsprozesses: »Identität ist in sich multipel; oder vielmehr, Identität ist durch sich selbst diffraktiert – Identität ist Diffraktion/Différance/differieren/verschieben/differenzieren.« (131)

↗ Différance, Iterabilität, Performativität, Queer

🕮 5.1 Butler, *Körper von Gewicht*, 1993a — 🕮 2.1 Derrida, *Die différance*, 1968a — 🕮 5.2 Haraway, *Ein Manifest für Cyborgs*, 1985 — 🕮 5.2 Sedgwick, *Epistemologie des Verstecks*, 1990 — Harding, *Feministische Wissenschaftstheorie*, 1990

A.B.

Seyla Benhabib / Judith Butler / Drucilla Cornell / Nancy Fraser: *Der Streit um die Differenz. Feminismus und Postmoderne in der Gegenwart* (1993)

Frankfurt/M.: Fischer 1993 [*Feminist Contentions: A Philosophical Exchange*. London/New York: Routledge 1994, mit einer Einführung von Linda Nicholson].

Der Band – hervorgegangen aus einem Kolloquium vom September 1990 mit dem Titel »Feminism and Postmodernism« – umfasst je zwei Beiträge von Seyla Benhabib, Judith Butler, Drucilla Cornell und Nancy Fraser, in denen die Autor*innen ihre jeweiligen Positionen explizieren und gegen Kritik und Einwände zu verteidigen suchen. Ausgehend von der Frage nach dem Verhältnis von Feminismus und Postmoderne entwickelt sich so eine breit gefächerte Diskussion über die Brauchbarkeit des Begriffs der *Postmoderne*, über die Rolle der Philosophie in der sozialen und politischen Kritik, über den Status des *feministischen Subjekts* sowie über Implikationen und Auswirkungen der verschiedenen theoretischen Formulierungen dieser Fragen für die politische und soziale Praxis. Dabei kommen so unterschiedliche theoretische Positionen zum Tragen wie die Kritische Theorie (Benhabib, Fraser), ein an Foucault orientierter Poststrukturalismus (Butler) und die Psychoanalyse von Freud und Lacan (Cornell).

Der Band bietet eine gute Einführung in die theoretischen und methodologischen Voraussetzungen unterschiedlicher feministischer Ansätze in den frühen 1990er Jahren, wobei vor allem die Diskussion zwischen Butler und Benhabib einen wichtigen Beitrag zu Fragen der Subjektkonstitution und der Handlungsfähigkeit geleistet hat.

↗ Gender, Handlungsfähigkeit, Identität, Kritik, Norm, Subjekt

Benhabib, *Kulturelle Vielfalt und demokratische Gleichheit*, 1999 — Benhabib/ Cornell, *Feminism as Critique*, 1987 — 🕮 5.1 Butler, *Kontingente Grundlagen*, 1992 — 🕮 5.1 Butler, *Für ein sorgfältiges Lesen*, 1993b — 🕮 4. Cornell, *Das feministische Bündnis mit der Dekonstruktion*, 1991 — Cornell, *Enabling Paradoxes*, 1996.

G.P.

Marlen Bidwell-Steiner / Anna Babka (Hg.): *Obskure Differenzen. Psychoanalyse und Gender Studies* (2013)

Gießen: Psychosozial-Verlag 2013.

Im Fokus des Bands, der die Relevanz und Aktualität der Psychoanalyse für die zeitgenössische Theoriebildung zum Thema hat, steht die Rezeption und Diskursivierung der Psychoanalyse Freud'scher und Lacan'scher Prägung im Rahmen der Gender Studies und Queer Studies. Dekonstruktiv orientierte Zugangsweisen finden sich vor allem in den Beiträgen von Eva Laquièze-Waniek, Susanne Lummerding sowie Anna Babka und Marlen Bidwell-Steiner.

↗ Gender, Lesen / Lektüre, Metapher / Metonymie, Queer

A.B.

Rosi Braidotti: *Nomadic Subjects. Embodiment and Sexual Difference in Contemporary Feminist Theory* (1994)

New York: Columbia UP 1994.

Rosi Braidotti, Professorin an der Universität Utrecht, ist in Italien geboren, in Australien aufgewachsen und hat in Paris und den Niederlanden studiert. Für Bradotti ist das Pendeln, die Migration, das »Nomadische« nicht nur ein theoretisches Modell, sondern ein Denkstil: »[T]he nomadism I defend as a theoretical option is also an existential condition that translates into a style of thinking« (1). In den fünfzehn Essays ihres Bands untersucht sie Probleme, die für zeitgenössische feministische Debatten zentral sind, wie z.B. die Verortung feministischer Fragestellungen innerhalb einer westlich ausgerichteten Epistemologie, die Verbindung von Feminismus und Bioethik, den »europäischen« Feminismus und die Relationen und Schnittstellen zwischen amerikanischen und europäischen feministischen Ansätzen. Theoretischen Zugriff auf ihre Fragestellungen findet sie über die Denkfigur der *Nomadin*, die einen fiktionalen Entwurf feministischer Subjektivität darstellt und damit an Haraways Konzeption des Cyborgs erinnert. Braidotti plädiert für Identitätskonzepte, die sich durch Vielfalt, Widersprüchlichkeit, Konflikthaftigkeit, Unabgeschlossenheit, Zerrissenheit, Uneindeutigkeit auszeichnen. Dieser teils romantisierende Zug, Identität zu konzeptualisieren, ist gerade aufgrund seiner Situierung innerhalb eines gesellschaftspolitisch problematischen Feldes, nämlich dem der Migration und der Globalisierung, nicht unumstritten.

↗ Alterität, Gender, Hybridität, Körper

📖[5.1] Butler, *Die Macht der Geschlechternormen*, 2004a — 📖[5.2] Haraway, *Ein Manifest für Cyborgs*, 1985 — Mouffe, *For a Politics of Nomadic Identity*, 1994.

A.B.

Rosi Braidotti / Judith Butler: »Feminism by Any Other Name. An Interview« (1994)

in: *Differences: A Journal of Feminist Cultural Studies* 6 (2/3) 1994, 27–61 [auch in: Weed, Elisabeth / Schor, Naomi (Hg.): *Feminism Meets Queer Theory*. Bloomington: Indiana UP, 1997, 31–67].

Bei diesem Text handelt es sich um ein Interview, das Judith Butler mit der italienisch-australischen Philosophin Rosi Braidotti in Form eines brieflichen Austauschs geführt hat und das durch eher kurz angelegte Fragen Butlers und ausführliche Antworten Braidottis gekennzeichnet ist. Braidotti konzentriert sich auf den Problemkreis der institutionellen und theoretischen Situation der Gender und Women Studies in Europa und votiert für eine feministische Kritik am Rassismus,

Nationalismus und Eurozentrismus (31). Braidotti setzt sich dabei kritisch mit dem Begriff *Gender* auseinander. Ihre Skepsis gegenüber diesem Begriff begründet Braidotti mit dessen politischen und institutionellen Implikationen: der Entpolitisierung des Feminismus und der Übernahme feministischer Agenda durch *Gay* oder *Men Studies* (43). Sie geht davon aus, dass die Sex-Gender-Unterscheidung als Grundpfeiler der englischsprachigen feministischen Theorie in den nicht-englischsprachigen europäischen Ländern weder epistemologisch noch politisch sinnvoll ist und plädiert stattdessen für die Berücksichtigung des jeweiligen kulturellen Kontextes (38). Der Fokus auf *Gender* diene letztlich dazu, eine falsche Symmetrie zwischen Männern und Frauen vorauszusetzen und zu institutionalisieren.

Allerdings steht Braidotti auch dem Begriff der Differenz kritisch gegenüber. Angesichts des Paradoxes einer gleichzeitigen Globalisierung und Fragmentierung, das u.a. im Projekt des europäischen Föderalismus mit seinen nationalistischen und rassistischen Tendenzen Ausdruck findet, wird Differenz zu einem Terminus mit problematischen essentialistischen Konnotationen. Braidotti tritt ein für eine Wiederaneignung und Loslösung des Begriffs der Differenz von Macht, Beherrschung und Ausschließung durch eine Strategie der kreativen »mimetischen Wiederholung« (43). Die feministische Theorie ist mit dem Paradox konfrontiert, dass weibliche Identität sowohl in Anspruch genommen als auch dekonstruiert werden muss. Braidotti plädiert in diesem Sinne für ein vielschichtiges Projekt der sexuellen Differenz. Was auf dem Spiel steht, ist der politische Wille, die Differenzdebatte wieder mit der körperlichen Existenz und Erfahrung von Frauen zu verbinden.

↗ Differenz, Essentialismus, Gender, Identität, Iterabilität, Subversion

G.P.

Judith Butler / Drucilla Cornell: »The Future of Sexual Difference: An Interview with Judith Butler and Drucilla Cornell« (1998)

in: *Diacritics* 28 (1), 1998 (Special Issue: *Irigaray and the Political Future of Sexual Difference*, ed. by Pheng Cheah and Elizabeth Grosz), 19–42.

Bei diesem Text handelt es sich um ein Interview, das Pheng Cheah und Elizabeth Grosz mit Drucilla Cornell und Judith Butler über ihr Verhältnis zu der französischen Philosophin und Feministin Luce Irigaray geführt haben. Butler räumt darin ein, dass sie in den 1980er Jahren dem Werk Irigarays auf Grund seiner essentialistischen Tendenzen eher kritisch gegenübergestanden ist. Dagegen schätzt sie Irigaray für ihre profunde Kenntnis der westlichen Philosophie und würdigt ihr Konzept der »kritischen Mimesis« als einer Lektürepraxis, die die Autorität des philosophischen Kanons unterminiert (19). Butler betont, dass Irigarays Begriff des Weiblichen weder auf eine Substanz noch auf eine geistige Realität verweist. Sie stimmt dem Gebrauch des Weiblichen als einer Kategorie zu, »die nicht etwas beschreibt, das bereits existiert, sondern tatsächlich eine bestimmte Art von Zukunft in der Sprache und der Intelligibilität inauguriert« (20, Übers. G.P.). Für ihre eigenen theoretischen Überlegungen nimmt Butler den Begriff des Weiblichen nicht in Anspruch. Ihr Hauptinteresse gilt Fragen von Sex und Gender sowie jenen Punkten, an denen die Dichotomie von Männlich und Weiblich zusammenbricht (24), auch wenn sie einräumt, dass auf die Kategorie »Frau« mit Blick auf geschlechter- und gleichstellungspolitische Fragen nicht verzichtet werden kann (22).

Dagegen unterstreicht Cornell ihre langjährige Beschäftigung mit dem Werk Irigarays, wobei sie vor allem Irigarays »Utopismus«, der das Weibliche mit der sexuellen Differenz assoziiert, ihren Begriff der Solidarität als einer ethischen Beziehung sowie ihr Konzept der »kritischen Mimesis« in den Mittelpunkt stellt. Sowohl Butler als auch Cornell beziehen sich vor allem auf Irigarays Frühschriften *Speculum* (1974) und *Das Geschlecht, das nicht eins ist* (1977), während sie in ihren späteren Arbeiten eine Tendenz zur Universalisierung und Ontologisierung des »Weiblichen« und des »Männlichen« sehen.

↗ Differenz, Essentialismus, Identität, Subversion

📖5.1 Butler, *Das Unbehagen der Geschlechter,* 1990 — 📖5.1 Butler, *Körper von Gewicht,* 1993a — 📖4. Cornell, *Das feministische Bündnis mit der Dekonstruktion,* 1991 — 📖3. Irigaray, *Speculum,* 1974 — 📖3. Irigaray, *Das Geschlecht, das nicht eins ist,* 1977 — Irigaray, *Ethik der sexuellen Differenz,* 1984 — Schor, *Dieser Essentialismus, der keiner ist,* 1989.

G.P.

Judith Butler / Gesa Lindemann / Herta Nagl-Docekal / Barbara Vinken / Allision Weir: »Diskussion zu Judith Butler's *Das Unbehagen der Geschlechter*« (1993)

in: *Frankfurter Rundschau* Mai/Juni, 1993.

Die Publikation von Butlers *Das Unbehagen der Geschlechter* in deutscher Übersetzung war der Anlass für diese öffentliche Debatte in einer wichtigen deutschen Tageszeitung. Die einzelnen Beiträge – von Barbara Vinken, Allison Weir, Gesa Lindemann und Herta Nagl-Docekal – zeichnen ein interessantes, tendenziell kritisches Bild der frühen Butler-Rezeption im deutschsprachigen Raum. Abgeschlossen wird die Debatte von Butlers Beitrag »Ort der politischen Neuverhandlung. Der Feminismus braucht ›die Frauen‹, aber er muß nicht wissen, ›wer‹ sie sind«.

↗ Gender, Identität, Körper, Queer, Subversion

A.B.

Teresa de Lauretis: *Technologies of Gender. Essays on Theory, Film, and Fiction* (1987)

Bloomington/Indianapolis: Indiana UP 1987.

Teresa de Lauretis ist eine italienisch-amerikanische Literaturwissenschaftlerin und feministische Filmtheoretikerin. Der Band *Technologies of Gender* versammelt Aufsätze de Lauretis' aus den Jahren 1983–86. Paradigmatisch für de Lauretis' Ansatz ist der Beitrag mit dem gleichlautenden Titel »The Technology of Gender«. Darin analysiert sie verschiedene mediale Formen, wie die von Romanen, textuellen Praktiken aus der italienischen Frauenbewegung, Experimentaltheater, Dokumentationen und Filmen, und geht der Frage nach, wie Gender jenseits der Grenzen der sexuellen Differenz theoretisiert werden kann. Lauretis schlägt im Anschluss an Foucault vor, dass Gender sowohl als Repräsentation als auch als Selbst-Repräsentation das Produkt verschiedener sozialer Technologien ist (ix). Sie geht jedoch insofern über Foucault hinaus, als dieser Geschlechterfragen unberücksichtigt lässt, und bezieht Louis Althussers Theorie der ideologischen Interpellation in ihre Überlegungen zur (Selbst-)Repräsentation von Gender mit ein. Das »weibliche Subjekt« des Feminismus wird nach de Lauretis über eine Vielzahl von Diskursen, Positionen und Bedeutungen konstruiert, die in sich widersprüchlich und konfliktgeladen sind. Eine feministische Theorie erfordert daher eine multiple Konzeption des Subjekts als einer exzessiven oder heteronomen »Entität« (x).

Gender ist nicht einfach ein grammatikalischer Begriff, sondern die Repräsentation von Beziehungen, die als fortwährende soziale Konstruktionen funktionieren (4). Dagegen schränkt nach de Lauretis der Bezug auf sexuelle Differenz kritische Interventionen ein und verhindert so, spezifische Differenzen zwischen Frauen selbst zu artikulieren (2). De Lauretis zielt vor diesem Hintergrund darauf ab, die Verbindung zwischen Sex und Gender, die Gender als abgeleitet vom biologischen Geschlecht erscheinen lässt, aufzubrechen und zu dekonstruieren. Nach de Lauretis ist Gender nicht eine Eigenschaft der Körper; vielmehr ist es Produkt sozialer Technologien (3). Gender ist eine Konstruktion und zugleich mehr als das: »The construction of gender is both the product and the process of its representation.« (5)

Kritisch steht de Lauretis u.a. Derridas vermeintlich rein textueller Konzeption von Weiblichkeit sowie Foucaults Konzeption des Körpers als einem Ort »diffuser Lüste« oder »libidinös besetzter Oberflächen« (24) gegenüber. Gegen eine falsch verstandene dekonstruktive Dezentrierung des Subjekts argumentiert sie, »[that] this kind of deconstruction of the subject is effectively a way to recontain woman in femininity (Woman) and to reposition female subjectivity in the male subject, however that will be defined« (24).

↗ Dekonstruktion, Differenz, Interpellation, Konstruktion, Queer, Repräsentation, Subjekt

📖[1.3] Althusser, *Ideologie und ideologische Staatsapparate*, 1970 — 📖[5.2] de Lauretis, *Der Feminismus und seine Differenzen*, 1993 — 📖[1.4] Foucault, *Sexualität und Wahrheit I*, 1976.

A.B.

Teresa de Lauretis: »Der Feminismus und seine Differenzen« (1993)

in: *Feministische Studien* 11 (2), 1993 (= *Kritik der Kategorie ›Geschlecht‹*. Hg. von Hilge Landweer und Mechthild Rumpf), 96–102.

De Lauretis skizziert in diesem Text die Geschichte der Differenzen, Auseinandersetzungen und Polarisierungen, die seit den 1970er Jahren den Feminismus in den USA geprägt und vorangetrieben haben: die Debatte »akademischer Feminismus versus Aktivismus«, die Streitfrage »Separatismus oder Integration«, die Kontroverse »Race contra Gender« und die Pornographie-Debatte. De Lauretis geht davon aus, dass die divergierenden Auffassungen bezüglich des Verhältnisses des Feminismus zur Theoriebildung stets Effekte der notwendigen politischen und intellektuellen Auseinandersetzung des Feminismus mit der sozialen Realität sind (97), d. h. mit den Institutionen, Diskursen und Praktiken, die das Soziale konstituieren (99). De Lauretis sieht hier zwei Impulse am Werk: einerseits einen *narzisstisch-erotischen* Impuls, der die Differenz, die Rebellion und Subversion unterstreicht, und andererseits einen *ethischen* Impuls, der auf Gemeinschaft und Solidarität zielt. Diese Spannung, die auch die Spannung zwischen der kritischen Negativität der Theorie und der affirmativen Bejahung der Politik ist, ist nicht die unlösbare Aporie des Feminismus, sondern gerade die historische Bedingung seiner Existenz und die theoretische Bedingung seiner Möglichkeit (101).

Feministische Theorie muss für de Lauretis als eine Theorie der Konstitution des »weiblichen« sozialen Subjekts verstanden werden, »dessen Entstehung und dessen soziale und subjektive Existenzweisen ganz offensichtlich Sex und Gender einschließen, aber auch [...] Rasse, Klasse, ethnische Zugehörigkeit und andere soziokulturelle Unterscheidungen und Repräsentationen« (102).

↗ Dekonstruktion, Essentialismus, Identität, Konstruktion, Subversion

📖[5.2] de Lauretis, *Technologies of Gender. Essays on Theory, Film, and Fiction*, 1987.

G.P.

Penelope Deutscher: *Yielding Gender. Feminism, Deconstruction and the History of Philosophy* (1997)

New York: Routledge 1997.

Penelope Deutscher unternimmt in ihrem Band *Yielding Gender* den Versuch, feministische und dekonstruktive Fragestellungen mit philosophiegeschichtlichen Lektüren in Verbindung zu bringen. Dabei greift sie auf den Begriff der Instabilität zurück, dessen Implikationen sie sowohl in Auseinandersetzung mit Irigaray, Butler und Sedgwick als auch mit Derrida sowie mit klassischen Texten der Philosophiegeschichte entfaltet. Dabei versucht sie, die These plausibel zu machen, dass gerade die instabile Bedeutung von Weiblichkeit und Feminität einen wesentlichen Bestandteil der phallogozentrischen Machtgefüge in der westlichen Geistesgeschichte ausmacht.

↗ Dekonstruktion, Gender, Logozentrismus, Schrift

🕮 5.1 Butler, *Das Unbehagen der Geschlechter*, 1990 — 🕮 3. Irigaray, *Speculum*, 1974 — 🕮 3. Irigaray, *Das Geschlecht, das nicht eins ist*, 1977 — 🕮 5.2 Sedgwick, *Epistemologie des Verstecks*, 2003.

S.S.

Antke Engel: *Wider die Eindeutigkeit. Sexualität und Geschlecht im Fokus queerer Politik der Repräsentation* (2002)

Frankfurt/M.: Campus 2002.

Engel diskutiert queere und feministische Positionen aus philosophischer Perspektive. Ihr Ziel ist es, Strategien für politische Interventionen zu entwickeln, die zur »VerUneindeutigung« und Destabilisierung heteronormativer Gesellschaftsstrukturen führen. Dabei geht sie von der These aus, »dass erst dann, wenn das Verständnis sozio-diskursiver Konstruiertheit und historisch-kultureller Heterogenität von Geschlecht und Sexualität in eine Theorie politischer Veränderung integriert wird, eine Perspektive der Umarbeitung binär-hierarchischer und heteronormativer Verhältnisse entstehen kann« (14). Im Fokus ihres Interesses steht dabei die Frage queerer Strategien der Repräsentation, die Engel ausgehend von Butlers Diskussion der »verworfenen«, »nicht-intelligiblen«, »queeren« Subjektivitäten (24f.) sowie von de Lauretis' Versuchen einer queeren Umarbeitung »heteronormativer Vorstellungen und Repräsentationen« entwickelt (35). Mit de Lauretis sieht Engel die Möglichkeit, »ein heterogenes, dynamisches Feld der Repräsentation als konstitutives Moment von Subjektivität und Sozialem« verstehbar zu machen und zugleich »die Grundlagen für ein Verständnis queer/feministischer Repräsentationspolitiken« zu entwickeln (35).

↗ Binarität, Gender, Norm, Queer, Subversion

📖5.1 Butler, *Körper von Gewicht,* 1993a — 📖5.1 Butler, *Macht der Geschlechternormen,* 2004a — de Lauretis, *Queer Theory,* 1991.

A.B.

Anne Fausto-Sterling: »Sich mit Dualismen duellieren« (2000)

in: Pasero, Ursula / Gottburgsen, Anja (Hg.): *Wie natürlich ist Geschlecht? Gender und die Konstruktion von Natur und Technik.* Wiesbaden: Westdt. Verlag 2002, 17–65 [»Dueling Dualisms«, in: Fausto-Sterling, Anne: *Sexing the Body: Gender Politics and the Construction of Sexuality.* New York: Basic Books 2000, 1–30].

Fausto-Sterling ist Professorin der Biologie und Gender Studies. Ihre Forschungsschwerpunkte sind Wissenschafts-, Technik-, Geschlechtertheorie und -geschichte. Sie fragt danach, wie wissenschaftliches Wissen produziert wird und wie die Frage der Geschlechterdifferenz eben diese Produktion von Wissen beeinflusst. Eines der Kernthemen ihrer Arbeiten ist die Frage, was die biologische Natur menschlicher Sexualität tatsächlich ausmacht. Bereits in ihrer ersten großen Arbeit *Gefangene des Geschlechts? Was biologische Theorien über Mann und Frau sagen* (dt. 1988) macht sie deutlich, dass der Glaube daran, dass wir eine eindeutig zweigeschlechtliche Spezies sind, sich nicht auf ein biologisches Faktum zurückführen lässt, sondern in vielfältiger Weise konstruiert ist.

Sterlings zentrales Anliegen ist die Kritik der Sex-Gender-Dichotomie. In dem Band *Sexing the Body: Gender Politics and the Construction of Sexuality,* dem das Kapitel »Sich mit Dualismen duellieren« für die deutschsprachige Publikation entnommen wurde, greift sie zum einen auf Ansätze der *Developmental Systems Theory* zurück, zum anderen bezieht sie sich auf diskurstheoretische und ethnomethodologische Modelle, Geschlecht zu denken. Als figurativen Gegenentwurf zur Sex-Gender-Dichotomie evoziert sie in Rückbezug auf Elizabeth Grosz das Bild des Möbiusbandes und demonstriert damit die Verwobenheit der beiden Kategorien. Vor allem in den ersten beiden Kapiteln des Buches, in denen sie sich der Frage der Intersexualität in historischer und zeitgenössischer Perspektive widmet, zeigt sie auf, wie der medizinische Diskurs auf den »Skandal« der Uneindeutigkeit intersexueller Kinder reagiert und darauf abzielt, durch massive medikamentöse und chirurgische Eingriffe »Eindeutigkeit« herzustellen.

Mit der Frage, wie Gender und Sexualität zu körperlichen Fakten werden, kommt sie auch auf die »Materialität« der Körper zu sprechen. Mit Butler argumentiert sie, dass bereits der Begriff der Materie mit spezifischen Vorstellungen von Sexualität und Gender kontaminiert ist, sodass es letztlich keinen neutralen Begriff der Materie gibt, auf den wissenschaftliche Theorien der sexuellen Entwicklung und Differenzierung der Körper zurückgreifen könnten (45).

↗ Dichotomie, Gender, Konstruktion, Materialität

📖5.1 Butler, *Die Macht der Geschlechternormen*, 2004a — Fausto-Sterling, *Gefangene des Geschlechts?*, 1985.

A.B.

Regine Gildemeister / Angelika Wetterer: »Wie Geschlechter gemacht werden. Die soziale Konstruktion der Zweigeschlechtlichkeit und ihre Reifizierung in der Frauenforschung« (1995)

in: *Traditionen Brüche. Entwicklungen feministischer Theorie*. 2. Aufl. Freiburg 1995, 201–254.

Den Ausgangspunkt des Aufsatzes von Gildemeister und Wetterer bildet der Befund, dass im deutschsprachigen Raum eine Rezeptionssperre gegenüber sozialkonstruktivistischen Theoriemodellen amerikanisch-englischsprachiger Provenienz bestehe (202f.). Gildemeister und Wetterer kehren dabei vor allem die ethnomethodologischen Studien hervor, die wichtige Beiträge zur Theoretisierung und Konzeptualisierung der Geschlechterdifferenz geliefert haben. Zentrale Texte sind u.a. Harold Garfinkels Fallstudie über die Transsexuelle Agnes in *Studies in Ethnomethodology* (1967), Erving Goffmanns »The Arrangement between the Sexes« (1977) sowie die grundlegende Studie von Suzanne J. Kessler und Wendy McKenna *Gender: An Ethnomethodological Approach* (1978). Diese Rezeptionssperre habe dazu geführt, dass die deutschsprachige Frauenforschung, hier besonders die feministische Sozialwissenschaft, im Gegensatz zur Genderforschung nach wie vor von einem Modell der Zweigeschlechtlichkeit ausgehe und diese als »naturgegeben« annehme (203).

Gildemeister und Wetterer plädieren für einen »Traditionsbruch« im Hinblick auf zweigeschlechtlich strukturierte Deutungsmuster. Die Notwendigkeit dieses Bruchs versuchen sie über eine zweistufige Vorgangsweise zu verdeutlichen: Zum einen arbeiten sie die Aporien heraus, die mit dem Beharren auf der »natürlichen« Zweigeschlechtlichkeit einhergehen. Zum anderen versuchen sie zu zeigen, wozu es führt, wenn der Konstruktionscharakter der Zweigeschlechtlichkeit ignoriert wird. Die feministischen Wissenschaftler*innen tragen in der Folge selbst dazu bei, diese binäre Ordnung zu naturalisieren, zu stabilisieren und damit Herrschaftszusammenhänge aufrechtzuerhalten (204). In weiterer Folge diskutieren Gildemeister und Wetterer die »Konstruktionsweisen der Zweigeschlechtlichkeit« (205–228), wenden sich dann der »Geschlechterklassifikation als generative[m] Muster der Herstellung sozialer Ordnung«

zu (229–244), um schließlich »Dekonstruktion als Perspektive der Frauenforschung und einer feministischen Politik« ins Feld zu führen (245–250).

Unter »Dekonstruktion« verstehen sie einerseits, dass Zweigeschlechtlichkeit nicht länger als Ausgangspunkt feministischer Studien angenommen werden sollte, sowie andererseits, dass der Modus der Herstellung der Geschlechterdifferenz selbst aufzuschlüsseln und zu rekonstruieren sei (246). Dies hätte zur Folge, dass die historischen Veränderungen innerhalb der Konzeptionen von Geschlechterdifferenz sichtbar würden und die als natürlich angenommene Differenz als historisch variable Konstruktion transparent würde. Davon ausgehend würden Um- und Neudeutungen und Neudefinitionen der Differenz allererst möglich (246f.).

↗ Binarität, Dekonstruktion, Differenz, Gender, Konstruktion

A.B.

Donna J. Haraway: »Ein Manifest für Cyborgs. Feminismus im Streit mit den Technowissenschaften« (1985)

in: *Die Neuerfindung der Natur. Primaten, Cyborgs und Frauen*. Frankfurt/New York: Campus 1995, 73–97 [»A Manifesto for Cyborgs: Science, Technology, and Socialist Feminism in the Late Twentieth Century«, in: Haraway, Donna Jeanne: *Simians, Cyborgs, and Women: The Reinvention of Nature*. New York: Routledge, 1991, 149–181].

Haraways Arbeiten erstrecken sich auf so unterschiedliche Bereiche wie Primatologie, Epistemologie, Krebsforschung oder Informationstechnologie. In ihrem Essay »Ein Manifest für Cyborgs« schlägt Haraway vor, das postmoderne Selbst über die Figuration des*der Cyborg zu denken sowie den Begriff des Menschlichen zu denaturalisieren und zu hybridisieren. Im Brennpunkt stehen die Oppositionen Mensch/Tier sowie Mensch/Maschine. Mit der Kunstfigur des*der Cyborg kommt die Hybridität des Geschlechts mit ins Spiel. Damit postuliert Haraway auch die Fragmentierung von Gender als einer auf binären Strukturen basierenden Kategorie. Was als Cyborg figuriert, ist in sich widersprüchlich und paradox. Der*die Cyborg als ein Mischwesen und ein kybernetischer Organismus wird zur Leitfigur einer feministischen Politik, die sich auf Technik und Naturwissenschaften beruft, um die materiellen wie auch diskursiven Übergänge bzw. Austauschprozesse zwischen Menschen und Maschinen, Tieren und Dingen, Natur und Kultur zu erfassen. Haraway argumentiert für die Lust an der Verwirrung von Grenzen, für die Vorstellung einer Welt ohne Gender. Mit dem Zusammenbruch der Grenzen zwischen Mensch und Maschine sowie Mensch und Tier stellt sich heraus, dass wir alle »Chimären« sind, »theoretisierte und fabrizierte Hybride aus Maschine und Organismus [...], kurz, wir sind Cyborgs« (34). Indem Haraway eine postmoderne Cyborg-Subjektivität kreiert, fordert sie gerade jenes Binaritätsdenken heraus, auf dem die modernistischen Vorstellungen von Subjektivität begründet sind. Problematisch erscheint jedoch Haraways Tendenz zur Romantisierung der Cyborgs sowie der Vorschlag, darin einen Weg »aus dem Labyrinth der Dualismen« zu sehen, »in dem wir uns unsere Körper und Werkzeuge erklärt haben« (72).

↗ ALTERITÄT, BINARITÄT, HYBRIDITÄT, IDENTITÄT, RHETORIK, SUBJEKT

📖 5.2 Babka, *Unterbrochen,* 2002 — Haraway, *The Promises of Monsters,* 1992 — Haraway, *Die Neuerfindung der Natur,* 1995a — Haraway, *Monströse Versprechen,* 1995b.

A.B.

Sabine Hark (Hg.): *Grenzen lesbischer Identitäten* (1996)

Berlin: Querverlag 1996.

Der von Hark herausgegebene Band widmet sich der Frage nach den Praktiken der Herstellung, den Formen der Benennung und den Prozeduren der Begrenzung von (lesbischen) Identitäten. Ausgangspunkt ist die Feststellung, dass auch innerhalb schwul-lesbischer Kulturen eine Vielzahl von Differenzen festzumachen ist und Ungleichheiten existieren, nicht zuletzt hinsichtlich der Verschränkung verschiedener Achsen der Identität, wie Race, Klasse, Ethnie, Generation und soziopolitischer Positionierung. Beitragende sind Sabine Hark, Judith Butler, Biddy Martin, Antke Engel, Ulrike Hänsch und Arlene Stein.

↗ IDENTITÄT, GENDER, QUEER

A.B.

Sabine Hark: *Deviante Subjekte. Die paradoxe Politik der Identität* (1999)

2., völlig überarb. Aufl. Opladen: Leske & Budrich 1999.

Hark bezeichnet in ihrem Vorwort den Begriff der »Identität« als den »verbindende[n] Stachel« (9) für alle in ihrem Buch versammelten Reflexionen und Analysen im Hinblick auf eine Theorie der Geschlechterdifferenz, die insbesondere an der Problemstellung des lesbischen Feminismus abgearbeitet wird: »Kaum ein Begriff hat in jüngster Zeit in politischen Kontexten und Konflikten ebenso wie in theoretischen Debatten eine ähnlich erfolgreiche Karriere durchlaufen [...]. Wer im Namen von Identität spricht, spricht in jedem Fall mit dem Gewicht der Authentizität, wahlweise mit dem Gewicht der Geschichte, der aufklärerischen Emanzipation, des gesellschaftlichen Fortschritts oder der kulturellen Bewahrung.« (9)

Hark verschreibt sich der Dekonstruktion dieses »Gewichts«, der Mechanismen und Prozeduren, die Identität allererst erzeugen. Die Frage, die sie dabei anleitet und in fünf Kapiteln und einem Epilog behandelt, lautet, »wie im Namen der Legitimierung einer sozial oktroyierten Differenz gesprochen werden kann, ohne die historisch spezifischen Mechanismen disziplinierender Differenzierung erneut zu stabilisieren« (11). Sie beginnt mit einer problemorientierten Exposition, deren Titel ebenfalls auf das Gewicht verweist, das der Frage der Identität anhaftet: »Identitätsbrocken«. In den darin anschließenden Kapiteln arbeitet sie auf eine »post-identitäre« politische Strategie hin, die auf eine beständige Umarbeitung und Reartikulation hegemonial gewordener Normen und Identitätsraster abzielt (177). Handlungsträger*innen und Effekte dieser Strategien wären deviante Subjekte, »deren Identität niemals abgeschlossen ist« (181). Innerhalb des theoretischen und politischen Rahmens, den Hark aufspannt, würde Identität nicht verschwinden, sie würde aber auch »nicht mehr den gesamten Schauplatz beherrschen können« (183).

↗ Gender, Identität, Subjekt

A.B.

Urte Helduser (Hg.): *Under construction? Konstruktivistische Perspektiven in feministischer Theorie und Forschungspraxis* (2004)

Frankfurt/M. u.a.: Campus 2004.

Der Band versammelt Beiträge zur Frage nach der Konstruktion und der Dekonstruktion von Geschlecht. Insbesondere in den 1990er Jahren fand im deutschsprachigen Raum eine vehemente wissenschaftliche Diskussion statt, die auch erkennen ließ, wie weitläufig und schwierig einzugrenzen das war und ist, was unter Konstruktion von Geschlecht überhaupt verstanden werden kann. Der Band setzt sich daher zum Ziel, eine »wissenschaftlich-selbstreflexive Klärung konstruktivistischer Perspektiven zu unternehmen« (13). Zugleich soll geprüft werden, inwiefern die Analyse gesellschaftlicher Konstruktionsprozesse für wissenschaftliche und politische Interessen überhaupt von Nutzen sein kann. Autor*innen innerhalb dieses transdisziplinären Spannungsfeldes der Konstruktion von Geschlecht sind Annette Barkhaus, Judith Butler, Gülay Çaglar, Astrid Deuber-Mankowski, Dorothea Dornhof, Antke Engel, Anne Fleig, Encarnación Gutiérrez Rodríguez, Urte Helduser, Katharina Liebsch, Helma Lutz, Andrea Maihofer, Daniela Marx, Tanja Paulitz, Katharina Pewny, Katharina Pühl, Birgit Sauer, Johanna Schaffer, Mona Singer, Werner van Treeck, Angelika Wetterer und Volker Woltersdorff.

↗ Dekonstruktion, Gender, Konstruktion

A.B.

Institut für Sozialforschung (Hg.): *Geschlechterverhältnisse und Politik* (1994)

Redaktion Katharina Pühl. Frankfurt/M.: Suhrkamp 1994.

Der Band versammelt Beiträge amerikanischer und deutscher Forscher*innen, die feministische Ansätze für die politische Theorie produktiv wenden und neue Perspektiven für die Sozialforschung entwickeln wollen. Inhaltlich dreigeteilt widmet sich der Band den Themenbereichen »Feministische Öffentlichkeit« (Nancy Fraser, Bonnie Honig, Elisabeth Klaus), »Zur Diskussion der Kategorie Geschlecht« (Judith Butler, Hilge Landweer, Andrea Maihofer und Linda Nicholson) sowie »Aspekte feministischer Politik« (Iris Marion Young, Gudrun-Axeli Knapp und Atina Grossmann).

↗ Dekonstruktion, Gender, Konstruktion, Kritik

A.B.

Andreas Kraß (Hg.): *Queer Denken. Gegen die Ordnung der Sexualität* (2003)

Frankfurt/M.: Suhrkamp 2003.

Der Band *Queer Denken* versammelt eine Reihe wichtiger Beiträge und Grundlagentexte zur Queer-Theorie – einige erstmals in deutscher Übersetzung. Das Buch gliedert sich in drei Bereiche: »Queer Theory: Sexualität und Politik« (mit Beiträgen von Rubin, de Lauretis, Sedgwick, Butler), »Queer History: Von Sodom bis Stonewall« (mit Beiträgen von Halperin, Dinshaw, Bravmann) und »Queer Reading: Das Begehren des Textes« (mit Beiträgen von Kraß, Traub, Creech) und wird von einer lesenswerten Überblicksdarstellung von Andreas Kraß eingeleitet.

↗ Gender, Lesen/Lektüre, Queer

A.B.

Hilge Landweer/Mechthild Rumpf (Hg.): *Kritik der Kategorie »Geschlecht«* (1993)

Weinheim: Dt. Studien-Verl. 1993 (= *Feministische Studien* Jg. 11, Heft 2, 1993).

Die 1993 unter dem Titel »Kritik der Kategorie ›Geschlecht‹« erschienene Ausgabe der *Feministischen Studien* ist der erste Sammelband, der die kontrovers und teils emotional geführte Debatte um Judith Butlers 1990 erschienenes Buch *Das Unbehagen der Geschlechter* im deutschsprachigen Raum abbildet. Gemeinsam ist allen Beiträgen, wie seitens der Herausgeber*innen betont wird, der Konsens über die kulturelle Konstruktion der Geschlechterdifferenz und der asymmetrischen Geschlechterordnungen. Hingegen divergieren die Autor*innen stark in der Frage, auf welche Weise und in welchem Maße das soziale und das biologische Geschlecht konstruiert sind, sowie in der Wahl ihrer methodologischen Ansätze und empirischen Untersuchungsfelder: Foucaults Analyse des Selbstverhältnisses von Individuen (Isabell Lorey), Körpergeschichte (Barbara Duden), Wahrnehmungs- und Symboltheorie (Hilge Landweer), Queer-Theorie (Sabine Hark), Ethnomethodologie und Sozialkonstruktivismus (Gesa Lindemann, Stefan Hirschauer, Carol Hagemann-White) sowie Kommunikationstheorie (Helga Kotthoff). Eine Fortsetzung findet die Diskussion in den Sammelbänden *Geschlechterverhältnisse und Politik* (1994) und *Denkachsen* (1994). Beide Publikationen tragen zu einer deutlichen Versachlichung der Diskussion bei.

↗ Gender, Konstruktion, Körper, Queer

📖[5.1] Butler, *Das Unbehagen der Geschlechter,* 1990 — 📖[5.2] Institut für Sozialforschung/Pühl, *Geschlechterverhältnisse und Politik,* 1994 — 📖[5.2] Wobbe/Lindemann, *Denkachsen,* 1994.

G.P.

Judith Lorber: *Gender-Paradoxien* (1994)

Aus dem Englischen von Hella Beister. Redaktion und Einleitung zur dt. Ausgabe: Ulrike Teubner und Angelika Wetterer. 2. Aufl. Opladen: Leske & Budrich 2003 [*Paradoxes of Gender.* New Haven: Yale UP 1994].

Der Band *Gender-Paradoxien* der amerikanischen Soziologin Judith Lorber zeigt auf der Grundlage eines sozialkonstruktivistischen Ansatzes, wie Gender auf verschiedenen Ebenen gesellschaftlicher Realität in der Praxis hergestellt, mit Bedeutung versehen und institutionalisiert wird. Ihre Analyse fokussiert auf »*gender* als eine[] soziale[] Struktur, deren Ursprung nicht in der Biologie oder der Fortpflanzung, sondern in der Entwicklung der menschlichen Kultur liegt« (41). Lorber bezieht sich in ihrer Untersuchung auf unterschiedliche Strömungen des Feminismus. Die Vielschichtigkeit der Argumentation ergibt sich zudem aus der Durchquerung eines breiten transdisziplinären Feldes, das u.a. Anthropologie, Geschichte, Soziologie und Männerforschung umfasst. Ihren Ansatz bezeichnet sie selbst als »feministischen Dekonstruktivismus«. Anliegen des Buches ist es, »die Gültigkeit, Dauerhaftigkeit und Notwendigkeit von *gender* in Frage zu stellen« (46). Dies sei deshalb geboten, weil unsere Gesellschaft auf Gender-Paradoxien aufbaut. Eine unter vielen solcher Paradoxien ist jene, dass Gender Unterschiede zwischen Männern und Frauen schafft. Der Sinn einer solchen Erzeugung von Unterschieden und deren Erhaltung ist die Diskriminierung einer bestimmten Gruppe von Menschen. Mit Butler vertritt sie zugleich die Auffassung, dass »ein allumfassender, monolithischer Begriff ›Frau‹ die Vielfalt, Komplexität und historisch-geographische Bedingtheit der *gender* negiert« (46).

↗ Aporie, Dekonstruktion, Gender, Konstruktion

📖5.1 Butler, *Das Unbehagen der Geschlechter*, 1990.

A.B.

Isabell Lorey: *Immer Ärger mit dem Subjekt. Theoretische und politische Konsequenzen eines juridischen Machtmodells: Judith Butler* (1997)

Tübingen: Edition Diskord 1996.

Isabell Loreys Studie zu Judith Butlers Subjektivitätsverständnis ist eine der ersten Monographien zu Butlers Werk im deutschsprachigen Raum. Im Zentrum von Loreys kritischer Auseinandersetzung mit Butler steht die Frage nach der diskursiven Konstitution von Subjektivität. Dabei versucht Lorey herauszuarbeiten, inwiefern Butler aufgrund ihres Machtbegriffs einem problematischen Subjektivitätsverständnis verhaftet bleibt und damit implizit hegemoniale Strukturen reproduziert.

↗ Diskurs, Macht, Subjekt

📖5.1 Butler, *Das Unbehagen der Geschlechter*, 1990 — 📖5.1 Butler, *Körper von Gewicht*, 1993a — 📖1.4 Foucault, *Überwachen und Strafen*, 1975 — 📖1.4 Foucault, *Sexualität und Wahrheit I*, 1976.

S.S.

Andrea Maihofer: *Geschlecht als Existenzweise: Macht, Moral, Recht und Geschlechterdifferenz* (1995)

Frankfurt/M.: Helmer 1995.

Das zentrale Anliegen von Andrea Maihofers Habilitationsschrift ist es, Geschlecht als eine spezifische Existenzdimension lesbar und verstehbar zu machen. Es gilt, das Faktum, dass wir als »Frauen« und »Männer« existieren, anzuerkennen, »ohne dabei in einen Biologismus oder Essentialismus zu verfallen oder Körperlichkeit und Geschlechtlichkeit konstruktivistisch aufzulösen« (16). Maihofer diskutiert Arbeiten zur Historisierung des Körpers von Claudia Honegger, Thomas Laqueur und Barbara Duden, sozialkonstruktivistische und kultursoziologische Ansätze, die die Geschlechterdifferenz zu denken und zu konzeptualisieren versuchen, von Stefan Hirschauer, Regine Gildemeister und Angelika

Wetterer sowie Judith Butlers »poststrukturalistische Dekonstruktion des Geschlechts« (17). Maihofer selbst versucht im Anschluss an Butler, Foucault und Gesa Lindemann »ein Verständnis von »›Geschlecht‹ als einer bestimmten Denk-, Gefühls- und Körperpraxis, also als einer historisch bestimmten gesellschaftlich-kulturellen Existenzweise zu formulieren« (18). Das Faktum der spezifischen Existenzweisen von »Männern« und »Frauen« sieht sie in dekonstruktiven Theoriemodellen vernachlässigt, da diese die Macht- und Herrschaftsverhältnisse, die die Konstruktion von Geschlecht bestimmen, nicht mitreflektieren.

↗ Dekonstruktion, Differenz, Gender, Konstruktion, Macht

A.B.

Herta Nagl-Docekal: *Feministische Philosophie. Ergebnisse, Probleme, Perspektiven* (2001)

2. Aufl. Frankfurt/M.: Fischer 2001.

Unter dem Titel »Feministische Philosophie« und mit der Präzisierung aus dem Vorwort – »unter postfeministischen Bedingungen« – werden die unterschiedlichen Fragen, Perspektiven und Möglichkeiten feministischen Philosophierens in Anthropologie, Ästhetik, Wissenschaftstheorie, politischer Theorie und Rechtsphilosophie ausgelotet. Im ersten Kapitel geht es um die »Anthropologie der Geschlechter«, wobei den Debatten um die »natürliche Ordnung« der Geschlechter und die Sex-Gender-Dichotomie nachgegangen wird. Im Kapitel 2 »Die Kunst und das Weibliche« werden Probleme einer feministischen Ästhetik diskutiert oder unter dem Motto »Art is gendered« auch die Frage nach der »Kulturfähigkeit« der Frauen unter feministisch-philosophischen Aspekten in den Blick genommen. Die androzentrischen Implikationen des klassischen philosophischen Vernunftbegriffs diskutiert Nagl-Docekal im Kapitel 3 und konstatiert eine Geschlechtsblindheit in den Wissenschaften. Kapitel 4 ist ein Plädoyer für eine nicht-essentialistische Politik, die darauf abzielt, Diskriminierungen zu beseitigen, ohne auf das geläufige »Frauen-Wir« zu rekurrieren. Eben dieses gilt es »weiter zu fassen, als dies üblicherweise geschieht – auch über die Gesamtheit der von Diskriminierung betroffenen Frauen hinaus« (199). Ein leitender Gesichtspunkt von Nagl-Docekals Argumentation ist es, Defizite gängiger Thesen zum Thema »Geschlecht« sichtbar zu machen. Ihr Buch ist eine kritische Zwischenbilanz, die neue Perspektiven feministischer Theoriebildung in einer postfeministischen Ära eröffnet.

↗ Dichotomie, Essentialismus, Gender

A.B.

Gudrun Perko: *Queer-Theorien. Ethische, politische und logische Dimensionen plural-queeren Denkens* (2005)

Köln: PapyrRossa 2005.

Perko entfaltet den Begriff *queer*, indem sie ihn mit ethischen und politischen Fragestellungen verknüpft. *Queer* fungiert dabei zugleich als politisch-strategischer Oberbegriff für all jene, die gesellschaftlichen Heteronormierungen nicht entsprechen (wollen).

↗ Gender, Norm, Queer, Subversion

A.B.

Julia Prager / Sergej Seitz: »Feministische Philosophie und Gendertheorie. Körper der Rhetorik – Rhetoriken des Körpers« (2017)

in: *Handbuch Rhetorik und Philosophie*. Hg. v. Andreas Hetzel u. Gerald Posselt. Berlin / New York: de Gruyter 2017.

Der Artikel von Prager und Seitz bietet einen Überblick über theoriegeschichtlich bedeutsame feministische und genderorientierte Bezugnahmen auf Rhetorik und Rhetorizität. Die Autor*innen gehen dabei von der Beobachtung aus, dass Rhetorizität in genderorientierte und feministischer Perspektive primär dort ins Zentrum des Interesses rückt, wo es darum geht, den Begriff und die Bedeutung des Körpers und des verkörperten Subjekts neu zu denken.

Dabei werden exemplarisch die Theoriegebäude von Luce Irigaray, Shoshana Felman und Judith Butler genauer beleuchtet. Prager und Seitz zeigen auf, inwiefern Rhetorizität in diesen Ansätzen in jeweils unterschiedlicher Weise mobilisiert wird, um die strikte dichotomische Unterscheidung von Materialität und Sprachlichkeit zurückzuweisen, ohne dabei die Materialität des Körpers auf ein bloßes Spiel sprachlicher Differenzen zu reduzieren. Vielmehr greifen Irigaray, Felman und Butler auf rhetoriktheoretische Überlegungen zurück, um die symbolischen, sozialen und politischen Dispositive zu kritisieren und zu transformieren, durch die vergeschlechtlichte Körper allererst soziale Repräsentation und Intelligibilität erlangen. Dabei kommt Rhetorik sowohl im Sinne eines Systems der Tropen und Figuren sowie als eine soziale Praxis als auch als kritische Lektürestrategie in den Blick.

↗ Figur, Gender, Konstruktion, Körper, Lesen / Lektüre, Repräsentation, Rhetorik, Sprache

📖5.2 Babka, *Unterbrochen*, 2002 — 📖5.1 Butler, *Das Unbehagen der Geschlechter*, 1990 — 📖5.1 Butler, *Körper von Gewicht*, 1993a — 📖2.2 de Man, *Rhetorik der Tropen*, 1974 — 📖2.2 de Man, *Rhetorik der Persuasion*, 1975 — 📖4. Felman, *The Scandal of the Speaking Body*, 1980 — 📖4. Felman, *Weiblichkeit wiederlesen*, 1981 — 📖3. Irigaray, *Speculum*, 1974 — 📖3. Irigaray, *Das Geschlecht, das nicht eins ist*,

1977 — 📖4. Menke, *Verstellt – Der Ort der ›Frau‹*, 1992 — 📖4. Vinken, *Dekonstruktiver Feminismus*, 1992.

S.S.

Julia Prager: *Frames of Critique: Kulturwissenschaftliche Handlungsfähigkeit »nach« Judith Butler* (2013)

Baden-Baden: Nomos 2013.

Prager fragt mit und im Anschluss an Judith Butler nach dem Verhältnis von Handlungsfähigkeit und Verantwortung. Dabei stehen insbesondere Fragen der Beziehung zwischen Körper und Wissen sowie zwischen politischen Strategien und Praktiken sozialer Transformation im Zentrum der Untersuchung. Die Arbeit stellt dabei im Anschluss an Butler in Aussicht, Konsequenzen für ein neues Denken von Verantwortung aufzuzeigen.

↗ Figur, Handlungsfähigkeit, Körper, Lesen / Lektüre, Performativität, Rhetorik, Sprache

S.S.

Andrea Rinnert: *Körper, Weiblichkeit, Autorschaft. Eine Inspektion feministischer Literaturtheorien* (2001)

Königstein/Taunus: Helmer 2001.

Über die Rekonstruktion und Korrelation dreier Theoriestränge entwirft Andrea Rinnert eine mögliche Reformulierung weiblicher Autor*innenschaft – einer dieser Theoriestränge ist die amerikanische feministische Dekonstruktion nach Shoshana Felman, Mary Jacobus und Barbara Johnson. Rinnert arbeitet deren Positionen im Vergleich zu Judith Butler heraus, wobei die Frage der weiblichen und männlichen Subjekt- und Autor*innenpositionen sowie die Hinwendung zur Leser*innenschaft im Zentrum stehen. Rinnert begründet die wenig durchschlagskräftige Rezeption des »feministischen Dekonstruktivismus« im deutschsprachigen Raum mit der affirmativen Haltung der ›dekonstruktiven Feminist*innen‹ gegenüber einem »Postfeminismus Derridascher Prägung«, dem, wie dem französischen Poststrukturalismus insgesamt, »mangelnde Aktualität« (93) zugesprochen wird. Auch die Nähe zur Yale School als ›male School‹ habe Anteil an der ablehnenden Haltung. Ferner werde der Dekonstruktivismus eher mit Judith Butler assoziiert und die Vorbehalte gegen Butler auf den amerikanischen dekonstruktiven Feminismus übertragen. Rinnert hingegen stellt den Unterschied zwischen Butlers Theorien und der »dekonstruktivistischen Geschlechtertheorie« nach Felman, Johnson et al. als entscheidend heraus, da ihrer Ansicht nach Butler »eine geschlechtsneutrale Vorstellung von Geschlecht« entwirft, während die dekonstruktiven Feministinnen »nicht Geschlecht, sondern Weiblichkeit und Männlichkeit in den Mittelpunkt ihrer Überlegungen stellen« (95), um zugleich die asymmetrischen Beziehungen zwischen den beiden Kategorien im Blick zu behalten.

Als positive Inspiration durch die amerikanischen Dekonstruktivist*innen wertet Rinnert die Möglichkeit einer präziseren Bestimmung der Relation von Schreiben und Körper. Kritisch sieht Rinnert dagegen die Präferenz dekonstruktiver Lektüren für den Kanon der Literatur, da damit die Texte von Frauen abermals marginalisiert werden – ein Argument, das angesichts des grundlegenden Anspruchs der Dekonstruktion, den Kanon zu subvertieren, nur bedingt nachvollziehbar ist.

↗ Dekonstruktion, Gender, Körper, Lesen / Lektüre, Subversion

🕮 4. Felman, *The Scandal of the Speaking Body,* 1980 — 🕮 4. Felman, *Weiblichkeit wiederlesen,* 1981 — 🕮 4. Johnson, *Gender Theory and the Yale School,* 1985 — 🕮 4. Vinken, *Dekonstruktiver Feminismus,* 1992.

A.B.

Gayle Rubin: »The Traffic in Women: Notes on the ›Political Economy‹ of Sex« (1975)

in: Reiter, Rayna R. (Hg.): *Toward an Anthropology of Women.* New York 1975, 157–210.

Rubins Text gilt als wichtiger Bezugspunkt für feministische Arbeiten im Hinblick auf die geschichtlichen Ursprünge der Unterdrückung von Frauen und den Konstruktionscharakter von Geschlecht. Ausgangspunkt ihrer Überlegungen ist das Sex-Gender-System, das Frauen an einen untergeordneten Platz innerhalb der sozialen Ordnung verweist. Die Ursachen von sozialer Ungleichheit und Herrschaftsmechanismen sind vor allem im Bereich von Gender zu suchen; die biologische Seite des Systems ist für Rubin nicht maßgeblich. In ihrem Versuch, das Sex-Gender-System zu analysieren, bezieht sie sich kritisch u.a. auf die Arbeiten von Karl Marx, Claude Lévi-Strauss und Sigmund Freud. Dabei versucht sie zu zeigen, dass die Unterscheidung zwischen Sex und Gender systematisch verabsolutiert wird. Rubin argumentiert, dass in jeder Gesellschaft ein System existiert, das mittels spezifischer Mechanismen Sex in Gender transformiert. Sexualität ist innerhalb dieses Systems ein Nebenprodukt von Gender, das selbst von diesem System produziert wird. Im Hinblick auf die Opposition von Homosexualität und Heterosexualität kommt sie zu dem Schluss, dass es keinen Grund für den kulturellen Imperativ zur Heterosexualität gebe. Für Rubin ist Gender nicht nur eine Identifikationsmatrix, sondern geht auch notwendig einher mit der Unterdrückung der homosexuellen Komponente der menschlichen Sexualität. Rubins Utopie ist eine androgyne, genderlose, wenn auch nicht geschlechtslose (*sexless*) Gesellschaft, in der es keine festgeschriebenen Geschlechterrollen mehr gibt.

↗ Gender, Identität, Macht, Queer

📖5.1 Butler, *Das Unbehagen der Geschlechter,* 1990 — 📖5.1 Butler, *Antigones Verlangen*, 2000 — 📖1.2 Lévi-Strauss, *Die elementaren Strukturen der Verwandtschaft,* 1949.

G.P.

Joan W. Scott: »Gender. Eine nützliche Kategorie der historischen Analyse« (1986)

in: Kimmich, Dorothee u.a. (Hg.): *Texte zur Literaturtheorie der Gegenwart.* 2., erw. Aufl. Stuttgart: Reclam 2004, 416–440 [»Gender: A Useful Category of Historical Analysis«, in: *American Historical Review* 91 (5), 1986, 1053–1075].

Die US-amerikanische Historikern Joan W. Scott zeigt in ihrem Aufsatz auf, dass »Gender« – in Verbindung mit den Kategorien »Klasse«, »Race« und »Ethnizität« – eine zentrale Analysekategorie für die Geschichtswissenschaften darstellt. In Abgrenzung von marxistischen und psychoanalytischen Ansätzen plädiert Scott für eine radikale Historisierung der Geschlechterdifferenz. Scotts Definition von Gender umfasst zwei zentrale Aspekte, die miteinander verbunden sind, aber analytisch getrennt werden müssen: »1. *Gender* ist ein konstitutives Element von gesellschaftlichen Beziehungen und gründet auf wahrgenommene Unterschiede zwischen den Geschlechtern; 2. *Gender* ist eine wesentliche Weise, in der Machtbeziehungen Bedeutung verliehen wird« (430). So verstanden beinhaltet Gender vier Aspekte, deren Beziehungen untereinander Gegenstand der historischen Analyse sein müssen: 1. kulturelle Symbole, 2. normative Konzepte, 3. Bezüge zu gesellschaftlichen Institutionen und Organisationen sowie 4. subjektive Identitäten.

↗ Differenz, Gender, Macht, Norm

G.P.

Eve K. Sedgwick: »Epistemologie des Verstecks« (1990)

in: Kraß, Andreas (Hg.): *Queer denken.* Frankfurt/M.: Suhrkamp 2003, 113–143 [»Epistemology of the Closet«, in: Sedgewick, Eve K.: *Epistemology of the Closet.* Berkeley u.a.: Univ. of California Press 1990, 67–90].

Der in Andreas Kraß' Sammelband abgedruckte Text ist die Übersetzung des Kapitels »Epistemology of the Closet« aus Sedgwicks gleichnamigem Buch. Der Titel spielt auf das »Geheimnis« an, auf den Versteckcharakter, der schwule Beziehungen und deren soziale Verortungen prägt. Sedgwick argumentiert, dass »die Epistemologie des Verstecks der schwulen Kultur und Identität in diesem Jahrhundert eine übergreifende Konsistenz verliehen hat« (115). Das Versteck selbst gerät damit zur definierenden Struktur schwuler Unterdrückung. Ohne zu leugnen, dass es auch hinsichtlich der Problematik schwuler Existenz zu Veränderungen gekommen ist und ohne die Epistemologie des Verstecks hypostasieren zu wollen, erkennt Sedgwick in ihr ein Moment unerschöpflicher Produktivität für die moderne westliche Kultur und Geschichte insgesamt (115). Den Ausgangspunkt für Sedgwicks Analysen bilden die diskriminierenden Praktiken und Diskurse, denen Schwule permanent ausgesetzt sind. Diese Diskurse sind geprägt von Oppositionspaaren wie Heimlichkeit/Enthüllung, privat/öffentlich, Versteck/Coming Out etc. Sedgwick reflektiert das Coming-out als eine Figur, die zugleich eine erzwungene wie verbotene Veröffentlichung darstellt (119). Sie korreliert seine Struktur mit anderen Achsen der Identitätsbildung wie Ethnie, Klasse oder Alter. Dabei argumentiert sie, dass Schwule in vielerlei Hinsicht das konstitutive Außen einer »funktionierenden« heterosexuellen Identität bilden (136f.), während Heterosexualität auf gleichgeschlechtliches Begehren angewiesen ist, um die eigene Kultur aufrecht zu erhalten.

↗ Dichotomie, Gender, Identität, Queer

A.B.

Silvia Stoller: Existenz – *Differenz – Konstruktion. Phänomenologie der Geschlechtlichkeit bei Beauvoir, Irigaray und Butler* (2010)

München: Fink 2010.

In ihrer umfangreichen Studie unternimmt Silvia Stoller in enger Bezugnahme auf Merleau-Pontys Phänomenologie eine Neulektüre von Texten von Beauvoir, Irigaray und Butler. Ausgehend von der Frage, was die Phänomenologie für die feministische Philosophie und Gender Studies leisten kann, konturiert sie entlang der Begriffe *Existenz* (Beauvoir), *Differenz* (Irigaray) und *Konstruktion* (Butler) eine Phänomenologie der Geschlechtlichkeit (10). Stollers Ankerpunkt ist der phänomenologische Begriff des Leibes, da erst »durch die Wiedergewinnung des Leibes als Thema der Philosophie« (40) Geschlechtlichkeit zum Gegenstand philosophischen Denkens werden konnte.

Im Kapitel »Körper in der feministischen Philosophie« rekonstruiert Stoller Beauvoirs, Irigarays und Butlers unterschiedliche Konzeptionen des Körpers und der Körperlichkeit mit Blick auf die normativen Konzeptionen von Zweigeschlechtlichkeit und Identität (339). Stoller kommt zu dem Ergebnis, »dass letztlich alle drei Theoretikerinnen [...] die Natürlichkeit der Körper hinterfragen«: »Gemeinsam ist ihnen ein antiessenzialistischer Zug, der die Natürlichkeit des Körpers, einschließlich der Natürlichkeit der leiblichen Erfahrungen, nicht gelten lässt« (82). Den »inflationären Umgang mit Körperphilosophien und Körperbegriffen« in der feministischen Philosophie kontrastiert Stoller mit Merleau-Pontys phänomenologischem Leibbegriff, der »den lebendigen Körper des Menschen im Unterschied zum toten oder physikalischen Körper« bezeichnet. Die Differenzierung zwischen Körper und Leib und die damit einhergehende Konzeption eines »leiblichen Subjekts«, das nicht einen Leib hat, sondern immer schon Leib *ist* (90), bildet den zentralen Einsatzpunkt für Stollers Lektüren.

Im Hauptteil der Studie arbeitet Stoller Beauvoirs und Butlers Merleau-Ponty-Bezüge sowie Irigarays Kritik an Merleau-Ponty heraus. Mit Merleau-Ponty teilt Beauvoir etwa die These, »dass der Leib (wie die Geschlechtlichkeit) ›Ausdruck der Existenz‹« sei (163). Stoller geht zwar nicht so weit, Beauvoirs *Das andere Geschlecht* als genuin phänomenologisch zu betrachten, arbeitet jedoch facettenreich Bezüge zur Phänomenologie heraus. Ausgehend von Irigarays Einwand, dass Merleau-Ponty »die bzw. den geschlechtlichen Anderen nicht radikal denken« könne (257), versucht Stoller zudem zu zeigen, dass Merlau-Pontys Werk durchaus Ressourcen bereitstellt, um den »Anforderungen einer radikalen Differenz und Alterität gerecht« werden zu können (293).

Butlers phänomenologische Einflüsse zeichnet Stoller entlang zentraler Begrifflichkeiten nach, wie etwa der »Phänomenologie der Akte« in Korrelation zur Performativität (376, 402–408) oder der Begriffe des »Fleisches« und des »Chiasmas«, die Butler in ihre Konzeption von Materialität aufnimmt (382). Insgesamt erkennt Stoller einen ambivalenten Bezug Butlers zur Phänomenologie, der zwischen deutlicher Kritik (Androzentrismus, Geschlechternormativität, Essentialismus) und Aneignung (Chiasma) schwankt (388). Butler und Merleau-Ponty versucht Stoller dabei eher als Partner*innen denn als Kontrahent*innen zu sehen. Gemeinsamkeiten arbeitet Stoller u.a. am Beispiel der Begriffe »Wiederholung« und »Wiederaufnahme«, der »Entstehung von Bedeutung« und des »paradoxalen Charakter[s] von Sprache« heraus (433). Damit zielt Stoller nicht nur darauf ab, Phänomenologie, philosophische Geschlechtertheorie, feministische Philosophie und Gender Studies füreinander produktiv zu machen; sie argumentiert darüber hinaus, dass gerade der Rückgriff auf die Phänomenologie überzeugende Antworten auf aktuelle Debatten geben kann (450).

↗ Alterität, Differenz, Gender, Körper, Materialität, Rhetorik

📖 3. Beauvoir, *Das andere Geschlecht*, 1949 — 📖 5.1 Butler, *Das Unbehagen der Geschlechter*, 1990 — 📖 5.1 Butler, *Haß spricht*, 1997a — 📖 3. Irigaray, *Speculum*, 1974 — Irigaray, *Ethik der sexuellen Differenz*, 1991.

A.B.

Trinh T. Minh-ha: *Woman, Native, Other. Postkolonialität und Feminismus schreiben* (1989)

Aus dem Amerikan. von Kathrina Menke. Hg. und mit einer Einl. von Anna Babka. Wien/Berlin: Turia + Kant 2010 [*Women, Native, Other. Writing, Postcoloniality and Feminism*. Bloomington: Indiana UP 1989].

Die Arbeiten der Filmemacherin, Musikerin und Theoretikerin Trinh T. Minh-Ha, die an der University of California in Berkeley lehrt, liefern im anglo-amerikanischen Raum einen bedeutenden Beitrag zur Entwicklung eines transdisziplinären »Postfeminismus« mit Fokus auf die postkoloniale Theorie. Trinhs stilistisch wie inhaltlich anspruchsvoller Text unternimmt eine Engführung und Verschränkung postkolonialer, literaturwissenschaftlicher, philosophischer und anthropologischer Diskurse mit dem Ziel, diese Diskurse und ihre Rhetorik mit der Sprache des Feminismus gleichsam zu »infiltrieren«. Dabei wechselt sie permanent die Perspektive. Trinh greift Themen auf, behandelt sie kurz, lässt sie fallen oder schiebt sie zur Seite, um sie an anderer Stelle wieder aufzunehmen.

Auch die vier Kapitel ihres Buches spiegeln diese Diskontinuität wider. Das erste und dritte Kapitel handelt von den sprachlichen und rhetorischen Festschreibungen der »Frau« an Orte, an denen sie den Regeln der Unterdrückung unterworfen ist oder sogar den Drang danach verspürt, sich nach diesen Regeln zu richten. Im zweiten und im letzten Kapitel verhandelt sie die Instrumentalisierung von Personengruppen oder Kulturen, die das »Andere« verkörpern, durch »Erzählungen«, die letztlich den Unterdrücker*innen dienen. Trinh umkreist, durchdringt und verschiebt die Problematik fragmentierter oder multipler Realitäten, kultureller Hybridisierung, dezentrierter Identitäten. Zentrale Themenkreise bilden das Schreiben »farbiger« Frauen und das »Geschichtenerzählen« als eine der fundamentalsten Formen historischer Bewusstseinsbildung.

Dabei wendet Trinh ein Verfahren an, das man als *Theorie in Bewegung* bezeichnen könnte. Oft erscheinen ihre theoretischen Wendungen zufällig und assoziativ, in jedem Fall pluralistisch. Damit *vollzieht* Trinhs Text, was er fordert, in mehrfacher Hinsicht: Zum einen verbleibt er hinsichtlich seiner argumentativen Strategien im Werden. Die andauernde Adjustierung der Bezugspunkte, beispielhaft zu sehen am weiten semantischen Spektrum, das den Spannungsbogen zwischen dem Ich und dem Anderen ausmacht, erschwert es, Handlungsfähigkeit im geläufigen Sinn festzumachen.

↗ Alterität, Différance, Hybridität, Identität, Macht, Subjekt

📖5.2 Babka, *Unterbrochen*, 2002 — Trinh, *When the Moon Waxes Red*, 1991 — Trinh, *Trinh T. Minh-ha: Texte, Filme und Gespräche*, 1995.

A.B.

Veronica Vasterling: »Butler's Sophisticated Constructivism: A Critical Assessment« (1999)

in: *Hypatia* 14 (3), 17–38 [gekürzte dt. Übers.: »Judith Butlers radikaler Konstruktivismus – Einige kritische Überlegungen«, in: Waniek, Eva / Stoller, Silvia (Hg.): *Verhandlungen des Geschlechts. Zur Konstruktivismusdebatte in der Gender-Theorie.* Wien: Turia + Kant 2001, 136–146].

Die niederländische Philosophin Veronica Vasterling behandelt in ihrem Artikel die Frage des Konstruktivismus bei Butler, wobei sie sich vor allem auf Butlers Buch *Körper von Gewicht* bezieht. Die Wendung »radikaler Konstruktivismus« wird dabei nicht im Anschluss an das erkenntnistheoretische Programm von Humberto Maturana, Ernst von Glasersfeld, Heinz von Förster und S.J. Schmidt gebraucht, sondern als die dem Poststrukturalismus zugeschriebene Position, dass die gesamte Wirklichkeit – selbst das vermeintlich Natürlichste und Materiellste wie der Körper und das biologische Geschlecht – sprachlich und diskursiv konstruiert seien. In diesem Sinne finden sich poststrukturalistische und dekonstruktive Positionen immer wieder mit dem Vorwurf eines sprachlichen *Monismus* oder *Linguistizismus* (»Es gibt nichts außer Sprache«) sowie eines sprachlichen *Determinismus* (»Das Subjekt ist in seinem Denken und Handeln vollständig durch Sprache bestimmt«) konfrontiert.

Während nach Vasterling die These, dass der Körper immer schon sprachlich konstruiert sei, *ontologisch* verstanden einen problematischen sprachlichen Monismus impliziert (gleichbedeutend mit der Behauptung, dass der Körper nichts anderes *ist* als die Summe seiner sprachlichen Konstruktionen), ist sie *epistemologisch* verstanden durchaus haltbar (gleichbedeutend mit der Position, dass der Körper nur als ein sprachlich konstituierter Körper intelligibel ist) (18f.). Ebenso zeigt Vasterling auf, dass die poststrukturalistische Konzeption eines Subjekts, das durch Bedeutungsketten und Machtverhältnisse konstituiert ist, die es nicht vollständig zu kontrollieren vermag, nicht automatisch einen sprachlichen Determinismus impliziert, der jede Handlungsfähigkeit ausschließen würde, sondern mit der Konzeption eines intentionalen, reflexiven Subjekts, das zu überlegten und zweckgerichteten Handlungen in der Lage ist, durchaus kompatibel ist.

Vasterling, die weitgehend mit der Position Butlers sympathisiert und diese zu stärken versucht, befragt in der Folge Butlers Thesen zur Konstruiertheit des Geschlechts und zur Materialität der Körper auf ihre impliziten epistemologischen, ontologischen und handlungstheoretischen Voraussetzungen und Konsequenzen. Gleichzeitig unterwirft sie die zentralen Begriffe in Butlers Theoriekonzeption – *Sex, Gender, Körper, Materialität, Referentialität, Sprache, Macht, Handlungsfähigkeit, Subjekt* – einer genauen Analyse und versucht, einzelne Schwachstellen in Butlers Argumentationen aufzuzeigen.

Vasterlings Aufsatz liefert einen wichtigen Beitrag zur Frage der Konstruktion von Geschlecht, der Butlers Thesen und Begriffe unter Rückgriff auf Phänomenologie, Hermeneutik, Kant und Arendt zu präzisieren versucht. Dabei will sie auch eine Brücke schlagen zwischen Butlers poststrukturalistischem Feminismus einerseits und Benhabibs und Frasers Überlegungen andererseits.

↗ HANDLUNGSFÄHIGKEIT, KONSTRUKTION, KÖRPER, MACHT, REFERENZ, SPRACHE, SUBJEKT

📖5.2 Benhabib u.a., *Der Streit um die Differenz,* 1993 — 📖5.1 Butler, *Das Unbehagen der Geschlechter,* 1990 — 📖5.1 Butler, *Kontingente Grundlagen,* 1992 — 📖5.1 Butler, *Körper von Gewicht,* 1993a — 📖5.1 Butler, *Für ein sorgfältiges Lesen,* 1993b — Vasterling, *Dekonstruktion der Identität – Zur Theorie der Geschlechterdifferenz bei Derrida,* 1997.

G.P.

Paula-Irene Villa: *Sexy Bodies. Eine soziologische Reise durch den Geschlechtskörper* (2000)

4. Aufl. Wiesbaden: VS 2011.

In diesem einführenden Band werden aktuelle soziologische (handlungstheoretische, phänomenologische und diskurstheoretische) sowie feministische Perspektiven auf den Körper rekonstruiert. Vor allem im dritten Kapitel nimmt Villa die Macht der Geschlechternormen und Judith Butlers Theoretisierung des Geschlechtskörpers als diskursive Naturalisierung in den Blick und überträgt sie auf soziologische Fragestellungen, wobei sie auch den hegemonialen Diskurs der Heteronormativität kritisch hinterfragt.

↗ GENDER, KÖRPER, NORM

A.B.

Eva Waniek / Silvia Stoller (Hg.): *Verhandlungen des Geschlechts. Zur Konstruktivismusdebatte in der Gender-Theorie* (2001)

Wien: Turia + Kant 2001.

Der Streit um die angemessene Auslegung der Kategorie »Geschlecht« bildet in diesem transdisziplinär angelegten Sammelband den zentralen Bezugspunkt. Einen weiteren Fokus bildet die Frage nach der De/Konstruktion von Geschlecht bzw. die Suche nach einem Weg, der die Auseinandersetzung zwischen Essentialismus und Konstruktivismus hinter sich lässt und neue Perspektiven innerhalb der Bereiche der Politikwissenschaft, der Kunsttheorie, der Psychoanalyse, der Philosophie und der Kulturwissenschaften eröffnet. Beitragende sind Christina Lutter, Joan Scott, Jane Flax, Bettina Schmitz,

Ingvild Birkhan, Gertrude Postl, Veronica Vasterling, Eva Waniek, Käthe Trettin, Renate Dürr, Regula Giuliani, Linda Fisher, Silvia Stoller, Cathren Müller und Doris Guth.

↗ Dekonstruktion, Essentialismus, Gender, Konstruktion

A.B.

Theresa Wobbe / Gesa Lindemann (Hg.): *Denkachsen. Zur theoretischen und institutionellen Rede von Geschlecht* (1994)

Frankfurt/M.: Suhrkamp 1994.

Den Band durchziehen »Denkachsen der Rede über das Geschlecht«, die über zwei Themenkomplexe strukturiert sind. Zum einen werden Wege, Optionen und Etablierungsmöglichkeiten der Frauen in der Wissenschaft ausgelotet. Zum anderen werden die wissenschaftstheoretischen Voraussetzungen zu eben diesem Fragehorizont als problematisch ausgewiesen, insofern das ehemals als gegeben angenommenen Subjekt/Objekt »Frau« in der Wissenschaft im Zuge »der Erosion totalisierender Theorien in Mitleidenschaft gezogen wurde« (8). Die Frage der sozialen Konstruktion von Geschlecht steht daher im Mittelpunkt der theoretischen Überlegungen. Beitragende des ersten Teils »Historischen Koordinaten« sind Theresa Wobbe, Claudia Honegger und Claudia Huerkamp. Der umfangreichere zweite Teil »Konstruktionen« umfasst Beiträge von Gesa Lindemann, Hilge Landweer, Theresa Wobbe, Käthe Trettin, Andrea Maihofer, Ursula Pasero und Annette Runte.

↗ Gender, Konstruktion, Kritik

A.B.

6. Einführungen, Handbücher, Sammelbände

Ruth Becker / Beate Kortendiek (Hg.): *Handbuch Frauen- und Geschlechterforschung. Theorie, Methoden, Empirie* (2008)

2., erw. u. aktualisierte Aufl. Wiesbaden: VS 2008.

Das Handbuch bietet mit seinen Beiträgen zu 90 Stichworten einen umfassenden Überblick über die Entwicklung und den aktuellen Stand der deutschsprachigen und internationalen Frauen- und Geschlechterforschung aus transdisziplinärer Perspektive (etwa Soziologie, Pädagogik, Politik-, Kultur-, Ingenieur- und Wirtschaftswissenschaften, Medizin, Psychologie, Theologie oder Jura). Das Spektrum der Beiträge reicht von den theoretischen Konzepten über Methoden der Frauen- und Geschlechterforschung bis zu zentralen Forschungs- und Arbeitsfeldern. Besonders Paula-Irene Villas Beiträge »(De)Konstruktion und Diskurs-Genealogie« und »Poststrukturalismus« sowie die Beiträge von Sabine Hark, Angelika Wetterer und Regine Gildemeister enthalten Überlegungen zum Themenfeld Gender und Dekonstruktion.

Regina Becker-Schmidt / Gudrun-Axeli Knapp: *Feministische Theorien zur Einführung* (2000)

5., erg. Aufl. Hamburg: Junius 2011.

Eine verständlich geschriebene, sozialwissenschaftlich orientierte Einführung, die einerseits historisch die Entwicklung von der Frauenforschung über die Geschlechterforschung bis zur Geschlechterverhältnisforschung und Dekonstruktion nachzeichnet und anderseits systematisch Fragen nach der Konstitution von Subjektivität abhandelt.

Geoffrey Bennington / Jacques Derrida: *Jacques Derrida. Ein Porträt.* (1994)

Übers. aus dem Franz. von Stefan Lorenzer. Frankfurt / M.: Suhrkamp [*Jacques Derrida.* Par Geoffrey Bennington et Jacques Derrida. Paris: Seuil 1991].

Das Gemeinschaftswerk von Bennington und Derrida gliedert sich in Benningtons begrifflich-thematische Darstellung des Denkens Derridas in »Derridabase«, Derridas parallel dazu verlaufenden Text »Zirkumfession« sowie eine ausführliche Materialsammlung zu Derridas Bio- und Bibliographie. Mit Benningtons *Derridabase* liegt eine Einführung in das Werk Derridas vor, die zugleich durch Derridas »Kommentar« konterkariert wird. Bennington geht dem Denken Derridas nicht anhand einzelner Texte oder

Hauptwerke nach, sondern versucht es – orientiert am Modell eines Glossars bzw. einer Datenbank – anhand zentraler Begriffe zu systematisieren. Es ist dies ein Projekt, das, wie die Autoren im Vorwort schreiben, »[a]ngesichts eines Werkes wie dem J.D.s, dem es darum geht zu zeigen, inwiefern ein derartiges System wesentlich offen bleiben muß«, notwendig zum Scheitern verurteilt ist. Bennington verzichtet bewusst auf jedes direkte Zitat; stattdessen verweist er immer wieder ausführlich auf jene Stellen, wo die entsprechenden Konzepte oder Denkfiguren in Derridas Werk zu finden sind. Insbesondere in den Einträgen »Zeichen«, »Schrift«, »*différance*«, »Geschlechtsdifferenz«, »Chora«, »Weiblichkeit« und »Politik« wird die Nähe und der Einfluss Derridas auf das Denken der Geschlechterdifferenz und der Dekonstruktion von Geschlechtsidentitäten unterstrichen.

Franziska Bergmann / Franziska Schößler / Bettina Schreck (Hg.): *Gender Studies* (2012)

Bielefeld: transcript 2012.

Der Band bietet eine systematische Einführung in die wichtigsten Theorien und Ansätze der Gender Studies anhand von ausgewählten Primärtexten. Themenfelder sind u.a. weibliches Schreiben und kulturelle Weiblichkeitsrepräsentationen (Virginia Woolf), Geschlecht als soziale Konstruktion (Simone de Beauvoir) und Performativität der Geschlechtsidentität (Judith Butler).

Vladimir Biti: *Literatur- und Kulturtheorie. Ein Handbuch gegenwärtiger Begriffe* (1997)

Deutschsprachige Redaktion Ljiljana Šarić und Wiebke Wittschen unter Leitung von Rainer Grübel. Reinbek: Rowohlt 2001 [Zagreb 1997].

Ein einzigartiges Nachschlagewerk, das, Landes- und Sprachgrenzen hinter sich lassend, das gegenwärtige sowie das das 20. Jahrhundert prägende kulturtheoretische Vokabular und Begriffsinstrumentarium auf fast tausend Seiten entfaltet.

Andreas Blödorn: »Judith Butler« (2010)

in: Matías Martínez / Michael Scheffel (Hg.): *Klassiker der modernen Literaturtheorie von Sigmund Freud bis Judith Butler*. München: Beck 2010, 385–406.

Blödorns Artikel zur Judith Butler aus der Perspektive der Literaturtheorie arbeitet die literaturtheoretischen Voraussetzungen und Implikationen von

Butlers Werk heraus. Auch wenn Butler nicht explizit literaturtheoretisch argumentiert, so liefert sie doch in ihren Arbeiten immer wieder diskursanalytische und dekonstruktive Lektüren von Texten – von literarischen Werken über Filme bis hin zu juridischen Texten –, in denen sie die kulturellen Konstruktionen von Männlichkeit und Weiblichkeit sowie den Zusammenhang zwischen Sexualität und Machtverhältnissen innerhalb binär kodierter Normierungsdiskurse offenlegt sowie mögliche subversive Strategien, angelegt als *queer readings*, erprobt.

Johanna Bossinade: *Poststrukturalistische Literaturtheorie* (2000)

Stuttgart / Weimar: Metzler 2000.

Anspruchsvolle, auf psychoanalytische und dekonstruktive Ansätze fokussierte Einführung. Sie beginnt mit einer geschichtlichen Darstellung des Poststrukturalismus und arbeitet sich an traditionellen Begriffen wie Zeichen, Text, Intertextualität, Metapher, Symbol, Subjekt und Autor*innenschaft ab.

Christina von Braun / Inge Stephan (Hg.): *Gender-Studien. Eine Einführung* (2006)

2. Aufl. Stuttgart / Weimar: Metzler 2006.

Der Band liefert anhand von 17 Beiträgen unterschiedlicher Autor*innen eine umfassende systematische Einführung in Geschichte, Theorien und Methoden der Gender-Studien. Gemäß dem interdisziplinären Ansatz werden zahlreiche Fachrichtungen im Hinblick auf ihren Umgang mit der Kategorie »Gender« porträtiert: Männerforschung, Geschichtswissenschaften, Sozialwissenschaften, Wirtschaftswissenschaft, Rechtswissenschaft, Psychoanalyse, Sexualwissenschaft, Naturwissenschaften, Informatik, Agrarwissenschaft, Philosophie, Theologie, Kunstgeschichte, Linguistik, Literaturwissenschaft, Medienwissenschaft, Musikwissenschaft und Erziehungswissenschaft.

Christina von Braun / Inge Stephan (Hg.): *Gender@Wissen. Ein Handbuch der Gender-Theorien* (2005)

3., überarb. u. erw. Aufl. Köln / Weimar / Wien: Böhlau 2013.

Das Handbuch bietet eine umfassende Einführung in die unterschiedlichen Gendertheorien anhand zentraler Begriffe und Themenfelder wie Identität, Körper, Reproduktion, Sexualität, Macht und Gewalt. Die Beiträge behandeln die Entwicklungsgeschichte dieser Themenfelder, deren Einordnung in die Wissenschaftsgeschichte, die Anbindung an zeitgenössische politische und wissenschaftliche Debatten sowie die Querverbindungen zu den Queer-, Cultural-, Media- und Postcolonial Studies. Im Zusammenhang mit Gender und Dekonstruktion sind etwa die Beiträge zu Sprache/Semiotik, Postmoderne, Performanz/Repräsentation, Queer Studies oder Postcolonial Studies von besonderer Relevanz.

Peter Brooker: *Cultural Theory. A Concise Glossary* (1999)

London u.a.: Arnold 1999.

Dieses Glossar, das an eine studentische Leser*innenschaft gerichtet ist, erläutert zentrale Begriffe und Kernthemen der Kulturwissenschaften auf erzählerische Weise und beleuchtet deren Entwicklung und Bedeutung innerhalb eines breit angelegten interdisziplinären Feldes.

Hannelore Bublitz: *Judith Butler zur Einführung* (2002)

4., erg. Aufl. Hamburg: Junius 2013.

Die dritte, überarbeitete Auflage der zuerst 2002 erschienenen Einführung der Soziologin Hannelore Bublitz zum Werk von Judith Butler bietet neben einem Überblick über Butlers gendertheoretische Arbeiten auch eine Darstellung von Butlers jüngeren Texten zur politischen Theorie. Bublitz' Zugang erweist sich als gewinnbringende, wenn auch voraussetzungsreiche Überschau, die einen breiten Einblick in die unterschiedlichen Schwerpunkte des Butler'schen Œuvres gewährt.

Hadumod Bußmann/Renate Hof (Hg.): *Genus: Geschlechterforschung/ Gender Studies in den Kultur- und Sozialwissenschaften. Ein Handbuch* (2005)

Stuttgart: Kröner 2005.

Überarbeitete Neuauflage des Bands von 1995, bestehend aus 15 Artikeln, denen eine Einleitung von Renate Hof vorangestellt ist, die einen informativen wie konzisen Überblick über Entstehung und Entwicklungen sowie über die wichtigsten aktuellen Streitpunkte der Geschlechterforschung und deren künftige Perspektiven liefert.

Jonathan Culler: *Dekonstruktion. Derrida und die poststrukturalistische Literaturtheorie* (1982)

Aus dem Amerikanischen von Manfred Momberger. Reinbek: Rowohlt 1988 [*On Deconstruction: Theory and Criticism after Structuralism*. Ithaca, N.Y.: Cornell UP 1982].

Cullers Buch bietet eine gut geschriebene und leicht zugängliche Einführung in das Denken Jacques Derridas. Aufgrund seines verständlichen und eingängigen Stils ist es für alle geeignet, die das erste Mal mit Derrida und der Dekonstruktion Bekanntschaft machen, auch wenn aufgrund der zum Teil vereinfachten Darstellung die gesamte Komplexität von Derridas Ansatz nicht immer ganz zur Geltung kommt. Darüber hinaus enthält es ein Kapitel mit dem Titel »Als Frau lesen«, das eine Einführung in die dekonstruktive Literaturtheorie und den dekonstruktiven Feminismus gibt.

Nina Degele: *Gender/Queer Studies* (2008)

Paderborn: Fink/UTB 2008.

Das Buch führt aus soziologischer Perspektive in Geschichte, Grundbegriffe und Arbeitsfelder der Gender und Queer Studies ein. Die Themenbereiche sind breit gestreut, sie umfassen gesellschaftspolitisch bedeutende Bereiche wie Pornographie oder Sexarbeit, Arbeit und Ökonomie. Der theoretische Aufriss bietet darüber hinaus einen Überblick über die Entwicklung der Gender und Queer Studies als »Verunsicherungswissenschaften« von der Entdeckung der Sex-Gender-Unterscheidung für den Feminismus bis hin zu ihrer Dekonstruktion.

Lars Distelhorst: *Judith Butler* (2009)

Paderborn: Fink/UTB 2009.

Lars Distelhorst legt eine knappe Einführung in das Werk von Judith Butler vor, die neben einem kursorischen Durchgang durch die wesentlichen Themenfelder von Butlers Denken – wobei auch ihre neueren Schriften berücksichtigt werden – ein Interview mit Butler enthält.

Dylan Evans: *Wörterbuch zur Lacanschen Psychoanalyse* (1996)

Übers. von Gabriella Burkhart. Wien: Turia + Kant 2002 [*Introductory Dictionary of Lacanian Psychoanalysis*. London/New York: Routledge 1996].

Sehr gutes, leicht verständliches Nachschlagewerk zur Begrifflichkeit Lacans, das darüber hinaus auch als Einführung brauchbar ist.

Sarah Gamble (Hg.): *The Routledge Critical Dictionary of Feminism and Postfeminism* (2000)

New York: Routledge 2000.

Sehr umfangreiches und umfassendes, zum Teil in Essayform geschriebenes, zum Teil als Glossar angelegtes Nachschlagewerk zu Feminismus, Gender Studies und verschiedenen Facetten des (poststrukturalistisch geprägten) Postfeminismus.

Jeremy Hawthorn: *Grundbegriffe moderner Literaturtheorie. Ein Handbuch* (1992)

Übers. von Waltraud Kolb. Tübingen/Basel: Francke 1994 [*A Glossary of Contemporary Literary Theory*, London u. a.: Arnold 1992].

Umfangreiches und in großen Teilen leicht verständliches Handbuch zu den Schlüsselbegriffen neuerer literaturtheoretischer Texte und Strömungen ab den 1970er Jahren.

Elisabeth Holzleithner: *Recht, Macht, Geschlecht. Legal Gender Studies. Eine Einführung* (2002)

Wien: WUV 2002.

Legal Gender Studies widmen sich der Problematik der Geschlechterverhältnisse bzw. der Ungleichbehandlung von Frauen und Männern im Recht. Elisabeth Holzleithner liefert einen Überblick über jene Themen, die aus der Perspektive der Geschlechterdifferenz besonders virulent und problematisch erscheinen, und fokussiert dabei vor allem auf Konzeptionen von Gleichheit und Ungleichheit sowie auf Fragen der Autonomie – sowohl im Bereich des öffentlichen Lebens als auch im Privaten.

Annamarie Jagose: *Queer Theory. Eine Einführung* (1996)

Hg. und übersetzt von Corinna Genschel, Caren Lay, Nancy Wagenknecht, Volker Woltersdorff. Berlin: Querverlag 2001 [*Queer Theory*. Carlton South: Melbourne UP 1996].

Dieses Buch der australischen Literaturwissenschaftlerin Annamarie Jagose bietet eine leicht verständliche Einführung in die Queer Theory. Jagoses Überblick über die Entstehung und Verortung des Begriffs Queer, über die jeweiligen Diskussionsstränge und Positionen innerhalb und um die Queer Theory, wird in der deutschen Übersetzung um die Einbettung der Queer Theory in die deutschsprachige Diskussion ergänzt. Dadurch werden die Unterschiede im Vergleich zu der in den USA entstandenen Auseinandersetzung transparent.

Heinz Kimmerle: *Jacques Derrida zur Einführung* (2004)

6. Aufl. Hamburg: Junius 2004.

Eine Einführung in das Werk Derridas, die auch einen Abschnitt zur »Differenz der Geschlechter« enthält.

Renate Kroll (Hg.): *Metzler Lexikon Gender Studies/Geschlechterforschung. Ansätze – Personen – Grundbegriffe* (2002)

Stuttgart: Metzler 2002.

Ähnlich aufgebaut wie das *Metzler Lexikon Literatur- und Kulturtheorie* von Ansgar Nünning, allerdings nicht so umfassend und in die Tiefe gehend; dafür mit einem klaren Fokus auf der feministischen Theorie und den Gender Studies.

Lena Lindhoff: *Einführung in die feministische Literaturtheorie* (1995)

Stuttgart/Weimar: Metzler 1995.

Gute Einführung nicht nur in die feministische Literaturtheorie, sondern in die feministische Theorie überhaupt, wobei alle zentralen Strömungen und Tendenzen sowohl psychoanalytischer als auch poststrukturalistischer und dekonstruktiver Provenienz ausführlich behandelt und verständlich dargestellt werden. Das anspruchsvoll geschriebene Buch bietet damit einen kritischen Überblick über die Entwicklung divergierender Richtungen der feministischen Literaturtheorie sowie deren Vertreter*innen. Lindhoff skizziert besonders die Grundlagen der angloamerikanischen und französischen Theoriemodelle und deren Auswirkungen auf die Konzepte von »Weiblichkeit« und »weiblichem Schreiben«.

Hanna Meißner: *Butler* (2012)

Stuttgart: Reclam 2012.

Meißner begreift Butlers Dekonstruktion der Sex-Gender-Unterscheidung als den Ausgangspunkt einer Denkbewegung, die vor allem um Fragen von Subjektivität und Handlungsfähigkeit, Ethik und Politik zentriert ist. In dieser Stoßrichtung präsentiert Meißners Einführung – die auch Ausführungen zur Butler-Rezeption enthält – vor allem die sprachtheoretischen und philosophischen Grundlagen der Butler'schen Überlegungen sowie deren ethisch-politische Implikationen und Fortführungen.

Martin McQuillan: *Paul de Man* (2001)

London/New York: Routledge 2001.

Ein sehr hilfreiches und didaktisch gut aufgebautes Buch, das die Orientierung innerhalb von de Mans Œuvre erleichtert und wesentliche Kernbereiche seines Denkens wie »misreading«, »disfiguration« sowie »defacement« anhand seiner Hauptwerke skizziert und erläutert.

Stefan Münker/Alexander Roesler: *Poststrukturalismus* (2000)

Stuttgart/Weimar: Metzler 2000.

Münker und Rösler rekonstruieren die Grundidee, Methode und Rezeption des Poststrukturalismus anhand von drei thematischen Blöcken: der systematischen Rekonstruktion des Poststrukturalismus, den Modellen poststrukturalistischer Philosophie sowie seiner Rezeptions- und Wirkungsgeschichte.

Sigrid Nieberle: *Gender Studies und Literatur. Eine Einführung* (2013)

Darmstadt: WBG 2013.

Nieberle führt in Terminologie, Geschichte und Anwendungsmöglichkeiten der literaturwissenschaftlichen Geschlechterforschung ein. Sie skizziert die Möglichkeiten genderorientierter Arbeitsweisen in der Auseinandersetzung mit literarischen Texten und erläutert die methodischen Voraussetzungen und Konsequenzen der Geschlechterforschung. Ihr Fokus liegt auf der neueren deutschen Literaturgeschichte seit der Aufklärung. Zugleich verhandelt sie die Entwicklungen der Geschlechterforschung unter den Stichworten Hybridität und Diversität sowie Postcolonial und Queer Studies.

Ansgar Nünning (Hg.): *Metzler Lexikon Literatur- und Kulturtheorie. Ansätze – Personen – Grundbegriffe* (2001)

5. Aufl. Stuttgart/Weimar: Metzler 2013.

Sicherlich das umfassendste und fundierteste Nachschlagewerk zu allen Personen und Begriffen aus dem Umfeld von Literatur- und Kulturtheorie.

Enthält darüber hinaus sehr viele Einträge aus dem Umfeld der poststrukturalistischen Theoriebildung und der Gender Studies.

Jutta Osinski: *Einführung in die feministische Literaturwissenschaft* (1998)

Berlin: Schmidt 1998.

Der Band bietet eine gut lesbare Einführung in die feministische Literaturwissenschaft aus zwei Perspektiven: Im ersten Teil unternimmt Osinski – ausgehend von den gesellschaftspolitischen Grundlagen des Feminismus – einen theoriegeschichtlichen Abriss von den 1970er Jahren bis zum Ende des 20. Jahrhunderts. Im zweiten Teil werden die Charakteristika verschiedener Strömungen feministischer Literaturtheorie herausgearbeitet, wie etwa die *écriture feminine* (Cixous, Irigaray, Kristeva), gendertheoretische Ansätze (Butler), interkulturelle, kulturanthropologische Zugangsweisen (Lennox, Weigel) sowie sozialhistorische und ideologiekritische Positionen (Becker-Cantarino). Zudem widmet sie sich der Rezeption und Weiterentwicklung der verschiedenen Strömungen im deutschsprachigen Raum, wie auch dem dekonstruktiven Feminismus, wobei sie vor allem den Sammelband von Barbara Vinken *Dekonstruktiver Feminismus* (1992) rezipiert.

Gerald Posselt / Matthias Flatscher: *Sprachphilosophie: Eine Einführung* (2016)

2., aktual. Aufl. Wien: facultas / UTB 2018.

Der Band bietet eine umfassende Darstellung der analytischen, hermeneutisch-phänomenologischen und (post-)strukturalistischen Sprachphilosophie vor und nach dem »linguistic turn« des 20. Jahrhunderts. Die Kapitel zu den sprachphilosophischen Überlegungen von Friedrich Nietzsche, John L. Austin, Ferdinand de Saussure sowie Jacques Derrida und Judith Butler liefern eine Einführung in die philosophischen und sprachtheoretischen Grundlagen der Gender- und Queer-Theorie.

Gerald Posselt / Tatjana Schönwälder-Kuntze / Sergej Seitz (Hg.): *Judith Butlers Philosophie des Politischen: Kritische Lektüren.* Mit zwei Beiträgen von Judith Butler (2018)

Bielefeld: transcript 2018.

Der Sammelband versammelt – neben Butlers Beitrag »Politische Philosophie bei Freud. Krieg, Zerstörung und die Fähigkeit zur Kritik« und einem 2014 an der Universität Wien geführten Roundtable-Gespräch mit Butler – elf Artikel ausgewiesener Expert*innen zu Butlers politischem Denken. Schwerpunkte sind das Verhältnis von Philosophie, Theorie und politischer Praxis, die Konstitution politischer Subjektivität, die Möglichkeiten politischer Handlungsfähigkeit sowie das emanzipatorische Potenzial performativer Körperpraktiken.

Eva von Redecker: *Zur Aktualität von Judith Butler. Einleitung in ihr Werk* (2011)

Wiesbaden: VS 2011.

Eva von Redeckers Butler-Lektüre zeichnet sich dadurch aus, dass sie neben ihren dezidiert gendertheoretischen Überlegungen vor allem Butlers Reflexionen auf Phänomene und Strukturen der Gewalt sowie ihre ethischen Ausführungen zur Frage der Gewaltlosigkeit ins Zentrum der Auseinandersetzung stellt.

Rolf G. Renner / Engelbert Habekost: *Lexikon literaturtheoretischer Werke* (1995)

Stuttgart: Kröner 1995.

Das Lexikon kommentiert über 400 literaturtheoretische Werke von der Antike bis zur Gegenwart. Es wird durch ein Autor*innen- und Sachregister sowie durch die Überblicksdarstellung aller Werke nach Sachgebieten ergänzt, die u.a. auch die Bereiche Dekonstruktion und Feminismus / Gender Studies / Weibliches Schreiben umfasst.

Sara Salih: *Judith Butler* (2002)

London / New York: Routledge 2002.

Sara Salihs Monographie bietet eine umfassende Einführung in das Werk Judith Butlers. Der klare didaktische Aufbau orientiert sich an einer Seminarsituation und wendet sich an all diejenigen, die einen ersten Einstieg in das Denken Butlers suchen, aber auch an jene, die an einer umfassenden Darstellung und Kontextualisierung von Butlers Arbeiten interessiert sind. Salih behandelt unter den Stichworten »Subjekt«, »Gender«, »Sex«, »Sprache« und »Psyche« ausführlich alle bis 1997 erschienenen Hauptwerke Butlers – *Das Unbehagen der Geschlechter* (1990), *Körper von Gewicht* (1993), *Haß spricht* (1997) und *Psyche der Macht* (1997) – einschließlich ihrer 1984 eingereichten und 1987 veröffentlichten philosophischen Dissertation zur Hegel-Rezeption in Frankreich, *Subjects of Desire* (1987). Salih geht nicht nur ausführlich auf die philosophischen Wurzeln Butlers ein, sondern versucht auch, die Entwicklung und Reformulierung des Butler'schen Begriffsvokabulars in einer größeren Perspektive zu skizzieren. Butlers Denken wird so als eine Bewegung und ein Prozess lesbar, der sich immer wieder selbst in Frage stellt und nicht mit fixierten Definitionen aufwartet, sondern dessen dezidiert politischer Anspruch gerade auch in den textuellen Strategien der Resignifikation und Rekontextualisierung zum Tragen kommt.

Franziska Schößler: *Einführung in die Gender Studies* (2008)

Berlin: Akademie 2008.

Franziska Schößler erschließt das dynamische Forschungsfeld der Gender Studies aus literatur- und kulturwissenschaftlicher Perspektive. Sie zeichnet Geschichte und Entwicklungstendenzen der Geschlechtergeschichte, feministischer Studien und Gender Studies nach, stellt Pionierinnen des Feminismus und frühe Debatten vor und skizziert die theoretischen Grundlagen von der Psychoanalyse bis zur Diskursanalyse, Dekonstruktion und Queer Theory. Neben der Beleuchtung konkreter literatur- und kulturwissenschaftlicher Anwendungsfelder zieht sie Verbindungen zu Film Studies, Queer Studies, Men's Studies und Postcolonial Studies.

Paula-Irene Villa: *Judith Butler* (2003)

2., aktual. Aufl. Frankfurt/New York: Campus 2012.

Villa durchleuchtet und entfaltet Butlers komplexes Werk in übersichtlicher und verständlicher Form. Sie zeichnet Kernthemen ihres Denkens, wie die »Materialität der Körper«, die »Textualität und Diskursivität von Identität« oder die »Intelligibilität der Geschlechter« nach. Villa kontextualisiert zudem Butlers Werk innerhalb zeitgenössischer feministischer und genderorientierter Diskussionen und erläutert dessen Rezeptions- und Wirkungsgeschichte.

Riki Wilchins: *Gender Theory. Eine Einführung* (2004)

Übers. von Julia Roth. Berlin: Querverlag 2006 [*Queer Theory. Gender Theory. An Instant Primer.* Los Angeles: Alyson Publications 2004].

In erzählerischem Tonfall und anhand vieler konkreter Beispiele versucht die Aktivistin Wilchins, komplexe postmoderne Theorien mit politischen Anliegen, subjektiver Erfahrung und alltäglichem Verhalten zu verbinden. Sie fokussiert dabei vor allem auf Derrida, Foucault und Butler.

Peter Zeillinger: *Jacques Derrida. Bibliographie der französischen, deutschen und englischen Werke* (2005)

Wien: Turia + Kant 2005.

Umfassende Bibliographie der Werke Derridas unter Berücksichtigung aller französischen, englischen und deutschen Ausgaben und Übersetzungen. Die Bibliographie ist in chronologischer Reihenfolge der Veröffentlichungen aufgebaut und umfasst neben Monographien auch alle publizierten Artikel, Vorträge, Seminare, Gespräche und Interviews mit Derrida sowie Vorworte und Nachrufe.

Peter V. Zima: *Die Dekonstruktion. Einführung und Kritik* (1994)

Tübingen: Francke 1994.

Zima stellt klar und übersichtlich, jedoch auch zum Teil recht anspruchsvoll, die zentralen Positionen der Dekonstruktion dar. Er widmet sich ausführlich Jacques Derrida und den Vertretern der literaturwissenschaftlich orientierten Yale School, Paul de Man, J. Hillis Miller, Geoffrey H. Hartmann und Harold Bloom. Die feministische Dekonstruktion findet dagegen keine Berücksichtigung.

LITERATURVERZEICHNIS

[1.3] **Althusser, Louis** (1970): »Ideologie und ideologische Staatsapparate (Notizen für eine Untersuchung)«, in: *Ideologie und ideologische Staatsapparate. 1. Halbband.* Hamburg: VSA 2010, 37–102.

Angerer, Marie-Luise (1997): »Medienkörper/Körper-Medien: Erinnerungsspuren im Zeitalter der ›digitalen Revolution‹«, in: Öhlschläger, Claudia/Wiens, Birgit (Hg.): *Körper, Gedächtnis, Schrift. Der Körper als Medium kultureller Erinnerung.* Berlin: Schmidt 1997, 277–292.

[5.2] — (1999): *body options: körper. spuren. medien. bilder.* Wien: Turia + Kant 1999.

— (Hg.) (1995): *The Body of Gender. Körper. Geschlechter. Identitäten.* Wien: Passagen 1995.

[1.3] **Austin, John L.** (1955): *Zur Theorie der Sprechakte (How to do things with Words).* Deutsche Bearbeitung von Eike von Savigny. 2. Aufl. Stuttgart: Reclam 1979.

[1.3] — (1958): »Performative und konstatierende Äußerungen«, in: Bubner, Rüdiger (Hg.): *Sprache und Analysis. Texte zur englischen Philosophie der Gegenwart.* Göttingen: Vandenhoeck & Ruprecht 1968, 140–153.

Babka, Anna (1996): *Ingeborg Bachmann in Frankreich. Zur Rezeption von Werk und Person.* Wien: Hora 1996.

[5.2] — (2002): *Unterbrochen. Gender und die Tropen der Autobiographie.* Wien: Passagen 2002.

— (2004): »Feministische Literaturtheorien«, in: Sexl, Martin (Hg.): *Einführung in die Literaturtheorie.* Wien: WUV 2004, 191–222.

[5.2] — (2011): »Prozesse der (subversiven) *cross-identification.* Parodistische Performanz bei Judith Butler – koloniale *mimikry* bei Homi Bhabha«, in: Grizelj, Mario/Jahraus, Oliver (Hg.): *Theorietheorie. Wider die Theoriemüdigkeit in den Geisteswissenschaften.* München: Fink 2011, 167–180.

— (2019): *Postcolonial-queer. Erkundungen in Theorie und Literatur.* Wien/Berlin: Turia + Kant 2019.

— (2022): »›Ethico-Onto-Epistemologie‹ und/als queer-posthumanistische Leseweise(n) von Barbara Frischmuths Roman Die Mystifikationen der Sophie Silber«, in: *Genealogy + Critique* 8, 2022.

Babka, Anna/Brucher, Rosemarie (2021): »Vorwort«, in: Halberstam, Jack: *Trans*Positionen zu Geschlecht und Architektur.* Hg. von Anna Babka und Rosemarie Brucher. Aus dem Amerikanischen von Sergej Seitz und Anna Wieder. Wien Berlin: Verlag Turia + Kant, 2021, 7–13.

[5.2] **Babka, Anna/Hochreiter, Susanne (Hg.)** (2008): *Queer Reading in den Philologien. Modelle und Anwendungen.* Wien: Vienna University Press bei V&R unipress 2008.

Babka, Anna/Lasthofer, Katrin (Hg.) (2017): *Representation revisited*. Wien: Turia + Kant 2017.

Bachmann-Medick, Doris (2006): *Cultural Turns. Neuorientierungen in den Kulturwissenschaften*. 3. Auflage. Reinbek bei Hamburg: Rowohlt 2010.

Barad, Karen (2003): »Posthumanist Performativity: Toward an Understanding of How Matter Comes to Matter«, in: *Signs* 28 (3), 2003, 801–831.

— (2007): *Meeting the Universe Halfway. Quantum Physics and the Entanglement of Matter and Meaning*. Durham: Duke University Press 2007.

5.2 — (2011): »Die queere Performativität der Natur«, in: *Verschränkungen*. Berlin: Merve 2015, 115–171.

— (2015): *Verschränkungen*. Berlin: Merve 2015.

Barthes, Roland (1964): »Die strukturalistische Tätigkeit«, in: Enzensberger, Magnus (Hg.): *Kursbuch* 5. Frankfurt/M.: Suhrkamp 1966, 190–196.

— (1964): *Elemente der Semiologie*. Aus dem Französischen von Eva Moldenhauer. Frankfurt/M.: Syndikat 1979.

— (1968): »Der Tod des Autors«, in: Wirth, Uwe (Hg.): *Performanz. Zwischen Sprachphilosophie und Kulturwissenschaften*. Frankfurt/M.: Suhrkamp 2001, 104–110.

3. **Beauvoir, Simone de** (1949): *Das andere Geschlecht. Sitte und Sexus der Frau*. Mit einem Nachwort von Silvia Bovenschen. Aus dem Französischen von Eva Rechel-Mertens und Fritz Montfort. Reinbek: Rowohlt 1951.

6. **Becker-Schmidt, Regina/Knapp, Gudrun-Axeli** (2000): *Feministische Theorien zur Einführung*. 5., erg. Aufl. Hamburg: Junius 2011.

Benhabib, Seyla (1993): »Feminismus und Postmoderne. Ein prekäres Bündnis«, in: Benhabib, Seyla u. a.: *Der Streit um die Differenz. Feminismus und Postmoderne in der Gegenwart*. Frankfurt/M.: Fischer 1993, 9–30.

— (1999): *Kulturelle Vielfalt und demokratische Gleichheit. Politische Partizipation im Zeitalter der Globalisierung*. Aus dem Amerikanischen von Ursula Gräfe. Frankfurt/M.: Fischer 1999.

5.2 **Benhabib, Seyla/Butler, Judith/Cornell, Drucilla/Fraser, Nancy** (1993): *Der Streit um die Differenz. Feminismus und Postmoderne in der Gegenwart*. Frankfurt/M.: Fischer 1993.

Benhabib, Seyla/Cornell, Drucilla (Hg.) (1987): *Feminism as Critique: Essays on the Politics of Gender in Late-Capitalist Societies*. Cambridge/Malden: Polity Press 1987.

Bennington, Geoffrey (1994): »Derrridabase«, in: Bennington, Geoffrey/Derrida, Jacques (Hg.): *Jacques Derrida. Ein Porträt*. Frankfurt/M.: Suhrkamp 1994, 11–323.

1.3 **Benveniste, Émile** (1958): »Über die Subjektivität in der Sprache«, in: *Probleme der allgemeinen Sprachwissenschaft*. München: List 1974, 287–297.

1.3 — (1963): »Die analytische Philosophie und die Sprache«, in: *Probleme der allgemeinen Sprachwissenschaft*. München: List 1974, 297–308.

Berg, Eberhard / Fuchs, Martin (Hg.) (1993): *Kultur, soziale Praxis, Text. Die Krise der ethnographischen Repräsentation.* 3. Aufl. Frankfurt/M.: Suhrkamp 1999.

Bhabha, Homi K. (1990): »DissemiNation: Time, Narrative, and the Margins of the Modern Nation«, in: Bhabha, Homi K. (Hg.): *Nation and Narration.* London / New York: Routledge 1990.

— (1994): *Die Verortung der Kultur.* Mit einem Vorwort von Elisabeth Bronfen. Aus dem Amerikanischen von Michael Schiffmann und Jürgen Freudl. Tübingen: Stauffenburg 2000.

5.2 **Bidwell-Steiner, Marlen / Babka, Anna (Hg.)** (2013): *Obskure Differenzen. Psychoanalyse und Gender Studies.* Gießen: Psychosozial-Verlag 2013.

Bischoff, Doerte / Wagner-Egelhaaf, Martina (Hg.) (2003): *Weibliche Rede – Rhetorik der Weiblichkeit. Studien zum Verhältnis von Rhetorik und Geschlechterdifferenz.* Freiburg: Rombach 2003.

6. **Blödorn, Andreas** (2010): »Judith Butler«, in: Martínez, Matías / Scheffel, Michael (Hg.): *Klassiker der modernen Literaturtheorie von Sigmund Freud bis Judith Butler.* München: Beck 2010, 385–406.

Blumenberg, Hans (1960): *Paradigmen zu einer Metaphorologie.* Frankfurt / M.: Suhrkamp 1998.

6. **Bossinade, Johanna** (2000): *Poststrukturalistische Literaturtheorie.* Stuttgart / Weimar: Metzler 2000.

Bourdieu, Pierre (1982): *Was heißt sprechen? Die Ökonomie des sprachlichen Tauschs.* Mit einer Einführung von John B. Thompson. Übersetzt von Hella Beister. 2., erw. Aufl. Wien: Braumüller 2005.

Braidotti, Rosi (2013): *Posthumanismus. Leben jenseits des Menschen.* Aus dem Englischen von Thomas Laugstien. Frankfurt / M.: Campus 2014.

6. **Braun, Christina von / Stephan, Inge** (2005): *Gender@Wissen. Ein Handbuch der Gender-Theorien.* 3., überarb. u. erw. Aufl. Köln u.a.: Böhlau 2013.

Bronfen, Elisabeth (1994): »Vom Omphalos zum Phallus«, in: Müller-Funk, Wolfgang (Hg.): *Macht – Geschlechter – Differenz. Beiträge zur Archäologie der Macht im Verhältnis der Geschlechter.* Wien: Picus 1994, 128–151.

— (1995): »Weiblichkeit und Repräsentation – aus der Perspektive von Ästhetik, Semiotik und Psychoanalyse«, in: Bußmann, Hadumod / Hof, Renate (Hg.): *Genus. Zur Geschlechterdifferenz in den Kulturwissenschaften.* Stuttgart: Kröner 1995, 408–445.

Bronfen, Elisabeth / Marius, Benjamin / Steffen, Therese (Hg.) (1997): *Hybride Kulturen. Beiträge zur anglo-amerikanischen Multikulturalismusdebatte.* Aus dem Amerikanischen von Anne Emmert und Josef Raab. Tübingen 1997.

Bublitz, Hannelore (2003): *Diskurs.* Bielefeld: transcript 2003.

5.1 **Butler, Judith** (1989): »Foucault and the Paradox of Bodily Inscriptions«, in: *Journal of Philosophy* 86 (11), 1989, 601–607.

5.1 — (1990): *Das Unbehagen der Geschlechter.* Aus dem Amerikanischen von Kathrina Menke. Frankfurt / M.: Suhrkamp 1991.

5.1 — (1991): »Imitation und die Aufsässigkeit der Geschlechtsidentität«, in: Hark, Sabine (Hg.): *Grenzen lesbischer Identitäten*. Berlin: Querverlag 1996, 15–37.

5.1 — (1992): »Kontingente Grundlagen: Der Feminismus und die Frage der ›Postmoderne‹«, in: Benhabib, Seyla u.a.: *Der Streit um die Differenz. Feminismus und Postmoderne in der Gegenwart*. Frankfurt/M.: Fischer 1993, 31–58.

5.1 — (1993a): *Körper von Gewicht. Die diskursiven Grenzen des Geschlechts*. Aus dem Amerikanischen von Karin Wördemann. Frankfurt/M.: Suhrkamp 1997.

5.1 — (1993b): »Für ein sorgfältiges Lesen«, in: Benhabib, Seyla u.a.: *Der Streit um die Differenz. Feminismus und Postmoderne in der Gegenwart*. Frankfurt/M.: Fischer 1993, 122–132.

— (1995): »Self-Referentiality: Pro and Contra«, in: *Common Knowledge* 4 (2), 1995, 70–73.

5.1 — (1997a): *Haß spricht. Zur Politik des Performativen*. Aus dem Amerikanischen von Kathrina Menke und Markus Krist. Frankfurt/M.: Suhrkamp 2006.

— (1997b): *Psyche der Macht. Das Subjekt der Unterwerfung*. Aus dem Amerikanischen von Reiner Ansén. Frankfurt/M.: Suhrkamp 2001.

— (1997c): »Das Ende der Geschlechterdifferenz«, in: Huber, Jörg/Heller, Martin (Hg.): *Konturen des Unentschiedenen*. Basel/Frankfurt/M.: Stroemfeld/Roter Stern 1997, 25–43.

5.1 — (2000): *Antigones Verlangen: Verwandtschaft zwischen Leben und Tod*. Aus dem Amerikanischen von Reiner Ansén. Mit einem Nachwort von Bettine Menke. Frankfurt/M.: Suhrkamp 2001.

5.1 — (2004a): *Die Macht der Geschlechternormen und die Grenzen des Menschlichen*. Frankfurt/M.: Suhrkamp 2009.

— (2004b): *Gefährdetes Leben. Politische Essays*. Aus dem Amerikanischen von Karin Wördemann. Frankfurt/M.: Suhrkamp 2005.

— (2009): *Raster des Krieges. Warum wir nicht jedes Leid beklagen* [2009]. Aus dem Engl. von Reiner Ansén. Frankfurt/M.: Campus 2010 [*Frames of War. When is Life Grievable*? London u.a.: Verso 2009].

— (2014): *Politik des Todestriebes. Der Fall Todesstrafe*. Sigmund Freud Vorlesung 2014. Aus dem Amerikanischen von Gerald Posselt und Sergej Seitz. Wien: Turia + Kant 2014.

5.1 — (2015): *Anmerkungen zu einer performativen Theorie der Versammlung*. Aus dem Amerik. von Frank Born. Berlin: Suhrkamp 2016.

5.2 **Butler, Judith/Cornell, Drucilla** (1998): »The Future of Sexual Difference: An Interview with Judith Butler and Drucilla Cornell«, in: *Diacritics* 28 (1) (Special Issue: Irigaray and the Political Future of Sexual Difference, ed. by Pheng Cheah and Elizabeth Grosz), 1998, 19–42.

Butler, Judith/Spivak, Gayatri Chakravorty (2007): *Sprache, Politik, Zugehörigkeit*. Zürich/Berlin: Diaphanes 2007 [*Who Sings the Nation-State? Language, Politics, Belonging*. Oxford u.a.: Seagull 2007].

Chase, Cynthia (1992): »Die witzige Metzgersfrau: Freud, Lacan und die Verwandlung von Widerstand in Theorie«, in: Vinken, Barbara (Hg.):

Dekonstruktiver Feminismus. Literaturwissenschaft in Amerika. Frankfurt/M.: Suhrkamp 1992, 97–129.

4. — (1986): »Einem Namen ein Gesicht geben«, in: Haverkamp, Anselm (Hg.): *Die paradoxe Metapher.* Frankfurt/M.: Suhrkamp 1998, 414–436.

Cheah, Pheng/Grosz, Elizabeth A. (1998): »Of Being-Two: Introduction«, in: *Diacritics* 28 (1), 1998, 3–18.

3. **Cixous, Hélène** (1975): »Sorties: Out and Out: Attacks/Ways Out/Forays«, in: *The Newly Born Woman.* Minneapolis: Univ. of Minnesota Press 1986, 63–132.

— (1975): »Das Lachen der Medusa«, in: Hutfless, Esther/Postl, Gertrude/Schäfer, Elisabeth (Hg.): *Hélène Cixous: Das Lachen der Medusa, zusammen mit aktuellen Beiträgen.* Wien: Passagen 2013, 39–62.

— (1980): *Weiblichkeit in der Schrift.* Aus dem Französischen von Eva Duffner. Berlin: Merve 1980.

— (2010): *Le Rire de la Méduse et autres ironies.* Préface de Frédéric Regard. Réédition. Paris: Galilée 2010.

— (1994) Cixous, Hélène/Derrida, Jacques: *Die sexuelle Differenz lesen.* Hg. von Anna Babka und Matthias Schmidt. Übersetzt und mit einem Essay versehen von Claudia Simma. Wien: Turia + Kant 2023.

— (1998) *Voiles. Schleier und Segel.* Wien: Passagen 2007.

Cornell, Drucilla (1996): »Enabling Paradoxes: Gender Difference and Systems Theory«, in: *New Literary History* 27 (2), 1996, 185–197.

4. — (1991): »Das feministische Bündnis mit der Dekonstruktion«, in: Vinken, Barbara (Hg.): *Dekonstruktiver Feminismus. Literaturwissenschaft in Amerika.* Frankfurt/M.: Suhrkamp 1992, 279–318.

6. **Culler, Jonathan** (1982): *Dekonstruktion. Derrida und die poststrukturalistische Literaturtheorie.* Aus dem Amerikanischen von Manfred Momberger. Reinbek: Rowohlt 1988.

5.2 **de Lauretis, Teresa** (1987): *Technologies of Gender. Essays on Theory, Film, and Fiction.* Bloomington: Indiana UP 1987.

— (1991): »Queer Theory: Lesbian and Gay Sexualities«, in: *Differences* 3 (2), 1991.

5.2 — (1993): »Der Feminismus und seine Differenzen«, in: *Feministische Studien* 11 (2) (Kritik der Kategorie »Geschlecht«, hg. von Hilge Landweer und Mechthild Rumpf), 1993, 96–102.

2.2 **de Man, Paul** (1973): »Semiologie und Rhetorik«, in: *Allegorien des Lesens.* Frankfurt/M.: Suhrkamp 1988, 31–51.

2.2 — (1974): »Rhetorik der Tropen (Nietzsche)«, in: *Allegorien des Lesens.* Frankfurt/M.: Suhrkamp 1988, 146–163.

2.2 — (1975): »Rhetorik der Persuasion (Nietzsche)«, in: *Allegorien des Lesens.* Frankfurt/M.: Suhrkamp 1988, 164–178.

— (1978): »Epistemologie der Metapher«, in: Haverkamp, Anselm (Hg.): *Die Theorie der Metapher.* Darmstadt: WBG 1983, 414–437.

— (1979): *Allegorien des Lesens.* Aus dem Amerikanischen von Werner Hamacher und Peter Krumme. Mit einer Einleitung von Werner Hamacher. Frankfurt/M.: Suhrkamp 1988.

2.2 — (1979): »Autobiographie als Maskenspiel«, in: *Die Ideologie des Ästhetischen.* Frankfurt/M.: Suhrkamp 1993, 131–146.

— (1993): *Die Ideologie des Ästhetischen.* Hg. von Christoph Menke, aus dem Amerikanischen von Jürgen Blasius. Frankfurt/M.: Suhrkamp 1993.

6. **Degele, Nina** (2008): *Gender/Queer Studies. Eine Einführung.* Paderborn: Fink 2008.

2.1 **Derrida, Jacques** (1967a): *Grammatologie.* Aus dem Französischen von Hans-Jörg Rheinberger und Hanns Zischler. Frankfurt/M.: Suhrkamp 1983.

— (1967b): *Die Schrift und die Differenz.* Aus dem Französischen von Rodolphe Gasché. Frankfurt/M.: Suhrkamp 1976.

— (1967c): *Die Stimme und das Phänomen. Einführung in das Problem des Zeichens in der Phänomenologie Husserls.* Aus dem Französischen von Hans-Dieter Gondek. Neuübersetzung. Frankfurt/M.: Suhrkamp 2003.

— (1967d): »Die Struktur, das Zeichen und das Spiel im Diskurs der Wissenschaften vom Menschen«, in: *Die Schrift und die Differenz.* Frankfurt/M.: Suhrkamp 1976, 422–442.

2.1 — (1968a): »Die différance«, in: *Randgänge der Philosophie.* 2., überarb. Aufl. Wien: Passagen 1999, 31–56.

— (1968b): »The Original Discussion of ›Différance‹«, in: Wood, David/ Bernasconi, Robert (Hg.): *Derrida and différance.* Evanston, IL: Northwestern UP 1988, 83–96.

— (1970): »Die zweifache Séance«, in: *Dissemination.* Wien: Passagen 1995, 193–322.

— (1971a): »Die weiße Mythologie: Die Metapher im philosophischen Text«, in: *Randgänge der Philosophie. 2., überarb. Aufl.* Wien: Passagen 1999, 229–290.

2.1 — (1971b): »Signatur Ereignis Kontext«, in: *Limited Inc.* Wien: Passagen 2001, 15–45.

2.1 — (1972a): *Dissemination.* Aus dem Französischen von Hans-Dieter Gondek. Wien: Passagen 1995.

2.1 — (1972b): *Positionen. Gespräche mit Henri Ronse, Julia Kristeva, Jean-Louis Houdebinde, Guy Scarpetta.* Aus dem Französischen von Dorothea Schmidt unter Mitarbeit von Astrid Wintersberger. Wien: Passagen 1986.

— (1972c): *Randgänge der Philosophie.* Aus dem Französischen von Gerhard Ahrens u.a. 2., überarb. Aufl. Wien: Passagen 1999.

2.1 — (1973): »Sporen. Die Stile Nietzsches«, in: Hamacher, Werner (Hg.): *Nietzsche aus Frankreich.* Frankfurt/M. u.a.: Ullstein 1986, 129–168.

2.1 — (1974): *Glas (Totenglocke).* Aus dem Französischen von Hans-Dieter Gondek und Markus Sedlaczek. München: Fink 2006.

— (1977): »Limited Inc a b c ...«, in: *Limited Inc.* Wien: Passagen 2001, 53–168.

2.1 — (1980a): »Das Gesetz der Gattung«, in: *Gestade.* Wien: Passagen 1994, 245–284.

— (1980b): *Die Postkarte von Sokrates bis an Freud und jenseits. 1. Lieferung: Envois/Sendungen.* Aus dem Französischen von Hans-Joachim Metzger. Berlin: Brinkmann & Bose 1982.

2.1 — (1980c): »Eben in diesem Moment in diesem Werk findest du mich«, in: Mayer, Michael (Hg.): *Levinas. Zur Möglichkeit einer prophetischen Philosophie.* Gießen: Focus-Verl. 1990, 42–79.

— (1980d): »Sendung«, in: *Psyche. Erfindung des Anderen I.* Wien: Passagen 2011, 95–142.

2.1 — (1982): *Choreographien. Gespräch mit Christie McDonald.* Wien: Passagen 1998.

2.1 — (1983): »Geschlecht: Sexuelle Differenz, ontologische Differenz«, in: *Geschlecht (Heidegger).* Wien: Passagen 1988, 11–43.

— (1986) »Derrida im Gespräch (mit Florian Rötzer)«, in: Rötzer, Florian (Hg.): *Französische Philosophen im Gespräch.* 2. Aufl. München: Boer 1987, 69–90.

— (1986): *Mémoires: Für Paul de Man.* Aus dem Französischen von Hans-Dieter Gondek. Wien: Passagen 1988.

— (1987): *Chôra.* Aus dem Französischen von Hans-Dieter Gondek. Wien: Passagen 1990.

— (1990): *Gesetzeskraft. Der »mystische Grund der Autorität«.* Frankfurt/M.: Suhrkamp 1991.

— (1994): »Die Geschlechtsdifferenz lesen«, in: Calle, Mireille (Hg.): *Über das Weibliche.* Düsseldorf: Parerga 1996, 85–96.

— (1996): *Vergessen wir nicht – die Psychoanalyse!* Hg., übersetzt und mit einem Nachwort von Hans-Dieter Gondek. Frankfurt/M.: Suhrkamp 1998.

2.1 **Derrida, Jacques/Kamuf, Peggy** (1991): *A Derrida Reader: Between the Blinds.* Edited, with an introduction and notes by Peggy Kamuf. New York: Columbia UP 1991.

Dhawan, Nikita (2017): »(Un)Mögliche Politik: Die Repräsentation von Gewalt und Gewalt der Repräsentation«, in: Babka, Anna/Lasthofer, Katrin (Hg.): *Representation revisited.* Wien/Berlin: Turia + Kant 2017, 111–134.

Dreyfus, Hubert L./Rabinow, Paul (1982): *Michel Foucault: Beyond Structuralism and Hermeneutics.* Second Edition, with an Afterword by and an Interview with Michel Foucault. Chicago: Univ. of Chicago Press 1983.

4. **Ecker, Gisela** (1988): »Spiel und Zorn. Zu einer feministischen Praxis der Dekonstruktion«, in: *Argument* 172/173 (Sonderband), 1988, 8–22.

4. **Elam, Diane** (1994): *Feminism and Deconstruction: Ms. en abyme.* London/New York: Routledge 1994.

5.2 **Engel, Antke** (2002): *Wider die Eindeutigkeit Sexualität und Geschlecht im Fokus queerer Politik der Repräsentation.* Frankfurt/M.: Campus 2002.

Epstein, Julia (1990): »Either/or – neither/both: Sexual ambiguity and the ideology of gender«, in: *Genders* 7, 1990.

5.2 **Fausto-Sterling, Anne** (2002): »Sich mit Dualismen duellieren«, in: Pasero,

Ursula/Gottburgsen, Anja (Hg.): *Wie natürlich ist Geschlecht? Gender und die Konstruktion von Natur und Technik*. Wiesbaden: Westdt. Verlag 2002, 17–65.

— (2000): *Sexing the Body. Gender Politics and the Construction of Sexuality*. New York: Basic Books 2000.

— (1985): *Gefangene des Geschlechts? Was biologische Theorien über Mann und Frau sagen*. Aus dem Amerikanischen von Brigitte Stein. München/Zürich: Piper 1988.

📖4. **Feder, Ellen K./Rawlinson, Mary C./Zakin, Emily (Hg.)** (1997): *Derrida and Feminism. Recasting the Question of Women*. New York/London: Routledge 1997.

📖4. **Felman, Shoshana** (1980): *The Scandal of the Speaking Body. Don Juan with J. L. Austin, or Seduction in Two Languages*. Transl. by Catherine Porter, with a new Foreword by Stanley Cavell and Afterword by Judith Butler. Stanford: Stanford UP 2003.

📖4. — (1981): »Weiblichkeit wiederlesen«, in: Vinken, Barbara (Hg.): *Dekonstruktiver Feminismus. Literaturwissenschaft in Amerika*. Frankfurt/M.: Suhrkamp 1992, 33–61.

— (1982): *Literature and Psychoanalysis. The Question of Reading: Otherwise*. Baltimore/London: Johns Hopkins University Press 1982.

Foucault, Michel (1966): *Die Ordnung der Dinge. Eine Archäologie der Humanwissenschaften*. Aus dem Französischen von Ulrich Köppen. Frankfurt/M.: Suhrkamp 1974.

— (1969): »Was ist ein Autor?«, in: *Schriften zur Literatur*. Frankfurt/M.: Fischer 1988, 7–31.

— (1969) *Die Archäologie des Wissens*. Übersetzt von Ulrich Köppen. Frankfurt /M.: Suhrkamp 1981.

📖1.4 — (1971a): *Die Ordnung des Diskurses*. Inauguralvorlesung am Collége de France, 2. Dezember 1970. Aus dem Französischen von Walter Seitter. Mit einem Essay von Ralf Konersmann. Erw. Ausg. Frankfurt/M.: Fischer 1991.

— (1971b): »Nietzsche, die Genealogie, die Historie«, in: *Schriften in vier Bänden. Dits et Ecrits*. Band II. Frankfurt/M.: Suhrkamp 2001, 166–191.

— (1972): »Mein Körper, dieses Papier, dieses Feuer«, in: *Schriften in vier Bänden. Dits et Ecrits*. Band II: 1970–1975. Frankfurt/M.: Suhrkamp 2001, 300–331.

📖1.4 — (1975): *Überwachen und Strafen: Die Geburt des Gefängnisses*. Aus dem Franz. von Walter Seitter. Frankfurt/M.: Suhrkamp 1994.

📖1.4 — (1976): *Sexualität und Wahrheit I: Der Wille zum Wissen*. Übers. von Ulrich Raulff und Walter Seitter. 6. Aufl. Frankfurt/M.: Suhrkamp 1992.

— (1978): *Dispositive der Macht. Über Sexualität, Wissen und Wahrheit*. Berlin: Merve 1978.

— (1981): »Die Maschen der Macht«, in: *Schriften in vier Bänden. Dits et Ecrits*. Band IV. Frankfurt/M.: Suhrkamp 2001, 224–244.

Foucault, Michel/Barbin, Herculine (1998): *Über Hermaphrodismus. Der Fall Barbin.* Hg. von Wolfgang Schäfer und Joseph Vogl. Frankfurt/M.: Suhrkamp 1998.

Foucault, Michel/Deleuze, Gilles (1972): »Die Intellektuellen und die Macht«, in: *Schriften in vier Bänden. Dits et Ecrits.* Band II. Frankfurt/M.: Suhrkamp 2002, 382–393.

Freud, Sigmund (1900): *Die Traumdeutung,* in: *Gesammelte Werke 2/3.* Hg. von Anna Freud. Frankfurt/M.: Fischer 1999, 1–642.

— (1917): »Trauer und Melancholie«, in: *Gesammelte Werke 10.* Frankfurt/M.: Fischer 1999, 427–447.

— (1919): »Das Unheimliche«, in: *Gesammelte Werke 12.* Frankfurt/M.: Fischer 1999, 229–268.

1.5 — (1923): »Das Ich und das Es«, in: *Gesammelte Werke 13: Werke aus den Jahren 1920–1924.* Hg. v. Anna Freud. Frankfurt/M.: Fischer 1999, 235–290.

— (1925): »Einige psychische Folgen des anatomischen Geschlechtsunterschieds«, in: *Gesammelte Werke 14. Werke aus den Jahren 1925–31.* Frankfurt/M.: Fischer 1999, 19–30.

— (1931): »Über die weibliche Sexualität«, in: *Gesammelte Werke 14. Werke aus den Jahren 1925–31.* Frankfurt/M.: Fischer 1999, 515–539.

1.5 — (1932): »Die Weiblichkeit«, in: *Gesammelte Werke 15. Neue Folge der Vorlesungen zur Einführung in die Psychoanalyse.* Frankfurt/M.: Fischer 1999, 119–145.

Gasché, Rodolphe (1981): »›Setzung‹ and ›Übersetzung‹: Notes on Paul de Man«, in: *Diacritics* 11 (4), 1981, 36–57.

5.2 **Gildemeister, Regine/Wetterer, Angelika** (1992): »Wie Geschlechter gemacht werden. Die soziale Konstruktion der Zweigeschlechtlichkeit und ihre Reifizierung in der Frauenforschung«, in: *Traditionen Brüche. Entwicklungen feministischer Theorie.* 2. Aufl. Freiburg 1995, 201–254.

Gondek, Hans-Dieter (1999): »Dekonstruktion«, in: Sandkühler, Hans Jörg (Hg.): *Enzyklopädie Philosophie. Bd. 1.* Hamburg: Meiner 1999, 213–215.

Grosz, Elizabeth A. (1989): *Sexual Subversions. Three French Feminists.* St. Leonards: Allen & Unwin 1989.

Habermas, Jürgen (1981): *Theorie des kommunikativen Handelns.* 2 Bände. Frankfurt/M.: Suhrkamp 1995.

Hagemann-White, Carol (1984): »Thesen zur kulturellen Konstruktion der Zweigeschlechtlichkeit«, in: Schaeffer-Hegel, B./Wartmann, B. (Hg.): *Mythos Frau. Projektionen und Inszenierungen im Patriarchat.* Berlin 1984.

Halberstam, Judith/Livingston, Ira (1995): »Introduction: Posthuman Bodies«, in: Halberstam, Judith/Livingston, Ira (Hg.): *Posthuman Bodies.* Bloomington: Indiana University Press 1995, 1–19.

Halberstam, Jack [Judith] (2005): *In a Queer Time and Place. Transgender Bodies, Subcultural Lives.* New York/London: New York University Press 2005.

— (2011): *The Queer Art of Failure.* Durham: London 2011.

— (2018a): *Female Masculinity.* Durham/London: Duke University Press 2018.

— (2018b): *Trans*. A Quick and Quirky Account of Gender Variability.* Oakland: University of California Press 2018.

— (2021): *Trans*Positionen zu Geschlecht und Architektur*. Wien/Berlin: Turia + Kant 2021.

Hall, Stuart (1997): »Das Spektakel des ›Anderen‹«, in: *Ideologie, Identität, Repräsentation. Ausgewählte Schriften* 4. Hamburg: Argument 2004, 108–166.

Hamacher, Werner (1980): »Der Satz der Gattung: Friedrich Schlegels poetologische Umsetzung von Fichtes unbedingtem Grundsatz«, in: *MLN* 5, 1980, 1155–1180.

— (1988): »Unlesbarkeit«, in: *Allegorien des Lesens.* Frankfurt/M.: Suhrkamp 1988, 7–28.

— (Hg.) (1986): *Nietzsche aus Frankreich.* Essays von M. Blanchot, J. Derrida, P. Klossowski, P. Lacoue-Labarthe, J.L. Nancy und B. Pautrat. Frankfurt/M. u.a.: Ullstein 1986.

📖 5.2 **Haraway, Donna J.** (1985): »Ein Manifest für Cyborgs. Feminismus im Streit mit den Technowissenschaften«, in: *Die Neuerfindung der Natur. Primaten, Cyborgs und Frauen.* Frankfurt/New York: Campus 1995, 33–72.

— (1988): »Situiertes Wissen. Die Wissenschaftsfrage im Feminismus und das Privileg einer partialen Perspektive«, in: *Die Neuerfindung der Natur. Primaten, Cyborgs und Frauen.* Frankfurt/New York: Campus 1995, 73–97.

— (1989): »Die Biopolitik postmoderner Körper. Konstitution des Selbst im Diskurs des Immunsystems«, in: *Die Neuerfindung der Natur. Primaten, Cyborgs und Frauen.* Frankfurt/ New York: Campus 1995, 160–199.

— (1992): »The Promises of Monsters: A Regenerative Politics for Inappropriate/d Others«, in: Grossberg, Lawrence (Hg.): *Cultural Studies.* London/New York: Routledge 1992, 295–337.

— (1995a): *Die Neuerfindung der Natur. Primaten, Cyborgs und Frauen.* Hg. und eingeleitet von Carmen Hammer und Immanuel Stieß. Frankfurt/New York: Campus 1995.

— (1995b): *Monströse Versprechen: Coyote-Geschichten zu Feminismus und Technowissenschaft.* Aus dem Amerikanischen von Michael Haupt. Hamburg: Argument 1995.

— (2005): *Das Manifest für Gefährten. Wenn Spezies sich begegnen – Hunde, Menschen und signifikante Andersartigkeit.* Berlin: Merve 2016.

— (2016): *Unruhig bleiben. Die Verwandtschaft der Arten im Chthuluzän.* Übersetzt von Karin Harrasser. Frankfurt/Main: Campus 2018.

Harding, Sandra (1990): *Feministische Wissenschaftstheorie. Zum Verhältnis von Wissenschaft und sozialem Geschlecht.* Berlin/Hamburg: Argument 1990.

Hark, Sabine (1992): »Vom Subjekt zur Subjektivität: Feminismus und die Zerstreuung des Subjekts«, in: *Vortragsreihe »Berliner Wissenschaftlerinnen stellen sich vor«.* Bd. 12. Berlin 1992.

— (1993): »Queer Interventionen«, in: *Feministische Studien* 11 (2) (Kritik der Kategorie »Geschlecht«, hg. von Hilge Landweer und Mechthild Rumpf), 1993, 103–109.

5.2 — (1999): *Deviante Subjekte. Die paradoxe Politik der Identität.* 2., völlig überarb. Aufl. Opladen: Leske + Budrich 1999.

— (Hg.) (2001): *Dis/Kontinuitäten: Feministische Theorie.* Opladen: Leske + Budrich 2001.

— (2005): »Queer Studies«, in: Braun, Christina von (Hg.): *Gender@Wissen. Ein Handbuch der Gender-Theorien.* Köln u. a.: Böhlau 2013, 449–470.

Haverkamp, Anselm (Hg.) (1983): *Theorie der Metapher.* 2., erg. Aufl. Darmstadt: WBG 1996.

Herbrechter, Stefan (2009): *Posthumanismus. Eine kritische Einführung.* Darmstadt: WBG 2009.

Hetzel, Andreas (2001): »Michel Foucault: *Überwachen und Strafen* (1975) – *Der Wille zum Wissen* (1976)«, in: *Hauptwerke der Sozialphilosophie.* Stuttgart: Reclam 2001, 195–224.

Hetzel, Andreas / Posselt, Gerald (Hg.) (2017): *Handbuch Rhetorik und Philosophie.* Berlin / Boston: de Gruyter 2017, 421–447.

Hirschauer, Stefan (1993a): »Dekonstruktion und Rekonstruktion. Plädoyer für die Erforschung des Bekannten«, in: *Feministische Studien* 11 (2) (Kritik der Kategorie »Geschlecht«, hg. von Hilge Landweer und Mechthild Rumpf), 1993, 55–67.

— (1993b): *Die soziale Konstruktion der Transsexualität. Über die Medizin und den Geschlechtswechsel.* 2. Aufl. Frankfurt / M.: Suhrkamp 1999.

Holder, Alex (1992): »Einleitung«, in: Freud, Sigmund: *Das Ich und das Es. Metapsychologische Schriften.* Frankfurt / M.: Fischer 1992, 7–28.

4. **Holland, Nancy J. (Hg.)** (1997): *Feminist Interpretations of Jacques Derrida.* Pennsylvania State UP 1997.

6. **Holzleithner, Elisabeth** (2002): *Recht, Macht, Geschlecht. Legal Gender Studies. Eine Einführung.* Wien: WUV 2002.

Honneth, Axel (2000): »Rekonstruktive Gesellschaftskritik unter genealogischem Vorbehalt. Zur Idee der ›Kritik‹ in der Frankfurter Schule«, in: *Deutsche Zeitschrift für Philosophie* 48, 2000, 729–737.

Hutfless, Esther / Postl, Gertrude / Schäfer, Elisabeth (Hg.): *Hélène Cixous: Das Lachen der Medusa, zusammen mit aktuellen Beiträgen.* Wien: Passagen 2013.

5.2 **Institut für Sozialforschung / Pühl, Katharina (Hg.)** (1994): *Geschlechterverhältnisse und Politik.* Redaktion Katharina Pühl. Frankfurt / M.: Suhrkamp 1994.

3. **Irigaray, Luce** (1974): *Speculum. Spiegel des anderen Geschlechts.* Aus dem Französischen von Xenia Rajewsky, Gabriele Ricke, Gerburg Treusch-Dieter und Regine Othmer. Frankfurt / M.: Suhrkamp 1980.

— (1976): *Waren, Körper, Sprache. Der ver-rückte Diskurs der Frauen.* Berlin: Merve 1976.

3. — (1977): *Das Geschlecht, das nicht eins ist*. Berlin: Merve 1979.

— (1984): *Ethik der sexuellen Differenz*. Aus dem Französischen von Xenia Rajewsky. Frankfurt/M.: Suhrkamp 1991.

— (1987): *Genealogie der Geschlechter*. Aus dem Französischen von Xenia Rejewskiy. Freiburg: Kore 1989.

Jacobus, Mary (1984): »The Law of/and Gender: Genre Theory and The Prelude«, in: *Diacritics* 4, 1984.

Jaeggi, Rahel (2009): »Was ist Ideologiekritik?«, in: Jaeggi, Rahel/Wesche, Tilo (Hg.): *Was ist Kritik?* Frankfurt/M.: Suhrkamp 2009, 266–295.

6. **Jagose, Annamarie** (1996): *Queer Theory. Eine Einführung*. Hg. und übersetzt von Corinna Genschel, Caren Lay, Nancy Wagenknecht, Volker Woltersdorff. Berlin: Querverlag 2001.

Jahraus, Oliver (2015): »Postverkehr – Medienmetapher der Schickung/Sendung«, in: Schmidt, Matthias (Hg.): *Rücksendungen zu Jacques Derrida*s Die Postkarte. *Ein essayistisches Glossar*. Berlin/Wien: Turia + Kant 2015, 281–290 (= aka|texte #2).

Jakobson, Roman (1929): »Die Linguistik und ihr Verhältnis zu anderen Wissenschaften«, in: *Aufsätze zur Linguistik und Poetik*. München: Nymphenburger 1974, 150–212.

1.2 — (1956): »Zwei Seiten der Sprache und zwei Typen aphatischer Störungen«, in: *Grundlagen der Sprache*. Berlin: Akademie 1960, 49–72.

— (1960): »Linguistik und Poetik«, in: *Poetik. Ausgewählte Aufsätze 1921–1971*. Frankfurt/M.: Suhrkamp 1979, 83–121.

Johnson, Barbara (1980a): »Poetry and Performative Language: Mallarmé and Austin«, in: *The Critical Difference: Essays in the Contemporary Rhetoric of Reading*. Baltimore: Johns Hopkins UP 1980, 52–66.

— (1980b): *The Critical Difference. Essays in the Contemporary Rhetoric of Reading*. 3rd Printing. Baltimore/London: Johns Hopkins UP 1992.

— (1981): »Translator's Introduction«, in: *Dissemination*. Chicago: Univ. of Chicago Press 1981, vii–xxxiii.

4. — (1982): »Mein Monster – Mein Selbst«, in: Vinken, Barbara (Hg.): *Dekonstruktiver Feminismus. Literaturwissenschaft in Amerika*. Frankfurt/M.: Suhrkamp 1992, 130–144.

4. — (1985): »Gender Theory and the Yale School«, in: Davis, Robert Con/Schleifer, Ronald (Hg.): *Rhetoric and Form: Deconstruction at Yale*. Norman/London: Univ. of Oklahoma Press 1985, 101–112.

— (1987): *A World of Difference*. Baltimore: Johns Hopkins UP 1987.

— (1994a): *The Wake of Deconstruction*. Cambridge: Blackwell 1994.

— (1994b): »Women and Allegory«, in: *The Wake of Deconstruction*. Cambridge: Blackwell 1994, 52–75.

Kamuf, Peggy (1990): »The Parisian Letters: On Deconstruction and Feminism (with Nancy K. Miller)«, in: Hirsch, Marianne/Keller, Evelyn (Hg.): *Conflicts in Feminism*. New York/London: Routledge 1990, 121–133.

— (1997): »Deconstruction and Feminism: A Repetition«, in: Holland, Nancy J. (Hg.): *Feminist Interpretations of Jacques Derrida*. Pennsylvania UP 1997, 103–126.

— (2001): »Derrida and Gender: The Other Sexual Difference«, in: Cohen, Tom (Hg.): *Jacques Derrida and the Humanities. A Critical Reader.* Cambridge: Cambridge UP 2001, 82–107.

Karpenstein-Eßbach, Christa (1995): »Zum Unterschied von Diskursanalysen und Dekonstruktion«, in: Weigel, Sigrid (Hg.): *Flaschenpost und Postkarte: Korrespondenzen zwischen Kritischer Theorie und Poststrukturalismus.* Köln u. a.: Böhlau 1995, 127–138.

Kerner, Ina (2007): »Konstruktion und Dekonstruktion von Geschlecht. Perspektiven für einen neuen Feminismus«, in: *Gender Politik Online* 2007, Juli 2007, https://www.fu-ber-lin.de/sites/gpo/pol_theorie/Zeitgenoessische_ansaetze/KernerKonstruktion_und_Dekonstruktion/kerner.pdf (Zugriff 20.08.2023).

Kilian, Eveline (2010): »Ein folgenreicher Paradigmenwechsel: Zwanzig Jahre Judith Butler«, in: *Freiburger GeschlechterStudien Feminisms Revisited* 24, 2010, 95–108.

6. **Kimmerle, Heinz** (1988): *Jacques Derrida zur Einführung.* 5., verb. Aufl. Hamburg: Junius 2000.

Kimmich, Dorothee / Renner, Rolf Günter / Stiegler, Bernd (Hg.) (1996): *Texte zur Literaturtheorie der Gegenwart.* Durchges. u. aktual. Ausg. Stuttgart: Reclam 2003.

Klinger, Cornelia (1994): »Eine Fallstudie zum Thema postmoderner Philosophie der Weiblichkeit: Jacques Derrida, Sporen: Die Stile Nietzsches«, in: Amstutz, Nathalie / Kuoni, Martina (Hg.): *Theorie – Geschlecht – Fiktion.* Basel u. a.: Stroemfeld / Nexus 1994, 205–233.

Krämer, Sybille (2001): *Sprache, Sprechakt, Kommunikation. Sprachtheoretische Positionen der Gegenwart.* Frankfurt / M.: Suhrkamp 2001.

5.2 **Kraß, Andreas (Hg.)** (2004): *Queer Denken. Gegen die Ordnung der Sexualität.* Frankfurt / M.: Suhrkamp 2004.

3. **Kristeva, Julia** (1974): *Die Revolution der poetischen Sprache.* Aus dem Französischen und mit einer Einleitung von Reinold Werner. Frankfurt / M.: Suhrkamp 1978.

— (1979): »Kein weibliches Schreiben?«, in: *Freibeuter* 2, 1979, 79–84.

Kroll, Renate (Hg.) (2002): *Metzler Lexikon Gender Studies / Geschlechterforschung. Ansätze – Personen – Grundbegriffe.* Stuttgart: Metzler 2002.

1.5 **Lacan, Jacques** (1949): »Das Spiegelstadium als Bildner der Ichfunktion wie sie uns in der psychoanalytischen Erfahrung erscheint«, in: *Schriften I.* 3., korr. Aufl. Weinheim / Berlin: Quadriga 1991, 61–70.

1.5 — (1957): »Das Drängen des Buchstaben im Unbewußten oder die Vernunft seit Freud«, in: *Schriften II.* 3., korr. Aufl. Weinheim / Berlin: Quadriga 1991, 15–55.

1.5 — (1958): »Die Bedeutung des Phallus«, in: *Schriften II.* 3., korr. Aufl. Weinheim / Berlin: Quadriga 1991, 119–132.

5.2 **Landweer, Hilge / Rumpf, Mechthild (Hg.)** (1993): *Kritik der Kategorie »Geschlecht«.* Weinheim: Deutscher Studien Verlag 1993.

[1.2] **Lévi-Strauss, Claude** (1949): *Die elementaren Strukturen der Verwandtschaft.* Aus dem Französischen von Eva Moldenhauer. Frankfurt/M.: Suhrkamp 1993.

— (1962): *Das wilde Denken.* Aus dem Französischen von Hans Naumann. Frankfurt/M.: Suhrkamp 1973.

Lindhoff, Lena (1995): *Einführung in die feministische Literaturtheorie.* Stuttgart/Weimar: Metzler 1995.

Linke, Angelika/Nussbaumer, Markus/Portmann, Paul R. (1994): *Studienbuch Linguistik.* 2. Aufl. Tübingen: Niemeyer 1994.

Loh, Janina (2018): *Trans- und Posthumanismus zur Einführung.* Hamburg: Junius, 2018.

[5.2] **Lorber, Judith** (1994): *Gender-Paradoxien.* 2. Aufl. Opladen: Leske + Budrich 2003.

Lorey, Isabell (1993): »Der Körper als Text und das aktuelle Selbst: Butler und Foucault«, in: *Feministische Studien* 11 (2) (Kritik der Kategorie »Geschlecht«, hg. von Hilge Landweer und Mechthild Rumpf), 1993, 10–23.

[5.2] — (1996): *Immer Ärger mit dem Subjekt. Theoretische und politische Konsequenzen eines juridischen Machtmodells: Judith Butler.* Tübingen: Ed. diskord 1996.

MacKinnon, Catharine (1993): *Only Words.* Cambridge: Harvard UP 1993.

Martin, Biddy (1996): »Sexuelle Praxis und der Wandel lesbischer Identitäten«, in: Hark, Sabine (Hg.): *Grenzen lesbischer Identitäten.* Berlin: Querverlag 1996, 38–72.

Menke, Bettine (1990): »Dekonstruktion – Lektüre: Derrida literaturtheoretisch«, in: Bogdal, Klaus-Michael (Hg.): *Neue Literaturtheorie: Eine Einführung.* Opladen: Westdt. Verlag 1990, 235–264.

[4.] — (1992): »Verstellt – Der Ort der ›Frau‹«, in: Vinken, Barbara (Hg.): *Dekonstruktiver Feminismus. Literaturwissenschaft in Amerika.* Frankfurt/M.: Suhrkamp 1992, 436–476.

— (1993): »De Mans ›Prosopopöie‹ der Lektüre: Die Entleerung des Monuments«, in: Bohrer, Karl Heinz (Hg.): *Ästhetik und Rhetorik: Lektüren zu Paul de Man.* Frankfurt/M.: Suhrkamp 1993, 34–78.

[4.] — (1995a): »Dekonstruktion der Geschlechteropposition – das Denken der Geschlechterdifferenz. Derrida«, in: Haas, Erika (Hg.): *»Verwirrung der Geschlechter«. Dekonstruktion in der Wissenschaft.* München/Wien: Profil 1995, 35–68.

— (1995b): »Dekonstruktion. Lesen, Schrift, Figur, Performanz«, in: Pechlivanos, Miltos (Hg.): *Einführung in die Literaturwissenschaft.* Stuttgart/Weimar: Metzler 1995, 116–140.

— (1995c): »Rhetorik und Referentialität bei de Man und Benjamin«, in: Weigel, Sigrid (Hg.): *Flaschenpost und Postkarte: Korrespondenzen zwischen Kritischer Theorie und Poststrukturalismus.* Köln u. a.: Böhlau 1995, 49–72.

— (2000): *Prosopopoiia. Stimme und Text bei Brentano, Hoffmann, Kleist und Kafka.* München: Fink 2000.

Merleau-Ponty, Maurice (1945): *Phänomenologie der Wahrnehmung.* Aus dem Franz. übers. und eingeführt durch eine Vorrede von Rudolf Boehm. Berlin/ New York: de Gruyter 1974.

Miller, Nancy K. (1988): *Subject to Change: Reading Feminist Writing.* New York: Columbia UP 1988.

— (1994): »Representing Others: Gender and the Subjects of Autobiography«, in: *Differences* 6 (2/3), 1994, 1–27.

Mitchell, Juliet/Rose, Jacqueline (Hg.) (1985): *Feminine Sexuality. Jacques Lacan and the école freudienne.* Übersetzt von Jacqueline Rose. New York/ London: Norton/Pantheon 1985.

Moi, Toril (1989): *Sexus, Text, Herrschaft: Feministische Literaturtheorie.* Bremen: Zeichen und Spuren 1989.

Mouffe, Chantal (1994): »For a Politics of Nomadic Identity«, in: Robertson, George (Hg.): *Travellers' Tales. Narratives of Home and Displacement.* London/New York: Routledge 1994, 105–113.

6. **Münker, Stefan/Roesler, Alexander** (2000): *Poststrukturalismus.* Stuttgart/ Weimar: Metzler 2000.

Nagl-Docekal, Herta (1997): »Untiefen der Essentialismuskritik«, in: *Deutsche Zeitschrift für Philosophie* 45 (1), 1997, 20–22.

Namaste, Viviane K. (1999): »The Use and Abuse of Queer Tropes: Metaphor and Catachresis in Queer Theory and Politics«, in: *Social Semiotics* 9 (2), 1999, 213–234.

Nietzsche, Friedrich (1874): »Darstellung der antiken Rhetorik«, in: *Werke. Kritische Gesamtausgabe.* II. Abt., 4. Bd.: Vorlesungsaufzeichnungen (WS 1871/72 – WS 1874/75). Berlin/New York: de Gruyter 1995, 413–502.

1.1 — (1873): *Ueber Wahrheit und Lüge im aussermoralischen Sinne,* in: *Kritische Studienausgabe.* Bd. 1. Hg. von Giorgio Colli und Mazzino Montinari. 2. Aufl. München u.a.: dtv/de Gruyter 1988, 873–890.

1.1 — (1887): *Zur Genealogie der Moral. Eine Streitschrift,* in: *Kritische Studienausgabe.* Hg. von Giorgio Colli und Mazzino Montinari. 2. Aufl. München u.a.: dtv/de Gruyter 1988, 245–412.

Nonhoff, Martin (2004): »Diskurs«, in: Göhler, Gerhard u.a. (Hg.): *Politische Theorie. 25 umkämpfte Begriffe zur Einführung.* 2. aktual. u. erw. Aufl. Wiesbaden: VS 2011, 63–78.

Pasero, Ursula/Braun, Friederike (Hg.) (1995): *Konstruktion von Geschlecht.* 2. Aufl. Pfaffenweiler: Centaurus 2001.

5.2 **Perko, Gudrun** (2005): *Queer-Theorien. Ethische, politische und logische Dimensionen plural-queeren Denkens.* Köln: PapyrRossa 2005.

Posselt, Gerald (2005): *Katachrese. Rhetorik des Performativen.* München: Fink 2005.

— (2010): »Nietzsche – Sprache, Rhetorik, Gewalt«, in: Kuch, Hannes/ Herrmann, Steffen K. (Hg.): *Philosophien sprachlicher Gewalt. 21 Grundpositionen von Platon bis Butler.* Weilerswist: Velbrück 2010, 95–119.

— (2018): »Politiken des Performativen: Judith Butlers Theorie politischer Performativität«, in: Posselt, Gerald u. a. (Hg.): *Judith Butlers Philosophie des Politischen: Kritische Lektüren.* Bielefeld: transcript 2018, 71–95.

— (2018): »The Task of Becoming Minor: On the Politics of Representation«, in: *Interdisciplinary Journal for Religion and Transformation in Contemporary Society* 4 (2), 2018, 283–305.

— (2019): »Rhetorizing Philosophy: Toward a ›Double Reading‹ of Philosophical Texts«, in: *Philosophy & Rhetoric* 52 (1), 2019, 24–46.

[6.] **Posselt, Gerald / Flatscher, Matthias** (2016): *Sprachphilosophie: Eine Einführung. 2., aktual. Aufl.* Wien: facultas / UTB 2018.

Posselt, Gerald / Hetzel, Andreas (2023): »Rhetoric as Critique: Toward a Rhetorical Philosophy«, in: *Theory, Culture & Society* 40 (3), 2023, 41–61.

[6.] **Posselt, Gerald / Schönwälder-Kuntze, Tatjana / Seitz, Sergej (Hg.)** (2018): *Judith Butlers Philosophie des Politischen: Kritische Lektüren.* Mit zwei Beiträgen von Judith Butler. Bielefeld: transcript 2018.

Posselt, Gerald / Seitz, Sergej (2017): »Theorien der Metapher: Die Provokation der Philosophie durch das Unbegriffliche«, in: Hetzel, Andreas / Posselt, Gerald (Hg.): *Handbuch Rhetorik und Philosophie.* Berlin / Boston: de Gruyter 2017, 421–447.

— (2020): »Relativism and Poststructuralism«, in: Kusch, Martin (Hg.): *The Routledge Handbook of Relativism.* London / New York: Routledge 2020, 133–143.

[5.2] **Prager, Julia** (2013): *Frames of Critique. Kulturwissenschaftliche Handlungsfähigkeit »nach« Judith Butler.* Baden-Baden: Nomos 2013.

[5.2] **Prager, Julia / Seitz, Sergej** (2017): »Feministische Philosophie und Gendertheorie. Körper der Rhetorik – Rhetoriken des Körpers«, in: Hetzel, Andreas / Posselt, Gerald (Hg.): *Handbuch Rhetorik und Philosophie.* Berlin / New York: de Gruyter 2017.

Preciado, Paul B. (2000): *Kontrasexuelles Manifest.* Aus dem Französischen von Stephan Geene, Katja Diefenbach und Tara Herbst. Nachwort von Marie-Hélène Bourcier. Berlin: b_books 2003.

Quintilianus, Marcus Fabius (1972 / 1975): *Ausbildung des Redners / Institutionis Oratoriae.* Hg. und übersetzt von Helmut Rahn. Darmstadt: WBG 1972/1975.

Raab, Heike (2005): »›queer revisited‹ – Neuere Aspekte zur Verhältnisbestimmung von Queer Studies und Gender Studies«, in: Bidwell-Steiner, Marlen / Wozonig, Karin S. (Hg.): *Die Kategorie Geschlecht im Streit der Disziplinen.* Innsbruck u. a.: Studien-Verl. 2005, 240–252.

[6.] **Renner, Rolf Günter / Habekost, Engelbert (Hg.)** (1995): *Lexikon literaturtheoretischer Werke.* Stuttgart: Kröner 1995.

[5.2] **Rinnert, Andrea** (2001): *Körper, Weiblichkeit, Autorschaft. Eine Inspektion feministischer Literaturtheorien.* Königstein / Taunus: Helmer 2001.

Rorty, Richard (Hg.) (1967): *The Linguistic Turn. Essays in Philosophical Method. With two Retrospective Essays.* Chicago / London: Univ. of Chicago Press 1992.

5.2 **Rubin, Gayle** (1975): »The Traffic in Women: Notes on the ›Political Economy‹ of Sex«, in: Reiter, Rayna R. (Hg.): *Toward an Anthropology of Women.* New York 1975, 157–210.

Rubin, Gayle/Butler, Judith (1994): »Sexual Traffic. An Interview«, in: *Differences* 6 (2/3), 1994, 62–99.

Saar, Martin (2009): »Genealogische Kritik«, in: Jaeggi, Rahel/Wesche, Tilo (Hg.): *Was ist Kritik?* Frankfurt/M.: Suhrkamp 2009, 249–267.

Said, Edward W. (1978): *Orientalism. With a new afterword.* New York: Vintage Books 1994.

6. **Salih, Sara** (2002): *Judith Butler.* London/New York: Routledge 2002.

1.2 **Saussure, Ferdinand de** (1916): *Grundfragen der allgemeinen Sprachwissenschaft.* Hg. von Charles Bally und Albert Sechehaye unter Mitwirkung von Albert Riedlinger. Übersetzt von Herman Lommel. 3. Aufl. Mit einem Nachwort von Peter Ernst. Berlin/New York: de Gruyter 2001.

Schmidt, Matthias (Hg.) (2015): *Rücksendungen zu Jacques Derridas »Die Postkarte«. Ein essayistisches Glossar.* Wien/Berlin: Turia + Kant 2015.

Schor, Naomi (1989): »Dieser Essentialismus, der Keiner ist – Irigaray begreifen«, in: Vinken, Barbara (Hg.): *Dekonstruktiver Feminismus. Literaturwissenschaft in Amerika.* Frankfurt/M.: Suhrkamp 1992, 219–246.

6. **Schößler, Franziska** (2008): *Einführung in die Gender Studies.* Berlin: Akademie 2008.

Schößler, Franziska / Wille, Lisa (2022): *Einführung in die Gender Studies.* Unter Mitarbeit von Lucas Alt und Sarah Thiery. 2. Aufl. [vormals Berlin: Akademie 2008]. Berlin/Boston: de Gruyter 2022.

Schrift, Alan D. (1988): »Genealogy and/as Deconstruction: Nietzsche, Derrida and Foucault on Philosophy as Critique«, in: Silverman, Hugh J./Welton, Donn (Hg.): *Postmodernism and Continental Philosophy.* State Univ. of New York Press 1988, 193–213.

— (1997): »Foucault's Reconfiguration of the Subject: From Nietzsche to Butler, Laclau/Mouffe, and Beyond«, in: *Philosophy Today* 41 (1), 1997, 153–159.

5.2 **Scott, Joan W.** (1986): »Gender. Eine nützliche Kategorie der historischen Analyse«, in: Kimmich, Dorothee u.a. (Hg.): *Texte zur Literaturtheorie der Gegenwart.* Durchges. und aktual. Ausg. Stuttgart: Reclam 2004, 416–440.

Searle, John R. (1969): *Speech Acts. An Essay in the Philosophy of Language.* Cambridge: Cambridge UP 1969.

— (1977): »Reiterating the Differences: A Reply to Derrida«, in: *Glyph* 1, 1977, 198–209.

Sedgwick, Eve Kosofsky (1993): »Queer Performativity: Henry James's *The Art of the Novel*«, in: *GLQ: A Journal of Lesbian and Gay Studies* 1 (1), 1993, 1–16.

— (1997): *Novel Gazing: Queer Readings in Fiction.* Durham: Duke University Press 1997.

5.2 — (2003): »Epistemologie des Verstecks«, in: Kraß, Andreas (Hg.): *Queer denken*. Frankfurt/M.: Suhrkamp 2003, 113–143.

4. **Spivak, Gayatri Chakravorty** (1983): »Verschiebung und der Diskurs der Frau«, in: Vinken, Barbara (Hg.): *Dekonstruktiver Feminismus. Literaturwissenschaft in Amerika*. Frankfurt/M.: Suhrkamp 1992, 183–218.

4. — (1985): *Can the Subaltern Speak? Postkolonialität und subalterne Artikulation*. Aus dem Englischen von Alexander Joskowicz und Stefan Nowotny. Mit einer Einleitung von Hito Steyerl. Wien/Berlin: Turia + Kant 2008.

— (1985): »Three Women's Texts and a Critique of Imperialism«, in: *Critical Inquiry* 12 (Autumn), 1985, 243–261.

— (1988): *In Other Worlds: Essays in Cultural Politics*. New York/London: Routledge 1988.

— (1990): »Poststructuralism, Marginality, Postcoloniality and Value«, in: Collier, Peter/Geyer-Ryan, Helga (Hg.): *Literary Theory Today*. Ithaca, NY: Cornell UP 1990, 219–244.

— (1993a): »Feminism and Deconstruction, Again: Negotiations«, in: *Outside in the Teaching Machine*. London/New York: Routledge 1993, 121–140.

4. — (1993b): *Outside in the Teaching Machine*. London/New York: Routledge 1993.

Stegmaier, Werner (1994): *Nietzsches »Genealogie der Moral«*. Darmstadt: WBG 1994.

5.2 **Stoller, Silvia** (2010): *Existenz – Differenz – Konstruktion. Phänomenologie der Geschlechtlichkeit bei Beauvoir, Irigaray und Butler*. München: Fink 2010.

Stone, Sandy (1991): »The *Empire* Strikes Back. A Posttranssexual Manifesto«, in: *Camera obscura* 29, 1992, 150–176.

Stryker, Susan/Whittle, Stephen (Hg.) (2006): *The Transgender Studies Reader*. New York: Routledge, 2006.

Susemichel, Lea/Kastner, Jens (2018): *Identitätspolitiken: Konzepte und Kritiken in Geschichte und Gegenwart der Linken*. Münster: Unrast 2018.

5.2 **Trinh, Minh-ha T.** (1989): *Woman, Native, Other. Postkolonialität und Feminismus schreiben*. Aus dem Amerikanischen von Kathrina Menke. Hg. und mit einer Einleitung von Anna Babka. Wien/Berlin: Turia + Kant 2010.

— (1991): *When the Moon Waxes Red. Representation, Gender, and Cultural Politics*. New York: Routledge 1991.

— (1995): *Trinh T. Minh-ha: Texte, Filme und Gespräche*. Dt. Erstausg. München/Wien/Berlin: Kunstverein München 1995.

Vasterling, Veronica (1997): »Dekonstruktion der Identität – Zur Theorie der Geschlechterdifferenz bei Derrida«, in: Stoller, Silvia/Vetter, Helmuth (Hg.): *Phänomenologie und Geschlechterdifferenz*. Wien: WUV 1997, 132–148.

5.2 — (1999): »Butler's Sophisticated Constructivism: A Critical Assessment«, in: *Hypatia* 14 (3), 1999, 17–38.

Vickers, Brian (1994): »Nietzsche im Zerrspiegel de Mans: Rhetorik gegen die

Rhetorik«, in: Kopperschmidt, Josef/Schanze, Helmut (Hg.): *Nietzsche oder »Die Sprache ist Rhetorik«*. München: Fink 1994, 219–240.

6. **Villa, Paula-Irene** (2011): *Sexy Bodies. Eine soziologische Reise durch den Geschlechtskörper.* 4. Aufl. Opladen: Leske + Budrich 2011.

Vinken, Barbara (1992): »Dekonstruktiver Feminismus – Eine Einleitung«, in: Vinken, Barbara (Hg.): *Dekonstruktiver Feminismus. Literaturwissenschaft in Amerika*. Frankfurt/M.: Suhrkamp 1992, 7–32.

4. — (Hg.) (1992): *Dekonstruktiver Feminismus. Literaturwissenschaft in Amerika.* Frankfurt/M.: Suhrkamp 1992.

— (1993): »Der Stoff, aus dem die Körper sind«, in: *NRs* 104 (4) (= Den Körper neu denken – Gender Studies), 1993, 9–22.

Waldenfels, Bernhard (2002): »Paradoxien ethnographischer Fremddarstellung«, in: Därmann, Iris/Jamme, Christoph (Hg.): *Fremderfahrung und Repräsentation*. Weilerswist: Velbrück Wissenschaft 2002, 151–182.

Walzer, Michel (1993): *Kritik und Gemeinsinn. Drei Wege der Gesellschaftskritik*. Um ein Nachwort ergänzte Ausgabe. Frankfurt/M.: Fischer 1993.

Waniek, Eva (1993): *Hélène Cixous. Entlang einer Theorie der Schrift.* Wien: Turia + Kant 1993.

Waniek, Eva / Stoller, Silvia (Hg.) (2001): *Verhandlungen des Geschlechts. Zur Konstruktivismusdebatte in der Gender-Theorie*. Wien: Turia + Kant 2001.

4. **Weber, Ingeborg** (1994a): »Weiblichkeit und weibliches Schreiben: Versuch einer Standortbestimmung«, in: Weber, Ingeborg (Hg.): *Weiblichkeit und weibliches Schreiben: Poststrukturalismus, weibliche Ästhetik, kulturelles Selbstverständnis*. Darmstadt: WBG 1994, 195–202.

— (1994b): »Poststrukturalismus und *écriture féminine:* Von der Entzauberung der Aufklärung«, in: Weber, Ingeborg (Hg.): *Weiblichkeit und weibliches Schreiben: Poststrukturalismus, weibliche Ästhetik, kulturelles Selbstverständnis*. Darmstadt: WBG 1994, 13–52.

Weber, Samuel (1978): *Rückkehr zu Freud: Jacques Lacans Ent-stellung der Psychoanalyse*. Wien: Passagen 2000.

4. **Weigel, Sigrid** (1986): »Das Weibliche als Metapher des Metonymischen. Kritische Überlegungen zur Konstitution des Weiblichen als Verfahren oder Schreibweise«, in: *Die Stimme der Medusa: Schreibweisen in der Gegenwartsliteratur von Frauen*. Reinbek: Rowohlt 1989, 196–213.

— (Hg.) (1995): *Flaschenpost und Postkarte. Korrespondenzen zwischen Kritischer Theorie und Poststrukturalismus*. Köln u. a.: Böhlau 1995.

Weil, Kari (1992): *Androgyny and the Denial of Difference*. Charlottesville: Univ. of Virgina Press 1992.

West, Candace/Zimmerman, Don (1987): »Doing Gender«, in: Lorber, Judith/Farrell, Susan A. (Hg.): *The Social Construction of Gender*. Newbury Park u.a: Sage 1991, 13–37.

3. **Wittig, Monique** (1992): *The Straight Mind and Other Essays*. Boston: Beacon Press 1992.

5.2 **Wobbe, Theresa/Lindemann, Gesa (Hg.)** (1994): *Denkachsen. Zur theoretischen und institutionellen Rede von Geschlecht.* Frankfurt/M.: Suhrkamp 1994.

Žižek, Slavoj (1989): *The Sublime Object of Ideology.* London/New York: Verso 1989.

— (1993): *Grimassen des Realen: Jacques Lacan oder die Monstrosität des Aktes.* Hg. und mit einem Nachwort versehen von Michael Wetzel. Köln: Kiepenheuer & Witsch 1993.